权威·前沿·原创

皮书系列为
"十二五""十三五""十四五"时期国家重点出版物出版专项规划项目

GLUE BOOK

东北蓝皮书

BLUE BOOK OF NORTHEAST CHINA

中国东北地区发展报告
（2024~2025）

ANNUAL REPORT ON NORTHEAST CHINA
(2024-2025)

主　　编／闫修成
副 主 编／丁晓燕　张万强
执行主编／孙浩进

社会科学文献出版社
SOCIAL SCIENCES ACADEMIC PRESS（CHINA）

图书在版编目（CIP）数据

中国东北地区发展报告 . 2024-2025 / 闫修成主编；
丁晓燕，张万强副主编；孙浩进执行主编 . --北京：
社会科学文献出版社，2025.8. --（东北蓝皮书）.
ISBN 978-7-5228-5675-9

Ⅰ . F127.3

中国国家版本馆 CIP 数据核字第 20251S10Y4 号

东北蓝皮书
中国东北地区发展报告（2024~2025）

主　　编／闫修成
副 主 编／丁晓燕　张万强
执行主编／孙浩进

出 版 人／冀祥德
组稿编辑／任文武
责任编辑／高振华
文稿编辑／白　银
责任印制／岳　阳

出　　版／社会科学文献出版社·生态文明分社（010）59367143
　　　　　地址：北京市北三环中路甲 29 号院华龙大厦　邮编：100029
　　　　　网址：www. ssap. com. cn
发　　行／社会科学文献出版社（010）59367028
印　　装／天津千鹤文化传播有限公司

规　　格／开 本：787mm×1092mm　1/16
　　　　　印 张：27.5　字 数：411 千字
版　　次／2025 年 8 月第 1 版　2025 年 8 月第 1 次印刷
书　　号／ISBN 978-7-5228-5675-9
定　　价／128.00 元

读者服务电话：4008918866

主要编撰者简介

闫修成　黑龙江省社会科学院党组成员、副院长，分管东北亚战略研究院、中俄区域合作战略研究院、振兴发展研究院、俄罗斯研究所、东北亚研究所、犹太研究所、经济研究所、农业和农村发展研究所、数字经济研究所、生态文明研究所、院财务处等工作。长期从事省市县各层级政策研究工作，牵头或参与撰写的《黑龙江省工业大麻产业发展研究》《黑龙江省土地托管问题研究》等多篇研究报告、对策建议获得省级领导的肯定性批示。

丁晓燕　吉林省社会科学院（吉林省社会科学界联合会）党组成员，吉林省社会科学院副院长、二级研究员，吉林省委决策咨询委员，吉林省政府决策咨询委员，享受国务院政府特殊津贴专家、吉林省有突出贡献专家、吉林省拔尖创新人才，全国城市经济研究学会常务理事。长期从事区域经济、产业经济、文旅经济研究。近年来，主持、承担各级各类课题50余项，发表论文和研究报告近百篇，主编《吉林老工业基地振兴发展研究》、《东北振兴与产业转型升级》、《吉林省文化产业发展解析》、"吉林振兴丛书"（7卷）等著作。作为课题负责人，主持国家社科基金项目"振兴东北老工业基地战略跟踪研究"，相关研究成果得到中央有关领导批示。

张万强　辽宁社会科学院党组成员、副院长，经济学博士、研究员，英国威斯敏斯特大学访问学者。主要研究方向为区域经济、产业经济、财政学。兼任辽宁省委省政府决策咨询委员、辽宁省政协智库专家、沈阳市委市政府决策咨询委员等，获得辽宁省优秀专家、辽宁省百千万人才工程百人层次专家等称号。出版《打造世界级装备制造业基地：战略定位与发展路径》等专著8部，在《光明日报》《财政问题研究》等报纸和期刊发表学术论文80余篇，10余项研究报告获得党和国家领导人及省级领导肯定性批示。承担国家社科基金、省级社科基金及各类智库课题百余项。

摘　要

2021年以来，东北全面振兴取得新进展，为东北地区加快中国式现代化步伐奠定了坚实基础。2024年是"十四五"规划关键一年，东北地区统筹发展和安全，完整准确全面贯彻新发展理念，全面优化营商环境，因地制宜发展新质生产力，不断激活内生动力，经济社会发展呈现"稳中向好""稳中育新"的良好态势。

2024年，东北地区国民经济实现稳步增长，主要工农业产品供给充足，社会消费市场带动作用凸显，固定资产投资增势较好，对外经济贸易逆差缩小，居民收入稳步提高，振兴发展的有利因素不断增多。

本书认为，东北地区在维护国家安全和经济社会发展过程中，也面临着一系列问题和挑战："三偏""四不"仍然是东北地区实现经济社会高质量发展的重要制约因素，经济下行压力加大，增长的基础不稳固，缺乏增长极的辐射带动，技术、人才等要素逐渐弱化，投资规模大、拉动力强的产业项目不多，振兴发展的动力尚不足。这些问题不仅关乎地区的发展，也直接影响国家战略的顺利实施。

推动东北全面振兴，根基在实体经济，关键在科技创新，方向是产业升级。应构建具有特色优势的现代化产业体系，优化产业结构，打造特色产业集群；以科技创新促进新质生产力发展，推动东北地区经济高质量发展与产业升级；推进区域经济一体化发展，提升区域整体竞争力；推动经济社会发展绿色转型，全面提升区域可持续发展能力；在向北开放上建成新高地，全面提升区域开放合作水平；深化体制机制改革，优化营商环境；进一步加大保障和改善民生力度。

关键词： 东北振兴　新质生产力　高质量发展　现代化产业体系

Abstract

Since the beginning of the 14th Five-Year Plan period, the comprehensive revitalization of Northeast China has made new progress, laying a solid foundation for accelerating the pace of Chinese-style modernization in the region. The year 2024 is a crucial year of the 14th Five-Year Plan. The Northeast region has coordinated development and security, fully and accurately implemented the new development concepts, comprehensively optimized the business environment, developed new forms of productive forces in accordance with local conditions, continuously activated internal driving forces, and maintained a favorable trend of "steady improvement" and "cultivating new opportunities in stability" in economic and social development.

In 2024, the national economy of the Northeast region achieved steady growth. The supply of major industrial and agricultural products was sufficient. The role of the social consumer market was evident. Fixed-asset investment showed a good momentum. The trade deficit in foreign economic and trade narrowed. Residents' income increased steadily. Favorable factors for revitalization and development continued to grow.

This book argues that while the Northeast region plays a crucial role in safeguarding national security and promoting economic and social development, it also faces a series of problems and challenges. The issues of "three biases" and "four insufficiencies" remain significant constraints on the high-quality economic and social development of the region. There is increased downward pressure on the economy, an unstable foundation for growth, a lack of growth poles to drive development, a gradual weakening of key factors such as technology and talent, and a shortage of industrial projects with large investment scales and strong driving forces. The driving force for revitalization and development is still insufficient. These problems not only affect the development of the region but also directly impact the smooth implementation of national strategic.

To promote the comprehensive revitalization of the Northeast, the foundation lies in the real economy, the key is in scientific and technological innovation, and the direction is in industrial upgrading. It is necessary to build a modern industrial system with distinctive advantages, optimize the industrial structure, and create characteristic industrial clusters. Scientific and technological innovation should be used to promote the development of new forms of productive forces, drive high-quality economic development and industrial upgrading in the Northeast region, advance regional economic integration to enhance the overall competitiveness of the region, and promote a green transformation of economic and social development to comprehensively improve the region's sustainable development capabilities. The region should also become a new highland for opening up to the north, thereby comprehensively upgrading the level of regional openness and cooperation. In addition, it is essential to deepen institutional and systemic reforms, optimize the business environment, and further increase efforts to ensure and improve people's livelihoods.

Keywords: Northeast Revitalization; New Quality Productivity; High Quality Development; Modern Industrial System

目 录

Ⅰ 总报告

Ⅱ 现代产业篇

Ⅲ 经济运行篇

Ⅳ 农业农村篇

Ⅴ 专题研究篇

Ⅵ 民生提升篇

皮书数据库阅读**使用指南**

CONTENTS ⟆

I General Report

II Modern Industrial System

III   Economic Operation

Ⅳ   Agriculture and Rural Development

Ⅴ   Special Reports

VI Livelihood Improvement

总 报 告

B.1

2024~2025年东北地区经济社会
发展形势分析与预测[*]

孙浩进 迟琳 赵航[**]

摘 要： 2021年以来，东北全面振兴取得新进展，为东北地区加快中国式现代化步伐奠定了坚实基础。2024年，东北地区国民经济实现稳步增长，主要工农业产品供给充足，社会消费市场带动作用凸显，固定资产投资增势较好，对外经济贸易逆差缩小，居民收入稳步提高，振兴发展的有利因素不断增多。东北地区在维护国家安全和经济社会发展过程中，也面临一系列问题和挑战："三偏""四不"仍然是东北地区实现经济社会高质

---

* 基金项目：国家社会科学基金项目"东北地区资源型城市规模收缩问题研究"（21BJL048）；中央宣传部"文化名家暨四个一批"工程资助项目"东北地区资源型城市保持适度规模促进转型发展研究"（202014）；亚洲发展银行项目"创新驱动的黑龙江资源枯竭城市绿色转型研究"（TA5693）。

** 孙浩进，理论经济学博士，黑龙江省社会科学院经济研究所所长、研究员、博士生导师，主要研究方向为发展经济学；迟琳，黑龙江省社会科学院生态文明研究所研究实习员，主要研究方向为区域经济学；赵航，黑龙江省社会科学院经济研究所硕士研究生，主要研究方向为政治经济学。

量发展的重要制约因素，经济下行压力加大，增长的基础不稳固，缺乏增长极的辐射带动，技术、人才等要素逐渐弱化，投资规模大、拉动力强的产业项目不多，振兴发展的动力尚不足。这些问题不仅关乎地区的发展，也直接影响国家战略的顺利实施。推动东北全面振兴，根基在实体经济，关键在科技创新，方向是产业升级。应构建具有东北特色优势的现代化产业体系，优化产业结构，打造特色产业集群；以科技创新促进新质生产力发展，推动东北地区经济高质量发展与产业升级；推进区域经济一体化发展，提升区域整体竞争力；推动经济社会发展绿色转型，全面提升区域可持续发展能力；建好建强向北开放新高地，全面提升区域开放合作水平；深化体制机制改革，推动营商环境实现整体升级；进一步加大保障和改善民生力度。

关键词： 东北地区　新质生产力　营商环境　社会治理　民生保障

一　东北地区经济发展的现状分析①

东北地区包括黑龙江省、吉林省、辽宁省、内蒙古自治区东部五盟（市），面积达 145 万平方公里，人口约 1.1 亿，是我国重要的老工业基地和粮食主产区，集合了工业集群型、能源依赖型、粮食供给型、科教密集型、国防边疆型等多种区域特征。推动新时代东北全面振兴，是我国推进区域协调发展的重要战略部署。2024 年，在党中央坚强领导下，东北地区以习近平新时代中国特色社会主义思想为指导，全面贯彻落实党的二十大和二十届二中、三中全会精神，坚持稳中求进工作总基调，加快推动各项政策落地见效，全力以赴稳增长、促发展，不断巩固经济持续回升向好基础。

---

①　本部分如无特别说明数据均来源于国家统计局、东北三省及蒙东五盟（市）统计局。

（一）整体经济发展稳中有升

2024年前三季度，东北地区实现生产总值48305.34亿元，相比2023年同期，增长1379.35亿元。其中，黑龙江、吉林、辽宁三省分别实现地区生产总值10777.80亿元、10116.13亿元、22549.90亿元，按不变价格计算同比分别增长2.30%、4.10%和4.90%；根据蒙东五盟（市）统计局数据，2024年前三季度蒙东五盟（市）实现生产总值4861.51亿元，相比2023年同期，增长159.3亿元，其中赤峰市、通辽市、呼伦贝尔市、兴安盟、锡林郭勒盟分别实现生产总值1467.9亿元、1085.1亿元、1034.36亿元、406.6亿元、867.55亿元，按不变价格计算同比分别增长4.3%、3.9%、3.0%、4.6%、4.7%。总体看，东北地区除辽宁省外，地区生产总值增速均低于全国平均水平（见图1）。从增速上看，还以东北地区南部拉升的态势为主。

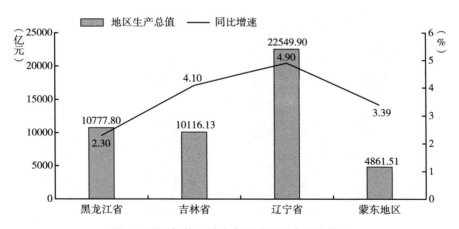

图1　2024年前三季度东北地区生产总值情况

资料来源：国家统计局、地方统计局，余同。

（二）整体产业结构实现优化

2024年前三季度，第一产业方面，东北地区实现增加值3847.39亿元，其中黑龙江省、吉林省、辽宁省和蒙东地区增加值依次为 1126.50 亿元、678.97 亿元、1545.10 亿元和 496.82 亿元，按不变价格计算同比分别增长 3.10%、4.80%、4.80% 和 5.64%。第二产业方面，东北地区实现增加值 17597.72 亿元，其中黑龙江省、吉林省、辽宁省和蒙东地区增加值依次为 3162.20 亿元、3576.95 亿元、8876.40 亿元和 1982.17 亿元，按不变价格计算同比分别增长 -1.80%、4.20%、5.10% 和 5.04%，黑龙江省出现负增长，蒙东五盟（市）中赤峰、通辽和锡林郭勒盟增速较快。第三产业方面，东北地区实现增加值 26860.34 亿元，其中黑龙江省、吉林省、辽宁省和蒙东地区增加值依次为 6489.10 亿元、5860.21 亿元、12128.40 亿元和 2382.63 亿元，按不变价格计算同比分别增长 4.10%、3.90%、4.70% 和 2.80%。东北地区第三产业增加值高于第一产业增加值和第二产业增加值之和，已经成为东北地区经济增长的主要拉动力量（见图 2、图 3）。

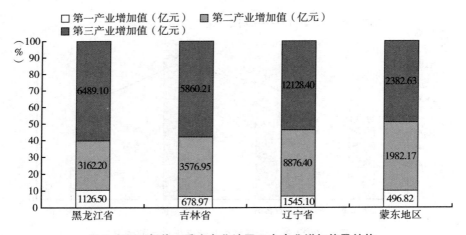

图 2　2024 年前三季度东北地区三大产业增加值及结构

（三）主要工农业产品供给充足

2024 年前三季度，东北地区工农业产品产量实现显著增长，特别是粮食产量、冶金行业、高技术制造业和采矿业的显著增长，对于实现东北地区

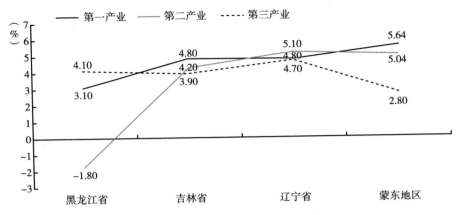

图3 2024年前三季度东北地区三大产业增加值同比增速

工业现代化和农业现代化，进一步维护全国的产业安全发挥了有力的保障作用。在农产品方面，黑龙江省农业生产形势较好，农产品供应充足。农林牧渔业总产值同比增长3.2%，增速比上半年提高0.5个百分点；蔬菜及食用菌产量718万吨，同比增长3.6%，单产增长1.8%；瓜果类产量130万吨，同比增长2.8%，单产增长3.4%；猪牛羊禽肉类总产量229.5万吨，同比增长1.4%，其中牛肉、禽肉产量分别增长5.0%、9.1%；禽蛋产量86.0万吨，同比增长3.5%；家禽出栏21297万只，同比增长12.4%，其中鹅、鸭出栏3467.5万只，增长111.3%；水产品总产量64.3万吨，同比增长5.0%。吉林省粮食产量实现面积、单产、总产"三增长"，粮食总产量进一步提高，农林牧渔业实现产值695.24亿元，同比增长4.8%。辽宁省农业生产总体稳定，农产品产量保持增长，其中，水果产量同比增长4.3%，蔬菜及食用菌产量同比增长2.7%，猪牛羊禽肉产量同比增长6.2%，水产品产量同比增长5.2%，其中海水产品产量增长6.1%。

工业生产方面，2024年前三季度，黑龙江省规模以上工业增加值同比下降2.7%，制造业增加值同比增长4.2%，其中高技术制造业增加值增长4.0%，电力、热力、燃气及水生产和供应业增加值增长2.1%。分产业看，石化工业增加值同比增长11.6%，其中化学原料和化学制品制造业、

石油煤炭及其他燃料加工业增加值分别增长 14.7%、10.9%；装备工业增加值同比增长 5.5%，其中仪器仪表制造业、电气机械和器材制造业、通用设备制造业增加值分别增长 13.5%、10.9%、10.1%。吉林省规模以上工业增加值同比增长 3.0%，其中轻工业增加值增长 3.5%，重工业增加值增长 2.8%。辽宁省规模以上工业增加值同比增长 3.4%，其中高技术制造业增加值增长 13.3%；分三大门类看，规模以上采矿业增加值增长 7.8%，制造业增加值增长 2.8%，电力、热力、燃气及水生产和供应业增加值增长 3.8%；另外，铁路、船舶、航空航天和其他运输设备制造业增加值增长 22.5%，黑色金属矿采选业增加值增长 20.5%，计算机、通信和其他电子设备制造业增加值增长 20.4%，电气机械和器材制造业增加值增长 15.5%，医药制造业增加值增长 12.4%。

2024 年前三季度，蒙东五盟（市）工农业产品产量增长较好。赤峰市规模以上工业增加值同比增长 8.4%，从三大门类看，采矿业增加值增长 9.6%，制造业增加值增长 12.0%，电力、热力、燃气及水生产和供应业增加值下降 0.1%；从支柱行业看，冶金行业增加值增长 10.3%，能源行业增加值增长 2.3%，分别拉动规模以上工业增加值增长 4.8 个和 0.8 个百分点。通辽市全部工业实现增加值 289 亿元，同比增长 3.5%，拉动经济增长 0.7 个百分点，对经济增长的贡献率为 18.6%；从三大门类看，采矿业、制造业和电力、热力、燃气及水生产和供应业增加值均实现正增长。兴安盟规模以上工业增加值同比增长 7.2%；从三大门类看，采矿业增加值增长 5.2%，制造业增加值增长 9.0%，电力、热力、燃气及水生产和供应业增加值增长 9.9%。另外，装备制造业增加值增长 41.8%，高技术制造业增加值增长 31.6%，增速分别快于全部规模以上工业 34.6 个和 24.4 个百分点。锡林郭勒盟规模以上工业增加值同比增长 7.6%；从三大门类看，采矿业增加值增长 2.6%，制造业增加值增长 25.5%，电力、热力、燃气及水生产和供应业增加值增长 11.7%。呼伦贝尔市规模以上工业增加值同比下降 1.5%；从三大门类看，采矿业增加值下降 6.0%，制造业增加值增长 7.6%，电力、热力、燃气及水生产和供应业增加值增长

4.3%；从行业看，六成以上行业保持增长，其中食品制造业增加值增长24.8%、医药制造业增加值增长 6.6%、高技术制造业增加值增长 6.6%、消费品制造业增加值增长 22.2%。

（四）"三驾马车"形成合力驱动发展

2024 年前三季度，东北地区的社会消费品零售总额、固定资产投资和对外经济贸易整体呈现稳步向上的态势，线上消费与线下消费形成合力；分地区来看，辽宁省社会消费市场增速较快，黑龙江省、吉林省和蒙东五盟（市）消费稳步恢复、投资精准发力、净出口额逐渐回升，各地区的乡村消费品零售额增长带动作用凸显。

在社会消费市场方面，2024 年前三季度，黑龙江省实现社会消费品零售总额 4052.60 亿元，同比增长 1.70%。按经营单位所在地分，城镇消费品零售额 3557.7 亿元，同比增长 1.80%；乡村消费品零售额 494.9 亿元，同比增长 1.0%。按消费类型分，商品零售额 3469.2 亿元，同比增长0.4%；餐饮收入 583.4 亿元，同比增长 10.3%。其中，煤炭及制品类、石油及制品类商品零售额同比分别增长 12.3%、6.3%，网上零售额同比增长 15.5%，实物商品网上零售额同比增长 9.3%，占全省社会消费品零售总额比重为 13.0%。2024 年前三季度，吉林省实现社会消费品零售总额 3058.34 亿元，同比增长 2.90%，城镇消费品零售额和乡村消费品零售额同比分别增长 2.70%和 4.20%。2024 年前三季度，辽宁省实现社会消费品零售总额 7952.10 亿元，同比增长 4.20%。按经营单位所在地分，城镇消费品零售额 6942.2 亿元，同比增长 4.10%；乡村消费品零售额 1009.9 亿元，同比增长 5.0%。按消费类型分，商品零售额 7221.3 亿元，同比增长4.0%；餐饮收入 730.8 亿元，同比增长 6.4%。2024 年前三季度，蒙东地区实现社会消费品零售总额 1241.27 亿元，同比增长 2.17%（见图 4、表 1）。

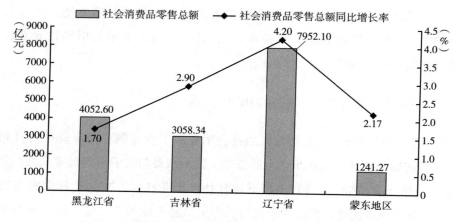

图4　2024年前三季度东北地区社会消费品零售总额情况

表1　2024年前三季度蒙东地区五盟（市）社会消费市场情况

单位：亿元，%

盟（市）	社会消费品零售总额	城镇消费品零售额同比增长率	乡村消费品零售额同比增长率
赤峰市	465.8	1.1	1.3
通辽市	252.9	2.6	2.0
兴安盟	125.43	3.0	3.5
锡林郭勒盟	152.81	1.1	2.1
呼伦贝尔市	244.33	2.1	2.7

在固定资产投资方面，2024年前三季度，黑龙江省固定资产投资增势较好，固定资产投资同比增长4.4%，农业、基础设施和高技术服务业投资增长较快。分产业看，第一产业投资同比增长130.6%，其中农业投资增长2.5倍；第二产业、第三产业投资略有下降，分别下降0.4%、3.3%。分领域看，基础设施投资同比增长15.5%，其中水利管理业、交通运输业投资分别增长1.9倍、5.7%；工业投资中的电力、热力、燃气及水生产和供应业投资增长38.1%。从构成看，设备工器具购置投资增长23.2%，建安投资增长0.3%。黑龙江省高技术服务业投资同比增长7.0%，其中信息服务

业、专业技术服务业、环境监测及治理服务业投资分别增长16.7%、43.9%、60.7%。2024年前三季度，吉林省固定资产投资稳步增长，固定资产投资同比增长1.4%，其中制造业投资增速较快，达到28.8%。分产业看，第一产业投资同比增长51.4%，第二产业投资同比增长17.9%，第三产业投资同比下降8.8%。2024年前三季度，辽宁省固定资产投资同比增长4.8%，投资规模不断扩大，其中中央项目投资增长26.4%。分领域看，基础设施投资增长17.2%，制造业投资增长3.5%，但房地产开发投资下降17.3%。分产业看，第一产业投资下降18.5%，第二产业投资增长9.6%，第三产业投资增长3.0%。2024年前三季度，蒙东地区五盟（市）固定资产投资增长势头良好，虽然部分产业投资增长率有所下降，但产业结构逐步优化，区域经济实现恢复性增长（见表2）。

表2　2024年前三季度蒙东地区五盟（市）固定资产投资情况

单位：%

盟（市）	固定资产投资同比增长率	第一产业投资同比增长率	第二产业投资同比增长率	第三产业投资同比增长率
赤峰市	10.3	63.9	49.8	-19.2
通辽市	19.5	87.0	32.9	-14.2
兴安盟	11.0	59.8	12.3	4.6
锡林郭勒盟	10.0	330.0	9.6	3.5
呼伦贝尔市	3.7	61.1	-8.8	7.4

在对外经济贸易方面，2024年前三季度，黑龙江省货物进出口势头良好，实现货物进出口总值2348.00亿元，同比增长7.6%，其中进口1735.90亿元，同比增长5.7%；出口612.10亿元，同比增长13.3%。2024年前三季度，吉林省实现货物进出口总值1327.48亿元，同比增长11.1%，其中进口838.28亿元，同比增长10.7%；出口489.20亿元，同比增长11.7%。2024年前三季度，辽宁省实现进出口总值5735.70亿元，同比下降0.9%，其中出口2753.90亿元，同比增长3.0%；进口2981.80亿元，同比下降4.3%（见图5）。总体看，2024年前三季度，东北三省实现外贸进出

口总值 9411.18 亿元，其中进口总值 5555.98 亿元，出口总值 3855.2 亿元，贸易逆差为 1700.78 亿元；相比 2023 年同期，贸易总额增长 247.91 亿元，贸易逆差比上年缩小 153.17 亿元，虽然逆差依旧，但出口总值大幅增加。

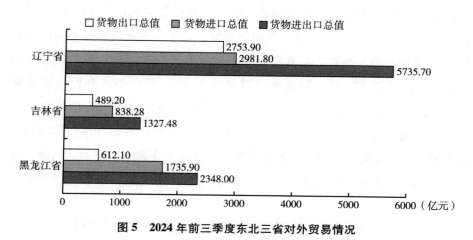

图5　2024年前三季度东北三省对外贸易情况

（五）居民收入保持稳定增长

2024 年前三季度，黑龙江省、吉林省、辽宁省的城镇居民人均可支配收入分别为 27931 元、29105 元、35862 元，与上年同期相比分别增长 4.8%、4.5%、4.6%；农村居民人均可支配收入分别为 12550 元、13199 元、17786 元，与上年同期相比分别增长 6.3%、6.4%、5.9%（见图6）。蒙东五盟（市）按赤峰市、通辽市、呼伦贝尔市、兴安盟、锡林郭勒盟顺序，城镇居民人均可支配收入分别为 33877 元、33502 元、33472 元、39070 元、38618 元，与上年同期相比分别增长 4.4%、4.2%、3.5%、4.3%、4.8%；农村居民人均可支配收入分别为 12670 元、14996 元、15388 元、14753 元、16958 元，与上年同期相比分别增长 7.5%、6.9%、5.8%、6.4%、5.5%。从城乡居民收入差距看，东北地区城乡居民人均可支配收入差距较大，但三省一区的农村居民人均可支配收入增长速度都高于城镇居民人均可支配收入。

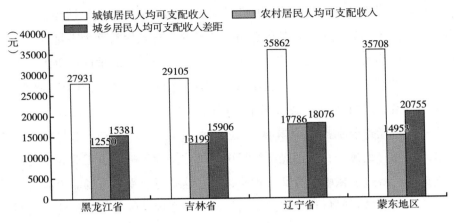

图6　2024年前三季度东北地区城乡居民收入情况

二　东北地区经济社会发展的制约因素

东北地区制约发展因素主要是"三偏""四不"。"三偏"指的是产业结构偏重、民营经济偏弱、创新人才偏少；"四不"指的是规模总量不大、发展速度不快、发展质量不优、内生动力不强。"三偏""四不"是制约东北地区经济社会发展的关键问题，亟待通过推动高质量发展来解决。

（一）东北地区整体产业结构偏重

东北地区作为我国重要的老工业基地，长期以来工业结构以重工业为主，涵盖了钢铁、机械制造、石油化工、汽车制造等多个关键领域，形成了较为完整的工业体系。然而，东北地区经济发展的结构性矛盾逐渐成为阻碍振兴发展的瓶颈。东北地区重工业占比较大，对资源依赖性强、抗风险能力弱，制造业规模偏小。东北地区制造业企业普遍规模小、附加值低，除国家战略布局的大企业外，制造业普遍分布在粮食加工等初级加工行业，多数企业仍处于产业链和价值链中低端，缺乏区域品牌营造和整合能力。

近年来，东北地区经济发展中面临的产业结构偏重、资源枯竭、环境压力加剧、技术创新能力不足等问题进一步凸显，导致增长动力不足。一是结构性矛盾较为突出，导致经济韧性不足。长期以来，东北地区以重工业为经济支柱，如钢铁、煤炭、石油化工等，短期内能够带来大规模的工业产出，但长期来看，对可持续发展带来不利影响。2024年，辽宁、吉林、黑龙江三省的经济增速分别排在全国第16位、第22位、第25位，东北地区整体经济增长相对缓慢，在全国经济格局中的地位持续下降。重工业高占比使得东北地区经济过度依赖少数几个行业，一旦这些行业受到市场需求波动、环保政策约束或国际原材料价格波动的影响，整个地区的经济增长就会受到严重冲击。例如，2024年黑龙江省的第二产业增加值同比下降0.2%，其中规模以上工业增加值同比下降3.1%。此类单一的产业结构缺乏足够的韧性来应对各种外部冲击，难以实现经济的稳定增长。二是区域创新动力不足，导致产业升级滞后。东北三省的产业结构演进整体处于升级状态，但升级速度较慢，且各城市的生产技术效率并未随产业结构升级实现显著提升。相比之下，一些经济发达地区通过大力发展高新技术产业和现代服务业，实现了经济的高质量增长。东北地区由于重工业占比过高，创新投入不足，在新兴产业领域的竞争力较弱，难以吸引高端人才和创新型企业入驻，进一步限制了经济的多元化和可持续发展。三是资源枯竭与环境压力并行，制约经济高质量发展。东北地区的煤炭、钢铁、石油化工等资源型产业仍需面对生产过程中的高能耗和高污染问题，此种工业发展模式不仅对环境产生负面影响，还在一定程度上增加企业的环保成本，削弱区域经济的竞争力。此外，经过多年的高强度开发，东北地区的煤炭、木材、石油等资源已逐渐进入枯竭期。这种资源消耗型经济发展模式，使得东北地区逐渐从资源输出型区域转变为资源输入型区域，原有资源优势趋于弱化。

（二）东北地区民营经济仍然偏弱

东北地区民营经济整体发展相对滞后，民营企业存量低、融资难等问题成为重要制约因素。一是民营企业存量偏低，市场活力不足。目前东北地区的民营企业数量约占全国民营企业总数的 8.5%，而在民营经济 500 强企业中，东北地区的入围企业数量极少，主要集中在黑色金属冶炼和压延加工业，缺乏具有竞争力的行业龙头企业；要素保障不足，受原材料、基础设施建设等各种生产要素成本上涨影响，企业盈利空间严重压缩。二是融资难问题仍需解决。东北地区民营企业规模普遍较小，抵押物不足，银行等金融机构权衡风险后更倾向于选择向国有企业放款，导致民营企业融资渠道狭窄，融资成本高。三是企业创新能力不足。民营经济以农业和服务业为主，多数企业处于产业链价值链低端，精深加工不够，第二产业占比低。2024 年东北地区创新型中小企业数量、专精特新中小企业数量、专精特新"小巨人"企业数量分别占全国的 1.37%、1.53%、2.37%，数量明显不足，技术水平和创新能力普遍较低，整体竞争力薄弱，无法形成有效的市场竞争格局。尽管东北地区具备丰富的自然资源和较为完整的工业基础，但由于技术瓶颈等限制，民营企业在高端产业链中的参与度较低，缺乏核心竞争力。

（三）东北地区各类创新人才偏少

近年来，东北地区人口流出、人才外流问题日益突出，企业招揽和留住创新人才难，传统产业科技研发投入不足，市场主体少导致科技成果转化承接能力不强，区域创新的内生动力不足。一方面，人口外流加剧劳动力短缺，导致经济活力衰退。东北地区人口外流问题导致劳动力规模缩减，给经济发展带来阻碍。2023 年黑龙江省仍保持人口净流出 15.7 万人，辽宁省和吉林省虽实现人口净流入，但人口老龄化程度较高且出生率较低。劳动力短缺使得许多制造业和服务业的发展受限，现存人口老龄化加剧了社会养老负担，年轻人口占比的下降导致消费市场活力不足；劳动力与消费市场的双重萎缩，使得东北地区难以形成内需驱动的经济增长模式，经济发展活力不足。另一方面，人才外流削弱创新能力与产业竞争力。2023 年，东北三省高校毕业生留省就业率普遍低于全国平均水平，大量高学历人才在毕业后直接流向长三角、珠三角等经济发达地区。东北地区整体工资水平偏低，人才竞争处于不利地位，城市环境对高端人才的吸引力不足，导致创新人才流失

偏多，进一步削弱了区域创新动力，直接导致高技术产业发展滞后。企业倾向于把研发中心设在经济发达省市。以汽车产业为例，尽管吉林依托一汽等企业推动新能源转型，但核心研发人才仍主要集中于南方，本地创新能力不足，使得东北地区在数字经济、人工智能等新兴领域明显落后，产业竞争力不强。

（四）东北地区经济规模不大

2024年，东北三省一区整体的生产总值仅占全国的5.28%，占比偏低，尤其是工业增加值占比低、企业数量少，不仅与东部发达地区存在较大差距，也落后于部分中西部省份，导致产业发展缺乏规模效应。一方面，经济总量不足导致资源集聚效应不足。经济规模较大的地区，其更丰富的资源、更完善的基础设施、更活跃的市场环境，能够吸引更多的人才、资本、技术等生产要素集聚，形成良性循环，推动经济快速发展。而东北地区经济规模相对较小，难以形成强大的资源集聚效应，导致发展动力不足，也会造成人才流失严重、资本吸引力不足等问题，制约产业转型升级。另一方面，经济规模不足导致市场规模受限。经济规模较大的地区，往往拥有更大的市场规模，能够为企业提供更广阔的发展空间，促进企业做大做强。而东北地区经济规模相对较小，市场需求有限，企业难以实现规模经济，生产成本较高，市场竞争力不足。经济规模不足也难以形成完整的产业链，上下游配套不完善，企业生产成本较高，制约产业集群发展。此外，东北地区经济规模不大，导致抗风险能力较弱，易受外部环境变化的影响。综合来看，东北地区的经济规模不足，影响产业转型升级和高质量发展。

（五）东北地区经济发展速度不快

经济发展速度是衡量一个地区经济发展水平的重要指标，也是影响地区竞争力的关键因素。近年来，东北地区整体发展增速放缓，规上工业增加值增速低于全国平均水平，传统产业占比高，多数行业经过多年发展市场趋于饱和、竞争压力增大，已经进入瓶颈期，再次实现快速增长难度较大。而在新兴产业发展上，有些领域新兴产业虽然发展速度快，但总量小，对经济增长拉动作用不足。2024年，黑龙江省、吉林省、蒙东地区的生产总值增速均低于全国平均水平，仅辽宁省生产总值增速高于全国平均水平0.1个百分点。2024年，东北三省城镇居民人均可支配收入分别为4.7万元（辽宁）、4.4万元（吉林）、4.6万元（黑龙江），均低于全国平均水平（5.4万元），人均收入水平长期低于全国平均水平，居民生活水平提升缓慢。东北地区财政收入增长乏力，公共服务供给不足，在经济结构调整的背景下传统产业转型升级、新兴产业创新发展仍需时间，导致三省一区财政收入的增速相对缓慢。与此同时，相关基础设施建设及民生改善工作的推进均造成较大的财政支出压力，影响地方政府财政支出平衡，进而阻碍民生改善。

（六）东北地区整体发展质量不优

东北地区发展质量不优，主要表现在以下几个方面。一是经济发展质量不优。东北地区重工业占比高、转型慢，而且仅有几家大型国企，对资源依赖性强，产业进入资源瓶颈期，依靠投资拉动增长的模式难以为继，且产业缺少集群效应、企业成本居高不下，产品多为原料级和"大路货"，附加值低、市场竞争力弱，消费和出口对经济增长的拉动作用较弱。二是社会发展质量不优。人口结构失衡，劳动力供给不足，居民收入增长缓慢，就业压力较大，公共服务质量不高，交通、通信、能源等基础设施仍显不足，部分城市之间的交通网络不够完善，影响区域内的经济联系和人员流动。三是生态环境质量不高。主要体现在资源枯竭、环境污染和生态保护任务艰巨等方面。东北地区部分城市属于资源型城市，长期以来依赖煤炭、石油、森林等资源的开发，导致资源枯竭问题突出。随着资源的过度开采，部分地区面临资源枯竭型城市转型的困境，经济发展与生态保护之间的矛盾日益加剧，部分地区生态修复任务繁重，给区域可持续发展带来挑战。

（七）东北地区内生发展动力不强

东北地区内生发展动力不强是制约高质量发展的重要因素，主要体现在

创新、企业活力、融资和资源配置等方面。一是创新动力不足。主要体现在两个方面：资金限制和平台限制。经济基础薄弱、财力有限带来的资金限制，导致东北地区的科研经费投入长期偏低，尽管近年来相关政策逐步向科研领域倾斜，但仍与发达地区存在较大差距。近年来，东北地区科研机构发展逐渐向好，但相较于沿海地区仍有较大发展空间，诸多科研成果仍需进一步转化。二是企业研发活动少、投入明显不足。2023年规上工业企业有研发活动的数量占比、规上工业企业新产品销售收入占比均低于全国平均水平，创新成果本地转化率低，创新资源优势未能有效转化为产业优势。三是融资渠道狭窄，对企业支持力度不足。东北地区的金融市场较为落后，单一的资本结构不利于吸纳更多资本流入本地，金融机构对企业的支持力度不足，城市资金运作能力降低、资金吸纳能力弱，区域融资能力不足，导致企业资金短缺，影响了企业的扩大再生产和技术创新。四是资源配置效率低。传统产业面临产能过剩、技术落后等问题，而新兴产业和服务业由于缺乏资源支持，企业数字化网络化智能化转型升级认识不高且意愿不足，难以形成规模效应和集群效应。

三　东北地区经济社会发展形势预测与展望

2025年是"十四五"规划的收官之年，也是"十五五"规划的谋划之年。2024年12月中央经济工作会议强调，做好2025年经济工作，稳定预期、激发活力，推动经济持续回升向好，不断提高人民生活水平，保持社会和谐稳定，高质量完成"十四五"规划目标任务，为实现"十五五"规划良好开局打牢基础。结合2024年主要经济指标表现，本报告对2025年东北地区经济社会发展形势做出如下预测。

（一）经济总量有望实现稳中有升

2024年前三季度，辽宁省生产总值增速超过全国平均水平。作为东北经济"领头羊"，近年来辽宁省经济表现出强劲的增长趋势。辽宁省以重大工程为总抓手，大力推进高质量项目群建设，不断优化投资结构，持续激发市场活力。吉林省通过创新供给引导需求、扩大投资撬动消费来激活经济新动能。黑龙江省则明确要以更大力度推进工业经济稳增长，着力培育先进制造业集群。这些措施的实施将有助于推动吉林省和黑龙江省的经济实现稳中有升。此外，东北三省之间的区域协同合作也是实现经济高质量发展的关键因素。辽宁的制造业基础、吉林的汽车产业以及黑龙江的资源优势可以形成互补优势，通过打破行政壁垒、优化资源配置来推动区域经济的共同发展。预计 2025 年，东北地区的生产总值将稳中有升，有望实现中高速增长。

（二）固定资产投资有望实现稳定提高

习近平总书记强调，"要实现科教兴国战略、人才强国战略、创新驱动发展战略有效联动""强化国家战略科技力量，优化配置创新资源"。① 2025年，东北地区将以科技创新引领新质生产力发展，扎实推进转型升级，推动高质量振兴发展取得新成效，带动固定资产投资增长。东北三省一区将进一步在创新上下功夫，以创新锚定发展新动能。黑龙江省将以科技创新引领新质生产力发展，注重发挥科技创新增量器作用，加快培育战略性创新平台，持续支持农业、医药等领域全国重点实验室建设，高标准建设现代农业省实验室；打好关键核心技术攻坚战，围绕人工智能、生命科学、现代农业、能源装备、深海深空等重点领域，攻克关键技术；着力打造经济发展新引擎，实施"人工智能+"行动计划，推进算电融合试点，预计数字经济核心产业营业收入增长 7% 以上。吉林省将聚焦科技创新和产业创新融合发展，着力建设现代化产业体系，做大做强先进制造业，汽车产业加速向新能源转型，支持一汽奥迪新能源车型批量投产上市；装备制造产业突出高端化发展，加快氢能驱动时速 250 公里城际市域列车和氢能驱动有轨电车新产品研制应用；推进新型卫星迭代升级，提升批量化、低成本卫星生产制造能力。辽宁省将坚持创新驱动，加快建设科技强省，深化科技体制机制改革，优化科技

---

① 习近平：《加快构建新发展格局 把握未来发展主动权》，《求是》2023 年第 8 期。

创新组织机制和运行机制，建立竞争性支持和稳定支持相协调的投入机制；建强用好科技创新平台，推进辽宁实验室高水平建设运行，预计实施省科技重大专项 8 个、重点研发项目 260 项，拉动固定资产投资增长。

（三）社会消费品零售总额将保持良好增长

2024 年东北地区经济运行稳中向好，社会消费品零售总额有所增长。东北地区拥有丰富的农业、冰雪特色资源。黑龙江省将继续推动特色文旅产业可持续发展，高水平办好亚冬会，加快建设冰雪经济引领区，丰富优质文旅产品供给，持续优化文旅服务，加强旅游基础设施建设。吉林省将突出发展冰雪经济，开展景区、度假区质量提升行动，新建大型滑雪度假中心，建设冰雪装备产业园，持续打造万亿级旅游产业。辽宁省将致力于促进文体旅深度融合，扎实筹办第十五届全国冬季运动会，高质量发展冰雪经济，培育壮大房车露营、邮轮游艇、低空飞行、电子竞技等新业态，为冰雪经济注入新活力。综合来看，以上举措将有助于推动东北地区社会消费品零售总额实现进一步增长。

（四）货物贸易进出口总值有望保持较高增长

习近平总书记在新时代推动东北全面振兴座谈会上强调："东北是我国向北开放的重要门户，在我国加强东北亚区域合作、联通国内国际双循环中的战略地位和作用日益凸显。"① 近年来，东北地区货物贸易进出口总值呈现稳步增长的态势。特别是 2024 年，东北地区进出口规模达到 1.25 万亿元，同比增长 1.6%，再创历史新高，其中出口增长 8.1%，快于全国出口增速 1 个百分点。东北地区拥有传统老工业基地的装备制造产业实力，工程机械、家用电器、电气控制装置等产品的出口保持增长；得益于 2 月亚冬会所带动的"冰雪热"，冰雪产业也将成为东北三省新的出口增长点，整体上推动对俄罗斯、韩国、日本等国家的贸易提质增效，进一步拓展国际市场，推动货物贸易进出口总值实现较高增长。

---

① 《牢牢把握东北的重要使命 奋力谱写东北全面振兴篇章》，《人民日报》2023 年 9 月 10 日。

四　东北地区经济社会发展的对策建议

推动东北全面振兴，根基在实体经济，关键在科技创新，方向是产业升级。要牢牢把握东北在维护国家"五大安全"中的重要使命，牢牢把握高质量发展这个首要任务和构建新发展格局这个战略任务，统筹发展和安全，坚持加大支持力度和激发内生动力相结合，强化东北的战略支撑作用。要力争在产业创新发展上形成新动能、在粮食能源保障上做出新贡献、在生态保护利用上取得新成效、在维护边疆稳定和国防安全上展现新作为、在向北开放上打造新高地、在人才发展上构建新支撑。面向"十五五"发展新阶段，东北地区全面振兴面临政策倾斜、资源优势、区域协同、人才优势、环境保护和科技创新等多方面的机遇。东北地区要牢牢把握在维护国家"五大安全"中的重要使命，坚持目标导向和问题导向相结合，坚持锻长板、补短板相结合，坚持加大支持力度和激发内生动力相结合，坚定走好高质量发展、可持续振兴的新路，奋力谱写东北全面振兴新篇章。

（一）构建具有东北特色优势的现代化产业体系

1. 凭借优势资源打造特色产业集群

东北地区资源禀赋优势突出，老工业基地的深厚根基也为东北地区现代化产业体系建设夯实基础。东北各地区应结合自身比较优势，着重发展特色产业。就农业发展而言，黑龙江省粮食产业发展基础深厚，应针对玉米和大豆等优势产业，打造现代农业全产业链，提高农产品附加值。辽宁和吉林则应根据自身独特优势有针对性地发展特色渔业和人参等特色农产品加工行业。而蒙东地区具有辽阔的草原资源，应实现畜牧业与生态农业有机结合。近年来，"尔滨"文旅取得优异成绩，带动冰雪旅游等相关产业进入公众视野。东北地区应继续夯实冰雪产业发展基础，注重冰雪品牌打造，激发冰雪经济发展潜力。

2. 加速推动传统产业转型升级

一是要强化科技创新与数字化赋能。设立科技创新专项资金，提高科技

投入资金比例。系统性谋划技术创新体系，将企业与科研机构以市场化的方式紧密联系在一起。借助工业互联网、人工智能等技术实现生产过程智能化监控与优化，以数字化赋能传统产业，完成从大规模生产到个性化定制的转变，提升产业附加值和市场竞争力。二是要优化产业结构，推动资源要素向高附加值领域集聚。东北地区传统工业占比较高，随着经济的发展和技术手段的不断更迭，部分传统产业开始呈现产能落后的趋势，应辩证地看待落后产业，通过能耗约束、末位淘汰等方式推动产业转型升级。东北地区工业体系中，高耗能行业占比较高，应针对特定行业重点推行节能改造扶持活动，引导传统产业企业加大技术改造和设备更新力度。

3. 培育具有竞争力的新兴产业

东北地区应重点吸引高端装备制造、新能源汽车、生物医药、新材料等新兴产业企业入驻。建设一批新兴产业园区，完善园区基础设施和公共服务平台，为新兴产业企业提供一站式服务。设立产业引导基金，支持新兴产业项目落地，推动产业集群化发展。同时，加强与高校和科研机构的合作，建立产学研协同创新机制，加速科技成果转化。鼓励企业进行产业融合创新。鼓励传统制造业企业与服务业企业合作，发展研发设计、检验检测、现代物流、金融服务等生产性服务业。支持农业企业与电商、旅游企业合作，发展农产品电商、乡村旅游、休闲农业等新业态。设立产业融合创新奖，对成功推动产业融合的企业给予奖励。

4. 强化产业园区建设

按照"产业集聚、用地集约、生态环保"原则，优化产业园区布局，打造一批高水平的产业园区。完善园区基础设施，提升园区承载能力。优化园区公共服务，为企业提供技术研发、检验检测、人才培训等服务，降低企业运营成本。

（二）以科技创新促进新质生产力发展

为推动东北地区新质生产力发展，应从科技创新载体建设、成果转化体系完善及创新生态优化等方面入手，依托发展新质生产力的重点产业部门，构建全方位、多层次的区域创新体系。

1.整合科技创新资源，加强科技创新载体建设

东北地区的高等教育机构和科研单位数量庞大，但由于缺少系统性的整合和协作，创新力量分布较散，难以形成"1+1>2"的科创合力。应推动区域内具有科研实力的高校和科研机构有机联合，结合我国在重点领域的技术需求进行协同研发，整合各区域资源优势开展重点领域关键技术环节攻关，实现资源共享与优势互补。积极探索以高校和科研机构为中心，以产业园区和产业集群为支柱的科技创新模式。努力构建高质量的科技创新平台，为产业转型升级提供坚实的技术基础和创新推动力。

2.进一步完善科技成果转化体系

科技成果转化是科技创新体系的关键环节，直接决定科研成果能否从实验室走向市场，实现从理论价值向实际应用价值的转化。东北地区应尽快实施科技成果的挂牌交易机制，以促进更多的专利技术实现市场化转化。以市场化手段为抓手，保障科技成果与产业资本之间的紧密结合，推动科技成果转化，促进东北地区新质生产力发展。

3.建立科技创新生态长效发展机制

东北地区应立足中小企业现阶段开展创新活动的实际问题，对地区内部发展新质生产力的重点产业部门（见表3）开展针对性帮扶活动。其一，要健全企业间科研设备的共享机制，在提升区域科研设备使用率的同时，缓解中小企业科研投入压力。其二，针对中小微企业的融资问题发展创新金融，实施知识产权资产质押贷款模式，丰富重点中小企业融资渠道。

表3　东北地区发展新质生产力的重点产业部门

产业部门	具体方向
数字经济	数字创意、数字孪生、元宇宙、区块链、数字农业、智慧农业等
人工智能	人工智能大模型应用产业、机器人及工业母机、水下智能机器人感知系统、智能制造示范工厂等
生物经济	基因工程、蛋白质工程、组织工程、干细胞工程、类脑及人工智能生物工程技术等

产业部门	具体方向
航天航空	国家卫星互联网系统、北斗低轨卫星导航增强系统、5G互联网试验星、小卫星制造产业配套、北斗基准站、天地一体宽带通信体系等
信息	极地寒冰与通信导航系统、国产自主可控的商用服务器、电子雷达、电子测量仪器、电子工业专业设备等
新材料	铝镁合金、轨道交通用钢、能源用钢、超高强度钢、新型轻合金、特种金属、高纯石墨、负极材料、石墨烯、密封材料、散热材料、生物基纤维、特种玻璃、新型墙体、保温材料、隔热隔音材料、氮化硅特种陶瓷等
新能源	光伏电池、寒地新型储能装备、新型风机、构网型储能技术、新一代核电装备等

（三）推进区域经济一体化发展

为推动东北地区经济一体化、高质量发展，应加速构建区域协同发展新机制，提升区域整体竞争力。

1. 建立健全区域一体化合作机制

应通过组建联席领导小组等方式，合理谋划东北地区重点发展战略，打破区域行政壁垒。以构建区域投资信息共享平台的方式，提高信息的透明度，提升区域投资的效率与精准度，实现东北地区内部的资源共享和优势互补。

2. 促进产业协同发展，形成优势互补的产业格局

重点聚焦传统产业的优化升级，强化重点行业产业链上下游主体间的协同。依托汽车、装备制造、石油化工等传统优势产业，借助兼并重组和技术改造等方式，培育具有全产业链集成能力的世界一流企业。合理利用国有资本在市场中的引导作用，聚焦重点领域发展，支持新材料等战略性新兴产业的发展。根据东北各个地区资源禀赋和产业基础进行差异化布局，打造产业集群。

（四）推动经济社会发展绿色转型

东北地区应系统推进能源结构调整、产业升级、资源循环利用及生态环

境治理，全面提升区域可持续发展能力。

1. 构建绿色低碳能源体系

东北地区拥有丰富的风能和太阳能资源，因此应该重视资源的整合和优化配置，加强能源基础设施建设，完善能源的存储和传输系统，推动风光储一体化发展。聚焦氢能产业发展，开展绿氢生产及应用示范项目，助力能源转型增添新动力。现阶段，东北地区绿电交易市场仍处于初期发展阶段，应该进一步优化绿电的市场化交易流程，推动能源消费模式绿色转型。

2. 推动重点行业深度减排降碳

钢铁、石化、水泥等高排放行业应为减排降碳的重点对象，通过推行"一企一策"的减排措施，促使企业运用先进低碳技术和工艺，有效降低碳排放强度。

3. 发展资源循环利用产业

其一，针对重点行业，打通行业内部及行业间的资源循环利用闭环体系，资源回收企业与原材料供应商、产品制造商建立长期合作关系。其二，鼓励回收再利用资源技术的研发，降低行业发展对资源的依赖性，激励再生金属、再生塑料等新兴产品在行业内的应用。

4. 强化生态环境系统治理

针对水资源保护问题，全方位推动流域的综合管理，强化对松花江、辽河等关键流域的生态保护和修复工作。就土地问题而言，科学规划土地用途，优化土地利用与保护性耕作工作，强化重点区域的生态保护与修复，保护黑土地生态，确保其可持续利用。

（五）建好建强向北开放新高地

应增强前沿意识、开放意识，全力打造我国向北开放的重要门户，全力提升东北地区在东北亚区域合作中的战略地位，全力凸显东北地区在联通国内国际双循环中的关键作用。推进东北地区开放型经济建设，全面提升区域开放合作水平。一方面，构建高水平开放合作平台，建立健全跨境产业链。进一步完善基础设施建设，通过打造快捷铁路运输渠道等方式，提高货物流

通速度。充分发挥口岸地缘优势，尽快实行贸易便利化政策；合理布局战略性新兴产业，促进国内外先进技术的有机融合，拓展国际合作，进一步延伸跨境投资及贸易产业链；促进跨境经济合作区与综合保税区政策的叠加，提高区域合作的便捷性。另一方面，应推动制度型开放，围绕跨境产业发展和贸易自由化问题，制定并落实合理化发展制度条例；强化政策支持与保障，强化政府部门的服务功能，为相应企业提供精准帮扶，助力更加丰富的市场主体参与国际交流合作。赋予自贸区更大改革自主权，推动自贸区跨地区高水平协同发展。

（六）推动营商环境实现整体升级

优化营商环境对于激发市场活力、增强区域竞争力具有重要意义。东北地区推动区域营商环境实现整体跨越式升级，是经济高质量发展取得新突破的重要保障。东北地区应持续深化改革，提升公共服务水平，打造市场化、法治化营商环境。

1. 推动要素市场化配置改革

激发区域经济活力的重要工作之一是完善土地要素市场化配置，应推动"标准地"改革，减少产业施工"等待时限"，努力实现"拿地即开工"，实现产业用地利用效率的提升。扩大黑土地保护实施范围，稳步推进建设现代化良田。通过盘活土地二级市场等方式，实现合理流转，利用土地资源充分延伸土地的产业链、提升土地的价值。加快数据交易中心建设，促进政务及行业数据的合理共享与应用，发挥数据资源的最大价值。

2. 打造服务型政府，构建新型政商关系

强化政府服务效能，提升企业获得感。对项目引进、建设等所需服务实现提前预判，靠前办理；简化审批流程、优化服务机制，为民营企业进入市场扫清障碍；精简手续、压缩时限，降低企业开办成本，提升办事效率；通过数字化政务服务平台，推行"一网通办""最多跑一次"等举措，让数据多跑路、企业少跑腿；建立企业诉求响应机制、"服务热线"，及时解决企业在生产经营过程中遇到的困难和问题。拓宽民营企业融资渠道，通过创新

金融产品、完善多层次资本市场、加大信贷支持力度，为民企提供多元化融资选择。鼓励银行设立专项贷款，支持债券融资，发展股权融资，降低融资成本。搭建银企对接平台，优化融资服务，提升融资效率。培育企业家队伍，有计划地实施民营企业家培育计划，定期组织企业家参加国内外培训、考察学习活动，建立民营企业家表彰制度，营造良好的社会氛围，增强企业家的社会责任感。

（七）加大保障和改善民生力度

近年来，东北地区在社会发展上取得了一定成效，但相较于发达地区仍存在一定差距。加大保障和改善民生力度，是实现东北全面振兴的重要抓手，更是提升居民获得感、促进社会和谐稳定的必然要求。

1. 推行就业优先战略，稳定和扩大就业

一是优化人才政策。制定更具吸引力的人才引进政策，对高层次人才给予住房补贴、科研启动资金、子女入学等优惠政策。设立人才发展专项资金，支持人才引进、培养和激励。建立人才评价机制，以能力和业绩为导向，对优秀人才给予重奖。二是加强重点领域人才培养。优化高校和职业院校专业设置，围绕新兴产业需求，开设智能制造、新能源、生物医药等专业。支持高校与企业合作开展订单式人才培养，建立实训基地，提高学生实践能力。三是营造创新创业氛围。通过设立赛事专项资金、创建创业基地、举办创新创业论坛等方式搭建人才与资本对接平台。四是加强人才服务保障。建立人才服务专员制度，为高层次人才配备服务专员，提供"一对一"服务。设立人才服务窗口，集中办理人才落户、社保、医保等业务，简化办事流程，提高服务效率。

2. 进一步优化社会资源配置

应注重教育、医疗等社会资源的均衡化配置，重点规划农村和偏远地区教育、医疗投入，构建社会资源共建共享机制，有效提高社会资源利用效率。另外，注重公共服务质量的提升，尤其针对交通、通信、能源等基础设施建设，提升公共服务供给能力；推进公共服务数字化转型，提升公共服务

便捷性和高效性；加强公共服务质量监管，提升公共服务满意度。通过建设智慧交通系统、构建数字化公共服务平台等方式，提升东北地区公共服务水平。

3.完善社会保障体系，强化社会兜底功能

东北地区应统筹整合养老保险平台，以制度改革确保养老保险的公平合理性；立足医疗保险现存问题，着重解决异地医疗保险结算问题，缓解欠发达区域居民就医压力；注重社会福利普及工作，摸清需特殊关注的困难群体情况，实施精准帮扶政策，多措并举优化社会全方位保障体系。

现代产业篇

B.2
东北三省工业转型升级路径研究

肖国东*

摘　要：　东北振兴战略实施以来，东北三省工业转型升级取得积极进展，产业规模不断扩大，产业转型步伐加快，装备制造业快速发展，新兴产业不断涌现。但东北三省工业转型升级进程中仍然面临研发经费不足、研发人员短缺、高技术产业占比较低和数字经济基础较薄弱等问题。东北老工业基地正处于由传统产业向现代产业转型升级的重要时期，过去的粗放型增长模式难以为继，资源环境约束也不断增强，新的形势对东北三省工业转型升级提出了更高的要求。为破解深层次结构矛盾，加快转型升级，应强化人才、科技、金融等要素供给，全面激发企业创新主体活力，全面推进产业新旧动能转换，全面深化体制机制改革，全面拓展域外产能合作空间，为东北三省工业转型升级注入强大动力、提供体制机制保障。

---

* 肖国东，博士，吉林省社会科学院城市发展研究所研究员，主要研究方向为城市经济学、数量经济学、产业经济学。

关键词： 工业转型升级　东北振兴　东北三省

　　东北三省作为国家重要的老工业基地，肩负着国家工业发展的历史使命。东北三省的工业转型升级，不仅在经济层面具有显著意义，更在国家战略层面占据至关重要的地位。这一进程不仅关乎东北地区的全面振兴发展，而且对于国家工业的可持续发展以及国家工业竞争力的增强具有深远影响。

一　东北三省工业转型升级取得的成效

（一）产业规模不断扩大

　　东北振兴战略实施以来，东北三省工业企业数量、营业收入和资产规模不断扩大。2003~2023年，东北三省规上工业企业数量从11693个增加到17136个，增长46.55%，营业收入从11921.7亿元增加到64071.5亿元，增加4.37倍，资产总计从4741.11亿元增加到88469.5亿元，增加17.66倍。从各省情况看，2003~2023年，辽宁省规上工业企业数量从6842个增加到9271个，增长35.50%，营业收入从6340.9亿元增加到37335.1亿元，增加4.89倍，资产总计从2417.98亿元增加到47229.6亿元，增加18.53倍；吉林省规上工业企业数量从2284个增加到3234个，增长41.59%，营业收入从2638.9亿元增加到14025.4亿元，增加4.31倍，资产总计从864.49亿元增加到20275.3亿元，增加22.45倍；黑龙江省规上工业企业数量从2567个增加到4631个，增长80.37%，营业收入从2941.9亿元增加到12711.0亿元，增加3.32倍，资产总计从1458.64亿元增加到20964.6亿元，增加13.37倍（见表1）。2003~2023年，在东北三省规上工业中，黑龙江省企业数量增长率最高，辽宁省企业营业收入增长率最高，吉林省企业资产总计增长率最高。

表 1　2003 年和 2023 年东北三省规模以上工业企业指标

单位：个，亿元

省份	企业数量		营业收入		资产总计	
	2003 年	2023 年	2003 年	2023 年	2003 年	2023 年
辽宁	6842	9271	6340.9	37335.1	2417.98	47229.6
吉林	2284	3234	2638.9	14025.4	864.49	20275.3
黑龙江	2567	4631	2941.9	12711.0	1458.64	20964.6
东北三省	11693	17136	11921.7	64071.5	4741.11	88469.5

资料来源：《中国统计年鉴 2024》。

（二）产业转型步伐加快

2024 年辽宁省的工业互联网领域取得了显著成就，共有 12 个项目入选工业互联网试点示范项目，同时新建立 17 家省级工业互联网平台，并成功培育 25 个省级 5G 工厂。沈阳市更是入选全国首批"5G+工业互联网"融合应用试点城市，而盘锦市入选国家中小企业数字化转型试点城市。2024 年 12 月吉林省的制造业数字化转型迈出了重要步伐，累计打造了 5 个国家级智能制造示范工厂、15 个国家级智能制造优秀场景，并认定 4 个省级未来工厂和 27 个省级智能工厂以及 50 个省级数字化车间。黑龙江省的哈尔滨和齐齐哈尔入选国家中小企业数字化转型试点城市。截至 2024 年 9 月，黑龙江省已培育出 19 个省级智能工厂、316 个省级数字化车间和 100 个中小企业数字化示范标杆。

（三）装备制造业快速增长

装备制造业是工业经济发展的重要支撑，其快速增长对推动东北工业整体向好发展起到重要作用。东北三省装备制造业快速增长，在推动老工业基地转型升级方面发挥了重要作用。辽宁省以启动实施先进制造业集群发展专项行动为契机，发展集成电路、航空装备、数控机床等重点产业集群。2024

年辽宁省新增专精特新"小巨人"企业 34 家、国家级制造业单项冠军 8 个，工业机器人产业入围全国质量强链十大标志性项目。吉林省在巩固扩大传统装备制造业优势的同时，做强做大集风电整机、电机、叶片、储能等设备于一体的新能源装备产业链。中车长客复兴号亚运智能动车组圆满完成运营保障，时速 200 公里以上高速动车组成功出口欧洲，时速 600 公里高速磁悬浮列车完成首次悬浮运行。黑龙江着力打造国家重要的先进电力装备、特种轨道交通装备、高档数控机床、智能机器人、高端智能农机等先进制造业集群，在大型电站成套机组、大型压力容器、重型数控机床、核电装备、支线客机和直升机以及精密轴承、铁路货车、量具刃具等领域达到了国内领先或国际先进水平。

（四）新兴产业发展壮大

新兴产业的培育与壮大，对于产业的转型和升级、新旧动能的转换更替具有关键性支撑作用。近年来，东北三省的新兴产业展现出迅猛的发展趋势。辽宁省依托 22 个核心产业集群，积极推进低空经济、机器人技术、医疗设备、新能源汽车以及集成电路设备等战略性新兴产业的集群式发展。2024 年，辽宁省 22 个核心产业集群中，战略性新兴产业集群的营业收入占比达 1/3 以上。吉林省则集中力量发展新能源汽车、节能环保、新材料、风力发电设备和碳纤维产业等新兴领域。2024 年，吉林省战略性新兴产业产值占规模以上工业产值的 16.9%。吉林省的碳纤维原丝产能已达到 16 万吨，碳纤维产能已达到 4.9 万吨，居全国首位。黑龙江省着重发展新一代信息技术、航空航天、高端装备、新能源汽车、新材料、新能源、生物技术以及绿色环保等战略性新兴产业。到 2024 年，黑龙江省战略性新兴产业的竞争力得到显著提升，重点新兴产业产值占规模以上工业产值的比重增加 1.7 个百分点。AC352 直升机试飞取证成功，科友半导体的 8 英寸碳化硅晶体技术也达到了国内领先水平。

二　东北三省工业转型升级面临的主要问题

（一）研发经费相对不足

东北三省规上工业企业研究与实验发展（R&D）经费增速低于全国水平，而且东北三省规上工业企业 R&D 经费占全国比重呈现下降态势。2023年东北三省规上工业企业 R&D 经费为6019229万元，与2016年相比，增长了42.83%；2023年全国规上工业企业 R&D 经费为209698997万元，与2016年相比，增长了91.60%。由此可见，东北三省规上工业企业 R&D 经费增速低于全国水平。与此同时，东北三省规上工业企业 R&D 经费占全国比重也有所下降。2016~2023年，东北三省规上工业企业 R&D 经费占全国比重从3.85%下降到2.87%，下降了0.98个百分点（见表2）。东北三省规上工业企业研发经费相对不足问题突出。

表2　2016~2023年东北三省规上工业企业 R&D 经费情况

单位：万元，%

年份	东北三省	全国	东北三省占全国比重
2023	6019229	209698997	2.87
2022	5662749	193617617	2.92
2021	5418915	175142461	3.09
2020	4904304	152712905	3.21
2019	4501430	139710989	3.22
2018	4186709	129548264	3.23
2017	4325289	120129589	3.60
2016	4214164	109446586	3.85

资料来源：《中国统计年鉴2024》。

（二）研发人员相对短缺

东北三省规上工业企业研发经费相对不足的同时，研发人员相对短缺问题仍然存在。2023 年东北三省规上工业企业 R&D 人员全时当量为 106052 人年，与 2016 年相比，增加了 1.06%。2023 年全国规上工业企业 R&D 人员全时当量为 4816705 人年，与 2016 年相比，增加了 78.23%。东北三省规上工业企业 R&D 人员全时当量出现了上升势头，但占全国比重有所下降。2016~2023 年，东北三省规上工业企业 R&D 人员全时当量占全国比重从 3.88%下降到 2.20%，下降了 1.68 个百分点（见表 3）。

表 3　2016~2023 年东北三省规上工业企业 R&D 人员全时当量

单位：人年，%

年份	东北三省	全国	东北三省占全国比重
2023	106052	4816705	2.20
2022	101283	4214666	2.40
2021	94724	3826651	2.48
2020	86056	3460409	2.49
2019	79007	3151828	2.51
2018	77367	2981234	2.60
2017	93565	2736244	3.42
2016	104942	2702489	3.88

资料来源：《中国统计年鉴 2024》

（三）高技术产业占比较低[①]

按照国家统计局《高技术产业统计分类目录》，高技术产业包括医药制造业，航空、航天器及设备制造业，电子及通信设备制造业，计算机及办公设备制造业，医疗仪器设备及仪器仪表制造业，信息化学品制造业等六大类。高技术产业产品附加值高，高技术产业占比是反映产业结构演进的重要指标，东北三省高技术产业占本地规上工业比重不仅低于全国水平，而且有所下降。2016 年东北三省高技术产业主营业务收入 4014.8 亿元，占东北三

---

① 数据来源于《中国高技术产业统计年鉴 2024》。

省规上工业主营业务收入的 7.07%，低于全国水平 6.2 个百分点。2023 年东北三省高技术产业主营业务收入 4144 亿元，占东北三省规上工业主营业务收入的 6.47%，低于全国水平 10.35 个百分点。与此同时，2016~2021 年东北三省高技术产业主营业务收入占东北三省规上工业主营业务收入比重从 7.07% 下降到 6.47%，下降了 0.6 个百分点。从各省情况看，2023 年辽、吉、黑三省高技术产业营业收入分别为 2498 亿元、792 亿元、854 亿元，占各省规上工业主营业务收入比重分别为 6.69%、5.65%、6.72%，分别低于全国水平 10.13 个、11.17 个、10.10 个百分点。

（四）数字经济基础较薄弱[①]

数字经济在工业领域的应用深化不断加快，并在提高工业产品质量和生产效率方面发挥了重要作用，已经成为工业转型升级的重要推动力，但东北三省数字经济基础相对薄弱。从电信主要通信能力相关指标看，东北三省指标数值占全国比重较低。2023 年我国移动电话交换机容量 275458.0 万户，其中辽宁省 6478.6 万户、吉林省 4183.0 万户、黑龙江省 7213.0 万户，占全国比重分别为 2.35%、1.52%、2.62%；我国移动电话基站 1162.0 万个，其中辽宁省 36.3 万个、吉林省 16.3 万个、黑龙江省 22.4 万个，占全国比重分别为 3.12%、1.40%、1.93%；我国光缆线路长度 64317941 公里，其中辽宁省 1831541 公里、吉林省 872212 公里、黑龙江省 1361903 公里，占全国比重分别为 2.85%、1.36%、2.12%。

同时，从企业信息化及企业电子商务销售额看，东北三省指标数值占全国比重仍然较低。2023 年我国每百家企业拥有网站 41 个，而辽宁省、吉林省、黑龙江省分别为 34 个、30 个、30 个，均低于全国平均水平；我国企业电子商务销售额为 363802.1 亿元，其中辽宁省 7841.3 亿元、吉林省 1250.9 亿元、黑龙江省 1469.7 亿元，占全国比重分别为 2.16%、0.34%、0.40%。

---

① 数据来源于《中国统计年鉴 2024》。

三 东北三省工业转型升级面临的形势

（一）国际产业结构深度调整

2008 年国际金融危机过后，发达国家纷纷启动了"再工业化"计划与战略，旨在通过实体经济的振兴来恢复经济。这些国家所倡导的"再工业化"并非短期经济发展的举措，而是一项长期的、依赖新兴科技的产业转型升级。这种转型与以往的工业经济发展模式截然不同，它不仅依赖劳动力的投入，而是以技术创新为核心驱动力，推动产业实现最大程度的创新与升级，其核心在于科技支撑和高精尖人才的竞争。与此同时，我国产业转型升级压力倍增，并且迫在眉睫。随着新一代信息技术与制造业深度融合，制造业的生产模式发生了重大变革。其中，工业互联网是新一代信息技术与制造业深度融合过程中的核心。随着工业互联网的多机互联协作创新，人工智能技术也在 CAD 辅助设计、数字生产线运维等领域不断拓展。生命科学领域正迅猛发展，新一代信息技术与医疗健康行业的结合日益紧密，大数据、云计算、互联网、人工智能等技术的应用速度加快。东北三省的产业转型升级显得尤为迫切。

（二）国内体制机制改革持续深化

创新驱动中国经济增长趋势更加明显，经济增长韧性增强，有能力应对各种挑战。政府机构简政放权，促进市场活力释放，为转型升级提供便利条件。工信部联合发展改革、科学技术等七部门发布了《"十四五"智能制造发展规划》，明确提出智能制造是制造强国建设的主攻方向，到 2025 年，规上制造业企业大部分建成数字化网络，重点行业骨干企业初步实现智能化；到 2035 年规上制造业企业全面普及数字化。为深入贯彻落实习近平总书记关于东北全面振兴的重要讲话和指示精神，深入落实党中央、国务院发布的支持东北深入贯彻落实全面振兴战略的政策文件，东北三省要结合新的形势、任务和要求，优化东北全面振兴的政策框架，制定具体、可执行的政策方案，重点发展东北三省的内在增长动力；优化工作流程，强化地方政府的主体责任，明确责任书、发展路径、时间规划，确保各项任务具体实施。

（三）区域间产业竞争不断加剧

由于区域经济发展水平的差异，东中西部及东北地区在智能制造领域的竞争格局呈现显著的不平衡性。当前我国智能制造业发展相对强势的为东部地区，西部及东北地区发展基础薄弱。我国智能制造业主要分布在长三角、珠三角、环渤海和中部地区，这些地区的智能制造产业园区数量较多，占全国总数的 2/3 以上，具有较强的集聚效应。国内智能制造业区域分布不均衡。从我国智能制造产业链企业区域分布来看，智能制造行业企业多分布于我国经济较为发达的东南沿海地区，其中江苏省、山东省和广东省企业数量较多，东北三省智能制造行业企业数量相对较少。

（四）资源环境约束倒逼发展方式转型

资源紧缺已经成为当前工业经济发展的重要约束之一，伴随工业规模的不断扩大，工业领域对煤炭等化石燃料的需求也水涨船高，因此能源价格成为影响当今世界经济发展的重要因素，这也对进口资源依赖较强的我国造成一定压力。基于经济社会可持续发展理念，必须将节能减排原则融入工业经济发展全过程。从技术角度看，单位 GDP 的二氧化碳排放量成为衡量经济发展与碳排放之间关系的关键指标，应通过降低这一指标，迫使国内产业走向更为清洁、更为生态的发展道路。东北三省作为传统老工业基地，重工业的发展往往需要大量的煤炭和石油资源。东北三省重化工业的结构特点鲜明，处在产业结构调整的重要时期，应对资源环境恶化的压力较大，需要抢抓价值链高端环节，加速产业转型。同时，在国内、国际产业转移步伐加快的背景下，扩大招商引资规模、主动承接产业转移迎来了难得的历史机遇。东北三省地处东北亚腹地，而且正处于工业化快速发展时期，通过承接发达国家部分劳动密集型产业和少量资本密集型产业，有机会更深层次参与国际

分工。但这种产业转型也带来部分问题，部分制造业的生产和发展往往会影响周围生态环境。发达国家将高污染产业转移至发展中国家，会对当地生态环境造成严重污染。因此在国际分工中，需要重视产业承接和发展方式的革新，尽可能地选择承接高附加值产业。更重要的是，以创新驱动引领发展，用创新激发国内产业生产能力，从根本上改变制造业生产模式，走创新与生态友好的和谐发展之路。在当前环境资源约束增强、生态问题加剧的背景下，产业转型升级迫在眉睫。

四　加快东北三省工业转型升级的路径

（一）全面激发企业创新主体活力

围绕市场需求，以企业为创新主体推动产学研深度融合。围绕汽车、智能制造、医药健康及新材料等重点科技攻关项目，推动企业与科研院所深度融合。聚焦战略性新兴产业发展需求，组建一批战略性新兴产业相关学科专业群，打造国家级和省级一流学科中心。围绕核心技术攻关，发挥领军企业的引领作用，延伸产业链创新链，加强协同创新，提升中小企业创新能力，打造科技创新生态。支持龙头企业"组阁揭榜"，组建产业创新联盟，建立健全产学研合作机制，共建研发机构。同时，发挥应用技术研发及产业化中心的作用，促进企业与相关研究机构合作，共同建立企业研发分中心。鼓励发展科技型中小企业"首投""首贷"业务，释放科技与金融有机融合效应，梯度培育"专精特新"企业。

（二）全面推进产业新旧动能转换

加快培育新动能，驱动传统产业转型升级，培育壮大新兴产业，不仅要"从无到有"，更要"重塑自我"，推动产业新旧动能转换。鉴于新兴产业具有创新性、战略性等特点，市场需求大，未来发展速度快，有些地区甚至把产业新旧动能转换简单等同于发展新兴产业，大量的资金及优惠政策向新兴产业倾斜，没有因地制宜，往往会导致新兴产业领域过度竞争。然而一些传统产业转型升级步伐缓慢，错过了最佳发展时机，产业竞争力下降，陷入了困境。产业新旧动能转换，需要两手抓、两手促，不能忽视任何一方。传统产业在国民经济中占比大、地位高、作用强，是国民经济发展的主战场。推动传统产业"老树发新芽"，实现改造升级、技改扩能，也是产业新旧动能转换的重要内容。因此，应统筹传统产业转型升级与新兴产业发展培育，通过新技术、新模式、新业态，拓展传统产业发展空间，开发更多的新产品，不仅推动传统产业焕发活力，而且推动新兴产业发展壮大。采用分区域、分领域，多点突破、多业并举方式，用"新基建"赋能产业智能化发展。

（三）全面深化体制机制改革

加快国企混合所有制改革，优化资源配置方式，促进资产保值增值。为了加快科技成果在实践中的应用和转化，一方面，要坚持"干中学""学中用"的方式，围绕制造业高端化发展的核心环节，集中创新资源重点突破，大力培育各类专业技术服务人才，引进各类科技中介服务机构，通过专业人才和机构的集聚，加速技术成果转化，进一步加强科技服务对产品创新和产业发展的支撑力。通过自我学习等方式切实提高企业家才能，发挥东北高等院校优势，完善人才培育方式，设立人工智能和大数据等先进技术相关专业，改革人才培养模式，注重学科间的交叉融合，培育高端制造业发展需要的复合型人才。加强对本土人才的培养，壮大高层次人才队伍，鼓励科研人员创新创业，巩固新基建专业人才队伍建设。围绕装备制造、人工智能等领域培育高层次人才，推动制造业高端化发展。另一方面，要完善创新机制，健全科技服务市场。在加大创新要素投入的基础上，破除体制机制障碍，营造良好的技术创新氛围，鼓励企业通过技术创新、加大研发投入、提高产品附加值等方式，推动产业转型升级。为了破除深层次体制机制弊端，要坚持以改革的方式有效利用创新资源，鼓励企业通过现代化的经营方式营造内部创新环境，因地制宜地进行管理创新和技术改造，充分发挥研发投入对技术创新的支持作用，改善人才发展环境，壮大高层次人才队伍。严格贯彻落实习近平总书记关于优化营商环境

的重要论述，以市场主体需求为导向，坚持深入推进简政放权、放管结合、优化服务，下力气破除体制性障碍和机制性梗阻，营造有利于创新、创业、创造的发展环境。

（四）全面拓展域外产能合作空间

为了重塑东北三省工业竞争新优势，提升域外产能合作空间，需要扩大对外开放，积极适应国际产业结构调整新趋势。一是要积极融入共建"一带一路"，拓展域外产能合作空间。通过整合国内国际优质资源，鼓励制造业企业"走出去"，利用东北亚的区位优势，加快建设东北三省与东北亚国家间互联互通工程，优化与东北亚国家之间的贸易结构，推动东北亚区域制造业产能合作，为东北三省产业结构调整创造更多新机遇。二是积极参与国际分工，抢占产业链价值链高端环节。东北三省在拓展产能合作空间的基础上，要重视技术外溢并提高外资利用水平，鼓励制造业企业在全球范围内配置资源，积极参与国际分工，把握国际产业结构调整的新形势，提高企业自身产品的附加值和竞争力，嵌入产业链高端环节。三是加强地域间经济合作，构建经济合作平台。企业投资领域的拓展能够深化政府间合作，区域经济发展合作平台能够进一步完善产业链，推动合作开拓国际市场，并发挥政府作用联合招商。企业在加强域外合作的同时，要注重引进和学习先进技术。企业产品的核心竞争力离不开技术创新的支撑，并且企业在拓展国际市场、整合创新资源等方面需要开展多领域的合作和广泛的制造研发学术交流活动，以此为依托能够引进更多前沿创新技术，为东北三省产业国际产能合作提供便利条件。

参考文献

黄光球、何奕：《传统制造业智能化发展的驱动力研究》，《生产力研究》2022 年第 5 期。

季良玉：《中国制造业智能化水平的测度及区域差异分析》，《统计与决策》2021 年第 7 期。

国家统计局编《中国统计年鉴 2024》，中国统计出版社，2024。

国家统计局社会科技和文化产业统计司编《中国高技术产业统计年鉴 2024》，中国统计出版社，2024。

辽宁省统计局、国家统计局辽宁调查总队编《辽宁统计年鉴 2023》，中国统计出版社，2023。

吉林省统计局、国家统计局吉林调查总队编《吉林统计年鉴 2023》，中国统计出版社，2023。

黑龙江省统计局、国家统计局黑龙江调查总队编《黑龙江统计年鉴 2023》，中国统计出版社，2023。

B.3
东北三省工业高质量发展路径研究[*]

宋静波[**]

摘 要: 工业是国民经济的主体,是立国之本、兴国之器、强国之基,其高质量发展既是经济高质量发展的重要体现,也是新发展时期发挥我国工业竞争新优势的关键所在。近年来东北三省工业高质量发展已经取得初步成效,但是在研发投入、发展质效、创新成果转化等方面仍存在不足,本报告从强化规划引领、整合创新资源、做优引育留用等方面提出东北三省工业高质量发展的路径思考。

关键词: 工业 高质量发展 东北三省

党的二十大报告指出,高质量发展是全面建设社会主义现代化国家的首要任务。习近平总书记强调,"高质量发展……就是体现新发展理念的发展……就是从'有没有'转向'好不好'"[①]。2023年9月8日,习近平总书记在黑龙江考察时强调,"要立足现有产业基础,扎实推进先进制造业高质量发展,加快推动传统制造业升级"[②]。工业高质量发展是通过创新驱动、结构优化、绿色低碳、智能化和开放合作等手段实现工业领域经济效益、社

---

[*] 基金项目:黑龙江省社科规划项目"双循环背景下黑龙江省装备制造业转型升级对策研究"(21JYE402)的阶段性研究成果。

[**] 宋静波,博士,黑龙江省社会科学院农业和农村发展研究所副研究员,主要研究方向为区域经济、农业经济。

[①] 《习近平谈治国理政》(第三卷),外文出版社,2020。

[②] 《牢牢把握在国家发展大局中的战略定位 奋力开创黑龙江高质量发展新局面》,《人民日报》2023年9月9日。

会效益和生态效益的全面提升。新中国成立以来，东北三省工业为国家发展做出巨大贡献，但是现阶段，东北三省工业仍然存在大而不强、自主创新能力以及核心技术偏弱等问题。面对世界百年未有之大变局，以及尽快畅通制造业国内国际双循环的复杂形势，国家"十四五"规划明确提出，"十四五"时期，先进制造业集群的建设与发展全面提速。总体来看，推动东北三省工业高质量发展已经迫在眉睫，本报告系统分析东北三省工业高质量发展取得的成效、存在的问题，并在此基础上提出发展路径。

一　东北三省工业高质量发展取得的成效

党的十九届五中全会明确提出，"十四五"期间，我国经济社会发展要以推动高质量发展为主题。近年来，东北三省工业发展立足"三新一高"，高质量发展已经具备一定的基础条件，主要体现在规模总量稳步壮大、新兴产业稳步发展、创新能力稳步增强、发展规划不断完善等方面。

（一）规模总量稳步壮大

近年来，东北三省工业经济综合实力稳步提升，发展增速趋于稳定，工业发展由高速增长转向中高速增长，依然保持了稳中有进的发展态势，但是地区间差距仍然存在。2019～2023 年，辽宁省规模以上工业增加值总体呈现增长态势。2019 年辽宁省规模以上工业增加值比上年增长 6.7%，2023 年规模以上工业增加值比上年增长 5.0%，高于全国水平 0.4 个百分点。在面临多种挑战的情况下，辽宁省的工业经济仍保持了稳定增长，工业增加值由2019 年的 8052 亿元增长到 2023 年的 10220.2 亿元，工业作为"主引擎"的作用继续加固。

2019～2023 年，吉林省工业总产值呈现稳步增长的趋势，在产业结构优化、创新驱动发展等方面取得积极进展。2019 年，吉林省规模以上工业增加值增速达到 5.0%，2020 年吉林省工业增加值在 2019 年 3347.81 亿元的

基础上，增至 3501.19 亿元，规模以上工业增加值增长 6.9%，工业经济在逆境中保持了稳定增长。2021 年吉林省工业增加值增速达到 4.6%，保持稳定增长并高于全国平均水平。2023 年吉林省工业增加值继续实现显著增长，规模以上工业增加值增长 7.1%，高于全国平均水平。2024 年吉林省工业增加值为 3804.87 亿元，增速达到 4.1%，高于全国平均水平。尽管面临外部环境的复杂变化和内部结构调整的挑战，但吉林省通过优化产业结构、推动技术创新和产业升级等措施，成功实现了工业经济的平稳较快发展，彰显了吉林省工业经济的强劲增长动力。

2019~2021 年，黑龙江省规模以上工业增加值分别实现了 2.8%、3.3%、7.3% 的稳定增长，工业经济的稳定性和韧性不断增强，工业经济经过调整后正逐步恢复并展现强劲的增长动力。2019~2023 年黑龙江省工业总产值呈现波动增长的趋势，尽管在某些年份面临增速放缓或结构调整的挑战，但总体上工业生产保持稳定增长，工业增加值由 2019 年的 3334 亿元增长到 2023 年的 3963.6 亿元，装备制造业、高技术制造业等行业成为推动工业总产值提升的重要力量，而部分传统行业则面临增长放缓或调整的压力。

（二）新兴产业稳步发展

近年来，东北三省立足资源禀赋、产业基础，因地制宜发展新质生产力，战略性新兴产业和高技术制造业增加值占比稳步提升。近年来，辽宁省高技术制造业发展迅速，尤其是 2019 年和 2023 年，高技术制造业和规模以上高技术制造业增加值分别实现了 18.7% 和 8.8% 的增长。辽宁省在推动产业结构优化升级方面成绩显著。2024 年，辽宁省的高技术制造业增加值实现了 11.3% 的增长，这一增长率超出全国平均水平。此外，辽宁省还新增了 8 个国家级制造业单项冠军，并有 34 家企业入选国家级专精特新"小巨人"企业，其中 29 家为国家重点支持的"小巨人"企业，工业机器人产业成功入围全国质量强链十大标志性项目。同时，辽宁省战略性新兴产业集群的发展也取得了显著成效，10 个此类产业集群的规模占据全省重点产业集群总规模的 1/3 以上。另外，大盘绿色石化集群、沈大工业母机集群以及沈阳航空集群均入选 2024 年先进制造业集群竞赛的胜出名单，这 3 个集群的胜出使得辽宁省在该竞赛单元中的上榜集群数量居全国首位。

2024 年，吉林省的高技术制造业增加值占规模以上工业增加值的 12.3%，而战略性新兴产业产值占比达到了 16.9%。吉林省在新能源领域取得显著进展，新增风力和光伏发电装机容量超过了 600 万千瓦，这一数字是其常规消纳能力的 10 倍之多，同时新能源产业的投资额突破了 1100 亿元。此外，吉林省的氢基绿能产业园中，有 80% 的新能源需求通过自发自用的方式满足，这标志着全国首创的新能源直供模式正式开启。这一系列成就不仅展示了吉林省在推动能源结构转型方面的努力，也体现了其在全国新能源发展领域的领先地位。

2023 年，黑龙江省高技术制造业增加值同比增长 12.3%，这一增长率超过全国平均水平 9.6 个百分点。2024 年，黑龙江省战略性新兴产业倍增计划和未来产业孵化加速计划稳步推进，重点新兴产业的产值同比增长 6.8%，占规模以上工业总产值的比重达到 20.7%，相比 2023 年提升 1.7 个百分点。此外，黑龙江省的一些企业也取得了显著成就，思哲睿公司成为国内行业领军企业；天有为公司在上交所主板上市，并通过了中国证监会的注册审批。黑龙江省生物发酵氨基酸和生物质燃料乙醇生产基地规模保持全国首位。在工信部组织的未来产业创新任务"揭榜挂帅"项目中，黑龙江省有 8 个项目入围，包括人形机器人等领域，入围项目数量在东北三省位列第一。这些成就表明黑龙江省在推动高新技术产业发展及产业升级方面取得了重要进展。

（三）创新能力稳步增强

《中国区域创新能力评价报告 2023》显示，在 2023 年全国 31 个省（区、市）创新能力排名中，东北三省名次均较上年有所上升，其中，吉林、黑龙江和辽宁分别上升 6 位、5 位和 2 位，东北三省创新转型效果明显（见表

1）。2023 年吉林省创新能力排名提升幅度全国第一。辽宁省致力于构建高能级创新平台，新增了 10 家全国重点实验室。这些实验室集聚了 698 名科研人员，开展了 72 项自主科研项目，并成功转化了 181 项科研成果。围绕省内重点产业的发展需求，辽宁布局了 20 个重点实验室群，有效提升科技成果的本地转化率至 57.6%。辽宁省在增强科技创新能力、促进科技成果转化方面取得了显著成效。

表 1   2023 年全国 31 个省（区、市）创新能力排名情况

省（区、市）	2023 年	2022 年	排名变化
广　东	1	1	0
北　京	2	2	0
江　苏	3	3	0
浙　江	4	4	0
上　海	5	5	0
山　东	6	6	0
安　徽	7	7	0
湖　北	8	10	2
湖　南	9	8	-1
四　川	10	12	2
陕　西	11	9	-2
重　庆	12	11	-1
河　南	13	13	0
福　建	14	17	3
海　南	15	16	1
江　西	16	15	-1
天　津	17	14	-3
吉　林	18	24	6
广　西	19	22	3
河　北	20	18	-2
黑龙江	21	26	5
贵　州	22	20	-2
辽　宁	23	25	2

续表

省（区、市）	2023 年	2022 年	排名变化
青　海	24	21	−3
云　南	25	19	−6
山　西	26	23	−3
甘　肃	27	29	2
内蒙古	28	30	2
宁　夏	29	27	−2
新　疆	30	28	−2
西　藏	31	31	0

资料来源：《中国区域创新能力评价报告 2023》。

　　截至 2023 年，吉林省在重大创新平台建设方面实现了显著突破，共建成 11 个国家重点实验室和 155 个省级重点实验室，同时设立了 220 个省级科技创新中心。截至 2024 年 12 月，又有 3 个实验室获批成为全国重点实验室，同时 3 个省级实验室正式挂牌运行。此外，吉林省国家科技型中小企业注册数量累计达到 7278 家，同比增长 72%；而国家高新技术企业数量也增至 3590 家，创下历史新高。值得一提的是，有超过 1000 名来自高校和研究机构的"科创专员（科创副总）"深入企业，积极推动产教融合发展，吉林省在提升科技创新能力和促进科技成果转化方面取得了重要进展。

　　2024 年，黑龙江省持续以科技创新为引领，加速推进"4567"现代化产业体系建设。黑龙江省共有 9 项科研成果获国家科学技术奖，同时，国家光刻机产业计量测试中心落地黑龙江。黑龙江省产业技术创新联盟成员数量达到 96 家，共转化 622 项重大科技成果，并认定超过 1200 家高新技术企业。此外，黑龙江省积极落实人才振兴相关政策，技能人才数量达到 266.9 万人，其中 12 人入选国家级高层次人才名单。这些成就展示了黑龙江省在促进科技创新、推动产业升级以及加强人才队伍建设方面所取得的重要进展。

（四）发展规划不断完善

在深厚积淀的基础上，东北三省持续完善工业高质量发展规划布局。[1]
辽宁先后制定印发《辽宁省人民政府关于贯彻新发展理念推动工业经济高
质量发展的意见》《辽宁省先进装备制造业"十四五"发展规划》《辽宁省
深入推进结构调整"三篇大文章"三年行动方案（2022—2024 年）》等发
展规划，[2] 以 2023 年启动实施的先进制造业集群发展专项行动为契机，发
展航空装备、新能源汽车等 22 个重点产业集群。

吉林省围绕现代汽车、轨道装备、光电装备、卫星制造等领域，[3] 以
"六新产业"为主攻方向，构建现代产业新格局。在现代汽车领域，吉林省
抢占行业制高点，建设世界级商用车整车"智"造基地——一汽解放 J7 智
能工厂，引领汽车产业驶入高端化、智能化、国际化顶级汽车智能制造赛
道，启动奥迪一汽新能源汽车项目，带动全产业链规模化、高端化、集群化
发展。在轨道装备领域，吉林省集聚长客股份、长客庞巴迪、启星铝业、研
奥电气等一批行业重点企业，构建集研发设计、集成制造、综合检修、生产
服务于一体的先进轨道交通装备产业集群。[4] 在卫星光电领域，吉林省打造
新兴"两翼"，形成"屏、端、网、云、智"全领域、高端化的光电信息制
造能力。吉林省在巩固扩大传统装备制造业优势的同时，做大做强集风电整
机、电机、叶片、储能等设备于一体的新能源装备产业链。[5]

黑龙江省持续完善工业规划布局，聚焦以科技创新推动产业创新，改造
提升传统产业，让科技创新的"关键变量"成为振兴发展的"最大增量"。
黑龙江先后印发《黑龙江省工业强省建设规划（2019—2025 年）》《黑龙
江省产业振兴行动计划（2022—2026 年）》等发展规划，明确培育壮大航

① 谢方、王松、王彦堂：《东北装备制造业驶入发展"快车道"》，《东北之窗》2023 年第 10 期。
② 《辽宁装备制造业着力转型升级》，《人民日报》2023 年 10 月 24 日。
③ 《"新装备"塑造发展"新优势"》，《吉林日报》2022 年 5 月 30 日。
④ 《"新装备"塑造发展"新优势"》，《吉林日报》2022 年 5 月 30 日。
⑤ 谢方、王松、王彦堂：《东北装备制造业驶入发展"快车道"》，《东北之窗》2023 年第 10 期。

空航天、高端装备、农机装备等战略性新兴产业，加快推进汽车等传统优势产业向中高端迈进，着力打造国家重要的先进电力装备、特种轨道交通装备、高档数控机床、智能机器人、高端智能农机等先进制造业集群。

二　东北三省工业高质量发展面临的问题

（一）研发投入水平较低且强度不够

作为老工业基地，东北三省工业门类齐全，从"一五"时期开始，就成为国家重点扶持建设的制造业科研和生产基地。近年来，辽宁省在 C919 国产大飞机、神舟飞船等国家重大技术装备研发制造中承担了重要任务，吉林省的中车长客、长光卫星，黑龙江省的哈电集团、中国一重、中车齐车等均在全国产业链中发挥不可替代的重要作用。

但从 R&D 经费投入来看，2023 年，我国 R&D 经费投入总量突破 3 万亿元，达到 33357.1 亿元，比上年增加 2574.2 亿元，增长 8.4%，研发经费投入强度为 2.65%，比上年提高 0.09 个百分点。从全国 31 个省份来看，R&D 经费投入超过 1000 亿元的省份有 12 个，2023 年广东省 R&D 经费投入 4802.6 亿元，排名第一；江苏排名第二，R&D 经费投入 4212.3 亿元；北京市以 2947.1 亿元的 R&D 经费投入排在第三位。东北三省中 R&D 经费投入最高的辽宁省共投入 676.4 亿元，黑龙江省次之，为 229.3 亿元，吉林省再次之，为 210.2 亿元，东北三省整体研发投入水平较低（见表 2）。

表 2　2023 年东北三省 R&D 经费投入与全国及其他地区比较情况

单位：亿元，%

排名	省份	R&D 经费投入	R&D 经费投入强度
	全　国	33357.1	2.65
1	广　东	4802.6	3.54
2	江　苏	4212.3	3.29
3	北　京	2947.1	6.73

续表

排名	省份	R&D 经费投入	R&D 经费投入强度
4	浙 江	2640.2	3.20
5	山 东	2386.0	2.59
6	上 海	2049.6	4.34
16	辽 宁	676.4	2.24
21	黑龙江	229.3	1.44
25	吉 林	210.2	1.55
26	甘 肃	156.2	1.32
27	新 疆	115.5	0.60
28	海 南	89.8	1.19
29	宁 夏	85.5	1.61
30	青 海	30.3	0.80
31	西 藏	7.3	0.30

资料来源:《2023 年全国科技经费投入统计公报》。

相比金额,R&D 经费投入强度更能反映国家和地区科技创新实力,2023 年 R&D 经费投入强度超过全国平均水平省份的有 7 个,与 2022 年一样,依次为北京(6.73%)、上海(4.34%)、天津(3.58%)、广东(3.54%)、江苏(3.29%)、浙江(3.20%)和安徽(2.69%)。从东北三省来看,辽宁 R&D 经费投入强度最高,为 2.24%,低于全国平均水平 0.41 个百分点;吉林 R&D 经费投入强度为 1.55%,低于全国平均水平 1.1 个百分点;黑龙江 R&D 经费投入强度为 1.44%,低于全国平均水平 1.21 个百分点,均与中部"尖子生"有不小的差距。从最能体现一个国家或地区科技实力,特别是自主创新能力和水平的 R&D 数据来看,东北三省研发投入长期偏低,创新能力不强,缺乏高质量发展的关键保障。东北三省工业龙头型科技企业缺乏、高新技术企业引领作用不突出,制约了工业高质量发展。

(二)工业发展质效仍有待提升

依托丰富的资源优势以及便利的交通条件,东北三省形成了以化工、机械、能源为主导的传统工业体系。近年来,受宏观经济下行压力、煤炭资源枯竭、产能过剩及生态环境治理等因素影响，东北三省重工业的发展面临市场需求变化和技术更新的挑战，辽宁省三次产业结构由 2014 年的 8.0∶50.2∶41.8 调整为 2023 年的 8.8∶38.8∶52.4，吉林省三次产业结构由 2014 年的 11∶52.8∶36.2 调整为 2023 年的 12.2∶33.9∶53.9，黑龙江省三次产业结构由 2014 年的 22.1∶40.0∶37.9 调整为 2023 年的 22.2∶27.0∶50.8，东北三省第二产业比重下降幅度较大，工业对经济发展贡献不足，传统工业如化工等仍占主导，但增长乏力，结构性矛盾仍然存在。

2024 年，辽宁省工业企业营业收入为 33568.1 亿元，与 2023 年相比减少了 2109.2 亿元，工业企业利润总额为 745.8 亿元，与 2023 年相比减少了 755.1 亿元，同比下降 48.3%。2024 年，吉林省工业企业营业收入为 13045.7 亿元，与 2023 年相比减少了 973.3 亿元，同比下降 7.2%，工业企业利润总额为 592.9 亿元，与 2023 年相比减少了 216.2 亿元，同比下降 27%。2024 年，黑龙江省工业企业营业收入为 11779.4 亿元，与 2023 年相比减少了 81.6 亿元；工业企业利润总额为 324.2 亿元，与 2023 年相比减少了 72 亿元，东北三省工业企业效益不佳，结构性问题影响盈利能力提升。

（三）创新成果落地转化率不高

从整体来看，东北三省科技成果常态化供需对接不够，成果转化专业机构、技术经理人数量少，截至 2024 年 7 月，辽宁省有省级及以上技术转移示范机构 106 家、技术转移人才 2900 余人；吉林有省级及以上技术转移示范机构 123 家，其中国家级 10 家、省级 113 家；黑龙江省有 71 家省级及以上技术转移示范机构（原有 74 家，2022 年撤销 3 家资格），其中国家级 11 家。三省高校院所科技成果转化考核机制不健全，内生动力不足。[1] 2023 年，辽宁省高校院所科研成果本地转化率为 55.5%，黑龙江省近五年高校

---

[1] 朱宁宁：《科技进步法贯彻实施总体到位成效明显》，《法治日报》2023 年 10 月 23 日；蔡达峰：《全国人民代表大会常务委员会执法检查组关于检查〈中华人民共和国科学技术进步法〉实施情况的报告——2023 年 10 月 21 日在第十四届全国人民代表大会常务委员会第六次会议上》，2023 年 10 月 21 日。

院所成果大多为满足国家战略和国防需求的单件产品，技术水平高、科技含量足，但往往成本较高，离产业化尚有一定距离。东北三省高新技术企业规模不大、结构不优，辽宁省有高新技术企业 11103 家（截至 2023 年 7 月），吉林省有 4107 家（截至 2024 年），黑龙江有 4430 家（截至 2023 年），占全国高新技术企业总数的比重均较低。

（四）部分产业引领带动能力不强

东北三省制造业龙头与骨干企业多数担当"国之重任"、服务"国之大者"，沈鼓集团、大连船舶重工集团、中车长春、长光卫星、航空工业哈飞、中国航发东安、东轻等航空产业龙头和骨干企业的产品生产和技术研发能力以满足国家需求为核心，在民用产品上投入少、规模小，引领带动能力没有得到充分展现。部分企业产品在同类产品中名列前茅，但是细分市场规模较小，产业拉动作用较弱。东北三省"十四五"规划均涉及优先围绕自身的比较优势产业进行产业结构升级，重点发展先进装备制造万亿级产业集群，坚持稳字当头。围绕东北产业优势优先对优势制造业升级改造当然责无旁贷，但比较优势理论也表明，对单一产业存在依赖性，固化某一单一产业链发挥"比较优势"，容易陷入"比较优势陷阱"，进而给工业转型升级带来更多困难。

三 推动东北三省工业高质量发展的路径思考

（一）强化规划引领，夯实工业高质量发展根基

规划之于工业一直作为"隐性"生产力引领着产业发展，从新中国成立初期苏联援建的 156 个项目中 54 个布局东北三省，到目前加速数字蝶变，在中国智造发展新方向上继续前进，规划布局在东北三省发展历程中发挥着至关重要的作用。当前，新质生产力虽是热词，但毫无疑问的是，以新质生产力推动工业高质量发展，建设制造强国，是一件关乎未来发展的大事，必

须以规划加持新质生产力，因地制宜、量体裁衣。要深入实施产业基础再造工程，重点围绕高端装备、航空航天、电力装备、船舶装备等优势装备领域，加强产业基础前沿领域创新布局，在基础元器件、基础技术以及基础软件等薄弱领域实现攻关突破。深入实施产业振兴计划，聚焦新材料、电子信息等优势产业，建设高端先进装备制造基地。壮大战略性新兴产业，聚焦高端装备重点领域、航空航天航海领域，在研发手段与生产方式上实现创新，以应用为牵引，持续推进产业提升。培育一批拥有核心技术优势产品的企业主体，加快核心技术成果产业化。构筑未来产业新高地，以国家未来产业发展方向为引领，瞄准深空、深海、深地以及人工智能等产业，争创卫星全产业链、元宇宙等未来产业先导区。围绕战略性新兴产业和未来产业，开展补链延链升链建链，明确方向出台比较优势清单和短板弱项清单，用足用好产业转型与规模化应用潜力发展空间。

（二）整合创新资源，引领工业领域加快形成新质生产力

面向国家战略需要、东北全面振兴发展需求，统筹科技创新资源，深入实施科教振兴计划，集中优势资源积极承担国家重大科技项目，在人工智能、航空航天等领域解决一批"卡脖子"技术难题，产出一批科技成果，实现高水平科技自立自强。加大基础研究力度，持续提升原始创新能力，实现更多"从0到1"的前瞻性、原创性、颠覆性重大发现和科技成果。加快核心技术研发和转化应用，一体推进创新研发与成果落地转化。加强创新源头供给，强化创新链和产业链精准对接，健全企业需求导向的项目生成机制、成果转化和市场价值导向的项目遴选机制以及成果评价机制。以企业为主体，充分协调高校、院所、企业等创新资源融合联动，构筑产学研协同创新转化机制，实施一批创新水平高、产业带动力强、具有重大突破性的科技成果产业化项目。以创新成果转化绩效为导向开展分类评价，提高成果转化与推广等评价权重，突出创新成果转化对职称评定的导向作用，针对企业与科研人员两个层面建立成果转化考核机制，重点奖励成果转化成效突出的企业和个人。

（三）做优引育留用，激活工业高质量发展人才引擎

人才是第一资源，国以才兴，业以才旺，装备制造业新质生产力的创新与应用，均与新质人才息息相关。东北三省工业要实现高质量发展，人才是原动力，是决定性因素，要围绕工业高质量发展需求，在人才引得进、育得精、留得住、用得好等方面充分赋能。"精准引才"凝聚工业高质量发展新质人才力量，加大海外一流科技领军人才和创新团队引进支持力度，持续放大引才引智效应，打造高水平创新创业人才团队。系统育才，厚植工业新质人才发展沃土，围绕产业需求培育高技能人才队伍，打造集技术研发、成果转化、推广应用于一体的高技能人才培养链条，加快形成数量充足、供需适配的制造业高质量发展高技能人才队伍。科学用才，激发工业新质人才发展活力，加快高水平大学和重点学科建设，发挥自然科学基金对青年科技人才引导作用，为工业高质量发展储备一批基础性人才和团队。用心留才，优化工业新质人才发展环境，完善人才评价、激励机制，持续营造有利于工业领域人才成长集聚的生态环境，优化人才服务保障体系，打造真心爱才、悉心育才、倾心引才、精心用才的良好环境。

（四）健全政策体系，完善工业高质量发展制度保障

党的二十届三中全会强调，要健全因地制宜发展新质生产力体制机制。制度创新是新质生产力发挥作用的关键，工业高质量发展必须创新政策体系，才能激发创新活力。开展东北三省现有支持科技创新和装备产业发展政策的评估，做好政策动态调整，加快推动相关政策落地见效，围绕科技成果转化、科技创新平台、技术转移机构等方面研究出台实施细则。完善科技金融政策，围绕工业高质量发展创新新质技术，加快设立面向航空航天、机器人等装备领域的专业化投资基金，对具有开创性、前瞻性的科技成果转化项目进行投资，通过基金投资促进科研成果尽快落地。深化与国内知名金融机构合作，开展针对工业智能化数字化的科技成果转化战略研究，探索科技金融业务单独管理机制。聚焦新兴产业发展需求，积极争取国家重大生产力、

重大战略科技力量、重要战略备份基地政策支持。争取卫星互联网产业以及产业基础再造工程、重大技术装备攻关工程等国家战略任务在东北三省布局。

参考文献

《中华人民共和国国民经济和社会发展第十四个五年规划和 2035 年远景目标纲要》，2021 年 3 月 12 日。

国家统计局：《国民经济行业分类》（GB/T 4754—2017），2021 年 7 月 13 日。

《习近平谈治国理政》（第三卷），外文出版社，2020。

金碚：《关于"高质量发展"的经济学研究》，《中国工业经济》2018 年第 4 期。

王一鸣：《推动经济高质量发展 要坚持问题导向》，《智慧中国》2018 年第 9 期。

任保平、宋雪纯：《以新发展理念引领中国经济高质量发展的难点及实现路径》，《经济纵横》2020 年第 6 期。

尹彦罡、魏芳、高艳：《新发展阶段河北省制造业高质量发展着力点探析》，《河北经贸大学学报》（综合版）2023 年第 4 期。

黄茂兴：《全面开启新时代我国经济高质量发展新征程——学习党的十九届五中全会精神体会》，《人民政坛》2021 年第 1 期。

吕志成：《科技创新驱动产业转型升级推动老工业基地焕发新活力实现新突破——全国人大代表、沈阳市委副书记、市长吕成》，《智慧中国》2022 年第 3 期。

纪玉山等：《发展新质生产力，推动我国经济高质量发展》，《工业技术经济》2024 年第 2 期。

张杰：《新质生产力理论创新与中国实践路径》，《河北学刊》2024 年第 3 期。

《全国政协委员曲永义：以新质生产力推动经济高质量发展》，《中国经营报》2024 年 3 月 11 日。

刘垠：《科技创新如何引领发展新质生产力》，《科技日报》2024 年 4 月 12 日。

任平：《以新质生产力强劲推动高质量发展》，《人民日报》2024 年 4 月 9 日。

B.4
东北三省以先进技术赋能传统产业转型升级研究

朱大鹏*

摘　要： 在我国区域协调发展战略中，东北地区占据重要地位，要维护包括产业安全在内的五大安全，关乎国家发展大局。当前东北地区的传统产业形成了成熟的体系，基于产业变革和经济转型需要，传统产业亟须通过先进技术与创新进行赋能，实现产业升级。目前东北地区面临先进技术赋能内生动力不足、先进技术与生产实际融合不够充分等问题。应统筹考虑从内生动力塑造到关键要素供给、从技术系统集成到产业生态构建的全链条方案。宏观层面，要优化竞争环境、激发企业的市场化动力，打通创新链与产业链之间的壁垒。微观层面，要依靠定制化技术方案、本地化系统集成能力，把先进技术的碎片化试点推向系统性大规模应用。同时要保障劳动力、资本投入等要素供给，构建多主体、多区域开放协同的产业生态。

关键词： 先进技术　科技创新　产业转型升级

习近平总书记在新时代推动东北全面振兴座谈会上强调，"要以科技创新推动产业创新，加快构建具有东北特色优势的现代化产业体系。推动东北

---

* 朱大鹏，黑龙江省社会科学院经济研究所助理研究员，主要研究方向为产业经济学、发展经济学。

全面振兴，根基在实体经济，关键在科技创新，方向是产业升级"。① 东北地区作为我国重要的粮食主产区和工业基地，同时是向北开放的重要门户，有着维护国家国防安全、粮食安全、生态安全、能源安全、产业安全的重要战略地位。东北地区产业结构的转型升级不仅事关东北的全面振兴发展，也是关乎国家发展大局的重要战略，既有助于促进区域协调发展，也有益于推进全国经济结构战略性调整，为夯实我国实体经济、推动高质量发展做出重要贡献。在这一过程中，要积极发挥创新的主导作用，发展新质生产力，以科技创新带动先进技术发展，以先进技术促使传统产业转型升级。

一　先进技术对传统产业转型升级的赋能情况

（一）东北传统产业基础与地位

东北三省的传统产业形成了成熟的体系，基于产业变革和经济转型需要，传统产业亟须通过先进技术与创新进行赋能，实现产业升级。东北三省是中国重要的粮食生产基地，农业现代化水平不断提高，农业产业链逐步完善，畜牧业和渔业也取得了长足发展。东北三省已形成以钢铁、石油化工、重型机械、军事工业、医药等传统产业为代表的产业体系，具备完整的装备工业产业链、石化产业链、汽车产业链等生产链条，可以供给和生产地区战略性新兴产业发展所需的材料、能源、设备等基础产品。装备农业、制造、石化、冶金等传统产业仍发挥经济支柱作用，汽车制造等部分产业具备全国性竞争优势，但整体技术迭代滞后。

2024 年辽宁省三产增加值分别为 2565.7 亿元、11503.3 亿元、18543.7 亿元，同比分别增长 4.2%、5.3%、5.0%。② 2024 年，黑龙江省三产增加

① 《牢牢把握东北的重要使命 奋力谱写东北全面振兴新篇章》，《人民日报》2023 年 9 月 10 日。
② 《2024 年全省经济运行情况》，辽宁省统计局网站，2025 年 1 月 19 日，https://tjj.ln.gov. cn/tjj/tjsj/sjfb/sqzx/20250118213639 76950/index. shtml。

值分别为 3203.3 亿元、4147.3 亿元、9126.2 亿元，同比分别增长 2.9%、
-0.2%、4.7%。① 2024 年，吉林省三产增加值分别为 1589.80 亿元、4577.64
亿元、8193.79 亿元，同比分别增长 4.5%、3.9%、4.4%（见表1）。② 整体
上东北三省第一产业、第三产业稳中有进，黑龙江省第二产业承压运行，出
现负增长。

表1　2024 年辽宁省、吉林省、黑龙江省三产增加值及增长情况

单位：亿元，%

省份	第一产业增加值	第一产业同比增速	第二产业增加值	第二产业同比增速	第三产业增加值	第三产业同比增速
辽　宁	2565.7	4.2	11503.3	5.3	18543.7	5.0
吉　林	1589.80	4.5	4577.64	3.9	8193.79	4.4
黑龙江	3203.3	2.9	4147.3	-0.2	9126.2	4.7

资料来源：辽宁省统计局、吉林省统计局、黑龙江省统计局。

东北三省粮食产量领先，2024 年黑龙江粮食生产实现新突破，产量、
面积、单产均创历史新高，全年粮食产量突破 1600 亿斤大关，占全国粮食
产量的 11.3%，产量连续 15 年居全国首位，③ 吉林省粮食产量则位居全国
第四。2024 年黑龙江省规上农产品加工企业 2269 家，新入规 221 家，实现
利润 112.9 亿元，同比增长 9%。④

东北三省以一汽集团、沈阳机床、哈电集团等龙头企业为核心，形成汽
车、机床、电力设备、轨道交通等产业集群。2024 年，吉林省新能源汽车
产量增长 27%，红旗汽车产销量分别增长 22.9% 和 17.4%。⑤ 工信部发布的
2024 年先进制造业集群名单共有 35 个集群，其中有多个优秀制造业集群来

① 《2024 年全省经济运行情况》，黑龙江省统计局网站，2025 年 1 月 23 日，https：//tjj.hlj.gov.cn/tjj/c106736/202501/c00_31805297.shtml。
② 《吉林省 2024 年国民经济和社会发展统计公报》，吉林省统计局网站，2025 年 3 月 24 日，http：//tjj.jl.gov.cn/tjsj/tjgb/ndgb/202503/t20250324_3419691.html。
③ 《政府工作报告》，《黑龙江日报》2025 年 1 月 29 日。
④ 《10 组数据看 2024 年龙江"三农"成绩单》，《黑龙江日报》2025 年 1 月 22 日。
⑤ 《政府工作报告》，《吉林日报》2025 年 1 月 19 日。

自东北三省，如辽宁大盘绿色石化集群、沈大工业母机集群、沈阳航空集群、哈尔滨航空集群、绥哈大齐生物制造集群等。[①]

石化产业产能规模大但附加值低。东北三省具有资源与产能优势，依托大庆油田、辽河油田等资源，石化产业稳中有进，大庆石化、抚顺石化等企业年炼油能力均超千万吨。但东北三省存在产业链短板，产业链集中于炼油、基础化工原料等中低端环节。目前东北三省正充分利用增量调结构，不断提高化工产品占比，淘汰落后的炼化产能，提升产品的附加值和竞争力。

在文化产业方面，东北三省呈相对弱势。根据 2024 年全国规模以上文化及相关产业企业营业收入增长数据，东部地区实现营业收入 112100 亿元，比上年增长 6.1%；中部地区 16466 亿元，增长 7.1%；西部地区 11697 亿元，增长 4.2%；东北地区 1247 亿元，下降 1.3%，仅占全国的 0.9%。[②]

东北三省传统产业仍具备显著的规模优势和战略价值，具有重要的经济贡献，但也存在结构性矛盾。东北三省传统产业仍是稳就业、保民生的"压舱石"，起到了经济支柱作用，但增长的动力一直衰减，且面临新能源汽车、人工智能等新兴产业发展的冲击，逐渐陷入"大而不强、全而不精"的困境。装备制造业依赖存量优势而增量不足，石化冶金产业受制于绿色转型压力，农业则困于产业链低端锁定。解决结构性矛盾要求通过先进技术嵌入，从"产能扩张"转向"价值链攀升"，为传统产业转型升级提供现实依据。

（二）先进技术赋能产业发展

东北三省在先进技术赋能传统产业方面已展开初步探索，尤其在智能制造、工业互联网、大数据和绿色技术领域取得局部突破，但整体仍处于

---

① 《【辽宁日报】看辽宁如何集"链"成"群"》，辽宁省工业和信息化厅网站，2024 年 12 月 27 日，https://gxt.ln.gov.cn/gxt/mtgz/2024122714273732185/index.shtml。
② 《2024 年全国规模以上文化及相关产业企业营业收入增长 6.0%》，国家统计局网站，2025 年 1 月 27 日，https://www.stats.gov.cn/sj/zxfb/202501/t20250127_1958489.html。

"点状突破、链式薄弱"阶段，技术应用广度与深度与发达地区还有一定差距。

辽宁省大力推动制造业高端化、智能化、绿色化，2024年新增专精特新"小巨人"企业34家、国家级制造业单项冠军8个，工业机器人产业入围全国质量强链十大标志性项目。辽宁省开展自主科研项目72个、转化科研成果181项，围绕重点产业布局20个重点实验室群，科技成果本地转化率达57.6%；聚焦未来产业，组建9家省基础科学中心，实施研究项目880个；培育省级5G工厂25个，新增省级工业互联网平台17家；加强头部企业配套，加快延链补链强链，22个重点产业集群中，战略性新兴产业营业收入占比超过1/3。[1]

吉林省以汽车产业电动化、智能化、网联化、共享化改造升级为核心，加快推动化工产业精细化、装备制造产业高端化和智能化、冶金产业高端化发展。立足国家使命，积极构建攻坚科技创新机制。2024年，吉林省长白山、三江、吉光3个省实验室挂牌运行，科研团队荣获国家科学技术进步奖一等奖，实现历史性突破；认定高新技术企业超过4100家，长春入围国家首批20个"车路云一体化"试点城市；松原全国首套严寒地区全钒液流共享储能电站投入运行，中车长客自主研发首列氢能源市域列车试运行。

黑龙江省积极推动科技创新，加快"4567"现代化产业体系建设，全力打造发展新质生产力实践地。2024年，全省产业技术创新联盟成员达96家，转化重大科技成果622项，认定高新技术企业1200家以上，9项成果获国家科学技术奖，哈工大先研院新生成企业15家。传统产业加快改造升级，制造业技改投资增速达23.9%。新认定国家级制造业单项冠军企业4家、绿色工厂39个，创历史最好水平。新认定省级智能工厂和数字化车间56家。战略性新兴产业倍增计划和未来产业孵化加速计划扎实推进，重点新兴产业产值占规上工业产值比重提高1.7个百分点。[2]

---

① 《政府工作报告》，《辽宁日报》2025年1月20日。
② 《政府工作报告》，《黑龙江日报》2025年1月29日。

（三）政策与资金扶持情况

2023 年 12 月，工业和信息化部会同有关部门联合印发《关于加快传统制造业转型升级的指导意见》；2024 年 4 月，《推动工业领域设备更新实施方案》发布；2024 年 5 月，国务院常务会议审议通过《制造业数字化转型行动方案》。一系列国家政策强调坚持创新驱动发展，加快先进适用技术推广应用，优化产业结构，加强新技术、新产品创新迭代，加快数字技术赋能，促进产业链供应链网络化协同，推进产业融合互促，加速培育新业态新模式。

辽宁省在培育壮大科技企业群体、加快发展数字经济核心产业、引导企业加大科技成果转化投入等方面，出台多项科技创新政策，包括《辽宁省强化企业科技创新主体地位 培育壮大科技型企业群体的若干措施》《辽宁省巩固增势推动经济持续回升向好若干政策举措》等。在战略科技人才、重点领域专门人才、平台建设、激发创新活力、优化服务保障等方面，出台"兴辽英才"政策措施，包括《关于深化人才发展体制机制改革的实施意见》《辽宁省人才服务全面振兴三年行动计划》《深入实施"兴辽英才计划" 加快推进新时代人才强省建设若干政策措施》等。另外，对完善科研项目经费拨付制度、加大科研人员激励力度、减轻科研人员事务性负担、成果转化与产业化等方面，也不断推动体制机制改革，形成政策支持。

吉林省以全面深化科技体制改革为主线，以突破性政策和超常规力度，夯实科技创新基础，激发科技创新潜力活力，提升科技创新整体实力。为加快构建"基础研究+技术创新+成果转化+科技金融+人才支撑"全过程创新生态链，陆续出台了《吉林省企业科技创新能力提升三年行动方案（2024—2026）》《吉林省教育科技人才产业一体化发展三年行动方案（2025—2027 年）》《吉林省科技成果转化贡献奖励办法》等扶持政策。

黑龙江省强调要主动适应新一轮科技革命和产业变革，以新产业技术、新产业形态、新产业结构和新产业生态促进产业转型升级，从而推动黑龙江省工业发展的质量变革、效率变革和动力变革，加快打造新型工业化基地，

重塑黑龙江振兴发展新优势。黑龙江陆续推进环大学大院大所创新生态圈建设，并发布了《黑龙江省战略性新兴产业倍增计划（2024—2028 年）》《黑龙江省未来产业孵化加速计划（2024—2027 年）》等支持政策。

东北三省均设立了专项资金支持传统产业转型升级。如辽宁省的数字辽宁智造强省产业专项资金，对数字化车间、智能工厂建设等项目给予支持；吉林省的工业和信息化发展专项资金，对工业互联网平台建设、企业智能化改造等项目给予补助；黑龙江省也设立了相应的专项资金，支持传统产业的技术改造和转型升级项目。

二　先进技术推动传统产业转型升级面临的困境

（一）先进技术赋能内生动力不足

东北地区先进技术赋能传统产业转型升级面临内生动力不足的问题，这种内生动力缺失并非源于单一要素的匮乏，而是多重结构矛盾交织的结果，折射出区域经济系统运行的深层次问题。

一是"高点示范"与"低面覆盖"并存，头部企业打造标杆项目，但中小企业技术渗透率不足。一部分头部企业依托自身资源、能力优势以及政策倾斜打造的示范标杆并未起到引导作用，反而成为脱离产业生态的"技术样板"。这种示范工程虽具有视觉冲击力，却因缺乏横向协同与纵向传导的路径，难以触发产业集群的链式反应。而对中小企业的技术渗透也存在壁垒，从技术适配方面看，部分龙头企业的标准化技术方案难以匹配离散化生产场景；从成本约束方面看，先进技术的高成本、高投入与长回报周期超越了中小企业风险承受阈值。当技术扩散仅停留于"点状突破"而无法形成网络效应时，示范项目将无法发挥标杆作用，甚至成为资源错配的载体，体现了区域创新能力的结构性分化。

二是"高技术储备"与"低转化效率"的矛盾，科研机构技术积累丰厚，但产业化通道不畅。这一问题的本质是创新链和产业链的隔离，转化通道存在堵点。东北三省科研机构、高校等科研资源储备较为丰富，但大多数科研机构的技术研发主要源于单维度的创新模式，即以专利、论文为导向的科研活动，与产业需求存在难以避免的代际差和场景差。转化效率较低还有以下几方面的直接原因，首先是中试环节缺乏风险共担机制，技术创新的概念验证与商业应用之间形成断层，中间环节缺乏有效过渡；其次是技术交易市场资源配置效率不高，知识产权的实验室价值估计与市场估值存在落差；最后是企业对于先进技术的吸收能力仍受传统生产惯性的路径锁定，难以实现创新要素的高效融合。

三是"高政策热度"与"低市场响应"的失衡，政府补贴推动试点建设，但企业自主投入意愿薄弱。东北三省在科技创新、技术推广以及传统产业升级等方面出台了较多支持政策，但市场响应、产业实际发展情况并不理想。企业创新意识薄弱，依赖政府输血式扶持，缺乏市场化创新机制。政府通过财政补贴、项目申报等行政手段推动的技术改造，虽鼓励了创新型企业发展，但也催生了"政策套利型创新"。部分企业为获取短期补贴进行表面数字化改造，或者应采用新技术却规避实质性组织变革与模式创新。从政府角度来看，部分政策中的评估体系偏重设备采购等有形投入，忽视数据资产运营等无形价值创造；从企业角度看，部分企业不积极创新自身产品，仅依靠"输血式"政策工具扶持，以获取补贴为主要目的；从市场角度看，市场倒逼机制因区域竞争不足而失效，部分传统产业企业缺乏"创新或淘汰"的生存压力。支持政策的精准度仍需提升，对于企业创新积极性的激发作用不足，市场化程度不高，企业市场意识与竞争意识不足，市场化环境尚未充分释放创新活力。

（二）要素限制仍较为显著

一是劳动力要素呈梯度流失。东北三省人口流失问题较为突出，且伴随人口老龄化、少子化等人口年龄结构问题。随着人口负增长出现，劳动力人口的减少进入快车道，而劳动力人口的减少必然带来有效劳动供给减少和人力资本存量的降低。东北三省高技能人才流失呈现质量和数量的双重流失复

合特征，一方面是高端人才的持续性流失，高薪和优秀的发展平台不断吸引高级技术人才和管理人才；另一方面人才增量不足、存量不断减少，成为制约技术赋能的直接因素。现有技术人才也面临知识结构老化和技能迭代压力。传统技术培训和教学还未完全适应智能制造所需要的数字化、智能化人才培养要求。人才外流导致科技创新后劲不足，高端技术和复合型人才匮乏。人力资本的结构性问题使得先进技术的应用面对有设备无操作、有系统无优化的困境。

二是投资融资渠道受限，社会资本对传统行业兴趣度不高。民营和风险资本活跃度低，在东北三省科技型中小企业和创新型企业的早期投资中，社会资本、民间资本、风险投资等市场化资金投入不足，耐心资本的缺乏导致一些前景良好的项目无法获得早期支持。传统产业中国有企业占比较大，政府投资和国有资金的使用模式往往倾向于保守，对新兴技术的灵活投入不足。随着政府专项资金扶持的增加，如何形成市场化、可持续的投融资模式又是难题。传统产业企业自身融资能力有限，依赖银行贷款是其主要融资方式，而商业银行出于风险控制考虑，往往对于尝试新技术改造的传统企业有所顾虑，传统企业成功转型存在不确定性，更容易面临贷款难、贷款贵的问题。东北三省资本市场的发展与东部沿海地区存在差距，创业板、区域性股权交易市场对企业的覆盖和帮助相对不足，难以为技术改造及创新项目提供多元化的融资渠道。

（三）先进技术与生产实际融合不够充分

一是"通用型"方案与需求的错配损失。部分技术方案未能充分满足行业特点。东北地区传统产业多集中在重工业、能源、化工、装备制造等领域，生产链条复杂且对传统工艺依赖度高。对这些复杂流程进行数字化、智能化改造，要求技术提供方深入理解行业工艺、质量控制及安全规范等细节。部分技术服务商提供的方案偏向通用，或者仅考虑设备检测、自动化改造等单一环节，很难形成针对行业特点的定制化方案，对生产流程中的关键控制点、数据采集点研究不足，导致技术与实际需求难以有效匹配。

二是企业管理层意识和能力的制约。部分企业管理层对先进技术赋能的价值和紧迫性认知不足，缺乏数字化、智能化意识，缺少持续迭代的动力，或由于短期经济压力较大，对于新技术改造的投入较为谨慎，相关项目投入不足、推进不力。另外，在技术实际应用过程中，企业管理问题也会导致应用场景的碎片化，虽然在先进技术应用过程中局部试点多，但系统性改造少，只是将某些先进设备或数字化工具应用于部分生产环节，缺乏系统规划和整体集成，最终难以发挥技术的最大价值。同时，存在数据采集与分析不足的情况，部分企业可以依据外部数据库，但有不少企业需要构建自己的数据库才能最大化发挥技术作用。如果企业管理决策不合理，对数据采集体系的投入不够，就无法形成完整的数据闭环。

三是系统集成与配套环境存在短板。一方面，对引进的先进技术依赖度高，相关工业软件和自动化系统的本地化二次开发不足，数字化、智能化改造往往依赖国外或沿海发达地区的工业软件和自动化系统，但东北三省本地软件产业基础相对薄弱，二次开发与技术支持环节跟不上企业需求。另一方面，产业链与配套服务生态尚未健全，配套零部件、物流、售后服务等环节欠缺整体联动，影响改造效率，能够提供成熟"交钥匙工程"的服务商在东北三省的布局仍显不足。

三　以先进技术赋能传统产业转型升级的路径和对策

（一）强化技术赋能内生动力

一是构建多层级联动机制，提高中小企业技术渗透率。引导示范项目"纵深传导"，与中小企业形成技术共享、人才共育与供应链配套机制，鼓励中小企业进行多样化技术改造。政府与行业协会应设立跨企业技术协同平台，推动龙头企业的成功改造经验向更多中小企业渗透。通过政策与市场的结合，如降低示范技术的二次部署成本、提供专业化技术咨询与服务，加速示范技术在产业集群内部的扩散，使技术赋能案例从单一突破变为批量复制。

二是完善创新链与产业链对接，畅通成果转化通道。强化中试环节与风险共担，针对实验室研究到商业应用的"断层带"，构建产业创新联合体，联合龙头企业、科研院所共建技术中试基地，通过财政、金融机构和企业共同出资，分担中试失败风险，为处于关键孵化期的技术提供持续资源供给。完善技术交易与知识产权运营，建立更加灵活的技术估值和交易机制，鼓励科研人员以专利入股、股权激励等方式深入参与企业孵化，推动产学研深度融合，整合高校、科研院所与企业的研发资源，打通高校、科研院所与企业之间的成果转化壁垒，促进科研成果的产业化。

三是营造市场化竞争环境，激发企业自主投入动力。鼓励外部技术服务商、创新企业参与传统产业，形成真正的市场竞争与倒逼机制，优化产业竞争格局。持续完善政策和机制的评估体系，对于企业技术创新、先进技术应用等方面的优惠政策，要进行多维度对标；要更多关注企业智能化、数字化转型成果和市场化成效，减少对"设备采购"等表面指标的过度依赖，避免"政策套利型创新"泛滥。确保资金投入和政策扶持从根本上提高了企业创新热情、带动了市场的积极响应、促进了先进技术赋能产业升级。

（二）优化关键要素供给

在人力资本方面，要根据各省各地区实际情况，因地制宜地完善和实践东北三省"技术领军人才计划"。优化人才引进与培养机制，既引进高层次技术人才和科研工作者，也培育熟悉数字化和智能化技术的本地人才梯队。前者为产业升级提供突破性技术，后者则支撑产业的智能化、数字化转型落地。推动职业院校与产业需求对接，丰富智能制造、工业软件、大数据等相关的培训，强化与企业合作编制"实训+就业"课程，推动对口实习，定向培养智能化技术人才或"数字工匠"，缩小人才培养与企业需求的现实差距。持续完善人才激励与服务配套，在税收、科研资金、家属就业等方面提供针对性支持，让年轻人才和高端人才愿意扎根东北，同时进一步完善城市公共服务和文化生活环境，增强对青年的吸引力。

在资本投入方面，应拓展投融资渠道，健全多层次资本市场、多元化资金支持，推动耐心资本发展。积极鼓励社会资本与风险投资进入传统产业改造升级领域，丰富区域产业升级基金与引导基金，采用"政府+市场"双轮驱动的方式，为初创企业、科技型企业提供种子期与早中期资金支持，提升地方创投机构的专业化水平与规模，探索"技术换信贷"模式，降低企业融资门槛。强化资本市场对接，鼓励发展区域性股权交易市场针对传统产业转型升级的专项板块，为中小企业提供低门槛的股权融资平台。以政策引导破除制度障碍，以长期资金注入激活创新生态，以专业化能力提升资本效能，力图实现科技、产业、金融的深度融合，既要鼓励市场主体主动探索，也需要政府从战略高度构建适配新质生产力发展的耐心金融体系。

（三）强化技术与生产实践的融通

一是聚焦重点行业的定制化技术方案，深挖行业痛点。例如在冶金、石化等流程工业领域，更重视自动化控制系统的集成和安全管理；在高端装备制造领域，重点强化机床智能运维与数字化监测等环节；在农业领域，打造农业物联网、智能农业机械等专项应用。完善系统化改造思路，从生产线数字化、车间智能化到全厂区、全产业链协同，避免仅在局部"装上先进设备"就算完成改造，确保各环节数据无缝对接、流程优化得到实际落地。

二是建立数据驱动的生产与管理模式。推动企业部署传感器、数据采集系统，并在云端或本地搭建数据分析平台，实现从原材料采购、生产流程控制到产品售后的全流程数据联动。推进数字孪生技术应用，在关键项目中，通过物理系统与虚拟模型的实时交互，实现生产过程的预测性维护、动态优化和质量管控。

三是强化本地化软件与系统集成能力。扶持本土企业或与外部技术公司合资合作，掌握定制化软件开发与系统调试能力，培育本地工业软件与解决方案提供商，减少对外部通用型方案的过度依赖。鼓励成立区域性智能制造服务联盟，为中小企业提供从需求调研、方案设计、安装调试、售后维护到持续迭代的"一站式"服务，降低企业数字化改造的技术门槛。

（四）推动产业链协同与区域协作

一是强化大中小企业协同共生。发挥好龙头企业的牵引作用，引领中小企业积极跟进，龙头企业开放资源、数据接口，中小企业则结合自身细分领域的柔性与技术灵活性，实现分工协作。而政府可在税收优惠和审批上为此类合作项目设立"绿色通道"。同时，应完善供应链与配套协作，鼓励产业链上下游企业在数字化建设过程中共享数据、协同分析，形成集群式生产网络，在配套物流、售后与服务环节也进行联动优化。

二是加强区域协作与跨区域技术引进。首先是东北三省的内部协同，强化辽宁、吉林、黑龙江的产业技术联盟合作，形成涵盖装备制造、农业、能源、化工等重点领域的共享研发平台、产业联盟，提升整体技术创新水平。其次是对接国内其他地区的外部联动，积极承接京津冀、长三角、粤港澳等创新高地的技术溢出，邀请优秀工业互联网、智能制造企业在东北设立区域研发或运营中心。

三是积极发挥东北三省各自的地缘优势，加强国际协作。辽宁省可依托港口经济，打造面向日韩的智能制造合作示范区，推动跨境供应链整合；吉林省可挖掘汽车制造产业链的国际化潜力，加速与日本、韩国车企的深度合作，利用珲春口岸构建跨境汽车零部件供应链；黑龙江与俄罗斯远东地区接壤，可强化与俄罗斯的重型装备合作，依靠自由贸易试验区，推动对俄数据跨境流动试点，同时吸引其他国家企业共建工业互联网平台，深化与东北亚各国在精密制造、自动化领域的合作。

四是完善产业生态的公共服务与支撑。建立行业性信息咨询与培训体系，鼓励第三方专业机构为企业提供技术诊断、管理咨询、人才培训、投融资对接等服务，让更多传统企业有机会利用先进技术。持续优化区域制度环境与配套设施，在产业园区内持续完善高端制造配套、物流与仓储服务；在行政审批、法治建设、知识产权保护等方面持续改革，形成对外来投资与人才的强大吸引力。

B.5
东北三省原材料工业发展报告

摘　要： 　本报告首先阐述了东北三省原材料工业发展现状，包括总产量、细分产业产量变化、细分产业各省特点、能源绿色转型情况、工业新型材料发展情况。然后分析了东北三省原材料工业发展存在的问题，例如装备落后以及产品附加值较低、市场需求减少、资源瓶颈约束、新材料"卡脖子"、创新人才缺乏、安全规制有待加强。最后提出加速"卡脖子"新材料研发、推动企业实现数字化转型、推进高能耗企业降碳、优化钢铁产业布局、加强人才队伍建设、加强安全规制以促进东北三省原材料工业高质量发展的政策建议。

关键词： 　原材料工业　数字化转型　高质量发展

东北三省是我国工业的摇篮和重要的装备制造业基地，在我国经济发展大局中举足轻重。2023 年 9 月，习近平总书记在新时代推动东北全面振兴座谈会上指出，"东北资源条件较好，产业基础比较雄厚，区位优势独特，发展潜力巨大。当前，推动东北全面振兴面临新的重大机遇"。① 原材料工业的高质量发展是新时代新征程推动东北全面振兴的重要组成部分，因此研究东北三省原材料工业对新时代东北全面振兴具有重要意义。

---

　* 　刘洋，经济学博士，辽宁社会科学院产业经济研究所助理研究员，主要研究方向为产业经济。
　① 　《牢牢把握东北的重要使命 奋力谱写东北全面振兴新篇章》，《人民日报》2023 年 9 月 10 日。

一 东北三省原材料工业发展现状①

原材料工业包括石化化工、钢铁、有色金属、建材等行业。本报告主要以原煤、原油、铁矿石、生铁、粗钢、十种有色金属、乙烯产业数据对东北三省原材料工业发展情况进行分析。

（一）总产量增加、占全国的比重减少

1. 总产量增加

2015～2023 年，东北三省原材料工业总产量总体上呈上升态势，从 2015 年的 68.4 亿吨增长到 2023 年的 78.5 亿吨。虽然在 2016～2018 年总产量小幅度波动下降，但从 2019 年开始有所回升（见图 1）。

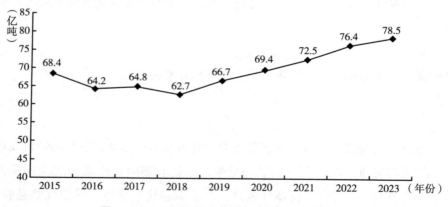

图 1 2015～2023 年东北三省原材料工业总产量

资料来源：东北三省历年统计年鉴。

2. 占全国的比重减少

2015～2023 年，东北三省原材料工业总产量占全国的比重总体上呈减少趋势。2015 年，东北三省原材料工业总产量占全国的比重为 7.97%，2016 年减少

---

① 数据来源于中经网统计数据库。

到 6.78%，虽然比重在 2017~2018 年有小幅度的回升，但从 2019 年开始又回到
递减态势，2023 年东北三省原材料工业总产量占全国的比重为 6.71%（见图 2）。

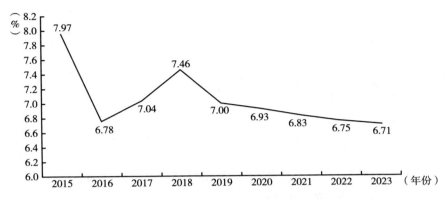

图 2　2015~2023 年东北三省原材料工业总产量占全国的比重

资料来源：东北三省历年统计年鉴。

（二）细分产业变化不同

1. 产量有增有减

东北三省原材料工业中，每个细分产业的产量变化特点不同。2015~2023
年，产量总体增加的有生铁、粗钢、十种有色金属、乙烯产业，产量总体减
少的有原煤、原油、铁矿石产业。其中，铁矿石产量总体呈先下降后上升的
变化趋势，虽然同 2015 年比，2023 年的产量有所下降，但 2020 年开始产量逐
年上升，2023 年的产量上升到 18086 万吨，与 2015 年的 20017 万吨越来越接近。
铁矿石产业也是东北三省原材料工业中产量最高的产业（见图 3）。

2. 铁矿石产量占全国的比重显著增加

从各产业产量占全国的比重来看，在全国占比较高的产业依次是原油、
乙烯、铁矿石。2015~2023 年，仅有铁矿石产量占全国的比重显著增加，其
余产业产量占全国的比重基本不变或者减少。原油产量占全国比重显著减
少，从 2015 年的 25.8%减少到 2023 年的 20.8%；铁矿石产量占全国比重从
2015 年的 14.5%增加到 2023 年的 18.3%（见图 4）。

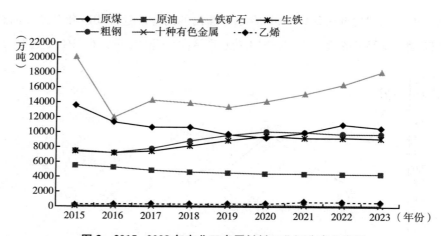

图3 2015~2023年东北三省原材料工业细分产业产量

资料来源：东北三省历年统计年鉴。

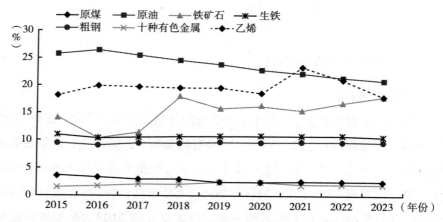

图4 2015~2023年东北三省原材料工业细分产业产量占全国的比重

资料来源：东北三省历年统计年鉴。

（三）细分产业各省特点不同

1. 东北三省中，黑龙江原煤产量保持较高水平

辽宁的原煤产量逐年减少，从2015年的4635.4万吨减少到2023年的2861.5万吨。2024年1~11月，辽宁原煤累计产量为2802.7万吨。吉林原

煤产量同样呈减少态势，从 2015 年的 2622.46 万吨减少到 2023 年的 912.4 万吨。2024 年 1~11 月，吉林原煤累计产量为 841.6 万吨。黑龙江原煤产量高于辽宁和吉林，且没有呈逐年递减态势。2015 年黑龙江原煤产量为 6321.89 万吨；2023 年黑龙江原煤产量为 6813.5 万吨，高于 2015 年。2024 年黑龙江原煤产量预计会比上年减少，2024 年 1~11 月累计产量为 4873.3 万吨，与上年同期 6223.1 万吨相比减少 1349.8 万吨（见图 5）。

2. 东北三省中，黑龙江原油产量保持较高水平

2015~2024 年，黑龙江原油产量显著高于辽宁和吉林。2015 年，黑龙江原油产量为 3838.6 万吨，辽宁为 1037.07 万吨，吉林为 665.48 万吨。黑龙江原油产量是辽宁的 3.7 倍，是吉林的 5.8 倍。黑龙江原油产量呈逐年减少态势，到 2023 年，全年产量减少至 2971 万吨。辽宁的原油年产量波动幅度较小，但产量高于吉林（见图 6）。

3. 东北三省中，辽宁铁矿石产量高

辽宁省的铁矿资源非常丰富，产量远超吉林和黑龙江。辽宁省鞍山市是我国铁矿石资源最多、产量规模最大的城市之一，铁矿石保有储量达到 90 亿吨，远景储量高达 200 亿吨。2015 年，辽宁铁矿石产量为 17588.7 万吨，吉林为 1983 万吨，黑龙江为 444.9 万吨。辽宁的铁矿石产量约为吉林的 9 倍、黑龙江的 40 倍。而且辽宁的铁矿石产量比较稳定，2015~2023 年，只有 2016 年、2017 年产量下降较多，其他年份产量都比较稳定，2023 年产量为 17122.95 万吨（见图 7）。

辽宁为全力推进绿色矿山、智慧矿山建设，实施了一批大型铁矿项目，包括鞍山市政府和鞍钢集团打造的国家级综合性钢铁产业基地项目。辽宁铁矿石产量能够持续满足国内市场需求，为更有力保证铁矿石供应，辽宁省自然资源厅协调各市、县人民政府及有关部门，实行了容缺受理、联审联办机制，为西鞍山、陈台沟两座特大型铁矿山快速办理了"采矿许可证"。

虽然与辽宁相比，黑龙江和吉林的铁矿石产量较少，但黑龙江、吉林在矿产资源开发和利用方面也具有潜力。截至 2022 年底，黑龙江全省已查明

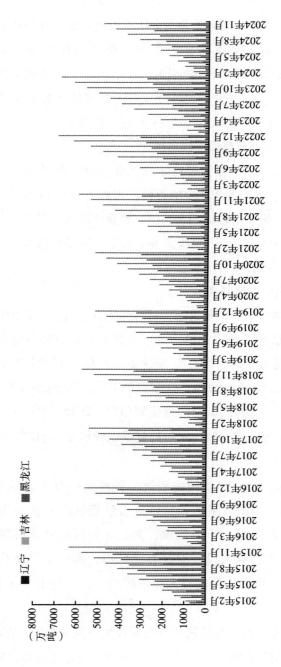

图5　2015年2月至2024年11月辽宁、吉林、黑龙江原煤月度累计产量

资料来源：东北三省历年统计年鉴。

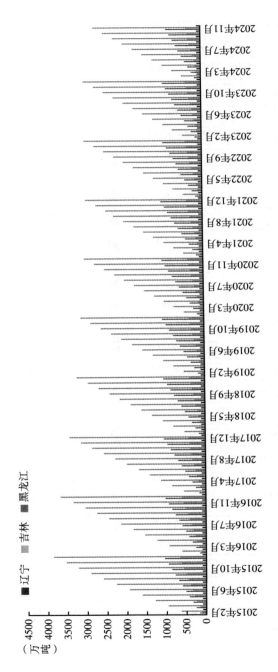

图 6 2015 年 2 月至 2024 年 11 月辽宁、吉林、黑龙江原油月度累计产量

资料来源：东北三省历年统计年鉴。

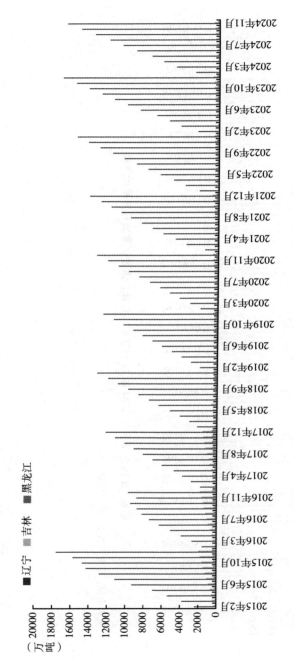

图7 2015年2月至2024年11月辽宁、吉林、黑龙江铁矿石月度累计产量

资料来源：东北三省历年统计年鉴。

资源储量的各类矿种达到了 93 个，占全国当年已查明资源储量矿产的 40%。2023 年前 10 个月，黑龙江省铁矿石原矿产量达到了 262.9 万吨，同比增长 8.7%，增幅超过全国平均水平。2024 年 1~3 月，吉林省规模以上工业企业铁矿石原矿产量达到 152.8 万吨，比上年同期增长 10.5%，增速高于全国平均水平。

4. 东北三省中，辽宁的生铁、粗钢、钢材、十种有色金属产量较高

辽宁的生铁、粗钢、钢材、十种有色金属产量皆连年高于吉林和黑龙江。2015 年，辽宁的生铁、粗钢、钢材、十种有色金属产量分别为 6059 万吨、6071.3 万吨、6321.6 万吨、91.68 万吨，吉林产量依次为 974.9 万吨、1066.8 万吨、1152.5 万吨、0.16 万吨，黑龙江产量依次为 408.9 万吨、418.5 万吨、403.8 万吨、0.1 万吨。2023 年，辽宁的生铁、粗钢、钢材、十种有色金属产量分别为 6948.9 万吨、7344.1 万吨、7848.4 万吨、108.2 万吨，吉林产量依次为 1359.89 万吨、1452.5 万吨、1588.22 万吨、13 万吨，黑龙江产量依次为 865.65 万吨、956.35 万吨、933.26 万吨、27.88 万吨。2024 年 1~11 月，辽宁的生铁、粗钢、钢材、十种有色金属产量较 2023 年同期有所减少（见图 8~图 11）。

5. 东北三省中，辽宁乙烯产量较高

2015~2020 年，东北三省的乙烯产量波动幅度较小，辽宁的乙烯产量高于吉林和黑龙江，辽宁的乙烯产量在 160 万吨上下浮动。从 2021 年开始，辽宁的乙烯产量激增，最高达到 2021 年的 440 万吨，是同年吉林水平的 5.7 倍、黑龙江水平的 3.2 倍。2022~2024 年，辽宁的乙烯产量稍有减少，呈递减态势（见图 12）。

（四）东北三省能源绿色转型取得进展

一是清洁能源发电比例提高。截至 2023 年底，辽宁累计发电装机容量达 7261 万千瓦，比 2020 年增长 25.7%。其中，清洁能源发电装机容量达 3523 万千瓦，装机比例由 2020 年的 37.7% 提高到 48.5%，清洁能源发电比重提高了 15 个百分点，达到 47%。截至 2024 年 7 月，吉林省新能源装机容量突

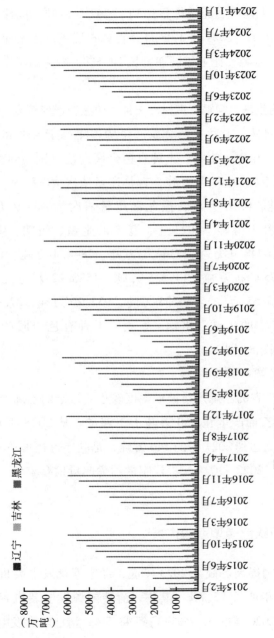

图 8　2015 年 2 月至 2024 年 11 月东北三省生铁月度累计产量

资料来源：东北三省历年统计年鉴。

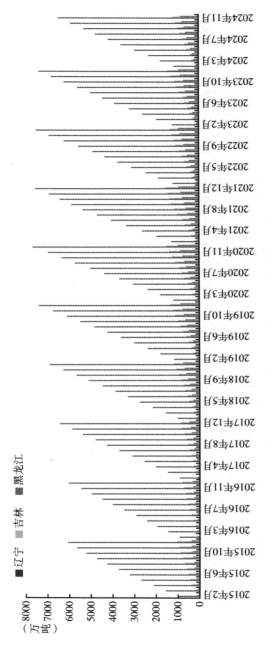

图9 2015 年 2 月至 2024 年 11 月东北三省粗钢月度累计产量

资料来源：东北三省历年统计年鉴。

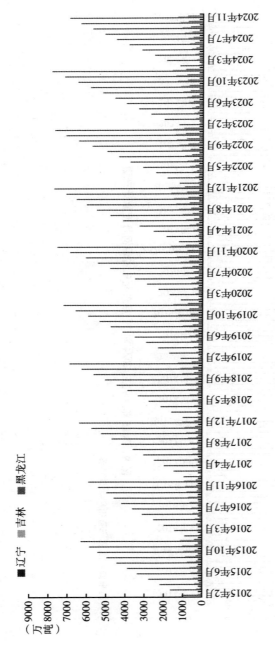

图10 2015年2月至2024年11月东北三省钢材月度累计产量

资料来源：东北三省历年统计年鉴。

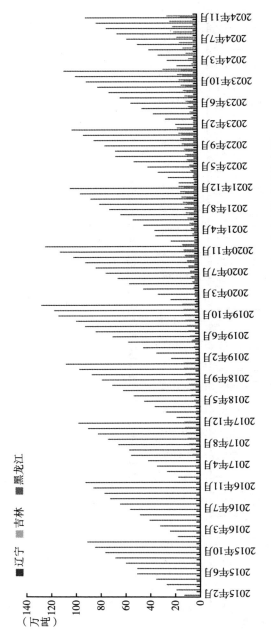

图 11　2015 年 2 月至 2024 年 11 月东北三省十种有色金属月度累计产量

资料来源：东北三省历年统计年鉴。

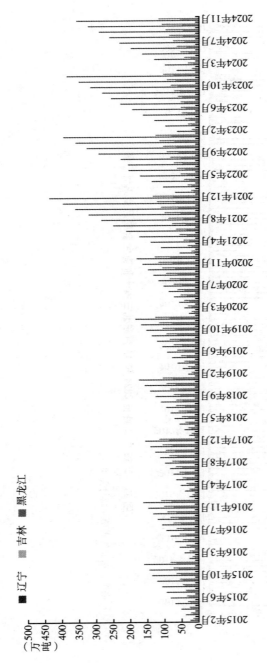

图 12　2015 年 2 月至 2024 年 11 月东北三省乙烯月度累计产量

资料来源：东北三省历年统计年鉴。

破2000万千瓦，超过煤电，在全省电力装机中居首位。吉林油田围绕加快推进绿色低碳转型，积极调整生产模式，全力推进CCUS（二氧化碳捕集、利用和封存）及新能源业务，进展良好。黑龙江大庆油田原油产量连续9年稳定在3000万吨以上，天然气产量连续13年保持上涨趋势，[①] 古龙页岩油田从2023年开始进入盈利阶段；煤矿智能化、绿色、安全水平持续提升，建成国家级智能化示范矿井2座、省级智能化矿井12座。黑龙江省风电、光伏装机规模大幅增长，无论是新能源装机规模还是可再生能源装机规模都实现了翻倍增长。

二是加快了绿色低碳技术突破与成果转化。2024年，辽宁省工业降碳实验室群成立，加快了对工业行业绿色低碳高质量发展进程中的共性、关键、核心技术难题突破研究以及成果转化应用，推动了科技创新赋能产业集群发展及行业绿色转型。《支持氢能产业发展的若干政策措施（试行）》等文件的出台助力了吉林省氢能产业发展。吉林省氢能产业综合研究院成立，建成后将实现绿色氢气3.2万吨/年、绿色氨18万吨/年的生产能力，实现碳减排约65万吨/年，节约标准煤23万吨/年。[②] 在能源科技创新方面，大庆油田、哈电集团等企业取得了重要成果。黑龙江能源领域新业态新模式深入推进，农林生物质能源化利用取得突破，能源储运设施布局优化。

（五）工业新型材料产业发展较快

辽宁省在一些工业原材料领域达到国内先进水平，例如先进钢铁材料、高温合金、铝合金、钛合金、镁合金、工程塑料、特种橡胶、新型催化净化材料、功能膜材料、纳米材料、复合材料等。辽宁还有一批从事工业新材料开发生产的主要企业，如鞍钢股份、本钢股份、东北特钢、辽宁忠旺、沈阳

---

① 《我省新能源产业发展：向"新"逐"绿"踏浪行》，吉林省人民政府网站，2024年8月23日，https://www.jl.gov.cn/yaowen/202408/t20240823_3286162.html。

② 《大安：聚焦绿色能源发展 推进重大项目建设》，白城市人民政府网站，2025年2月28日，http://www.jlbc.gov.cn/xxgk_3148/xq/202502/t20250228_1009045.html。

中钛装备、辽阳石化、营口康辉石化等，在全国工业新材料开发方面具有举足轻重的地位。

吉林省在碳纤维原丝、碳素丝、复合材料等方面的研究与开发上取得进展。截至 2022 年 12 月，吉林省碳纤维原丝产能达 6 万吨/年，碳素丝产能达 2.5 万吨/年，产能均居全国第一位，产品规格涵盖大小丝束多个品种。①

黑龙江的一些新材料研发机构，例如哈尔滨玻璃钢研究院、哈尔滨工业大学复合材料与结构研究所等在复合材料研发领域有较高水平。

二　东北三省原材料工业发展存在的问题

（一）装备落后、产品附加值较低

以菱镁矿为例，辽宁菱镁产业长期集中于原矿开采加工和传统镁质耐火材料生产，一直沿用 20 世纪 30 年代和 80 年代的技术基础而形成的炉窑技术与装备，包括轻烧、重烧、电熔、耐火材料煅烧窑炉等，工艺落后、装备简陋、单套生产能力小、烟气污染排放高、粉尘排放多、劳动环境差。近年来，尽管通过产学研合作，在轻烧粉生产方面形成了一些新工艺和新窑炉，但在能耗、可靠性、规模化等方面仍与国外先进技术存在差距，甚至部分新轻烧装备能耗高于传统炉窑。在重烧、电熔以及年产能 500 万吨的各式镁质耐火材料煅烧窑炉及装备的数字化和网络化方面，技术能力明显低于国际先进水平。另外，高端设备与装备所需的精细镁质原料、材料及制品，如阻燃耐火材料、高纯金属镁添加剂、电工/光学用镁质材料、国防镁质晶体等仍需从国外高价进口。

（二）市场需求减少

全国钢材市场需求减少。根据中国钢铁工业协会数据，截至 2024 年 8

---

① 《2025 年吉林省碳纤维全产业链力争产值突破 300 亿元》，吉林经济技术开发区管委会网站，2022 年 2 月 14 日，http://www.jleda.gov.cn/mtgc/202202/t20220214_1018677.html。

月下旬，重点钢企生铁日均产量 175.6 万吨，同比下降 6.4%；重点钢企粗钢日均产量 188.5 万吨，同比下降 7.8%；重点钢企钢材日均产量 195.5 万吨，同比下降 10.8%。

乙烯产业面临的主要问题是需求不足、供应过剩、成本竞争加剧。随着乙烯生产途径的多样化，如石脑油裂解法、甲醇/煤制烯烃法等，乙烯产业正从规模竞争转向成本竞争。受到高通货膨胀等因素的影响，全球乙烯消费恢复乏力，进一步影响了乙烯市场需求的增长。

（三）资源瓶颈约束

黑龙江的鹤岗、鸡西、双鸭山、七台河四大煤矿已开采 70 多年，33 个主要矿井中 16 个已经枯竭，剩余矿井的开采难度较大、成本较高。大庆油田的开采难度也较以前增加，成本提高、产量减少。[1] 1960～1975 年，大庆油田石油产量达到约 4800 万吨/年；1976～1995 年，产量增长到约 5605 万吨/年；1995 年至今，产量逐渐减少到 3000 万吨/年。[2]

（四）新材料"卡脖子"

一些工业新材料仍然被发达国家"卡脖子"。例如碳纤维材料，虽然我国在技术上已有所突破，但小丝束碳纤维技术和大丝束碳纤维技术仍被日本、美国、德国企业"卡脖子"。还有聚酰亚胺有机高分子材料中的薄膜产品，美国、日本、韩国企业的市场份额合计达到 90% 以上；[3] 聚酰亚胺有机高分子材料中的工程塑料，由沙特基础化学公司和杜邦公司占据了全球市场的大部分份额，技术和产品都不对中国出口。在氟化工与含氟新材料方面，国内的新产品开发、应用等都与发达国家差距较大，国内有的含氟材料产品

---

① 《中国城市故事：终将收缩甚至消失的四种城市》，新浪财经，2019 年 5 月 14 日，https://finance.sina.com.cn/china/2019-05-14/doc-ihvhiqax8654261.shtml。

② 《大庆油田石油枯竭后，在松辽盆地上还能找到大油田吗？》，搜狐网，2025 年 6 月 14 日，https://www.sohu.com/a/904286112_121164116#：~。

③ 《我国聚酰亚胺薄膜行业现状：市场不断扩容 国产替代进程加速进行》，观研报告网，2024 年 11 月 16 日，https://www.chinabaogao.com/market/202411/734082.html。

还处在产品价值链的低端，高附加值的产品高度依赖进口。钨制品也是如此，国内能够提供大部分钨原料，但高附加值的钨制品仍需从国外进口。聚烯烃催化剂，作为聚烯烃生产中最为重要的"三剂"品种，其性能决定聚烯烃树脂产品性能和影响装置操作稳定性，也严重依赖进口。

（五）创新人才缺乏

近年来，东北人才流失严重，东北高校毕业生留在本地工作的比例降低，创新人才匮乏。原因大概有以下几点：一是东北高新企业数量较少，工作选择有限；二是东北地区国企大多冗员且人员管理机制存在问题；三是东北对创新人才的支持政策少、力度小。

以辽宁为例，辽宁省高新技术企业数量少，根据高企认定网的数据，截至 2023 年 12 月，辽宁省共有高新技术企业 15133 家，而广东省共有高新技术企业 104349 家，浙江省共有高新技术企业 49259 家，江苏省共有高新技术企业 64860 家，山东省共有高新技术企业 32000 家。高新技术企业数量少导致人才对工作机会的选择较少。此外，高新技术企业数量少也一定程度上反映市场营商环境问题，导致创新人才对在东北创业的信心不足。东北的创新人才政策力度较小，内容不够细化。而 2024 年江苏省双创计划对创新人才、创新团队的支持力度较大且政策较为细致。

（六）安全规制有待加强

一方面，东北三省石化安全规制方面还存在薄弱环节。化工行业事故以爆炸、中毒和窒息、火灾事故为主，问题根源主要在于外委承包商安全管理、动火及受限空间等特殊作业的安全管理不够。另一方面，原油运输存在安全风险。原油管道腐蚀是常见现象，危险性高、破坏力强，易导致原油泄漏。在原油储运过程中，部分管道安置在环境恶劣的地区，易受当地极端温度、洪灾旱灾等方面的影响。一旦管道受损，易对整体输油系统产生负面影响。石油管道破坏还会导致二次灾害，对周围人员的安全和财产等均可能产生破坏。

三　促进东北原材料工业高质量发展的对策建议

（一）加速"卡脖子"新材料研发

1. 加速"产学研"结合

加强区域内科研院所与企业之间的联系，加速实用性科技的研发突破，加快成果的试用与转化。促进科研院所与工业企业之间人才的流通，增加实用型人才储备。加强东北科研院所与国内其他区域科研院所、企业之间的联系。由政府部门搭桥，增加同领域科研院所之间的交流机会，共同致力于"卡脖子"技术攻关。

2. 加大开放合作力度

帮助、鼓励科研人员参与国内外相关领域的合作或者研发项目，包括新材料研制、应用及新标准的制定等。或者创办一些国际性质的技术交流活动，为国内外领域内人才、企业交流创造机会，互相吸纳相关经验。

（二）推动企业实现数字化转型

1. 推动智能工厂建设

继续推进原材料工业企业智能化升级，以车间/工厂建设智能化系统、发展流程型智能制造为重点，推广数字化技术、系统集成技术和关键技术装备，促进产业链实现柔性化、智能化、精细化。

2. 提升质量管理水平

发挥行业协会作用，帮助企业进行质量诊断预警、工艺设计改进、生产流程动态优化、全程可视化制造与信息化管理等方面的工作。通过工业互联网技术收集、整理和分析生产全过程的关键节点质量数据。利用物联网、云计算、大数据等信息技术，提升产品质量的追溯能力。鼓励生产企业接入提升产品质量管理水平的国家重要产品追溯管理平台。

（三）推进高能耗企业降碳

1. 加大绿色低碳科技成果转化应用力度

积极推进绿色低碳科技成果转化应用的工程技术示范，如分布式能源、储能、绿色氢能、CCUS 等。以钢铁、有色金属、建材、石化等为重点，推进低碳技术革新创新，完成低碳装备改造和更新。积极开展全产业低碳、零碳、负碳集群示范项目的前瞻性研究，建立碳计量、碳数据、碳管理服务平台，为用户提供碳计量诊断、碳数据查询、碳足迹追踪等技术支持。强化低碳技术服务，培育一批新型节能低碳企业，促进绿色制造与智能制造融合，提高中小企业节能减碳能力。

2. 促进煤炭能源与新能源结合

在保障能源安全供应的基础上，进一步优化能源结构，促进煤炭与新能源更好地结合。从提高能源利用效率、加强碳治理、推动能源产业绿色转型发展三个方面加快煤炭企业转型升级。扩大风光能源规模，提高核电能力，增强储能功能。通过推进能源产业链和结构调整，促进风、光、核电产业规模扩大，实现碳减排控制。建设新能源供应保障基地，扩大清洁能源储备和利用规模。

3. 鼓励企业参与全国碳市场交易

鼓励各行业主体有序参与全国碳市场交易，积极拓展碳金融和碳法律服务。优化碳金融产品设计，促进能效管理和平台共享，促进碳金融行业标准化、规模化发展，进一步扩大碳资产识别、量化、认证和溯源服务。充分发挥碳金融的"龙头"作用，以及碳达峰和碳中和目标的引导作用，通过强化法治对碳市场的保障作用，促进碳达峰和碳中和，达到基础稳固、预期稳定、长期受益的目标。

（四）优化钢铁产业布局

1. 加快大型钢铁企业整合重组

钢铁产业具有规模经济的特点，在市场需求范围内，生产规模越大，产品的平均成本越低，企业的竞争力越强。日本制铁和日本钢铁工程在日本国内合计市场份额达 80%，美国、韩国、欧盟等国家和地区的前 4 家钢铁企业合计市场份额都能达到 60% 以上。若将东北地区的大型钢铁企业重组，企业将获得规模效益，得到更好的生存和发展条件。

2. 向氢能源领域延伸产业链

钢铁生产加工中会产生大量的氢气。鞍钢、本钢等大型钢铁企业在冶炼过程中产生的氢气占全国氢气资源的比重超过 10%。未来氢能源在电池、燃料、动力汽车、航天、军事等领域应用广泛，所以应该通过技术手段将钢铁生产中的副产品氢气回收、再利用，向氢能源领域拓展产业链。

（五）加强人才队伍建设

1. 加大对人才的吸引力度

借鉴《苏州市智能制造三年行动计划（2020—2022 年）》，加大对顶尖领军人才的吸引力度。发挥华侨商会、同业公会、学术研究会、校友联谊会等平台作用，吸引留学科学家回国创业，推动团队和项目回东北发展。推动高校、科研单位设立数字化、智能化、产业化相关的人才培养工程，联合行业协会、政府部门、企业、学校共建人才培养计划，壮大企业数字化人才队伍。借鉴江苏"双创计划"，对创新团队、创新人才设置更细致、更具吸引力的政策。

2. 帮助引进人才融入本地社会

引进的人才只有更好地融入社会，人才需求的嵌入程度才能提高，才能更好地发挥作用。引进人才可能受到地方政治、经济、文化等多种因素的影响。应优化人才服务工作，打造人才绿色通道，建立人才社区、人才创业园、人才合作交流区等，帮助引进人才融入新的社会环境。

3. 助力引进人才价值实现

建立全方位、立体化的人才培养保障机制，精准施策，用科学的方法引导人才。加强协作，促进成果转化，促进高水平人才在教育、科研、实践、创新等方面的全面发展。落实人才个性化评价目标责任制，完善科技监督和

科研评价平台，利用数据指标引导职业规划，通过积分管理、绩效评估、薪酬提升等措施，推动研修访学。以数据指标引领职业规划，激发人才创新活力、挖掘人才潜力，引导人才加快发展。

（六）加强安全规制

一是建议借鉴发达国家的惩罚机制，更加重视生命财产安全。对于故意和明知违法违规的行为，应落实民事处罚和刑事处罚措施；对于将自己置于死亡和严重身体受伤处境的行为，应对从业人员和企业单位进行严格的刑事处罚和民事处罚；对于企业安全生产制度不健全、职责落实不明确，或存在缺位的现象，应对企业单位及责任人设立明确的处罚机制。

二是完善安全生产标准及评审标准。第一，明确量化标准。对于安全生产指标进行量化，有利于企业清晰明了地制定安全生产措施，全面保障生产安全。对危险化学品特种作业的从业人员、专职安全管理人员的从业年限及学历做出规定。第二，完善安全生产标准。首先，在标准中增加有关可燃气体及有毒气体应设置检测报警装置的规定，减少从业人员伤亡。其次，配齐救援物资。最后，应完善风险评估机制。对事故发生后可能产生的辐射范围及其对设施和人员可能造成的灾害性后果进行科学估计，预先对易发生爆炸、火灾的重点单元制定有针对性的救援方案，并增加有关风险评估条款。可以借鉴江苏省外聘专家和建立自评小组的做法，从根源上发现各个生产环节的隐患。

参考文献

刘楷：《我国地区工业结构变化和工业增长分析——兼论经济新常态下我国地区工业发展》，《经济管理》2015 年第 6 期。

尹子民、张华：《原材料工业产业增长方式与发展战略的研究》，《中国管理信息化》2008 年第 4 期。

丁玲：《原材料工业：三个一体化》，《中国经济和信息化》2012 年第 13 期。

徐焘：《我国原材料工业发展战略探讨》，《数量经济技术经济研究》1987 年第 11 期。

宋建群：《发挥资源优势　构筑辽宁重要原材料工业基地》，《辽宁经济统计》2004 年第 1 期。

B.6
东北三省装备制造业发展报告

侯翔瀚*

摘　要：　如何高质量发展装备制造业是发挥东北三省产业基础优势、推动东北三省经济高质量发展的重要问题。本报告从规模以上装备制造业增加值占全部工业增加值比例、产值及增长率、智能化进程提速三个方面，归纳总结了东北三省装备制造业的发展现状，从企业创新资源、创新能力、创新成果转化效率不足等方面，分析了东北三省装备制造业存在的问题，并提出了整合创新资源、加大高技术人才培养和引进力度、提升企业创新成果转化效率等对策建议。

关键词：　东北三省　装备制造业　"卡脖子"技术

装备制造业是国之重器。自党的二十大报告提出"推动战略性新兴产业融合集群发展，构建新一代信息技术、人工智能、生物技术、新能源、新材料、高端装备、绿色环保等一批新的增长引擎"的要求以来，装备制造业已成为经济增长的重要动能。东北三省装备制造业拥有坚实的产业基础，因此东北三省是装备制造业发展的重要动力来源。目前东北三省装备制造业的主要问题包括企业创新资源、创新能力、创新成果转化效率不足等。本报告针对上述问题，尝试提出相应的政策建议。

---

* 侯翔瀚，博士，辽宁社会科学院产业经济研究所助理研究员，主要研究方向为产业经济、技术经济。

一 东北三省装备制造业发展现状

（一）东北三省装备制造业占据重要地位

装备制造业是辽宁省的支柱产业。同时，作为东北老工业基地，吉林省和黑龙江省的装备制造业也占据重要地位。2023 年，辽宁、吉林、黑龙江的规模以上装备制造业增加值占全部工业增加值比例分别为 28.80%、11.62% 和 18.93%。

辽宁省规模以上装备制造业增加值占全部工业增加值比重长期稳定在30% 左右，支柱地位较为稳定。2016 年，辽宁省规模以上装备制造业增加值占全部工业增加值的比重最高，为 34.12%，2022 年最低为 27.2%，变化幅度不大。吉林省规模以上装备制造业增加值占全部工业增加值比重稳定在 10% 左右，虽不及辽宁省高，但仍具有一定地位。黑龙江省规模以上装备制造业增加值占全部工业增加值比重上升趋势明显，装备制造业在全省工业中占有重要地位，2014 年占比为 10.60%，到 2023 年已增至18.93%，增幅较大。

从东北三省的平均水平来看，装备制造业在东北三省仍然具有重要地位。2014～2023 年东北三省规模以上装备制造业增加值占全部工业增加值的比重均值为 24.55%，2014 年以来占比较为稳定，因此在工业中的地位并无明显的变动（见表 1）。

表 1 2014～2023 年东北三省规模以上装备制造业增加值占全部工业增加值比重

单位：%

年份	辽宁	吉林	黑龙江	东北三省总体
2014	31.81	9.25	10.60	26.79
2015	32.11	10.41	12.43	26.42
2016	34.12	10.69	10.63	25.44
2017	31.52	10.13	11.98	24.11

年份	辽宁	吉林	黑龙江	东北三省总体
2018	27.52	9.58	13.19	22.00
2019	29.70	9.47	14.25	23.68
2020	29.50	9.60	15.65	23.67
2021	32.40	10.61	16.53	25.60
2022	27.20	11.03	17.30	23.18
2023	28.80	11.62	18.93	24.62

资料来源：历年东北三省统计年鉴。

（二）东北三省装备制造业发展态势良好

东北三省具有坚实的工业基础，这是装备制造业快速发展的产业基础。2023年，东北三省规模以上工业总产值为4.99万亿元，其中辽宁规模以上工业总产值达3.45万亿元，在东北三省占据主导地位；吉林、黑龙江的规模以上工业总产值分别为7830.68亿元和7509.56亿元。2014年辽宁省规模以上工业总产值处于样本期最高水平，为5.01万亿元，2016年下降至样本期最低水平2.13万亿元后，于2023年回升至3.45万亿元，年均增长率为7.14%。2016年以来，吉林省、黑龙江省规模以上工业总产值总体呈增长趋势，年均增长率分别为3.55%和2.33%，2016~2023年东北三省规模以上工业总产值年均增长率为5.70%。

东北三省装备制造业的发展趋势基本与工业整体相同。2023年，东北三省规模以上装备制造业总产值为1.23万亿元，其中辽宁9949.76亿元、吉林909.58亿元、黑龙江1421.35亿元，辽宁占据主导地位。2014年辽宁省规模以上装备制造业总产值为样本期最高，达1.59万亿元，2018年下降至7174.30亿元后开始回升，2018年以来的年均增长率为6.76%。2018年以来，吉林、黑龙江规模以上装备制造业总产值的年均增长率分别为6.93%和9.76%，2018~2023年东北三省规模以上装备制造业总产值的年均增长率为7.10%（见表2）。

表2 2014~2023年东北三省规上工业与装备制造业产业规模

单位：亿元

年份	规模以上装备制造业总产值				规模以上工业总产值			
	辽宁	吉林	黑龙江	合计	辽宁	吉林	黑龙江	合计
2014	15932.29	600.29	898.87	17431.45	50090.56	6492.93	8478.35	65061.84
2015	10899.45	630.43	851.43	12381.31	33948.57	6054.63	6851.95	46855.15
2016	7273.75	655.99	679.35	8609.09	21318.53	6133.98	6391.85	33844.36
2017	7234.35	655.33	786.69	8676.37	22948.80	6471.35	6564.43	35984.58
2018	7174.30	650.75	892.10	8717.15	26066.80	6794.92	6761.36	39623.08
2019	8148.95	663.11	990.23	9802.30	27437.54	7005.56	6950.68	41393.78
2020	8254.89	718.81	1123.92	10097.61	27982.67	7488.94	7180.05	42651.66
2021	8923.53	830.95	1273.40	11027.88	27541.77	7833.43	7704.20	43079.40
2022	9119.85	808.51	1343.43	11271.80	33528.86	7332.09	7765.83	48626.78
2023	9949.76	909.58	1421.35	12280.68	34547.76	7830.68	7509.56	49888.00

资料来源：历年辽宁、吉林、黑龙江国民经济和社会发展统计公报、统计年鉴。

在东北三省中，辽宁省的装备制造业规模较大，占全部工业增加值比例远高于吉林和黑龙江，占据东北三省的主要份额。2014~2023年，辽宁省规模以上装备制造业占东北三省份额有所下降，从91.40%下降至81.02%，而黑龙江省规模以上装备制造业总产值占比从5.16%上升至11.57%。吉林和黑龙江的规模以上装备制造业份额逐步扩大，说明东北三省装备制造业发展趋势良好，辽宁一家独大的局面逐步转变，向东北三省协同发展过渡（见表3）。

表3 2014~2023年东北三省规模以上装备制造业总产值占比情况

单位：%

年份	辽宁	吉林	黑龙江
2014	91.40	3.44	5.16
2015	88.03	5.09	6.88
2016	84.49	7.62	7.89
2017	83.38	7.55	9.07
2018	82.30	7.47	10.23

年份	辽宁	吉林	黑龙江
2019	83.13	6.76	10.10
2020	81.75	7.12	11.13
2021	80.92	7.53	11.55
2022	80.91	7.17	11.92
2023	81.02	7.41	11.57

资料来源:历年东北三省统计年鉴。

东北三省规模以上装备制造业总产值增长趋势明显。以可比价格计算东北三省规模以上装备制造业总产值的增长率,可以发现辽宁、吉林、黑龙江三省中,2014年以来仅有辽宁省规模以上装备制造业总产值处于增长趋势,而吉林、黑龙江在某些年份呈现下降趋势。2014~2023年,吉林、黑龙江均出现了10%以上的增长率,如吉林省的最高增长率为15.6%,黑龙江省的最高增长率为15.8%。相比之下,辽宁省的最高增长率仅为9.4%,这可能是因为辽宁省规模以上装备制造业规模较大。

东北三省规模以上装备制造业总产值增长趋势存在差异。2014~2023年,辽宁省的增长趋势相对更为稳定,各年之间虽有波动,但变化并不剧烈,最高增长率为2018年的9.4%,而最低为2020年的1.3%。辽宁省规模以上装备制造业既有较大的规模,也有稳定的增长率,发展态势良好。2014~2023年,吉林省规模以上装备制造业总产值虽有3年达到10%以上的增长率,最高值达到15.6%,但也有3年出现负增长,增长率最低达到-2.7%,发展态势总体良好,但不及辽宁稳定。2014~2023年黑龙江省规模以上装备制造业总产值出现10%以上增长率的年份达到5年,发展极为迅速,但也有一年出现负增长,为2015年的-1.1%。黑龙江省规模以上装备制造业发展态势介于吉林和辽宁之间,发展迅速且相对稳定。

规模以上装备制造业的发展离不开规模以上工业的发展。2014~2023年,辽宁省规模以上工业发展不及吉林和黑龙江稳定,有3年规模以上工业总产值出现负增长，增长率最低为 2016 年的 -15.2%，但整体增长态势良好，大多数年份增长率在 4% 以上，且最高增长率为 2018 年的 9.8%，增长幅度较大。吉林省与黑龙江省规模以上工业总产值均仅有一年出现负增长，吉林省为 2022 年的 -6.4%，黑龙江省为 2023 年的 -3.3%，其余年份均为正增长。大多数年份吉林省规模以上工业总产值增幅在 5% 以上，增长较为迅速，但黑龙江省大多数年份规模以上工业总产值的增长率在 3% 以下，增速不足，最高值为 2021 年的 7.3%。整体观察东北三省规模以上工业总产值增长情况，可以发现辽宁与吉林仍为主要的增长动力来源（见表 4）。

表 4   2014～2023 年东北三省规模以上工业与装备制造业总产值增长率

单位：%

年份	规模以上装备制造业总产值增长率			规模以上工业总产值增长率		
	辽宁	吉林	黑龙江	辽宁	吉林	黑龙江
2014	6.5	9.1	6.2	4.8	6.6	2.9
2015	3.4	13.0	-1.1	-4.8	5.3	0.4
2016	5.4	7.9	1.9	-15.2	6.3	2.0
2017	7.4	-0.1	15.8	4.4	5.5	2.7
2018	9.4	-0.7	13.4	9.8	5.0	3.0
2019	7.2	1.9	11.0	6.7	3.1	2.8
2020	1.3	8.4	13.5	1.8	6.9	3.3
2021	8.1	15.6	13.3	4.6	4.6	7.3
2022	2.2	-2.7	5.5	-1.5	-6.4	0.8
2023	9.1	12.5	5.8	5.0	6.8	-3.3

资料来源：历年辽宁、吉林、黑龙江三省国民经济和社会发展统计公报。

（三）东北三省装备制造业智能化进程提速

东北三省装备制造业具有雄厚的产业基础和发展潜能。当前，辽宁集中力量发展集成电路、航空装备、数控机床、新能源汽车等 22 个重点产业集群；吉林在巩固扩大传统装备制造业优势的同时，做大做强集风电整机、电机、叶片、储能等设备于一体的新能源装备产业链；黑龙江着力打造国家重

要的先进电力装备、特种轨道交通装备、高档数控机床、智能机器人、高端智能农机等先进制造业集群。

东北装备制造业高质量发展正在提速。辽宁省在《辽宁省先进装备制造业"十四五"发展规划》《辽宁省深入推进结构调整"三篇大文章"三年行动方案（2022—2024年）》等文件发布的大背景下，不仅全力打造了先进装备制造等3个万亿级产业基地，而且已建成152个数字化车间和智能工厂。微观层面，辽宁省在陆续出台《辽宁省科技创新条例》《辽宁省科技体制改革三年攻坚实施方案（2023—2025年）》《辽宁省"十四五"科技创新规划》等法规文件后，创新主体活力不断增强，仅2023年上半年全省已新增科技型中小企业6509家，[①] 为辽宁省创新提供强大动能。

吉林省以现代汽车、轨道装备、卫星光电等领域为代表，提升装备制造业发展质量。[②] 现代汽车领域，吉林省一汽红旗和一汽解放的生产线已经高度智能化，吉林省汽车工业涌现了自主研发的发动机、变速箱、高功率氢燃料电池发动机等创新成果。轨道装备领域，吉林省中车长客研制的CR400BF-G型复兴号高寒动车于2022年开始运营，该车具备高寒适应性技术，同时创新仍未停止，创新水平领先世界。卫星光电领域，吉林省已于2022年发射"吉林一号"宽幅01C星、"吉林一号"高分03D27~33星"一箭八星"，同时与之配套的光电信息产业创新水平和行业地位均不断攀升。吉林省拥有多家创新能力强大的企业，研制出了多种高端产品，形成了全领域、高端化的光电信息制造能力。

黑龙江省装备制造业重大技术装备自主化成果显著，解决了多种关键技术"卡脖子"难题。[③] 2023年上半年，哈汽轮机、哈电机参与设计制造的

---

① 《辽宁装备制造业转型升级》，《人民日报》2023年10月24日。
② 《"新装备"塑造发展"新优势"——聚焦吉林省装备制造业发展》，《吉林日报》2022年5月30日。
③ 《黑龙江：让制造业变"智造"业》，黑龙江省工业和信息化厅网站，2023年10月7日，https://gxt.hlj.gov.cn/gxt/c106952/202310/c00_31672827.shtml。

国内在建最大煤电项目 4 台超超临界百万千瓦机组全部投产发电。中车齐车主导研发的 NSG1256 型高铁救援起重机解决了国内救援起重机不能在高速铁路桥梁上回送运行和救援作业问题。黑龙江省装备制造业创新质量不断提升，对国民经济和社会发展的支撑作用日益凸显。

二　东北三省装备制造业存在的问题

（一）企业创新资源不足，难以投入创新

东北三省装备制造业虽然产业基础良好，增长势头较为强劲，但是创新能力不足。首先是因为有研发活动的企业数占比较低。2023 年，东北三省有研发活动的规模以上工业企业数占比为 27.02%，占比仍然较低，其中辽宁占比为 33.97%，吉林、黑龙江占比均未达到 20%，分别为 17.26% 和 19.86%。2014 年以来，东北三省有研发活动的工业企业数占比总体上升趋势明显，2014 年时三省占比均不足 10%，其中吉林省最低，为 5.14%；辽宁省最高，为 7.74%。从东北三省整体来看，有研发活动的规上工业企业数占比也有大幅上升，由 2014 年的 7.14% 上升至 2023 年的 27.02%，虽然增幅较为明显，但占比仍然较低，东北三省的创新资源仍然不足。

此外，东北三省有研发活动的规上工业企业数占比上升并不能排除规上工业企业数下降的原因。2014~2023 年，辽宁、吉林、黑龙江以及东北三省总体的规上工业企业数并未出现明显的上升趋势，而是总体呈现下降趋势，其中辽宁由 2014 年的 15707 家下降至 2023 年的 9347 家，吉林由 2014 年的 5311 家下降至 2023 年的 3204 家，年均降幅分别为 5.60% 和 5.46%。因此，有研发活动的规上工业企业数占比提升更可能是由于整体企业数量的下降，东北三省的创新资源并未有效整合，水平仍然较低，企业仍然难以投入创新（见表 5、表 6）。

表5 2014~2023年东北三省规上工业企业数与有研发活动的规上工业企业数

单位：家

年份	规上工业企业数				有研发活动的规上工业企业数			
	辽宁	吉林	黑龙江	合计	辽宁	吉林	黑龙江	合计
2014	15707	5311	4305	25323	1215	273	320	1808
2015	12304	5682	4162	22148	927	274	336	1537
2016	8025	6003	3946	17974	1077	361	382	1820
2017	6626	5971	3731	16328	1420	386	410	2216
2018	6621	5963	3740	16324	1489	324	329	2142
2019	7610	3042	3531	14183	1629	323	330	2282
2020	7755	3043	3832	14630	1874	354	486	2714
2021	8499	3228	4355	16082	2123	429	625	3177
2022	8923	3216	4532	16671	2649	491	780	3920
2023	9347	3204	4709	17260	3175	553	935	4663

资料来源：历年《中国工业统计年鉴》《中国统计年鉴》。

表6 2014~2023年东北三省有研发活动的规上工业企业数占比

单位：%

年份	辽宁	吉林	黑龙江	东北三省
2014	7.74	5.14	7.43	7.14
2015	7.53	4.82	8.07	6.94
2016	13.42	6.01	9.68	10.13
2017	21.43	6.46	10.99	13.57
2018	22.49	5.43	8.80	13.12
2019	21.41	10.62	9.35	16.09
2020	24.17	11.63	12.68	18.55
2021	24.98	13.29	14.35	19.76
2022	29.69	15.27	17.21	23.51
2023	33.97	17.26	19.86	27.02

资料来源：历年《中国工业统计年鉴》《中国统计年鉴》。

除从事研发活动的企业占比仍然较低外，研发人员不足也是东北三省规模以上装备制造业创新与发展面临的一个重大问题。2014年以来，东北三省的规上工业企业研发人员数并未呈现明显的上升趋势，其中吉林、黑龙江两省均呈现明显的下降趋势，吉林省规上工业企业研发人员数由 2014 年的 31813 人降至 2023 年的 26640 人，黑龙江省规上工业企业研发人员数由 2014 年的 50340 人降至 2023 年的 38631 人，年均降幅分别为 1.95% 和 2.90%。2014~2023 年，辽宁省规上工业企业研发人员数存在波动，相较于 2014 年，2024 年研发人员数仅增长 3899 人（见表 7）。

2024 年，东北三省整体的规上工业企业研发人员数也无显著提升，相比 2014 年人数反而有所下降。2014 年东北三省规上工业企业研发人员数达到样本期最高值，为 184377 人，2015~2019 年波动下行，2020~2023 年逐年回升，到 2023 年达到 171394 人。东北三省人才流失导致的创新资源不足，是东北装备制造业发展困难的重要原因之一。

表 7　2014~2023 年东北三省规上工业企业研发人员数

单位：人

年份	辽宁	吉林	黑龙江	东北三省
2014	102224	31813	50340	184377
2015	76485	33753	42945	153183
2016	74626	33889	45050	153565
2017	79365	38213	35185	152763
2018	81997	18126	22885	123008
2019	78128	20809	23123	122060
2020	86138	19919	21848	127905
2021	99111	25398	24809	149318
2022	102617	26019	31720	160356
2023	106123	26640	38631	171394

资料来源：历年《中国工业统计年鉴》。

（二）产品仍以低端制造为主，企业创新能力不足

东北三省装备制造业仍以传统低端制造为主，产品附加值低。面对欧美日企业技术优势和外省民营企业成本优势，东北三省装备制造业陷入"低端成本拼不过、高端技术跟不上"的尴尬境地。以辽宁省为例，辽宁省装

备制造业虽为全省的重要支柱产业，但是其中新兴产业的发展步伐较慢，支撑能力不足，高端装备制造业营业收入仅占装备制造业的 20%。同时，辽宁省装备制造业的总体技术进步有限，研发投入不足。例如，沈阳机床和大连机床主要产品仍然是中低档数控机床，主要消费对象是沿海地区中小型机械加工企业，高端数控机床仍然主要使用进口产品。

东北三省装备制造业产品附加值低，是因为东北三省规上工业企业技术创新能力不足。创新能力的欠缺体现在创新投入和创新产出两个方面。创新投入方面，主要表现为 R&D 经费内部支出较低。受数据来源限制，并无地区—部门层面的研发经费数据，但由于装备制造业在制造业中占据重要地位，且具有资本与技术密集的特点，因此本报告采用地区数据进行分析。东北三省中，2023 年，辽宁规上工业企业 R&D 经费内部支出最高，吉林、黑龙江均在百亿级。2014~2023 年，辽宁规上工业企业 R&D 经费内部支出自2015 年大幅下跌之后持续处于上升趋势，2015~2023 年年均增速为 5.95%。吉林和黑龙江并未同步辽宁的增长趋势，2018 年规上工业企业 R&D 经费内部支出均有大幅下跌。综上，东北三省的研发经费不足，导致了装备制造业创新能力较低。

创新能力的欠缺还体现在研发强度①不足上。根据《2023 年全国科技经费投入统计公报》数据，全国研发强度为 2.65%，超过这一水平的省市有 7个，分别为北京（6.73%）、上海（4.34%）、天津（3.58%）、广东（3.54%）、江苏（3.29%）、浙江（3.20%）和安徽（2.69%）。结合以上数据可以看出，东北三省与这一水平有较大差距，其中辽宁研发强度最高，吉林、黑龙江研发强度相当。2014 年以来，东北三省规上工业企业研发强度并未呈现上升趋势，反而均有下降趋势。这意味着，东北三省投入研发的经费占比严重不足，这是导致东北三省装备制造业创新能力不足的重要原因之一（见表 8）。

———————

① 研发强度＝R&D 经费内部支出/地区生产总值×100%。

表 8　2014～2023 年东北三省规上工业企业 R&D 经费内部支出与研发强度

单位：万元，%

年份	R&D 经费内部支出				研发强度			
	辽宁	吉林	黑龙江	东北三省	辽宁	吉林	黑龙江	东北三省
2014	3242303	789431	955820	4987554	1.62	0.79	0.79	1.18
2015	2418803	861541	880392	4160736	1.20	0.86	0.75	0.99
2016	2420637	908602	884925	4214164	1.19	0.87	0.74	0.99
2017	2749477	749958	825854	4325289	1.27	0.69	0.67	0.96
2018	3006014	575015	605680	4186709	1.28	0.51	0.47	0.88
2019	3102482	684086	714862	4501430	1.25	0.58	0.53	0.90
2020	3353222	776448	774534	4904204	1.34	0.63	0.57	0.96
2021	3672792	858433	887690	5418915	1.33	0.65	0.60	0.97
2022	3756732	926041	979976	5662749	1.30	0.71	0.62	0.98
2023	3840672	993649	1072262	5906583	1.26	0.77	0.63	0.98

资料来源：历年《中国工业统计年鉴》。

创新成果质量较低是创新能力不足的又一体现。专利是企业创新的典型成果，因此本报告利用专利数据进行分析。同样由于数据来源限制，本报告采用地区专利数据表征装备制造业的技术水平与创新能力，并分别采用专利申请数和有效专利数两个指标，分析规模以上工业企业的技术创新能力。在全部 3 种专利类型①中，发明专利的技术含量最高，实用新型次之，外观设计的技术含量最低。为了体现企业创新能力，且受篇幅限制，本报告仅对发明专利数量情况进行分析。

2014～2023 年，东北三省的发明专利申请数均有上升趋势，但是占总专利申请数比重并无显著的上升趋势。东北三省中，辽宁申请了最多的发明专利，三省发明专利申请数总体均呈上升趋势，2014～2023 年年均增速分别为 4.68%、15.98% 和 1.90%，其中吉林省年均增速最高是因为基数较低。这说明东北三省的创新能力不足。此外，东北三省发明专利申请数占比均有较大幅度下降，其中辽宁省降幅最大，由 2014 年的 48.84% 下降至 2023 年的

---

①　即发明专利、实用新型和外观设计。

24.49%，这一方面与总专利申请数的增长有关，另一方面说明东北三省创新能力不足。就东北三省整体而言，2014 年以来发明专利申请数有较大幅度的上升，由 2014 年的 33946 个上升至 2023 年的 57798 个，年均增速为 6.09%，但占比由 45.43% 降至 27.62%，说明东北三省的创新能力不足（见表 9）。东北三省总专利申请数的增长主要来自实用新型专利，数量由 2014 年的 33843 个上升至 2023 年的 125699 个，增长了 2.7 倍。2023 年，东北三省实用新型专利占比分别为 68.52%、55.28% 和 60.80%，说明东北三省主要申请的专利类型仍为实用新型专利，技术含量不足，因此创新能力较低（见图 1~图 3）。

表 9　2014~2023 年东北三省发明专利申请数及占总专利申请数比重情况

单位：个，%

年份	发明专利申请数				发明专利数占总专利申请数比重			
	辽宁	吉林	黑龙江	东北三省	辽宁	吉林	黑龙江	东北三省
2014	16889	4629	12428	33946	48.84	43.29	42.19	45.43
2015	17831	5452	13768	37051	45.34	40.58	42.33	43.44
2016	25561	7537	13177	46275	48.59	39.83	37.34	43.32
2017	20500	7780	10607	38887	41.11	38.04	34.26	38.40
2018	25476	10530	12017	48023	38.78	38.95	34.75	37.72
2019	22592	11269	13125	46986	32.40	36.29	35.18	34.02
2020	21830	11113	13163	46106	25.23	32.27	30.43	28.08
2021	23078	12680	15018	50776	26.08	32.67	31.57	29.03
2022	23080	15518	14770	53368	23.72	36.48	30.13	29.90
2023	25496	17576	14726	57798	24.49	37.87	31.22	27.62

资料来源：国家知识产权局。

东北三省的有效发明专利数也相对不足。2014~2023 年东北三省有效发明专利数均有大幅增长，辽宁、吉林、黑龙江三省有效发明专利数分别由 2014 年的 18417 个、6305 个、9816 个上升至 2023 年的 75548 个、33118 个、46144 个，年均增长率分别为 16.98%、20.24%、18.76%，东北三省整

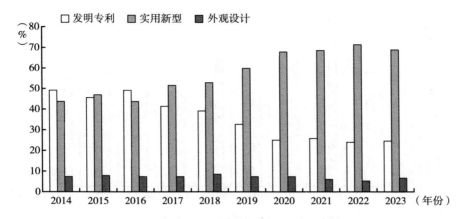

图 1　2014~2023 年辽宁省三类专利申请数量占比

资料来源：国家知识产权局。

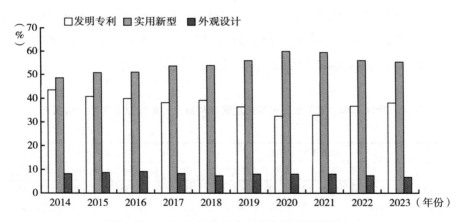

图 2　2014~2023 年吉林省三类专利申请数量占比

资料来源：国家知识产权局。

体的年均增长率为 18.14%。但是，除黑龙江省外，辽宁、吉林及东北三省整体有效发明专利数占比均无明显增长趋势。辽宁省的有效发明专利数占比由 2014 年的 23.00%降至 2023 年的 21.46%，而吉林占比在 2017 年达到最高点 29.04%后，下降至 2023 年的 25.90%（见表 10）。这充分说明，东北三省的创新能力仍有较大的提升空间。东北三省的有效专利主要为实用新型

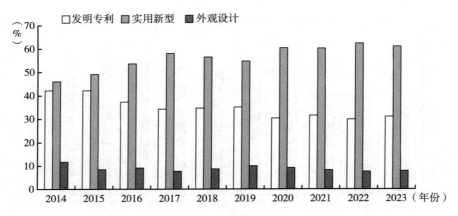

图3 2014~2023年黑龙江省三类专利申请数量占比

资料来源:国家知识产权局。

专利,2023年辽宁省的有效实用新型专利超过了25万个,占比72.29%,吉林和黑龙江均有近10万个有效实用新型专利,占比也均超过60%(见图4~图6),这从侧面表明东北三省的创新能力仍有不足。

表10 2014~2023年东北三省有效发明专利数及占总有效专利数比重情况

单位:个,%

年份	有效发明专利数				发明专利数占总有效专利数比重			
	辽宁	吉林	黑龙江	东北三省	辽宁	吉林	黑龙江	东北三省
2014	18417	6305	9816	34538	23.00	25.56	17.39	21.42
2015	23342	7705	12955	44002	25.63	26.53	22.04	24.60
2016	27915	9255	16137	53307	27.46	27.14	26.35	27.06
2017	33270	11585	20007	64862	29.26	29.04	30.43	29.57
2018	37505	13071	22252	72828	28.83	28.28	32.44	29.73
2019	42282	14696	24526	81504	27.74	27.18	32.82	28.98
2020	47788	17260	27336	92384	24.35	24.52	30.27	25.88
2021	56146	21699	32754	110599	21.85	23.61	27.69	23.68
2022	64049	26420	39256	129725	21.14	24.27	28.67	23.64
2023	75548	33118	46144	154810	21.46	25.90	29.77	24.39

资料来源:国家知识产权局。

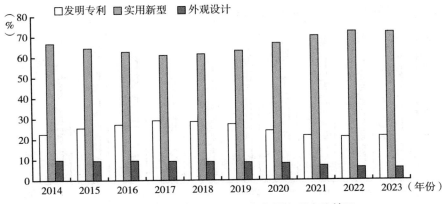

图4 2014~2023年辽宁省三类有效专利占比情况

资料来源：国家知识产权局。

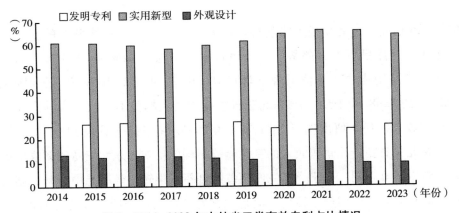

图5 2014~2023年吉林省三类有效专利占比情况

资料来源：国家知识产权局。

（三）创新成果转化效率不足，研发向应用转化难度大

企业创新的最终目的是将创新成果投入市场，进入应用端，以促进经济高质量发展。因此，本报告利用"新产品销售收入"反映企业创新成果转化效率。2014年以来，东北三省新产品销售收入总体呈现上升趋势，由2014年的6224.24亿元上升至2023年的8131.72亿元，年均增长率为3.01%。但是，东北三省的新产品销售收入最大值出现于2021年，为

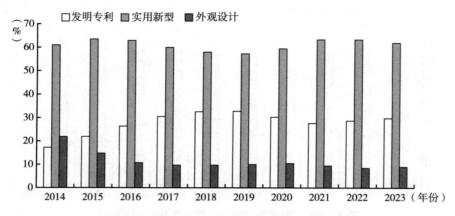

图6　2014~2023年黑龙江省三类有效专利占比情况

资料来源：国家知识产权局。

9218.26亿元，之后出现下降趋势。按各省分析，辽宁和黑龙江的新产品销售收入总体呈现上升趋势，年均增长率分别为2.84%和12.64%。而吉林省新产品销售收入总体呈现下降趋势，由2014年的1659.99亿元降至2023年的1398.90亿元，与东北三省整体的变化趋势不一致。吉林省新产品销售收入的最大值出现于2021年，为2955.14亿元（见表11）。

东北三省新产品销售收入的变化趋势不同，反映出东北三省创新成果的转化效率各有不同。辽宁、黑龙江两省的创新成果转化效率稳中有升，创新成果能够有效向应用层面转化，但是吉林省新产品销售收入变化比较剧烈，这意味着吉林省的创新成果转化效率并不稳定，可能与吉林省本身的产业结构或政策变化有关。

表11　2014~2023年东北三省新产品销售收入

单位：亿元

年份	辽宁	吉林	黑龙江	东北三省
2014	4036.96	1659.99	527.28	6224.24
2015	3337.35	1822.75	511.05	5671.15
2016	3387.24	2627.61	502.62	6517.47

年份	辽宁	吉林	黑龙江	东北三省
2017	3606.20	2774.70	682.48	7063.38
2018	4556.76	1347.50	561.38	6465.63
2019	4283.60	2627.59	733.62	7644.81
2020	4440.94	2240.03	820.75	7501.71
2021	5010.87	2955.14	1252.24	9218.26
2022	5102.55	2177.02	1395.42	8674.99
2023	5194.23	1398.90	1538.59	8131.72

资料来源：历年《中国科技统计年鉴》。

三　东北三省装备制造业发展的对策建议

（一）整合创新资源，提高东北三省装备制造业创新质量和效率

一是统筹集中优势创新资源进行创新。鼓励营收、利润较大，创新资源丰富的企业承担投入更大、难度更高、更具战略地位的创新项目；引导营收及利润不足、创新资源和能力不足的企业承担小规模项目或战略地位并不突出的项目，也可以参与大规模企业的研发项目，积累创新经验。

二是结合地区优势进行集中创新。东北三省在装备制造业方面各有优势，因此各省应结合自身的优势产业进行创新，并通过与其他省份合作，强化自身产业链的薄弱环节。

三是调整企业间的分工。与企业独立承担一个产品的全部创新环节相比，企业参与创新链条中的一个或多个环节更具优势。创新资源不具优势的企业应基于优势企业的创新项目，承担少数次要中间环节的产品或技术创新，以节省自身的创新成本，并积累创新经验，逐步向承担关键环节创新任务过渡。

（二）加大高技术人才培养和引进力度，提升东北三省装备制造业创新能力

一是加强高技术人才团队建设。围绕产业需求，培育高技术人才队伍，特别是有能力攻关"卡脖子"技术和产品的人才队伍。此外，大量培养和引进基础研究队伍，提升原始创新能力，实现"从 0 到 1"的前瞻性、原创性和颠覆性成果突破创新。

二是完善高水平大学和重点学科建设。以"卡脖子"技术和产品为导向，有针对性地设置大学重点学科，有针对性地培养高技术人才，并鼓励高技术人才投身"卡脖子"项目研发。同时，加大基础研究学科投入，为"卡脖子"技术与产品攻关打牢技术基础。

三是优化高技术人才的激励机制。首先，以自然科学基金等形式，引导高技术人才在相关领域进行研发。其次，在人才引进方面，改善"卡脖子"领域人才的引进待遇，消除研发投入与产出不成比例的顾虑。最后，增强科研人员科研经费与技术路线的自主权，科研人员自主负责科研项目的管理，提高研发成果的质量。

（三）提升企业创新成果转化效率，加快研发到应用的进程

一是强化政策扶持。一方面，开展东北三省装备制造业科技成果转化政策评估，动态调整相应政策，推动相关政策尽快落地见效，提升科技成果转化效率。另一方面，加强科技金融政策的扶持，围绕装备制造业的智能化、高端化发展，设立天使和创业投资基金，壮大耐心资本，对前瞻性科技成果转化项目进行投资。

二是建立产业集群。加快建立与一批"卡脖子"技术和产品相关的产业园区，并吸引有能力的企业入驻。利用完备的产业链结构，加快创新成果向应用层面转化，突破"卡脖子"困境。

三是深化成果转化机制改革。首先，加快建设国家技术转移体系，布局建设概念验证、中试平台，完善首台（套）、首批次、首版次应用政策。其

次，鼓励与引导高校和科研院所以先使用后付费的方式，推动科研成果授权企业使用。最后，鼓励科研人员自主分配科技成果转化的收益。

参考文献

王燕梅：《装备制造业高质量发展与现代化产业体系建设》，《理论学刊》2024 年第 2 期。

黄东晶：《东北地区装备制造业高端化发展水平及效应评价研究》，《工业技术经济》2023 年第 4 期。

刘彬彬：《东北地区装备制造业全要素生产率的测度及提升路径研究》，《经济纵横》2020 年第 1 期。

燕玲等：《东北装备制造业企业向智能制造转型发展研究综述》，《中国管理信息化》2020 年第 21 期。

董晴、刘刚：《双循环视域下东北地区装备制造业摆脱低端锁定的思考》，《时代经贸》2023 年第 4 期。

B.7
东北三省高端装备制造业与现代服务业融合发展路径探析

田振兴　郑贵冠*

摘　要： 近年来，东北三省非常重视制造业与服务业的融合发展，积极搭建了制造业与服务业融合公共服务平台，先后下发多份指导性文件，每年立项资助重点企业推动制造业服务化发展。东北三省制造业的服务投入占比呈逐年增长态势，但制造业服务化程度相对较低，某种程度上制约了东北三省经济的快速增长。本报告将从提升科技创新能力、促进产业协同共进、强化各类主体引领作用和完善政策保障等方面提出具体的对策和建议，以期促进东北地区高端装备制造业与现代服务业高质量融合发展。

关键词： 现代服务业　高端装备制造业　产业融合

党的二十大报告提出，"构建优质高效的服务业新体系，推动现代服务业同先进制造业、现代农业深度融合"。推动现代服务业与先进制造业深度融合，是顺应新一轮科技革命和产业变革趋势、增强制造业核心竞争力的本质要求，是构建现代化产业体系、加快发展新质生产力的关键之举。东北三省在高端装备制造业与现代服务业融合发展领域成绩斐然，三省各具特色，共同推动区域产业融合迈向高质量发展新阶段。

然而，东北三省制造业的服务化程度尚处于相对低位，在一定程度上对

---

* 田振兴，吉林省社会科学院软科学开发研究所助理研究员，主要研究方向为消费经济、产业经济；郑贵冠，长春市净月开发区应急管理局科长，主要研究方向为工业经济、生产安全。

区域经济的高质量增长形成了阻碍。一方面，尽管东北三省部分致力于制造业服务化建设的企业，已成功实现向依托服务业打造新利润增长点的转变，但整体而言，这些企业仍处于这一发展进程的起始阶段，犹如初航之舟，在服务化的广阔海洋中尚需积累经验、壮大实力。另一方面，对于一些正筹备开展服务业务、迈向服务化转型的制造业企业来说，它们尚未构建稳定的经济增长点。因此，积极探索推进东北三省先进制造业和现代服务业融合发展路径有重要的现实意义。

一　东北三省高端装备制造业与现代服务业融合发展现状

（一）东北三省高端装备制造业发展态势

2023 年以来，东北三省高端装备制造业呈现稳步增长态势，产业规模持续扩张。辽宁省作为东北三省装备制造业的龙头，2023 年装备制造业增加值占全省工业总产值比重达到 30%，部分重点领域产值突破千亿元大关，如数控机床产业实现产值 1200 亿元，同比增长 15%；船舶制造产业完成产值 1500 亿元，新接订单量增长 20%。吉林省装备制造业增加值增速连续三年保持在 10% 以上，新能源装备、轨道客车等优势产业集群加速崛起，其中新能源装备产业集群产值已超 500 亿元，集聚企业超 200 家。黑龙江省高端装备制造业同样发展迅猛，航空航天、智能农机等领域成为增长亮点，航空航天产业产值达到 300 亿元，同比增长 18%，智能农机产业国内市场占有率提升至 15%。

1. 产业集聚效应显著

沈阳铁西装备制造业聚集区汇聚了机床、重型机械、通用机械等众多企业，产业配套率高达 80%，规模以上装备制造企业超 500 家，实现年销售收入超 3000 亿元，成为我国重要的装备制造基地。大连临港临海先进装备制造业基地聚焦船舶海工、新能源装备等高端领域，拥有大连船舶重工、中远

海运川崎等龙头企业，船舶海工产业集群产值占全国比重达 10%，新能源装备产业产能以年均 25% 的速度增长。哈尔滨经开区集聚了哈电集团、东安动力等骨干企业，在发电设备、航空发动机等领域技术领先，发电设备产量占全国的 1/3，航空发动机国内市场占有率超 30%，构建了完备的产业链，有力推动区域高端装备制造业发展。

2. 技术创新成绩斐然

一重集团自主研制的世界最大吨位 15000 吨水压机填补国内空白，使我国核电锻件制造达到国际先进水平；沈鼓集团成功研发百万吨级乙烯、丙烯压缩机，打破国外技术垄断，国内市场占有率超 70%；大连光洋科技攻克高档数控系统关键技术，实现国产化替代，配套机床产品出口至欧美高端市场。

3. 科研平台建设成效显著

东北三省拥有船舶制造国家工程研究中心、高档数控国家工程研究中心等 7 个国家工程研究中心，以及国家水力发电设备工程技术研究中心等 6 个国家工程技术研究中心，还有 11 个国家重点实验室和 11 个国家地方联合工程研究中心（工程实验室）。这些科研平台汇聚高端科研人才，承担国家重大科研项目，如船舶制造国家工程研究中心牵头研发的新型极地科考船关键技术，助力我国极地科考装备升级；高档数控国家工程研究中心研发的智能数控系统，广泛应用于航空航天、汽车制造等领域，推动产业智能化发展。

4. 龙头企业颇具影响力

龙头企业凭借技术、品牌与规模优势，带动上下游产业协同发展。沈阳机床作为全球机床行业佼佼者，智能机床产品技术先进，I5 智能机床销量超 10 万台，出口至 50 多个国家和地区，引领国内机床产业智能化转型；大连船舶重工集团是世界造船强企，年造船能力超 400 万载重吨，建造的超大型油轮、集装箱船等产品技术指标国际领先，手持订单量稳居世界前列，品牌价值超百亿元；哈电集团在发电设备领域独占鳌头，水电、火电、核电设备国内市场份额分别达 50%、30%、10%，研发的"华龙一号"核电机组关键技术达国际一流水平，为我国能源电力事业发展提供坚实支撑；中车长客作为全球最大轨道客车制造商之一，年生产城轨车辆超 8000 辆，吸引超 500 家零部件供应商集聚周边，带动吉林省轨道交通装备产业链产值超千亿元，推动上下游企业技术升级与产品创新，促进区域产业生态繁荣。

（二）东北三省现代服务业发展格局

东北三省现代服务业虽然面临结构性矛盾与区域发展不平衡问题，但东北三省持续优化产业生态，破解结构性矛盾并释放振兴动能。近年来，现代服务业发展呈现"结构优化、冰雪引领、数字赋能"的特征，同时在科技、物流、文旅三大领域实现突破性增长，成绩显著。未来东北三省将进一步强化科技赋能与开放合作，破解区域发展不均衡等结构性矛盾。

1. 科技服务业发展态势良好

东北三省科技服务业整体发展态势良好，科研机构与高校众多，为科技服务提供了坚实智力支撑。辽宁省拥有各类科研机构 1500 余家，科技服务企业超 5000 家，2023 年技术合同成交额达到 800 亿元，同比增长 15%，工业设计、检验检测等领域服务能力逐步提升，部分科技服务机构与高端装备制造企业深度合作，助力企业技术创新与产品升级。吉林省依托长春光机所、应化所等科研强所，聚焦光电信息、新材料等领域科技服务，推动科研成果向现实生产力转化，科技服务业营业收入增速连续三年保持在 10% 以上。黑龙江省在农业科技服务、寒地技术研发服务等方面独具特色，科技服务助力现代农业与特色装备制造业发展，建有农业科技园区 30 余个，为农业装备制造企业提供技术示范与推广服务。

2. 物流服务业发展迅速

随着东北全面振兴战略推进，东北三省交通基础设施不断完善，为物流服务业发展奠定基础。辽宁省高速公路通车里程超 5000 公里，铁路网密度居全国前列，大连港、营口港货物吞吐量持续增长，物流园区建设加速，吸引菜鸟网络、京东物流等电商物流巨头入驻，推动物流智能化、信息化发展。吉林省地处东北亚几何中心，珲春等口岸优势凸显，国际物流业发展潜力巨大，积极打造"长满欧"等国际货运班列，拓展物流通道，同时加快

物流标准化建设，提升物流效率。黑龙江省凭借对俄贸易优势，黑河、绥芬河等口岸物流繁忙，跨境物流发展迅速。

3. 文旅服务业高速发展

东北三省独特自然风光与人文景观吸引大量游客，2023年辽宁省接待游客突破5亿人次，旅游总收入达6000亿元，滨海旅游、历史文化游热度高涨，大连金石滩、沈阳故宫等景区知名度不断提升，文旅融合深入推进，旅游演艺、文创产品开发成效显著。吉林省冰雪旅游大放异彩，长白山、松花湖等冰雪胜地备受青睐，"冰雪丝路"国际旅游品牌影响力持续扩大，冰雪旅游收入占旅游总收入比重超30%，带动冰雪装备制造、冰雪体育等相关产业发展。黑龙江省以"北国好风光，尽在黑龙江"为主题，打造生态旅游、民俗旅游精品线路，北极村等景区特色鲜明，旅游服务设施逐步完善，旅游产业综合带动效应日益显现。

（三）高端装备制造业与现代服务业融合发展的成效

东北三省高度重视制造业与服务业的融合发展，积极采取一系列举措。例如，辽宁省、吉林省和黑龙江省共同搭建了制造业与服务业融合公共服务平台，为企业间的交流合作提供了便捷渠道。自2018年起，三省先后下发了5份指导性文件，明确了产业融合发展方向与重点。每年还立项资助50家左右重点企业，有力推动制造业服务化发展。在政策的持续引导下，东北三省制造业的服务投入占比呈逐年增长态势。

1. 强化信息技术应用，提升制造业客户满意度

当今时代，信息技术的迅猛发展，为装备制造业服务化转型提供了坚实有力的支撑。互联网、大数据以及云计算等前沿技术的深度应用，宛如为企业安上了洞察客户需求的"慧眼"，使其能够更为精准地把握市场脉搏，实现精准营销与个性化定制的有机结合，极大地提升了客户体验。与此同时，这些技术的"魔力"还渗透至企业内部，有效优化了管理流程，显著提高了生产效率，成为推动装备制造业、消费品制造业与服务业深度融合发展的关键"催化剂"。在这一浪潮下，定制化生产、工业互联网、

电子商务等创新模式得以广泛应用，服务中间投入呈现快速增长的态势，制造业与服务业之间的边界愈发模糊，融合程度显著加深。以沈阳机床为例，为了精准满足客户的定制化需求，其匠心独运地搭建了智能化客户交互平台，能够精确无误地采集用户对于机床设备的各类个性化参数以及工艺要求等关键信息，进而为客户量身定制专属机床解决方案。这一举措不仅使客户满意度大幅跃升，犹如为企业打造了"金字招牌"，而且进一步强化了与本地软件研发、工业设计等服务业企业的协同合作关系，宛如形成了一个紧密咬合的产业"齿轮组"，带动上下游产业协同联动发展，构建了互利共赢的产业生态新格局。面对技术创新这一严峻挑战，哈尔滨工业大学充分发挥自身雄厚的科研优势，携手东北众多制造业企业共同搭建工业互联网创新中心这一"智慧高地"，全力推动智能制造技术在当地制造业中的广泛应用。这一创举如同在区域产业发展的土壤中埋下了创新的"种子"，有力地提升了区域产业的整体创新效能，为东北制造业的转型升级注入了源源不断的动力与活力。

2. 推动技术成果转化，带动全链条协同发展

长春市"两业"融合发展成效显著，尤其体现在汽车、光电信息以及生物医药等重点产业领域，为地区经济增长增添强劲动力。汽车产业方面，作为国家级先进制造业集群的领军者，中国一汽勇当先锋，持续攻克关键核心技术，并加速技术成果转化，有效促进汽车研发、测试、金融、售后等现代服务业协同共进，推动产业生态不断完善。不仅如此，长春汽车产业还借助智能化转型的浪潮，深化"两业"融合。例如，首条"车路云一体化"试验线路落地建成，通过配备先进的通信、感知和高精度定位设备，大数据部门与车企紧密合作开展实地测试，为车辆提供实时信息，有力推动上下游企业转型升级。同时，长春积极实施汽车产业集群攻坚三年行动计划，全力冲刺智能驾驶、固态电池等领域关键核心技术的突破，致力于提升汽车零部件本地综合配套率，进一步稳固产业优势。光电信息产业同样呈现蓬勃的融合发展态势。以长春市经开区为例，作为全市光电信息产业"4+1"核心区，该区通过构建全方位产业支持体系，与光机所强强联手，打造"芯光

智谷"等七大"园中园",推动产城融合与产业发展的良性互动,并搭建"一街两中心"等创新平台,为光电信息产业的崛起筑牢根基,逐步形成规模优势和集聚效应。生物医药产业领域,吉林的龙头企业持续发力创新,不断夯实产业基础,带动研发服务、临床试验、医药销售、健康管理等现代服务业协同发展,实现了产业间的深度融合与共赢,共同塑造了产业发展的新格局。此外,沈阳新松机器人自动化股份有限公司也在"两业"融合进程中发挥了重要作用。其研制的核心产品积极融合新兴技术,不仅助力制造业向智能化大步迈进,还带动了系统集成等现代服务业的繁荣发展,为区域产业升级贡献了力量。

3. 发挥服务业引擎作用,驱动制造业创新升级

通过充分发挥服务业的引擎作用,促进其与制造业在多个维度的深度融合,助力中国制造业在全球产业格局中占据更加重要的地位,实现可持续的高质量发展。以创意设计产业为例,当它与制造业有机结合时,犹如为制造业产品镶嵌上了闪耀的"宝石"。创意设计能够精准捕捉市场潮流趋势和消费者的个性化需求,将独特的美学理念、创新的功能构思融入制造业产品,赋予产品全新的生命力与竞争力,从而有力地推动制造业产品朝着高端化、个性化的方向稳步迈进,满足消费者日益多样化、精细化的需求。大连市先进制造业与金融服务业的深度融合模式堪称典范。当地的金融机构充分发挥自身优势,为制造业企业量身定制多样化的金融支持方案。无论是提供充足的研发资金,助力企业攻克关键技术难题,实现技术创新的重大突破,还是在企业扩大生产规模、优化产业布局的关键节点上给予有力的资金保障,推动产业升级的加速实现,都展现出金融服务在制造业发展进程中的关键支撑作用,为制造业企业的茁壮成长提供了肥沃的"金融土壤"。与此同时,制造业与物流业、信息技术服务业的融合进程也在持续加速。众多企业积极引入现代物流管理理念,优化物流配送路径,提高物流运输效率,降低物流成本,确保原材料的及时供应和产品的快速交付,从而提升了整个供应链的响应速度和协同能力。同时,借助信息技术服务的强大力量,企业实现了生产过程的数字化、智能化管控,实时掌握生产进度、设备运行状态

等关键信息，及时调整生产策略，进一步提升了供应链管理的精细化水平和整体运营效率，为制造业的高效发展筑牢了坚实根基。

二　高端装备制造业与现代服务业融合发展的限制因素

（一）产业融合发展活力不足

融合发展受传统体制的影响颇为严重，尤其在东北三省，这种影响体现得更加明显。东北三省长期以来受经济活力不足的影响，多数高端装备制造业企业仍处于一种相对封闭的自给自足状态。在这种模式下，现代服务业在高端装备制造业的诸多关键环节，如内部研发、信息服务以及市场调查等方面，投入明显不足，参与程度较低。倘若单纯依靠高端装备制造业自身解决上述问题，无疑会大幅提升运营成本。当前，东北三省高端装备制造业主要侧重于产品的"制造"环节，但在"制"的层面，无论是制造工艺、技术标准还是管理理念等，都远未达到国际化水平。这不仅使产品在国际市场上缺乏竞争力，而且会给外界留下不良印象。此外，与高端装备制造业紧密相关的创意设计与服务领域，更是远落后于国际先进水平。创意设计的滞后，导致产品在外观、功能创新等方面难以满足市场多样化的需求；而服务的不足，则使产品在售后保障、用户体验等方面大打折扣，进一步影响了高端装备制造业的整体形象与市场拓展能力。

（二）产业融合发展缺少协同性

从产业关联角度看，东北三省高端装备制造业长期以来形成了相对封闭的产业体系。其内部各环节对现代服务业的需求未能有效释放，现代服务业难以深度嵌入高端装备制造业的研发、生产、销售及售后等全流程。例如，在研发环节，现代服务业所提供的创新设计、技术咨询等服务，未能与高端装备制造企业的研发需求精准对接，导致研发效率低下，创新成果转化率不高。随着高端装备制造业目标客户对产品品质、功能等要求日益提升，产品

创新设计已然成为高端装备制造企业提升产品附加值的必由之路。唯有通过创新设计，高端装备制造企业才能在激烈的市场竞争中脱颖而出，满足客户不断变化的需求，实现自身的可持续发展。

（三）相关领域高端人才严重短缺

高端装备制造业与现代服务业融合发展的过程中，专业人才短缺严重阻碍了二者的融合进程。东北三省现代服务业发展起步时间相对较晚，而高端装备制造业正处于从"制造"向"创造"转型的关键阶段。相关服务型人才在数量和质量上，都无法充分满足高端装备制造企业专业化和个性化发展的需求。知识创意设计与服务作为产业融合的关键要素，存在明显的短板。由于缺乏专业的知识创意设计和服务人才，企业在产品创新、服务优化等方面面临诸多难题。同时，高层次服务人才的短缺现象也极为突出。这不仅限制了现代服务业为高端装备制造业提供高质量、创新性服务的能力，也使高端装备制造企业在转型升级过程中难以获得有力的服务支持。这种人才短缺的状况，无疑对产业融合发展形成了显著的阻碍，亟待通过完善人才培养体系、加大人才引进力度等方式加以改善。

（四）政策环境和体制机制不够完善

在高端装备制造业与现代服务业融合的过程中，法律规范的不完善以及诚信体系的缺失，无疑成为横亘在前的阻碍，显著提高了二者融合的难度。研发设计与信息服务这类产品，本质上属于无形商品，其开发过程高度依赖大量丰富的经验积累，这就使得该产业对于市场环境的要求极为严苛。东北三省的产业布局集中度偏低，上下游企业在整体产业结构中所占比例较小。这种产业布局特征进一步加剧了融合的复杂性。在这样的背景下，具备法治保障、秉持诚信原则、彰显公平公正、保持公开透明的市场环境就显得尤为关键，有助于推动二者的深度融合与协同发展。

三　东北三省高端装备制造业与现代服务业融合发展的路径

（一）提升科技创新能力，驱动融合发展新业态新模式

推动制造业高端化、智能化转型，是提升产业竞争力、实现可持续发展的关键。推进智能工厂建设，融合新一代信息技术与人工智能技术，搭建数据流通桥梁，贯通数据应用全流程，以此优化生产流程，提升效率与质量。加快工业互联网应用，夯实网络基础，完善平台体系，强化安全保障，推动制造业全要素、全产业链互联互通，构建先进制造与服务体系。推广柔性化定制模式，借助体验互动、在线设计强化定制能力，推进零件、配件、部件标准化管理，围绕用户需求灵活生产，对接市场多样化需求。发展共享生产平台，鼓励企业开放产品开发、制造等资源，提供一站式服务，实现资源高效利用与价值共享。加强全生命周期管理，引导企业建立监测、应答、追溯体系，为产品提供远程运维等在线服务，推动产品再制造，实现多元价值统一。优化供应链管理，提升信息与物料流通效率，推动流程再造，打造高效、安全、绿色的智慧供应链网络。探索服务衍生制造路径，鼓励电商、研发设计企业借助大数据、技术优势，通过委托制造等方式向制造环节拓展，开辟产业融合空间。

（二）促进产业协同共进，探索融合发展新道路

产业升级与竞争力提升的关键在于高端装备制造业与现代服务业的深度融合，需多举措协同推进。一是推动原材料工业与服务业融合，助力企业转型。强化早期研发合作，鼓励开展能源管理等服务，拓展废弃物处置业务。促进消费品工业与服务业深度融合，契合差异化、品质化、绿色化需求，推进服务化升级。发展服装家居定制，通过智能终端打造智能生态服务，家电产业落实生产者责任延伸制度。二是提升装备制造业与服务业融合水平。助

力企业转型为系统集成商，支持兼并重组，培育大型企业，发展高端工业软件，依托国内市场突破关键技术。完善汽车制造与服务全链条，推动汽车向智能移动空间升级，构建产业生态，加快充电设施布局。三是深化制造业、服务业与互联网融合。以"互联网+"模式激发活力，实施工业互联网战略，推动数字化转型。促进现代物流业与制造业高效融合，让物流融入制造环节，优化布局，鼓励外包与新业务发展，推进智能化。四是强化研发设计服务与制造业融合。针对短板，推动嵌入式合作，开展专项行动，完善知识产权服务。五是加强新能源产业与制造业绿色融合。推广智能设备，发展储能产业，降低能耗，推动氢能产业发展。提高金融服务质效，坚持服务实体、创新产品，发展供应链金融，鼓励装备融资租赁，构建协同发展新格局。

（三）强化各类主体引领作用，激发融合发展新动力

强化各类主体作用，形成全方位、多层次产业融合发展格局，推动产业升级。发挥龙头企业引领作用，在产品集成与生产协作度高的领域，培育位居价值链顶端、具有国际影响力的龙头企业，使其在技术、产品等方面创新突破，深化与配套企业协同合作，引领产业链高端跃升。突出骨干示范作用，在技术成熟、竞争充分领域，培育创新能力与品牌实力突出的领军企业，鼓励其先行探索，发展专业服务，输出系统方案，引导业内企业形成差异化融合路径。激发中小企业活力，借助"专精特新"中小企业贴近市场、机制灵活的优势，促使其业态模式创新，在细分领域培育"小巨人"和"单项冠军"。以国家级新区等为重点，完善服务，推动产业集群融合。提升平台效能，坚持包容审慎监管，构建平台型企业主导的产业生态圈，发挥其整合资源优势，促进产销对接。鼓励新型研发机构，培育高水平服务企业，提供优质服务。释放其他潜力，引导高校、职校及科研、咨询机构，发挥人才、资本优势创新创业，发展新产业新业态。发挥行业协会作用，鼓励建立跨区域、跨行业、跨领域的新型产业联盟。

（四）完善政策保障，搭建融合发展快车道

多措并举，推动产业融合发展。优化发展环境，清理制约融合发展的规

章政策，放宽准入条件，深化资质改革，完善招投标制度。开放共享政府数据，挖掘社会数据价值，做好安全保护。建立产品质量管控机制，构建统一标识标准体系。研究制定出口支持政策，完善采购政策，开展统计监测。加强反垄断执法，构建工作推进机制。强化用地保障，鼓励地方创新用地供给模式，盘活闲置低效用地，以多种方式满足融合用地需求。探索功能混合产业用地模式，依照主要用途确定供应方式。支持企业利用原有土地建设物流设施，在容积率等方面给予支持。加大金融支持，鼓励金融机构按商业化原则，为融合企业项目提供中长期融资，开展并购贷款与供应链金融服务。支持企业上市及发债，建立知识产权质押平台，扩大融资规模。加强人力资源保障，改革人才评价制度，探索复合型人才发展体系。完善学科专业，深化职教改革，推进产教融合，建设相关企业与基地，推行学徒制。发挥领军人才作用，引进培养中高级人才。开展"两业"融合试点，支持有条件城市、园区开展区域试点，在多方面先行先试。鼓励重点行业代表性企业开展行业、企业试点，探索创新模式和路径，推动转型升级，打造一流企业。

参考文献

钱诚、孙飞:《国研中心丨从东北高校毕业生就业去向看东北人才流失问题》，澎湃新闻，2021 年 1 月 13 日，https://www.thepaper.cn/newsDetail_forward_16217483。

《长客股份服务化打造高端制造业"金名片"》，吉林省制造业与服务业融合公共服务平台网站，http://www.jlmsp.com.cn/rhfz/viewInfo.jhtml? id=10&viewType=picArticle。

《东北袜业园:让袜子在互联网上翱翔》，吉林省制造业与服务业融合公共服务平台网站，http://www.jlmsp.com.cn/rhfz/viewInfo.jhtml? id=13&viewType=picArticle。

《铸造高质量发展强引擎》，吉林省人民政府网站，2021 年 1 月 12 日，http://www.jl.gov.cn/zw/yw/zwlb/sz/202201/t20220112_8375674.html。

B.8
东北三省应急装备产业发展研究

栾云霄　闫子博　高　璐*

摘　要：　近年来，随着自然灾害和各种灾难事故频发，公众对于应急装备的整体认知和需求不断提升，东北三省应急装备产业呈现向好的发展趋势。发展应急装备产业不仅有利于提升区域经济竞争力，而且能够为国家公共安全体系提供有力支撑。东北三省作为我国重要的老工业基地之一，装备制造业基础雄厚，生产了大量国之重器，且产业配套也较为完备，具有发展应急装备产业的强大优势。目前来看，东北三省应急装备产业的发展取得显著进展，不仅各省的产业规模逐渐扩大并形成了一定的集聚效应，而且各地政府出台一系列支持性政策为产业的发展提供了良好的环境，但在技术创新能力、产业体系建设、人才培养、装备适应性提升、配套功能建设等方面存在一定的问题。针对这一系列问题，应从产学研用深度融合、产业集聚与标准化建设、人才需求调整、装备结构设计优化、加强配套功能建设、增强装备性能与适应性、拓展国际市场与合作等几个方面入手，增强东北三省应急装备产业的竞争力。

关键词：　应急装备产业　产业集聚　东北三省

2023年5月，习近平总书记在深入推进京津冀协同发展座谈会上强调，"要巩固壮大实体经济根基，把集成电路、网络安全、生物医药、电力装

---

*　栾云霄，黑龙江省社会科学院经济研究所研究实习员，主要研究方向为产业经济学、应用经济学；闫子博，黑龙江省社会科学院硕士研究生，主要研究方向为政治经济学；高璐，黑龙江省社会科学院硕士研究生，主要研究方向为政治经济学。

备、安全应急装备等战略性新兴产业发展作为重中之重，着力打造世界级先进制造业集群"。① 同时，《"十四五"国家应急体系规划》明确提出"壮大安全应急产业"，着力优化产业结构、推动产业集聚、支持企业发展；采用推荐目录、鼓励清单等形式，引导社会资源投向先进、适用、可靠的安全应急产品和服务。根据工业和信息化部、国家发展改革委、科技部于 2021 年联合发布的《安全应急产业分类指导目录（2021 年版）》，安全应急产业已形成包括"安全防护、监测预警、应急救援处置、安全应急服务"4 个大类、16 个中类及 104 个小类产品的完备体系。近年来，在国家的引导和支持下，我国安全应急产业快速发展，产业规模不断扩大，攻克一批关键核心技术，2025 年我国安全应急产业规模将超过 2.8 万亿元。② 这为东北三省应急装备产业带来了重要发展机遇，提供了极大的政策支持和市场空间。东北三省应该抢抓机遇，充分发挥自身工业基础优势、科研基础优势，积极对接国家战略，以此推动应急装备产业高质量发展，为保障国家应急装备安全做出"东北贡献"。

一　东北三省应急装备产业发展的现状分析

近年来，国内应急装备产业在产业规模、技术能力等方面取得较大进步，为东北三省应急装备产业发展提供了更为广阔的市场空间。同时，作为我国重要的老工业基地之一，东北三省在装备制造方面具有得天独厚的优势，这也使得东北三省成为培植应急装备产业的沃土，为东北三省大力发展应急装备产业提供了坚实基础，为东北三省维护国家"五大安全"能力提升提供了坚实保障。

---

① 《以更加奋发有为的精神状态推进各项工作　推动京津冀协同发展不断迈上新台阶》，《人民日报》2023 年 5 月 13 日。
② 《装备升级！今年我国安全应急产业将超 2.8 万亿元》，"央视新闻"百家号，2025 年 1 月 20 日，https://baijiahao.baidu.com/s? id=1821699940352324626&wfr=spider&for=pc。

（一）政策扶持，厚植产业根基

2023 年，工业和信息化部等五部委印发的《安全应急装备重点领域发展行动计划（2023—2025 年）》，为东北三省应急装备产业发展提供了宏观指导。该计划明确提出要提升安全应急装备现代化水平，加强推广应用，促进产业高质量发展，这为东北三省应急装备产业融入全国发展大局创造了有利条件。

在地方层面，黑龙江、辽宁、吉林三省纷纷出台政策助力产业发展。黑龙江省围绕国家东北区域应急救援中心建设，配套出台相关政策，促进应急救援装备调配、使用等能力提升，同时在哈尔滨等地支持无人机、医疗救援等应急项目建设，给予一定的资金扶持和政策倾斜。哈医大二院国家紧急医学救援基地建设便是政策支持下的成果，该基地建筑面积 3.7 万平方米，设置床位 500 张、重症床位 60 张，顶楼配套建设停机坪，极大地提高了紧急医学救援能力。辽宁省积极推动应急产业集群化发展，大连等地计划成立应急产业链专项指导小组，完善产业发展规划，在土地使用、资金支持、税收减免等方面给予政策优惠，吸引应急产业相关企业落户，打造智慧应急产业集群。例如，大连长兴岛围绕应急产业园、实训基地建设和新型化工设备制造产业导入等进行工作部署，打造集应急技术研发、装备制造、实训演练、人才培养、招商引资于一体的综合性产业平台，政策支持效果显著。

（二）规模扩大，强化产业布局

近几年，东北三省应急装备产业规模逐步扩大。黑龙江省依托装备制造业基础，在全地形车、应急通信设备等领域取得一定发展，如哈一机集团北方防务公司的蟒式全地形双节履带车已形成系列化车族，广泛应用于国防保障和应急领域。吉林省在消防救援装备、新能源应急装备等方面有所布局，吉林省消防救援总队现已完成"自然灾害应急能力提升工程"装备搭载项目，涉及多家供应商；同时，吉林省新能源装备产业迅速发展，集聚了一批新能源装备制造行业领军企业，围绕风电、光伏、氢能、储能等重点领域，实现集群化、规模化发展。辽宁省则在低空应急救援装备、安全监测设备等方面有所突破。2024年，沈阳市制定《沈阳市低空经济高质量发展行动计划（2024—2026年）》，沈北新区现有低空企业9家，涉及整机设计制造、分系统设计制造和应用服务业等多个领域，推动低空飞行器在应急救援等领域的应用。

从产业布局来看，东北三省应急装备产业呈现以哈尔滨、长春、沈阳等中心城市为核心，并向周边辐射的态势。中心城市凭借科技、人才、资金等优势，吸引了众多应急装备企业和科研机构集聚，形成了一定的产业集群效应。

黑龙江省以哈尔滨和大庆为核心，构建了应急装备产业发展网络。大庆的国家东北区域应急救援中心是东北地区应急装备调配和救援的重要枢纽，周边地区围绕该中心形成了应急救援装备物资储备、培训演练等产业生态。大量应急救援装备在此集中调配，包括大型工程机械、生命探测仪、消防器材等，为周边地区灾害救援提供有力保障。哈尔滨市在无人机、医疗救援等应急装备领域发展迅速。哈尔滨联合飞机科技有限公司投资建设大型无人机产业落地项目，重点打造"一院四基地"，其无人机在应急救援中发挥多种功能，如灾情侦察、物资投送等。哈尔滨海邻科信息技术有限公司研发的情指行一体化平台、智慧安保指挥平台、勤务巡控平台、猎影智慧警务、车载无人机等产品，在城市应急管理、应急监测等领域取得了丰硕成果。

吉林省依托自身产业基础，在应急运输车辆、冰雪灾害应急装备等方面取得显著成绩。长春市作为汽车产业重镇，在应急运输车辆改装方面具有先天优势，当地企业利用汽车制造技术，将普通车辆改装为应急指挥车、通信保障车等，满足应急救援指挥和通信需求。在冰雪灾害应急装备领域，吉林省积极研发除雪设备、防滑链等产品。部分企业与高校合作，研发新型高效除雪剂，减少对环境的影响，同时提高除雪效率。未来，吉林省将继续以长春为核心，辐射周边城市，形成涵盖应急运输、冰雪灾害应对等多领域的产业布局。

辽宁省的应急装备产业布局呈现多点开花、特色突出的态势。沈阳市作为老工业基地，以泵类、特种车辆改装等应急装备产业领域为发展重点。沈阳耐蚀合金泵股份有限公司专注于应急排涝泵研发生产，凭借先进技术在城市内涝治理中发挥关键作用，产品性能可靠，销售网络覆盖东北地区及全国部分城市；在特种车辆改装方面，沈阳市依托汽车零部件制造产业基础，对各类车辆进行应急救援功能改装，如消防车、救护车等，满足不同应急场景使用需求。

大连市致力于打造应急产业集群，已吸引多家安全防护类、监测预警类企业入驻。位于大连市长兴岛区的应急产业园聚焦新型化工设备制造，依托当地化工产业优势，研发生产化工事故应急处理装备，如堵漏工具、危化品检测仪器等，形成从研发、生产到销售的完整产业链。此外，大连还在积极引进航空应急救援相关企业，利用港口和空域优势，发展航空应急救援装备租赁、维修等配套产业。

二 东北三省应急装备产业发展的优势

（一）雄厚的工业基础与完备产业配套

东北三省是我国重要的老工业基地，装备制造业发展历史悠久且根基深厚。辽宁沈阳、大连等地在机械制造、化工等领域成绩斐然，积累了大量的生产制造经验和先进技术。以沈阳为例，其重型机械制造技术在国内处于领先地位，能够为应急救援所需的大型工程机械，如起重机、挖掘机等提供核心技术支持，确保设备的可靠性和高性能。大连的化工产业发达，拥有完善的化工产业链，从原材料供应到精细化工产品生产一应俱全，这为危化品安全事故应急装备的研发与生产提供了得天独厚的条件。例如，在研发堵漏工具、危化品检测仪器等装备时，能够快速获取所需的原材料和零部件，大幅缩短了研发周期，降低了生产成本。同时，东北三省还拥有大量技能熟练的装备制造产业技术工人和专业人才，能够保障应急装备的高质量生产。

（二）丰富的资源与实践经验

黑龙江省自然资源丰富、地域辽阔，拥有广袤的森林和草原，这使得其在应对森林草原火灾、冰雪灾害等方面积累了丰富的实践经验。在大兴安岭森林火灾扑救过程中，当地相关研发制造单位不断总结经验，对应急装备进行持续改进和优化。高性能的灭火风机能够有效吹散火焰，远程森林消防水带则可以将灭火剂输送到较远的火灾现场，大大提高了火灾扑救效率。这些实践经验为相关应急装备的研发提供了实际需求导向，使得研发出的装备更贴合实际救援场景。另外，东北三省冬季漫长，冰雪灾害频发，在应对冰雪灾害过程中，当地研发出了一系列实用的应急装备，如除雪设备、防滑链等，并且在实际应用中不断改进创新，为全国其他地区应对类似灾害提供了经验。

（三）强大的科研实力与产学研用协同创新

东北三省高校和科研机构众多，哈尔滨工业大学、大连理工大学等先进研发单位，在机械工程、电子信息、材料科学等领域科研实力强劲。这些高校和科研机构拥有先进的科研设备和优秀的科研人才，能够为应急装备产业提供强大的科研支持。例如，哈尔滨工业大学研发的小型化、高精度灾害监测传感器已应用于部分应急监测装备，显著提升了装备的监测精度和可靠性。哈尔滨新光光电科技股份有限公司、哈尔滨海邻科信息技术有限公司、哈尔滨博实自动化股份有限公司等高新技术设备研发制造企业依托哈工大的优质科研资源，成功研制出森林防火预警无人机、城市应急预警研判系统、高温炉前巡检机器人等一系列先进应急装备，为我国安全应急管理工作提供强力支持。同时，东北三省积极推动产学研用协同创新，促进高校、科研机构与企业之间的合作。企业能够将高校和科研机构的科研成果快速转化为实际产品，提高企业的创新能力和市场竞争力。如哈尔滨联合飞机科技有限公司与当地科研机构合作，不断提升无人机性能和智能化水平，在应急救援中

发挥更大作用。这种协同创新模式为东北三省应急装备产业的持续发展提供了源源不断的动力。

三 东北三省应急装备产业发展存在的问题

（一）技术创新能力不足

当前，东北三省应急装备产业的技术创新能力相对滞后。应急装备行业是一个高度依赖科技创新的领域，需要不断的技术革新来满足复杂多变的应急救援需求。虽然有哈尔滨工业大学等科研机构作为支撑，但是东北三省在这一方面仍存在明显短板。一方面，企业的自主研发能力不强，缺乏具有自主知识产权的关键技术，当下部分核心技术仍依赖国外进口，自主研发技术无法支撑高性能作业。另一方面，科研机构与企业的合作不够紧密，产学研深度融合不足，科技成果转化率不高，大量成果搁置多年未能转化为实际产品投入市场，影响了应急装备产业的发展速度和质量。

（二）产业体系不完善

东北三省应急装备产业链建设相对薄弱，设计、生产、销售等各个环节都存在瓶颈和不足。一是生产性服务业发展滞后，整体尚未形成完整的产业体系。部分应急装备制造企业由于缺乏专业的物流配送服务，产品运输周期长、成本高，难以大幅度提高加工制造的效率和附加值，限制了产业的竞争力。二是企业集中度低，信息化程度不高，规模效益不明显。在吉林应急装备产业园区，众多中小企业各自为政，企业之间缺乏协同合作，难以形成产业集群效应，降低了整体竞争力。此外，行业标准制定和技术认证工作也相对滞后，缺乏统一的标准和规范，影响了产业化水平和质量。如在应急照明设备领域，不同企业生产的产品在亮度、续航等指标上差异大，缺乏统一标准，导致市场混乱。

（三）人才短缺与培养机制不健全

应急装备产业对高素质、高水平的人才需求较大，但目前东北三省高端人才匮乏，制约了产业的持续发展。一方面，由于东北三省经济发展相对滞后，人才流失严重，许多优秀人才流向了经济更为发达的地区，使得东北三省应急装备领域的人才储备严重不足，难以满足产业发展的需求。另一方面，人才培养机制不健全，缺乏系统的培训体系和实践机会。这使得相关专业学生毕业后难以快速适应企业生产需求，现有人才的技能水平难以提升，无法满足产业发展的新要求。同时，由于缺乏有效的激励机制，人才流失现象进一步加剧，形成了恶性循环。例如，部分地区通过给企业高端技能人才申报"大国工匠"、各级劳动模范等荣誉称号的形式，对技术人才进行激励表彰，并以此为这类人才争取省市各级的特殊待遇。但是由于这类激励机制需要将人才资料汇总、上报、宣传，南方高新技术企业在获得消息后，立刻通过高薪等方式将人才"挖走"，因此部分研发机构及企业不敢宣传技术人才，技术人才本应拥有的荣誉无法获得，形成恶性循环。

（四）应用场景特殊与装备适应性不足

东北三省地理环境和气候条件复杂多样，对应急装备的应用场景提出了特殊要求。然而，目前东北三省的应急装备在适应性方面存在明显不足。一是部分关键应急装备的发展滞后甚至处于空白状态，无法满足实际需求。东北三省多山林地貌、多冰雪天气的特点，决定了冰雪灾害、森林防火等特殊场景应用设备有着巨大的市场需求，但现在产业内仍存在部分领域空白的现状。例如，吉林省珲春市森林消防大队的消防员，在每年春秋季中俄边境森林火灾高发时期，每天需要背着重达 25 公斤的灭火设备，在山林中行进 8~9 个小时，大大加重了当地消防员的防护、救援负担。而在 2024 年大兴安岭林区发生的火灾中，由于缺乏适用于高山地区火灾救援的无人机和全地形消防车等装备，火灾初期的侦查和扑救工作受到极大阻碍。二是现有装备的性能和稳定性有待提高。例如，风力灭火机等关

键装备在轻便耐用、背负舒适、故障率低等方面存在明显短板,在吉林省冬季森林火灾救援行动中,因低温环境下风力灭火机频繁故障,严重影响了救援效率。

(五)产业链关键环节堵点与配套功能建设不足

东北三省应急装备产业链的关键环节存在堵点,影响了产业整体的发展。一是上游原材料供应不稳定,影响了应急装备的生产质量和效率。当前,东北三省应急装备产业部分关键原材料仍然依赖外部输入和进口,例如高性能纤维、特种钢材等原材料,极易受到外部市场波动影响,从而影响下游企业生产稳定性。二是中游制造环节相对薄弱,难以形成产业集聚效应。相较于我国其他经济发达地区,东北三省应急装备产业龙头企业数量较少,缺乏具有较强竞争力的高端应急装备制造企业,导致规模效应不足。同时,由于企业分布松散等,东北三省中小企业技术水平参差不齐,缺少有效协同机制,进而出现了应急产品同质化严重、难以有效分工协作等问题。三是下游应用场景的配套功能建设存在不足,应急救援平台的信息化水平不高,应急装备与平台的融合和协同救援能力有待提升。此外,由于应急救援平台信息化程度较低,各应急装备之间无法实现有效联动,因此应急救援工作的整体效能受到影响,难以满足实际需求。

(六)应对新风险与挑战的能力不足

随着新能源、新工艺、新业态的不断涌现,东北三省应急装备产业面临的新风险和挑战日益增多。一方面,技术不成熟、标准不完善、管理不规范等问题导致新的安全风险逐渐显现。以新能源汽车行业为例,近年来东北三省新能源汽车保有量呈增长趋势,但在新能源汽车充电、电池管理等环节存在技术短板。当新能源汽车发生火灾事故时,由于缺乏成熟的针对新能源汽车电池火灾的灭火技术,传统的干粉、泡沫灭火器难以有效扑灭电池火灾,因此往往造成火势蔓延、财产损失扩大。同时,行业内对于新能源汽车应急救援缺乏统一的标准规范,不同救援队伍在处理此类事故时，采取的流程和方法各异，导致救援效率低下。另一方面，东北三省在应对新风险方面的技术储备尚不完善，缺乏有效的应对手段和措施。在新兴的人工智能辅助应急救援领域，全国其他地区已经开始探索利用人工智能技术进行灾害预测、救援路径规划等，但东北三省由于科研投入不足、科研人才短缺等问题，难以将人工智能技术有效地应用于应急救援。因此，当面对突发灾害时，无法借助先进的人工智能算法快速制定救援方案，调配应急装备资源。

（七）国际竞争力与合作水平有待提高

在全球化和信息化的大背景下，国际竞争与合作已成为应急装备产业发展的重要趋势。然而，东北三省在这一方面还存在明显不足。一是由于技术水平和创新能力的限制，东北三省的应急装备企业在国际市场上缺乏竞争力。在2024年中国国际应急救援装备展览会上，与欧美、日本等发达国家的应急装备相比，东北地区参展企业的产品在技术含量、智能化程度上差距明显，难以获得国际订单。二是东北三省在与其他国家和地区的应急装备企业开展合作方面也存在诸多困难。东北三省是对俄开放桥头堡，俄罗斯由于环境气候等因素，对森林火灾、冰雪灾难救援处置装备的需求量巨大。但由于俄方经常变动的外贸法律条文等不利条件，东北三省应急装备产业无法与俄方需求及时对接、达成交易。同时，由于东北三省大型设备对外贸易通道的缺失，现仅有大连一个出海口可以进行远洋贸易，因此东北三省应急装备企业在国际市场上处于劣势地位，难以获取国际资源和市场机遇。

四　东北三省应急装备产业发展的对策

（一）推动科技创新，实现产学研用深度融合

为了满足安全防护和应急保障的实际需要，面对东北三省应急装备产业

科技创新能力相对滞后的问题，需要实施协同创新，实现东北三省应急装备产业的技术攻关突破，大力推动科技创新能力提升。一方面，充分发挥创新载体的平台支撑作用，大力推动企业研发中心、工程技术中心、专业技术服务平台等创新机构建设，加快形成企业内部的研发、技术创新和成果转化机构，以提升企业的自主研发能力，研发适用于不同类型、不同情景灾害事故的应急装备。与此同时，需要加快完善应急装备产业链，提高产品生产效率，以提升应急装备的供应能力及面对突发事件的应对能力。另一方面，鼓励高校、科研机构与应急装备生产企业开展产学研合作，加强各方在科学技术创新和产业发展中的紧密协作与互动，通过深化科技成果转化机制改革，优化科技成果转化路径，加强科技成果治理，使创新资源配置更加高效，加快技术落地、成果转化。通过深化产学研合作，完善科技合同登记机制，推进成果转化，助力科技成果加速走向市场。完善的知识产权保护机制能够有效杜绝企业为减少成本而等待其他企业开展原始创新并"搭便车"的行为，逐渐形成优势互补、资源共享的协同创新机制，把握市场需求和创新方向，共同攻克应急装备生产的技术难题。同时，加快应急装备科技成果转化应用，实现科技成果向现实生产力的转化，提升应急装备产业的发展速度和质量。

（二）推动产业集聚与标准化建设，完善安全应急产业体系

为了提升东北三省应急装备产业的整体竞争力，必须着眼于产业链的完善，推动其实现成熟、高效发展。一方面，加强生产制造、技术研发和市场销售等各个环节的协同合作，实现产业链上下游的紧密衔接，同时，积极引入先进的技术手段和生产工艺，提升产品的技术含量与附加值，以满足多样化的市场需求，使企业在激烈的市场竞争中保持有利地位。在此基础之上，根据产业基础、区域资源禀赋和市场需求，合理布局应急安全产业园区、产业示范区、产业基地等，通过资源整合，吸引更多企业入驻，实现优势互补和产业集聚，有利于加强企业之间的交流与协作，推动产品和技术更新换代，提升整体竞争力。另一方面，完善安全应急产业体系，需要推动产业的

标准化发展，高度重视行业标准化工作。通过制定和完善相关政策，规范行业标准，形成相对规范的企业生产行为和有序的市场秩序，推动产品、服务与管理的标准化，保证安全应急产品的质量与安全，提升产业的整体质量与水平。

（三）调整多元化人才需求，健全人才培养激励机制

应急装备产业涉及多个领域，包括救援、消防等，对不同专业的人才需求量较大，且随着科学技术的不断进步，对应急装备生产的技术要求也在不断提高，需要更多具备创新精神和专业素养的技术人才来推动该产业的发展。为扩大东北三省应急装备产业的人才储备量，需要从人才培养、人才引进、留住人才三方面入手。在人才培养方面，需要加强与当地高校和科研机构的合作，根据产业发展趋势和技术缺口适当调整专业设置，通过教育、培训等方式提高本地人才的专业素养和创新能力。在人才引进方面，要明确产业发展的方向与趋势，根据应急装备产业的发展需求，制定有针对性的战略发展规划，优化人才流动机制，加强人才服务体系建设，降低人才流动成本，构建人才合理流动空间，形成人才行业聚焦点。同时，聚焦应急装备产业的关键领域，通过政府资金支持、政策引导等方式，形成人才集聚效应。为了留住人才，需要建立有效的人才培养和激励机制，通过设立合理的薪酬制度、职称晋升制度、绩效考核机制等，激发人才的积极性、主动性和创造性。同时，要注意提高薪资与福利待遇，提高人才的归属感和满足感，增强其留任意愿。除此之外，还需要提供职业晋升路径和个性化职业发展规划，及时提供个性化的职业发展规划和指导，及时满足人才发展的需求。

（四）优化装备结构设计，加快先进装备的推广应用

首先，针对东北三省的应急装备在适应性方面存在不足的问题，需要加大应急装备智能化技术的研发投入。智能化技术以高效、精准、自动化的特点，在数据采集、处理、分析、预警及响应等方面展现出巨大潜力，为减灾

与应急救援提供了强有力的技术支持。面对东北三省复杂多变的地理环境和气候条件，需要围绕重点场景和实际需求，如高山、极寒地区，合理优化应急装备的结构设计，使其能够更加适应复杂险峻的地形和恶劣的气候条件，如设计国产登高平台、举高喷射消防车、无人机、机器人等新型救援装备，并提高相关应急装备的稳定性。其次，为了适应东北三省复杂多变的地理环境和气候条件，需要制定安全应急装备政府采购清单，通过政府优先采购、首台（套）补贴等手段，推广应用高性能安全应急装备，并推动其产业化和国产化。最后，可以将部分技术水平领先且处于实战应用空白点的应急装备纳入各类指导名单，促进装备的推广与广泛应用，有效解决东北三省应急装备适应性不足的问题。

（五）加强配套功能建设，强化产业链上下游协同

针对东北三省应急装备产业链上下游协同不紧密所导致的生产效率低下问题，首先，需要加强产业链配套功能建设，建立应急装备产业链信息化平台，运用大数据、云计算等先进技术手段，进行数据分析并及时公布数据信息，增强产业链上下游之间的协同合作，提升协同救援水平。其次，增强原材料供应商、中游制造商和销售商之间的信息共享与紧密合作，确保信息畅通、有效对接，进一步形成高效的协同机制，避免因信息不畅所导致的资源浪费、效率低下等问题。最后，针对产业链上游原材料供应不稳定的问题，可以鼓励企业采用更加先进的供应链管理模式，综合评估供应商的行业信誉、原料供应质量等指标，选择多元化供应商，避免单一供应商断供所带来的供应风险。此外，还需要优化库存管理，监控库存动态变化，根据市场需求预测及时调整库存，提高供应链响应速度，避免缺货或积压现象，提高应急装备生产效率。加强配套功能建设，强化产业链上下游协同，为应急装备产业的发展提供有力保障。

（六）聚焦新风险领域，提高装备性能与适应性

针对东北三省应急装备产业面临的新挑战和新问题，除了需要政府

和企业加大技术研发投入、加快关键技术的突破外，还需要聚焦新风险领域，通过新技术、新材料的运用，加快开发针对不同领域、能够应对不同风险特点的应急装备。除此之外，制定详细的标准并严格执行以规范应急装备的生产和使用是避免安全风险的有效手段。为了有效避免安全风险，确保设备的稳定和高效运行，必须制定和完善相关标准和管理规范。此外，随着新技术、新材料、新工艺的不断推广和应用，以及应用场景的不断拓展，需要及时更新和完善相关的技术标准和管理规范，确保其科学性与可操作性，以提高装备的性能与适应性。加强对新领域应急装备的监管，建立应急装备产业的监管体系，充分运用现代信息技术，通过大数据、云计算等手段，实时跟踪行业动态，及时进行风险评估，定期反馈安全风险，实现应急装备的精准化生产与使用。

（七）拓展国际市场与合作，增强企业国际竞争力

随着信息化和全球化的不断发展，为了增强国际市场竞争力，东北三省的应急装备企业需要积极拓展国际市场，不断进行国际交流与合作。首先，需要提升自身产品的质量，在应急装备生产的过程中，企业应不断追求技术创新，采用先进的设计理念和制造工艺，通过研发资金投入和关键技术攻关实现应急装备的高质量生产并向外推广，积极了解国际市场需求，以应对不同地区、不同领域、不同特点的安全风险，提高自身产品的国际竞争力。其次，依托东北三省的装备制造业基础，打造应急装备产业集群，通过产业集群优势，实现信息和资源共享，降低生产成本，形成价格优势，增强企业的市场竞争力。同时，鼓励企业与国际知名应急装备企业开展合作，提高企业的国际知名度，以便开展国际合作与交流。最后，鼓励东北三省应急装备企业举行国际公共安全防范产品博览会，展现自身产品优势，积极争取国际订单、拓展国际市场，增强企业的国际竞争力。

B.9
东北地区科技创新与产业创新发展研究

摘 要： 东北地区作为我国重要的工业和农业基地，其科技创新与产业创新融合发展对实现东北经济振兴有着至关重要的作用。近年来在国家创新驱动发展战略、科技强国和人才强国战略的推动下，东北地区科技创新和产业创新能力稳步提升。本报告聚焦东北三省及内蒙古东部五盟市的发展实践，提出东北地区科技创新与产业创新还存在创新资源分散、产业协同不足，产业结构不合理、创新动力不足，创新人才流失严重、人才引进困难，创新投入不足、资金支持有限等问题，应加强创新资源整合、优化产业结构、加强人才队伍建设、加大创新投入、以科技创新引领新质生产力发展。

关键词： 东北地区 科技创新 产业创新 创新驱动

一 东北地区科技创新与产业创新发展现状

（一）东北三省科技创新发展现状

辽宁省始终把科技创新摆在全面振兴的关键位置、作为动能转换的首要力量，科技创新体系日益夯实，2024 年研发投入增速 6 年来首次超过全国水平，投入强度创 10 年来新高。辽宁省坚定打造高能级创新平台，新增全国重点实验室 10 家，沈阳浑南科技城、大连英歌石科学城开城运行，沈抚

---

* 朱德鹏，黑龙江省社会科学院经济研究所助理研究员，主要研究方向为产业经济学、区域经济学；王琪，黑龙江省社会科学院经济研究所硕士研究生，主要研究方向为政治经济学。

科创园加快建设。辽宁实验室快速成长，集聚科研人员 698 人，实施自主科研项目 72 项，转化科研成果 181 项。辽宁围绕重点产业布局 20 个重点实验室群，科技成果本地转化率达 57.6%。重大科技攻关成效显著，15 个科研项目荣获国家科学技术奖。聚焦未来产业，组建 9 家省基础科学中心，实施研究项目 880 项。选派超千名科技特派员服务企业。辽宁省科技和产业加速融合，聚焦产业需求建设省重点实验室群 20 个，新增科技型中小企业 6206 家、高新技术企业 1625 家、"雏鹰""瞪羚"企业 940 家，融科储能、东软睿驰新晋为独角兽企业，全省科技合同成交额同比增长 17.8%，累计高价值发明专利拥有量同比增长 22.7%。教育科技人才融合发展，推进建设世界一流学科 20 个、国内一流学科 40 个，牵头筹建国家工业母机行业产教融合共同体，布局建设现代产业学院 101 所、行业产教融合共同体 9 个。深入开展"技能辽宁行动"，新增技术人才 19.1 万人、技能人才 22.6 万人。持续实施"兴辽英才计划"，支持培养高层次人才 995 人、团队 79 个，省内高校毕业生 67.5% 留辽就业，省外高校毕业生来辽就业增长 10%。

吉林省科技创新发展成效显著，2023 年度国家科学技术奖揭晓，吉林农业大学李玉院士团队的"食药用菌全产业链关键技术创新及应用"项目获得国家科学技术进步奖一等奖。2024 年 9 月 2 日，长光卫星技术股份有限公司发布世界首个高清全球年度一张图——"吉林一号"全球一张图，填补了国际空白。9 月 24 日，"吉林大学一号"卫星发射成功，其具备"任意曲线非沿轨动中成像"等能力，填补了国内相关技术领域空白。长春中医药大学牵头推出野山参智能分级辅助鉴定系统（V1.0）。中国科学院长春光学精密机械与物理研究所破解竖直表面日间辐射制冷难题，相关成果在国际期刊 Science 发表。吉林省全力培育新质生产力，构建有组织聚力攻坚科技创新机制。2024 年 11 月 15 日，长白山、三江、吉光 3 个省实验室授牌，填补了吉林省没有省实验室的空白。3 个省实验室将重点攻关新材料和先进制造、种质资源与智慧农业、光电信息等领域关键核心技术。

黑龙江省科技创新引领作用持续增强，9 项科技成果获国家科学技术奖，国家光刻机产业计量测试中心落户黑龙江省，省级财政科技投入连续 4

年增长 20% 以上。深入实施科技成果产业化专项行动，哈尔滨工业大学先进技术研究院新生成企业 15 家，全省产业技术创新联盟成员达 96 家，转化重大科技成果 622 项。认定高新技术企业 1200 家以上。落实人才振兴 60 条，优化调整省级人才支持计划，建设 384 个省级专业技术领军人才梯队，博士后招收人数连续两年突破千人，12 人入选国家高层次人才，技能人才总量达 266.9 万人。黑龙江省因地制宜发展新质生产力，制定出台打造新质生产力实践地的意见，出台支持哈尔滨工业大学发展政策措施，我国航天领域首个大科学装置工程——空间环境地面模拟装置、全国最大的国产化单集群大算力工程——中国移动哈尔滨万卡智算中心建成投用，打造环哈尔滨工业大学、哈尔滨工程大学、哈尔滨兽医研究所等环大学大院大所创新创业生态圈，以创新为引领推动新旧动能加快转换、产业结构优化升级。

（二）东北三省产业创新发展现状

2024 年辽宁省扎实推进新型工业化，产业转型升级步伐加快。4 个万亿级产业基地聚新成势，大连船舶重工 B 型 LNG 燃料舱完工交付，中石油 4 个"减油增化增特"项目建成投产，鞍钢集团低碳冶金攻关项目列入工信部低碳冶金技术方案，55 个新药和第三类医疗器械获批上市。22 个重点产业集群加快建设，大盘绿色石化、沈大工业母机、沈阳航空 3 个集群获评国家级先进制造业集群，工业机器人产业入围全国质量强链十大标志性项目，22 个重点产业集群中，战略性新兴产业营业收入占比超过 1/3。新质生产力加快培育，出台培育新质生产力推动高质量发展意见、科技引领未来产业创新发展实施意见，人工智能、细胞治疗等未来产业加快布局，规上工业关键工序数控化率和数字化研发设计工具普及率分别达到 64.8% 和 82.2%，成功举办"2024 全球工业互联网大会"。现代服务业加快发展，国家级服务型制造示范企业达到 53 家，国有大行实际贷款余额同比增长 8.8%，企业债券融资同比增长 28.5%，新增"新三板"挂牌企业 6 家，全社会客运量、货运量同比分别增长 6.8%、2.9%，接待游客人次、旅游收入同比分别增长 28.1%、25.9%。

2024 年吉林省高新技术企业达 4107 家，同比增长 14.4%，数量再创历史新高。全省累计注册科技型中小企业 10269 家，同比增长 41.1%。同时，吉林省通过"破茧成蝶"专项支持两批 104 家初创企业加速成长，给予 574 家企业 3986 万元研发投入补助，企业 R&D 经费投入总量增至 110.5 亿元。高技术制造业增加值占规上工业增加值的 16.9%。新增风光装机容量超过 600 万千瓦，是正常消纳能力的 10 倍，新能源产业投资突破 1100 亿元。氢基绿能产业园配套新能源 80% 实现自发自用，开启全国首创新能源直供模式。长春入围国家首批 20 个"车路云一体化"应用试点城市。松原全国首套严寒地区全钒液流电池共享储能电站投入运行。中车长客自主研发首列氢能源市域列车试运行。

2024 年黑龙江省加快传统产业改造升级，扎实开展千企技改、制造业数字化转型等行动，新认定国家级制造业单项冠军企业 4 家、绿色工厂 39 家，创历史最好水平，同时新认定省级智能工厂和数字化车间 56 家。实施大规模设备更新行动，设备工器具购置、制造业技改投资同比分别增长 17.2%、23.9%，分别高于全国平均水平 1.5 个、15.9 个百分点。黑龙江省深入实施战略性新兴产业倍增计划，出台低空经济发展实施方案和若干政策措施，哈尔滨航空集群、绥哈大齐生物制造集群晋级为国家先进制造业集群，生物发酵氨基酸和生物质燃料乙醇生产基地规模稳居全国首位，"玉参多糖胶囊"等新药填补黑龙江省近 20 年原研药生产研发空白。思哲睿公司成为国内行业领军企业，天有为公司在上交所主板上市并通过中国证监会注册，鹤岗五矿石墨超高纯产品达到国际领先水平。重点新兴产业产值占规上工业产值比重提高 1.7 个百分点。黑龙江省加快培育未来产业，制定实施未来产业孵化加速计划，成为大型清洁能源基地与数据中心集群协同布局试点省份，加快融入全国一体化算力网，年产 180 颗卫星的哈工大卫星柔性智造产线项目获得国家核准。人形机器人等 8 个项目入围工信部未来产业创新任务"揭榜挂帅"项目，数量居东北地区首位。

（三）内蒙古东部地区科技创新与产业创新发展现状

2024 年，内蒙古东部五盟市积极落实国家和内蒙古自治区关于科技创

新的决策部署,制定了一系列促进产业创新发展的政策措施。

2024 年,呼伦贝尔市深入实施"科技兴蒙"行动,大力实施科技"突围"工程,持续深化科技体制改革,精准谋划科技项目,强化创新平台载体支撑,加强创新主体培育,不断提升创新服务能力。2024 年累计获批上级科技专项资金 3150.7 万元,获批立项国家、自治区各类科技项目 17 项,获得科研经费 695 万元。获批自治区企业研究开发中心 5 家,全市自治区级企业研究开发中心达到 28 家。6 家企业通过高新技术企业认定,入库科技型中小企业 124 家。呼伦贝尔市农牧科学研究院承担各级各类科研项目 41 项,开展 7 个品种成果转化,并有 1 项成果获国家发明专利。育成并审定 8 个大豆品种,3 个案例入选 2024 年全国大豆油菜高产典型案例,占比居全区首位。建成国家级核心育种场 2 个,自治区级核心育种场 2 个。

2024 年,兴安盟围绕平台载体创建、科技交流合作等,推动科技创新和产业创新深度融合。兴安盟农牧科学研究所获批创建内蒙古自治区生物育种技术创新中心,构建涵盖国家现代农业产业技术体系综合试验站、国家博士后科研工作站、自治区北方寒地水稻育种创新重点实验室等 24 个自治区级及以上平台的现代育种创新矩阵,新品种和新技术示范推广受益面积达百万亩以上,水稻单产提高 10%~15%,带动农民户均增收 1500 元/年。乌兰浩特市顺源农牧机械制造有限公司自主研发的高速智能播种机入选工信部首台(套)重大技术装备保险补偿项目,性能达到国内领先、国际先进水平,并实现外贸出口。此外,兴安盟积极培育科技型企业,建立多层次科技型企业培育库,对 213 家入库企业开展精准支持,还促成 21 家创新主体与国内大院大所达成 37 个科技合作项目。

通辽市科技局牵头编制了《通辽市深入落实"科技兴蒙"行动促进科技创新发展的若干政策措施》等一系列惠企科技政策,2024 年拨付科技政策奖补资金 1116.5 万元,帮助企业解决政策、技术等方面难题。2024 年,新认定及复审通过高新技术企业 26 家,新增入库科技型中小企业 44 家,同比增长 38%,技术合同成交额突破 2 亿元。内蒙古蒙药股份有限公司的蒙药改良型新药研发项目入选市科技"突围"工程首批"揭榜挂帅"项目。成立全区首家科技服务业协会，建成"蒙科聚"通辽分中心线下平台，自治区级重点实验室建设实现"破零"，霍林郭勒市工业园区绿色供电多元储能协同控制系统研发与示范应用项目启动。开鲁县作为我国北方最大的县域红干椒生产集散地，与湖南省农业科学院邹学校院士团队合作，组建红干椒高产创业人才团队，开展科研攻关和成果转化，编制生产技术操作规程，推动红干椒种植绿色化、标准化、规模化。

2024年，赤峰市将实施科技"突围"工程作为工作重点，打造蒙东区域创新高地。赤峰金通铜业有限公司开展铜冶炼尾渣资源综合利用项目，家育种业集团开展抗病猪育种相关项目，利用基因编辑技术提升生猪生产性能。赤峰市产业创新研究院与浙大科研团队合作，设立研发中心。"蒙科聚"赤峰分中心发挥科技服务功能，促进科技成果本地转化。同时，实施科技金融融合行动，5家银行与7家科技型企业签订合作协议，发布科技金融产品18项，发布科技型企业金融需求53项。

2024年，锡林郭勒盟大力实施科技"突围"工程，围绕生物育种推进关键核心技术攻关。"锡林郭勒羊—高繁多胎乌珠穆沁羊新品系培育"项目取得进展，已培育高繁殖力乌珠穆沁羊核心群2个、596只，高繁殖力苏尼特羊核心群2个、440只。同时，推进小麦新品种"锡杂麦"培育，开展系统栽培试验。在新兴产业方面，依托优质资源和绿电，围绕前沿材料和低碳能源等谋划布局。上海交通大学内蒙古研究院与当地企业合作开展退役风机叶片绿色回收与高值循环利用技术研发，已建设年处理2000吨废旧风机叶片回收高值再利用示范线。此外，还在氢能、储能新兴产业培育上发力，对接相关企业，就氢液化运输技术等关键成果转化达成合作意向。

二 东北地区科技创新与产业创新存在的主要问题

（一）创新资源分散，产业协同不足

东北地区的创新资源相对分散，尚未形成完善的创新驱动经济发展体制

机制，创新主体的活力和动力不足，影响了科技创新与产业创新的深度融合。科研机构、高校与企业之间在信息共享、技术交流和成果转化等方面存在一定的障碍。例如，一些科研成果难以及时有效地转化为产业应用，导致科技成果的转化率较低，专利授权量和新产品销售收入占全国比重均低于平均水平。主要原因在于研发重点与市场需求存在偏差，产业链与创新链融合协同程度不足。此外，区域内的创新资源流动也受到限制，不同地区之间的创新合作不够紧密，难以形成创新合力。

（二）产业结构不合理，创新动力不足

东北地区的产业结构仍然以传统产业为主，新兴产业的比重较低，产业结构不合理。传统产业面临产能过剩、市场需求不足、创新能力不足等问题，难以适应市场变化和竞争压力。同时，新兴产业的发展还处于起步阶段，规模较小，创新能力有待进一步提升。这些问题导致东北地区的整体创新动力不足，难以实现产业的高质量发展。

（三）创新人才流失严重，人才引进困难

东北地区面临严重的创新人才流失问题。由于经济发展相对滞后、创新创业环境不够优越等，许多高素质创新型人才选择离开东北，前往经济发达地区发展。同时，东北地区在吸引外部创新人才方面也存在困难，难以吸引高层次的科研人员和创新团队。人才的流失和引进困难，严重影响了东北地区的科技创新和产业创新。

（四）创新投入不足，资金支持有限

东北地区的创新投入相对不足，资金支持有限，整体研发投入水平较低，特别是吉林省和黑龙江省的规模以上工业研发投入费用占全国比重仅为0.48%和0.51%，新产品开发投入经费占比也处于全国落后水平。[①] 一方

---

① 韩永文、袁惊柱：《东北全面振兴实现新突破中的产业发展与政策建议》，《全球化》2024年第5期。

面，政府的科技投入相对较少，难以满足科技创新和产业创新的资金需求。另一方面，企业的研发投入也不够充分，特别是一些中小企业，由于资金实力有限，难以承担高昂的研发费用。资金的不足，限制了科技创新和产业创新的规模和深度，影响了创新成果的产出和应用。

三　促进东北地区科技创新与产业创新的对策建议

（一）加强创新资源整合，构建协同创新体系

搭建创新平台，促进资源共享。建立区域性科技创新平台，整合科研机构、高校和企业的创新资源，实现信息共享、技术交流和资源共享。例如，可以建设科技资源共享平台，对科研仪器设备、科技文献、实验数据等资源进行整合，供各方共享使用。完善协同创新机制，加强合作。建立健全产学研合作机制，鼓励科研机构、高校与企业开展深度合作，共同开展技术研发和成果转化。例如，可以通过签订合作协议、共建研发中心、联合申报科研项目等方式加强合作，提高协同创新的效率。推动区域创新合作，形成创新合力。加强东北地区内部以及与其他地区的创新合作，推动区域创新资源的流动和共享。例如，可以与京津冀、长三角、粤港澳等地区的创新资源对接，开展跨区域创新合作项目，形成创新合力，提升东北三省的整体创新能力。

（二）优化产业结构，增强创新动力

推动传统产业转型升级，加大对传统产业的技术改造和创新投入力度，推动传统产业高端化、智能化、绿色化发展。例如，在钢铁产业中，可以引入先进的冶炼技术和自动化控制系统，提高产品质量和生产效率，降低能耗和污染。培育和发展新兴产业，加大对新兴产业的支持力度，推动新兴产业的快速发展。例如，在新能源领域，可以加大对风电、太阳能等清洁能源产业的投资，建设一批风电和太阳能发电项目，推动能源结构的优化。同时，

注重新兴产业的创新能力建设，鼓励企业加大研发投入，提升产业的核心竞争力。推动不同产业之间的融合发展，形成新的产业形态和增长点。例如，可以推动制造业与服务业的融合发展，发展智能制造、工业互联网等新业态，提高产业的附加值和竞争力。

（三）加强人才队伍建设，优化人才环境

培养本地创新型人才。加大对本地创新型人才的培养力度，提高人才的创新能力和素质。例如，可以在高校和职业院校中设置与产业发展相适应的专业和课程，培养符合产业需求的高素质技术技能人才。同时，注重对现有人才的培训和继续教育，提升他们的创新能力和专业水平。吸引外部创新人才。制定优惠政策和措施，吸引外部创新人才到东北地区工作和创业。例如，可以提供优厚的薪酬待遇、良好的科研条件、完善的住房保障等，吸引高层次科研人员和创新团队。同时，要优化创新创业环境，为人才提供良好的发展平台和机会。完善人才评价和激励机制，建立科学合理的人才评价体系，注重对人才创新能力和实际贡献的评价。同时，完善人才激励机制，通过股权激励、项目奖励、荣誉表彰等方式，激发人才的创新积极性和创造力。

（四）加大创新投入，完善资金支持体系

增加政府科技投入。政府要加大对科技创新和产业创新的财政投入，设立专项基金支持重大科技项目和产业创新项目。例如，可以设立科技成果转化基金，支持科研成果的转化和产业化。引导企业加大研发投入。通过政策引导和激励措施，鼓励企业增加研发投入。例如，可以给予企业研发费用加计扣除、税收优惠等政策支持，降低企业的研发成本，提高企业的研发积极性。拓宽创新融资渠道，建立多元化的创新融资体系，为科技创新和产业创新提供更多的资金支持。例如，可以发展科技金融，鼓励银行、风险投资、天使投资等金融机构加大对科技创新和产业创新的投入。同时，完善科技金融服务体系，为企业提供融资咨询、评估、担保等服务。通过加强创新资源

整合、优化产业结构、加强人才队伍建设以及加大创新投入等措施，有效促进东北地区科技创新与产业创新的融合发展，为东北地区的全面振兴提供有力支撑。

（五）以科技创新引领新质生产力发展

加快科技创新和产业创新深度融合、产学研用深度融合，培育壮大具有地区特色的现代化产业体系。注重发挥科技创新增量器作用。加快培育战略性创新平台，持续支持农业、医药等领域全国重点实验室建设，高标准建设省（区）级实验室和基地。打好关键核心技术攻坚战，围绕人工智能、生命科学、现代农业、能源装备、深海深空等重点领域，攻克关键技术。持续开展科技成果转化和产业化专项行动，支持建设高能级科技创新园区、产业技术创新联盟、概念验证中心、中试熟化平台等。加大各类高端人才、紧缺人才培养引进力度，优化人才创新创业支持，全面打造有效激发各类人才创造活力的良好环境。深入推进传统产业高端化智能化绿色化发展，加力推进战略性新兴产业发展，超前孵化布局未来产业，加快重点产业提质升级，着力打造经济发展新引擎。

B.10
蒙东地区产业振兴问题研究

赵云峰　王　朔*

摘　要：　东北全面振兴战略实施以来，东北地区经济社会发展取得新进展。蒙东地区（呼伦贝尔市、通辽市、赤峰市、兴安盟、锡林郭勒盟）的面积、人口均占全区较大比重，在东北全面振兴中既承担着共性任务也肩负着特有使命。2024年，蒙东地区生产总值呈持续增长趋势，经济总量稳步提升，在东北全面振兴中发挥重要作用。当前阶段，对照高质量发展要求，蒙东地区产业发展仍存在产业协同不足、创新动能不强、基础设施建设滞后等突出短板，亟待系统谋划、精准施策。未来应持续锚定高质量发展目标，聚焦产业协同，优化区域分工协作体系，推动产业结构高端化、集群化跃升；强化创新引领，完善产学研用协同创新机制，以科技创新驱动产业转型升级；实施基础设施补短板工程，提升交通、能源、数字等领域支撑能力，筑牢发展根基；统筹生态保护与产业发展，加快构建绿色低碳循环发展体系，打造生态优先、绿色发展新样板；主动融入国内国际"双循环"，深化区域开放合作，培育外向型经济新优势，为蒙东地区高质量发展注入持久动力。

关键词：　蒙东地区　产业振兴　创新驱动　协同发展

　　蒙东地区作为国家重要的能源基地、农牧业生产核心区与北方生态安全屏障，在全国区域发展格局中具有特殊地位。蒙东地区地处中蒙俄经济走廊

---

* 赵云峰，黑龙江省社会科学院经济研究所副所长、副研究员，主要研究方向为区域经济学；王朔，黑龙江省社会科学院经济研究所硕士研究生，主要研究方向为政治经济学。

关键节点，作为东北全面振兴战略与"一带一路"倡议的重要交汇区域，在深化向北开放、拓展国际合作、畅通国内国际"双循环"中发挥不可替代的战略枢纽作用，其开放发展成效直接关系国家区域协调发展大局。随着碳达峰、碳中和深入推进，东北全面振兴全方位振兴持续推进，蒙东地区的产业发展也面临严峻的挑战。本报告紧扣科技创新与产业协同、统筹生态保护与产业发展、基础设施不断完善等推动高质量发展的核心任务，立足蒙东地区实际探索差异化、特色化产业振兴路径，对开创区域高质量发展新局面具有一定的战略价值和实践意义。

一 蒙东地区产业振兴成效显著

（一）地区生产总值稳中有升

2024 年以来，蒙东地区深入贯彻落实习近平总书记对内蒙古的重要指示精神，紧扣铸牢中华民族共同体意识工作主线，统筹做好经济社会发展各项工作，蒙东地区生产总值稳中有升，达到 7782.7 亿元，向闯新路进中游迈出实质性步伐。从蒙东地区各盟市变化看，五盟市地区生产总值呈现差异化增长趋势，赤峰市在经济总量上处于领先地位，锡林郭勒盟地区生产总值虽与赤峰市存在差距，但增长率保持首位，其他盟市的经济增速也呈现与地区产业相符的增长趋势（见图 1）。

蒙东地区五盟市的经济增速与其产业结构和优势产业发展的活力有着密切关系，2024 年蒙东地区五盟市三大产业增加值呈现结构多元特征。从产业结构看，赤峰市、通辽市、呼伦贝尔市第三产业增加值相对突出，反映三市在服务业、旅游业等领域有一定发展基础；锡林郭勒盟第二产业占比可观，工业支撑作用明显；兴安盟第一产业占比相对较高，农牧业在经济中地位重要（见图 2）。

2024 年蒙东地区五盟市三大产业增加值增速也呈现差异化特征。横向来看，蒙东地区五盟市第一产业增加值增速比较平稳，这说明农业和畜牧业

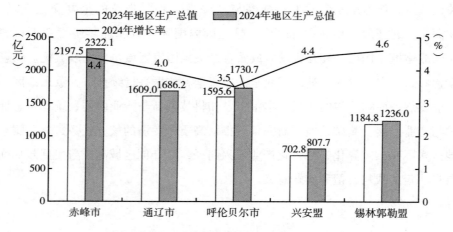

图 1　2023~2024 年蒙东地区五盟市生产总值

说明：图中增长率为按不变价格计算。

资料来源：2023 年和 2024 年赤峰市、通辽市、呼伦贝尔市、兴安盟、锡林郭勒盟国民经济和社会发展统计公报。

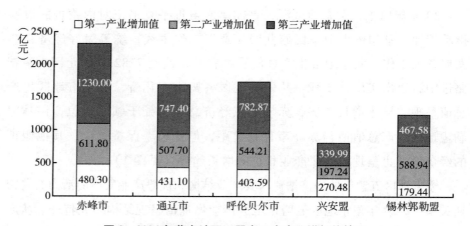

图 2　2024 年蒙东地区五盟市三大产业增加值情况

资料来源：2024 年赤峰市、通辽市、呼伦贝尔市、兴安盟、锡林郭勒盟国民经济和社会发展统计公报。

的发展还存在一些弹性，但由于自然条件和传统生产模式的限制，发展的速度并没有实现很大突破；第二产业增加值增速适中，呼伦贝尔市第二产业增加值增速较低，暴露其工业发展面临市场需求减少、产业转型等困境，赤峰市、锡林郭勒盟第二产业发展相对稳定，但第二产业增加值增速低于第一产业，工业转型升级成效尚未充分显现；第三产业总体均保持正向增长，但各盟市增速普遍不高，说明服务业发展活力不足，新兴服务业态培育滞后，难以对经济形成强劲拉动效应（见图3）。

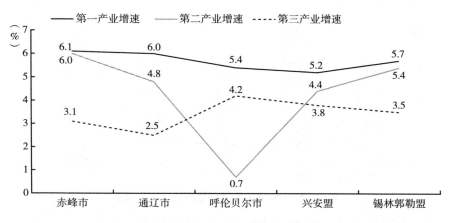

图3　2024年蒙东地区五盟市三大产业同比增速

资料来源：2024年赤峰市、通辽市、呼伦贝尔市、兴安盟、锡林郭勒盟国民经济和社会发展统计公报。

总体来看，蒙东地区五盟市依托资源禀赋与产业基础实现差异化发展，三大产业结构在动态调整中持续优化，但仍存在结构性短板，需以产业协同发展为抓手，加快构建高质量发展的现代化产业体系。

（二）粮食安全根基持续巩固

2024年，内蒙古粮食总产量达到820.1亿斤，实现"二十一连丰"，增量居全国第3位，蒙东地区粮食产量的区域比较优势显著，粮食产量达618.96亿斤。① 从区域来看，通辽市粮食产量优势明显，彰显农牧业大市地位；但产量仅增加5.1亿斤，受传统生产模式限制，增速放缓至2.7%；锡

---

① 《融入东北振兴　这里的产业发展按下"快进键"》，"中国经济网"百家号，2025年4月9日，https：//baijiahao.baidu.com/s？id=1828885129891515469&wfr=spider&for=pc。

林郭勒盟尽管粮食产量基数较小，但在政策扶持与产业革新下，增速远超平均水平，有望成为新的粮食产能增长点（见图4）。蒙东地区整体以强劲的粮食生产实力，为筑牢国家粮食安全根基贡献了坚实力量。

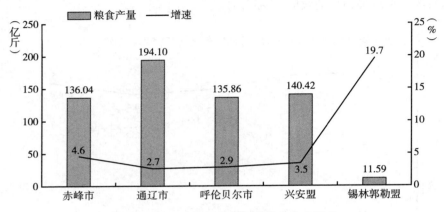

图4　2024年蒙东地区五盟市粮食生产情况

资料来源：2024年赤峰市、通辽市、呼伦贝尔市、兴安盟、锡林郭勒盟国民经济和社会发展统计公报。

（三）工业经济支撑作用不断增强

蒙东地区工业以传统工业为主，如能源、化工和有色金属，总体看全部工业增加值同比增长率呈增长趋势。分盟市看，2024年赤峰市（6.3%）和锡林郭勒盟（5.4%）全部工业增加值增速领先，呼伦贝尔市全部工业增加值增速仅0.2%，规模以上工业增加值甚至下降0.9%，反映区域工业发展不均衡。赤峰市规模以上工业增加值增速（9.6%）高于全部工业增加值增速3.3个百分点，重点企业支撑作用明显（见表1）。从产业看，赤峰市具有较好的有色金属工业基础，具有较强的铜、铅、锌冶炼和加工能力；通辽市以玉米为基础，大力发展生物化学品产业；呼伦贝尔市的煤炭工业和电力工业比重较大；兴安盟的工业基础较差、工业规模较小，与其他盟市存在较大的差距；能源和畜产品加工是锡林郭勒盟的重点产业。蒙东地区新能源接入电网总装机容量已超过5221万千瓦，占内蒙古总装机容量的40%左右，火电装机容量为4221万千瓦，占内蒙古总装机容量的1/3以上。2024年蒙东地区生产煤炭3.3亿吨,其中50%左右将保供东北三省。工业对蒙东地区经济支撑作用明显,但高新技术产业、高端制造业稀缺,产业结构较重,受市场、环保政策影响较大。[①]

表1　2024年蒙东地区五盟市工业生产情况

单位:%

盟市	全部工业增加值 同比增长率	规模以上工业增加值 同比增长率	建筑业增加值 同比增长率
赤峰市	6.3	9.6	5.9
通辽市	3.0	5.1	12.9
呼伦贝尔市	0.2	-0.9	3.1
兴安盟	4.4	6.3	4.2
锡林郭勒盟	5.4	5.5	5.7

资料来源:2024年赤峰市、通辽市、呼伦贝尔市、兴安盟、锡林郭勒盟国民经济和社会发展统计公报。

(四)服务业差异化发展稳步推进

2024年,蒙东地区服务业在差异化发展中稳步提升(见表2)。通辽市依托草原生态资源优势,草原旅游产业体系不断完善,旅游品牌影响力持续扩大;呼伦贝尔市深耕冰雪旅游与森林旅游资源,打造"全域旅游+四季体验"发展模式,旅游业对服务业增加值贡献率显著提升。满洲里、二连浩特口岸作为中欧班列东、中通道重要节点,两个口岸中欧班列通行数量由2013年的3列增加到2023年的8324列,2024年经满洲里铁路口岸进出境中欧班列突破3000列,2024年满洲里海关共监管经关区各口岸进出口货运量2528.1万吨、贸易值2149亿元,均创历史新高。[②] 蒙东地区18个开放口岸为内蒙古和全国建设开放新格局提供了有力支撑,并带动了当地的物流业

[①] 《内蒙古东部地区,藏着哪些东北振兴密码?》,新华社,2025年2月20日,http://www.nmg.xinhuanet.com/20250220/0d9343aedc44495c8b0bb10ea96fe634/c.html。

[②] 《满洲里海关打出服务发展"组合拳"　助力新时代东北全面振兴》,满洲里市人民政府网站,2025年2月21日,https://www.manzhouli.gov.cn/News/show/1314937.html。

和其他服务业发展。但蒙东地区新兴业态培育滞后、生产性服务业与一二产业融合不足等短板亟待突破，需以数字化转型和产业协同为抓手，加快构建服务业高质量发展体系。

表 2　2024 年蒙东地区五盟市社会消费市场情况

单位：亿元，%

盟市	社会消费品零售总额	城镇消费品零售额同比增长率	乡村消费品零售额同比增长率
赤峰市	659.0	2.50	2.90
通辽市	364.6	3.50	3.00
呼伦贝尔市	355.95	2.50	3.70
兴安盟	177.15	3.60	4.30
锡林郭勒盟	228.26	2.10	3.00

资料来源：2024 年赤峰市、通辽市、呼伦贝尔市、兴安盟、锡林郭勒盟国民经济和社会发展统计公报。

二　蒙东地区产业振兴存在的制约因素

2024 年，蒙东地区持续推进"五大任务"、接续实施"六个工程"、组织开展"六个行动"，加快优化产业结构，积极发展优势特色产业，探索资源型地区转型发展新路径，已初步构建体现内蒙古特色优势的现代化产业体系，但仍存在以下制约因素。

（一）产业结构仍需优化，区域协同发展有待加强

总体来看，蒙东地区第一产业占比相对偏高，产业现代化程度低，仍以传统种植、养殖为主，农产品深加工率不足 30%，初级产品销售占比超70%，农产品深加工不足，附加值低；第二产业中，资源依赖型产业占比较高，如煤炭、电力等，高新技术产业、高端制造业稀缺，在市场波动、环保政策收紧时，易受冲击；第三产业发展滞后，除通辽、呼伦贝尔部分旅游资

源开发外，金融、物流、信息服务等生产性服务业发展缓慢，难以支撑第一、第二产业升级。蒙东地区农牧业与工业、服务业融合不足，农牧业产品多以初级形态进入市场，缺乏与食品加工、生物制药等产业的深度衔接，如通辽市玉米产业虽有一定规模，但产业链延伸广度、深度仍可拓展，与生物科技、新能源等产业融合处于起步阶段。

（二）创新驱动能级不足，产业转型进程趋缓

蒙东地区的工业企业以传统行业为主，受规模、资金和观念等因素的限制，研发投入占比较小。例如，能源和化工行业长期以来依靠资源开发和简单加工，对科技创新关注不足，缺少核心技术驱动产业升级，其中呼伦贝尔市煤炭企业研发投入占比不足0.5%，85%的煤矿仍使用传统综采设备，智能化开采工作面占比仅12%。高等院校和研究机构缺乏创新平台，与企业的有效沟通不足，开展前沿性和应用性研究的难度很大。此外，蒙东地区还存在人才引进不足的问题，高端创新人才和技术人才流入较少，而本土人才流失较严重。

（三）基础设施支撑能力不足，制约产业升级进程

蒙东地区交通网络覆盖不足，尤其是偏远牧区、农牧业产区的公路等级低、通行能力差，铁路货运专线短缺，物流节点布局不合理。如兴安盟部分旗县交通不便，农产品外销运输成本高、损耗大，制约农牧业产业化发展。蒙东地区物流服务系统落后，缺少大型物流园区和冷链物流设施，不能适应产业升级对高效率物流的需要，同时影响了企业的原材料采购和产品出口效率。在能源基础设施领域，蒙东地区新能源消纳量不够，部分地区的风电和光伏发电难以接入电网，储能设施建设严重滞后，严重影响了新能源的规模化发展。在信息基础设施方面，蒙东地区5G网络覆盖广度、深度不够，工业互联网平台渗透率不足15%，大数据平台建设滞后，制约数字经济与传统产业融合。

（四）生态约束与产业发展矛盾突出

蒙东地区部分区域处于生态脆弱带，如呼伦贝尔草原、大兴安岭林区，

产业开发与生态保护矛盾突出。传统农牧业过度放牧、垦殖，导致草原沙化、森林退化；工业发展中，采矿、化工等产业对生态破坏风险大，环保投入成本高，企业发展受限。在生态保护红线约束下，部分产业项目难以落地，影响地区经济增长，但生态修复、保护又需要大量资金，加重财政压力。蒙东地区虽具备发展绿色产业的资源基础，如风光能源、生态旅游资源等，但绿色产业规模小、链条短。新能源产业多集中在发电环节，装备制造、储能等配套产业发展滞后；生态旅游产品单一，旅游服务设施不完善，以观光为主，缺乏深度体验、康养度假等高端业态，绿色产业对经济的支撑作用未能充分发挥。

（五）开放合作能级有待提升，外向型经济基础薄弱

蒙东地区虽有部分口岸，但口岸功能单一，多以货物通关为主，加工贸易、保税物流等业态发展缓慢。口岸基础设施落后，通关效率低，与沿海口岸差距大，难以吸引国内外资源。如部分对蒙、对俄口岸进出口商品以初级资源、传统工业品为主，附加值低，对地区产业发展带动力弱。在实施东北全面振兴战略的过程中，蒙东地区与东北三省的产业协作程度不高，没有形成有效的产业分工。在承接产业转移、技术合作等方面，蒙东地区还缺少长效机制，比如在装备制造和现代农业等方面，未能和东北三省的先进区域进行深入合作，自身的优势产业很难融入当地的产业链。

三　蒙东地区推进产业振兴的对策建议

（一）优化产业结构，强化协同联动

一是加快推动资源型产业绿色化高端化转型。推进煤炭产业向清洁高效煤化工、煤电一体化升级，促进有色金属产业向精深加工、高性能合金材料领域延伸。加快培育战略性新兴产业集群，重点布局新能源装备制造、生物医药、新材料等高端领域，推动形成专业化特色化产业集群；依托锡林郭勒盟丰富风光资源禀赋，大力发展风电、光伏装备制造全产业链。二是完善生

产性服务业体系，发展现代物流、金融服务、科技服务等，建设物流园区、供应链平台，为第一、第二产业提供支撑。三是丰富生活性服务业业态，推动通辽、呼伦贝尔等盟市旅游业升级，开发生态旅游、文化体验、康养度假等产品，打造全域旅游品牌，促进一二三产业深度融合。四是建立盟市之间的产业协同机制，打破行政壁垒，统筹产业布局。赤峰市与锡林郭勒盟可围绕有色金属产业开展采选、冶炼、深加工等统筹协作；通辽市与兴安盟可围绕农牧业协同打造优质农产品供应链，通过延长产业链增加商品附加值。推动产业园区共建共享，搭建跨盟市产业合作平台，促进要素流动、企业协作，形成优势互补、协同发展的产业格局。

（二）强化创新驱动，培育转型动能

一是加大对企业创新的政策扶持力度，设立产业创新专项资金，对研发投入大、创新成效显著的企业给予补贴、奖励。引导企业建立研发中心，开展技术攻关，鼓励企业与高校、科研院所合作，转化应用科技成果。二是整合高校、科研院所优势资源，高标准建设区域性产业创新中心、重点实验室及中试基地，聚焦农牧业现代化、新能源高效开发、生态环境保护等关键领域，开展核心技术联合攻关与集成创新，打造产学研深度融合的创新生态圈。三是增加农牧业的科技投入，推广智慧农业和生态农业，建立高标准农田和现代化草场，提高粮食单产和品质。把农牧业产业链做大做强，大力发展农产品深加工。推动创新型企业培育，打造一批"专精特新"中小企业、高新技术企业，提升产业创新能级。四是实施本土人才定制化培养计划，联合高校开设产业急需专业定向班，建立"理论教学—实践实训—岗位锻炼"培养体系。完善人才引进政策体系，在住房保障、薪酬激励、科研经费等方面出台专项支持措施，靶向吸引高端创新人才、高技能人才落户，构建多层次创新人才队伍。

（三）补齐基础设施短板，夯实发展基础

一是系统提升交通物流基础设施效能。在交通网络建设方面，优先推进

高速公路、铁路主通道扩容工程，加快牧区资源路、产业路支线建设，重点打通农产品产区至物流枢纽的"最后一公里"，形成干支衔接、覆盖全域的立体交通网络。同时，依托通辽、赤峰等枢纽城市，规划建设区域性物流枢纽与冷链物流基地，鼓励本地物流企业通过资产重组、技术改造实现规模化发展，并积极引入顺丰、京东等知名物流平台，构建公铁海空多式联运体系。二是加快构建"源网荷储"协同发展的能源体系。电网建设方面，重点推进特高压外送通道配套工程，优化区域电网主网架结构，同步布局新型储能电站与智能微电网。在传统能源保障上，完善煤炭产运销一体化机制，建立区域煤炭储备基地与应急调配系统，确保能源供应安全稳定。探索风光火储一体化、多能互补等示范项目，推动能源系统向清洁低碳、安全高效转型。三是实施"数字蒙东"建设工程。网络基础设施层面，加快 5G 网络深度覆盖农村牧区、产业园区，推动工业互联网平台建设，力争 2025 年底实现规上工业企业平台应用率超 60%。产业数字化转型方面，在农牧业领域推广智能农机装备、物联网监测系统，构建全产业链数字化管理平台；工业领域重点推进能源、化工等行业智能化改造，建设一批智能工厂与数字化车间；服务业领域支持发展智慧物流、在线旅游等新业态，培育数字经济新增长点。

（四）统筹生态保护与产业发展，打造绿色经济

一是筑牢生态安全屏障，强化生态保护制度约束。严格落实生态保护红线制度，在生态脆弱区域实施高污染、高耗能产业准入负面清单，推动传统工业清洁化、低碳化转型，推广节能降碳技术与清洁生产工艺，降低单位工业增加值能耗与污染物排放强度。构建多元化生态补偿机制，通过财政转移支付、生态产品价值核算等方式，对生态保护重点区域进行经济补偿，引导工业绿色低碳转型；大力发展风电、光伏、储能等新能源产业，加快能源结构优化升级。二是挖掘生态资源经济价值，培育绿色发展新动能。整合草原、森林、湿地等生态资源，开发高端生态旅游产品，完善交通、住宿等配套设施，打造具有区域特色的生态旅游品牌，提升生态旅游产业附加值。三

是发展生态农牧业与循环经济，健全生态价值转化机制。推广种养结合、废弃物资源化利用模式，培育绿色农畜产品深加工产业，推动生态产品品牌化建设，将生态优势转化为经济发展新增长点。

（五）深化开放合作，拓展外向型经济

一是强化口岸功能与设施建设。加快推进口岸智能化升级，完善仓储、运输等基础设施，推广"智慧口岸"管理模式，提升通关效率。拓展口岸功能，培育保税物流、加工贸易、跨境电商等新业态，建设专业化口岸经济区和跨境产业合作园区。通过政策扶持、税收优惠等措施，吸引国内外优质企业入驻，形成以口岸为核心、产业协同发展的新格局，增强口岸对区域经济的辐射带动能力。二是深化区域协同发展机制。推动蒙东地区与东北三省建立常态化协作机制，在产业转移承接、联合技术研发、人才交流培养等领域开展深度合作。发挥蒙东资源优势，主动对接东北三省产业链，共建跨区域产业联盟，实现资源共享、优势互补，促进区域经济一体化发展。三是推进"一带一路"务实合作。聚焦能源、农牧业、旅游等重点领域，深化与蒙古、俄罗斯等国的经贸合作。实施跨境产业合作工程，加强基础设施互联互通，提升贸易便利化水平，打造中蒙俄经贸走廊重要节点。优化贸易结构，培育外贸新增长点，推动出口经济高质量发展，提升蒙东地区在国际产业链中的地位。

经济运行篇

B.11
东北三省提振区域消费的对策研究*

孙浩进　徐　驰　王铁鉴**

摘　要：　习近平总书记在 2024 年中央经济工作会议上强调"大力提振消费",本报告对东北三省消费提质升级问题展开研究。在习近平总书记重要指示及国家相关规划指引下,消费对东北三省经济发展和民生保障意义重大。当前,东北三省消费经济虽呈现由生存型向发展和享受型转变的趋势,但也存在诸多问题,如消费对经济增长的拉动力有限、整体消费层次不高、传统消费比重高、新型消费发展不足等。这与居民收入偏低、就业压力大、制造业层次低以及促消费措施支持力度不足等原因有关。基于此,本报告提出夯实收

---

*　基金项目:国家社会科学基金项目"东北地区资源型城市规模收缩问题研究"(21BJL048);中央宣传部"文化名家暨四个一批"工程资助项目"东北地区资源型城市保持适度规模促进转型发展研究"(202014);亚洲发展银行项目"创新驱动的黑龙江资源枯竭城市绿色转型研究"(TA5693)。

**　孙浩进,理论经济学博士,黑龙江省社会科学院经济研究所所长、研究员、博士生导师,主要研究方向为发展经济学;徐驰,中共佳木斯市委党校(市行政学院)讲师,主要研究方向为经济学;王铁鉴,黑龙江省社会科学院经济研究所硕士研究生,主要研究方向为政治经济学。

入基础、打造强势板块、形成新动能、创新惠民政策以及提振消费信心等一系列对策建议，旨在推动东北三省消费提质升级，促进经济高质量发展。

关键词： 消费提质升级　消费结构优化　东北三省

习近平总书记在 2024 年中央经济工作会议上强调，大力提振消费、提高投资效益，全方位扩大国内需求，实施提振消费专项行动，推动中低收入群体增收减负，提升消费能力、意愿和层级。[①] 这为东北三省加快消费提质升级提供了顶层指引。中共中央、国务院出台的《扩大内需战略规划纲要（2022—2035 年）》提出要"全面促进消费，加快消费提质升级"，为东北三省加快消费提质升级部署了宏观层面的目标任务。消费体现需求侧对经济增长的拉动，既是东北三省经济运行的"加速器"，也是社会民生的"稳定器"，更是高质量发展的内生动能。加快消费提质升级，能够深度激发东北三省的消费潜能，更好支撑东北三省经济的平稳运行，进一步提升东北三省经济的现代化水平，构筑起高质量发展、可持续振兴的坚实内生基础。

一　东北三省消费经济发展现状

东北三省统计局数据显示，2024 年前三季度，东北三省社会消费品零售总额为 15063 亿元，同比增长 3.3%，与全国社会消费品零售总额增速持平。东北三省常住居民人均消费支出为 17459 元，同比下降 7.2%，尽管社会消费品零售总额在增长，但人均消费能力却有所下滑。按消费类型看，东北三省商品零售额为 13334.6 亿元，餐饮收入为 1729.9 亿元，商品零售额占东北三省社会消费品零售总额的 88.5%，餐饮收入占 11.5%；东北三省

---

① 《中央经济工作会议在北京举行　习近平发表重要讲话》，中国政府网，2024 年 12 月 12 日，https：//www.gov.cn/yaowen/liebiao/202412/content_6992258.htm。

消费者价格指数平均上涨 0.4%，高于全国平均水平 0.1 个百分点，消费市场在全国层面处于中等发展水平，具备一定活力，但增长缓慢。总体上看，东北三省消费经济呈现由生存型向发展和享受型转变的趋势，消费市场具有向中高端升级的潜力。

2024 年前三季度，东北三省的消费者价格指数温和上涨，第一、第二、第三季度分别上涨 0.6%、0.4%、0.3%，八大类商品及服务项目价格同比均呈现"六涨二降"，其中黑龙江省食品烟酒类、交通通信类价格分别下降 0.8%、0.3%；吉林省衣着类、交通通信类价格分别下降 0.4%、3.9%；辽宁省食品烟酒类、医疗保健类价格分别下降 0.7%、0.1%。

2024 年前三季度，黑龙江省社会消费品零售总额为 4052.6 亿元，同比增长 1.7%（见图 1）；商品零售额为 3469.2 亿元，同比增长 0.4%。从微观经济主体看，居民收入与消费是关键。2024 年前三季度，黑龙江省全体居民人均可支配收入为 21719 元，同比增长 5.5%（见图 2）；全体居民人均消费支出为 17007 元，同比增长 6.1%（见图 3）。城镇消费品零售额增长稳定，乡村消费品零售额也有所增长，表明城乡消费市场协同发展。餐饮收入同比增长 10.3%，远高于商品零售额同比增速，反映消费结构升级，居民

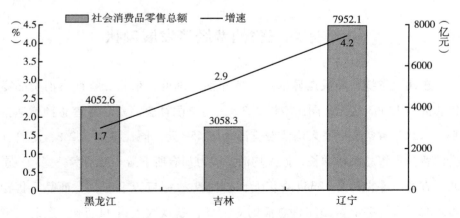

图 1 2024 年前三季度东北三省社会消费品零售总额及增速

资料来源：黑龙江省统计局网站、吉林省统计局网站、辽宁省统计局网站。

对服务消费的需求增长。网上零售额同比增长 15.5%，实物商品网上零售额同比增长 9.3%，体现电商等新业态对消费的促进作用。以旧换新政策刺激相关商品消费，体现政策对微观经济主体消费行为的引导作用。

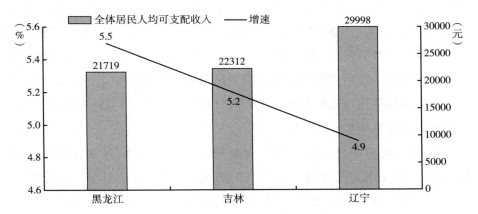

图 2　2024 年前三季度东北三省全体居民人均可支配收入及增速

资料来源：黑龙江省统计局网站、吉林省统计局网站、辽宁省统计局网站。

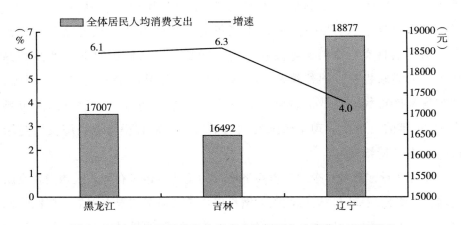

图 3　2024 年前三季度东北三省全体居民人均消费支出及增速

资料来源：黑龙江省统计局网站、吉林省统计局网站、辽宁省统计局网站。

2024 年前三季度，吉林省社会消费品零售总额为 3058.3 亿元，同比增长 2.9%。全体居民人均消费支出为 16492 元，同比增长 6.3%，反映居

民消费意愿提升。城镇居民人均消费支出为 20741 元，同比增长 7.4%；农村居民人均消费支出为 10791 元，同比增长 3.0%。按消费形态分，商品零售额为 2644.1 亿元，同比增长 3.1%，表明传统商品消费依旧稳固，居民对各类商品的需求持续增长。餐饮收入为 413.7 亿元，同比增长 1.5%，表明伴随线下消费市场全面恢复，餐饮市场正稳步回暖。限额以上社会消费品零售总额为 1313.1 亿元，同比增长 2.0%，表明大型商业企业在市场中发挥关键引领作用，其经营策略与品牌效应吸引了消费者，推动消费市场结构优化与品质升级。总体而言，吉林省微观经济主体活力与消费市场潜力正不断释放。

2024 年前三季度，辽宁省社会消费品零售总额为 7952.1 亿元，同比增长 4.2%；商品零售额为 7221.3 亿元，同比增长 4.0%。辽宁省社会消费品零售总额及增速均为东北三省最高。辽宁省经济与消费市场呈现多元化发展态势，第三产业的稳健发展丰富了消费场景与服务供给。全体居民人均消费支出为 18877 元，同比增长 4.0%，城镇居民人均消费支出为 22165 元，农村居民人均消费支出为 12030 元。从商品价格看，各类商品价格有涨有跌，反映出市场供需结构的变化。从商品零售类别看，通信器材类、饮料类等商品零售额增长，反映居民对新兴产品和品质生活的需求提升；而建筑及装潢材料类、日用品类等商品零售额下降，或与房地产市场波动及消费结构调整有关。总体而言，辽宁省消费市场在 2024 年前三季度展现出较强韧性与活力，未来有望随着经济发展与居民收入提升持续向好。

综合来看，消费对东北三省经济增长的拉动力相对有限，人均消费支出的增长趋势比较稳定。居民收入的增长仍是拉动消费的根本因素，居民收入决定了居民消费的预期和能力，促进居民收入稳定增长是改变持币观望态度和增强居民储蓄流动性的关键。人口结构变化导致消费主体变化，随着出生率及劳动力人口的变化，消费主力正在向中老年人群转变，医疗康养相关领域的消费支出呈现逐渐增长的趋势。

二 东北三省提振区域消费的制约因素

（一）收入偏低导致消费以生存型为主

东北三省居民收入水平较低，导致消费层次不高，总体上属于生存型消费。居民人均可支配收入相对偏低，决定了人均消费支出的上限也偏低，城乡居民在消费能力和消费结构上存在较大差异，限制了农村消费市场的进一步拓展。农村居民在高端消费、服务消费等领域的参与度较低，农村消费市场有待进一步挖掘。东北三省居民消费的主要拉动力来自生存型消费的需求端，消费者对消费品使用价值的需求要高于其对消费品附加值、创意价值等方面的需求，发展和享受型消费不足。

（二）就业压力大导致消费意愿较低

东北三省经济增速下行压力大导致社会面的就业压力加大，使居民储蓄倾向增强、消费预期减弱。就业形势"遇冷"、就业岗位"缩减"、就业压力加大，加之日常消费品物价上涨，降低了居民的增收预期，增强了居民的预防性储蓄意愿，使居民"不愿"消费甚至"不敢"消费。以辽宁省为例，2024 年前三季度，辽宁省全体居民人均可支配收入同比增长 4.9%，全体居民人均消费支出同比增长 4.0%，增长相对缓慢，反映出就业机会和经济附加值不足，居民收入增长空间被限制，居民消费意愿有待进一步增强。东北三省居民消费预期偏低，抑制了消费的提质升级。

（三）传统消费比重高，新型消费发展不足

东北三省消费结构中，传统消费比重高，高端消费、新型消费比重较低。东北三省四季温差大、生活成本高，居民消费观念注重简约、实用，在"衣食住行医"等方面的需求较多，使传统消费领域的支出多、比重高。

2024 年前三季度，辽宁省部分商品零售额增长显著，如通信器材类（42.1%）等，但也有部分商品零售额下降，如建筑及装潢材料类（-20.0%）、日用品类（-9.0%）等，反映出居民消费结构正在发生变化，部分传统消费领域面临困境；黑龙江省商品零售额同比仅增长 0.4%，传统零售业增长乏力，面临电商等新兴业态的冲击。东北三省人口少子化、老龄化程度较高，数字化、信息化程度较低，导致新型消费主体规模不足、新型消费基础设施建设滞后、新型消费场景配套不足，使在线购物、在线旅游、在线医疗、在线教育、在线办公、共享出行等线上消费业态发展缓慢。传统消费供给的低端化、同质化，新型消费发展的小众化、弱质化，共同制约着东北三省消费的提质升级。

（四）制造业层次低导致消费品品质低

东北三省制造业结构中，重工业实力较强，轻工业实力偏弱，服装鞋帽、家具、家居用品、家用纺织品、儿童玩具、运动器材等民用消费品行业缺乏具备较强技术实力、市场竞争力、品牌影响力的大型企业，导致东北三省轻工业产品设计理念、外观及功能落后，产品技术含量不高、创意设计不足。东北三省各大卖场中的品牌消费品如家电、服装等基本由发达省份企业生产，制造业发展面临一定困境，产业层次低、竞争力不足。东北三省轻工业发展层次不高，"压低"了本区域生产的日用消费品的品质，既难以满足中高收入消费者的个性化、多样化需求，也制约着消费经济的高质量发展。

（五）促消费措施支持力度不足

近年来，东北三省出台的促消费措施虽较为完善，但仍存在缺乏重点倾斜、支持力度不足等问题。从整体来看，东北三省促消费措施的力度与东部地区存在较大差距，与中部地区多数省份相比也存在明显差距，便利性、含金量、优惠额度不足，刺激效果有限，导致消费市场活跃度和消费层次下降，制约了消费的提质升级。

三 东北三省提振区域消费的对策建议

（一）夯实收入基础

1. 确保收入稳步增长，夯实消费的经济"根基"

收入是居民消费的基础，要筑牢东北三省消费的"基本盘"。一是以产业和法规保证工资性收入增长。东北三省应基于职业培训平台，推动企业用工需求与劳动力技能相匹配，提升市场招工岗位数、成功率，提高居民劳动报酬；落实《中华人民共和国劳动法》等法律法规，保障劳动者获得相应标准的工资；落实各行业企业工资集体协商制度，构建经济发展速度与物价水平相契合的工资动态调整机制；加大对农村产业的扶持力度，增加农村居民收入，加强农村教育和职业技能培训，提高农村劳动力素质，增加农民收入渠道，促进农村劳动力向高收入行业转移，提高农民消费能力，提升农民消费体验。二是以创新实现财产性收入增长。东北三省应规范发展居民理财产品，推出更多适应家庭财富管理需求的金融产品；通过深化改革，使农民通过住宅流转增加财产性收入。

2. 通过转移支付帮扶，提高低收入群体的边际消费

东北三省应通过优化政府转移支付等方式，扩大转移支付帮扶群体，提升低收入群体的转移性收入。重点关注困难群体，加大社会救助力度，保障困难群体的基本生活。实施差异化转移支付政策，探索建立慈善公益项目，吸引更多公益资金资助城乡困难学生和困难老人等群体；对困难高校毕业生给予一次性求职创业补贴；针对"因病致贫"的群体，着重优化医疗补贴政策，完善不发达地区医疗条件，不断提高医疗补贴标准，从而提升居民转移性收入，扩大低收入群体的消费增量。

（二）打造强势板块

1. 打造食品消费板块

东北三省应出台"打造精品绿色有机食品品牌"战略，重点培育、适

度整合一批绿色食品大品牌，发挥特色品牌的市场优势，立足水稻、玉米、肉类、乳品、大豆、果蔬、食用菌等特色产品，打造寒地黑土、绿色有机、非转基因 3 张"金字招牌"，树立起统一的品牌形象，体现深厚的龙江文化内涵、创新的数字农业特征，加大广告投放力度，提升绿色食品品牌凝聚度。

2. 打造全域旅游消费板块

东北三省应基于"全域成景、全域旅游"，集中整合域内旅游资源，规划具有鲜明特色的精品线路，推动旅游空间从同质化的景区向差异化的目的地转型。依托明显的季节差异，打造"春赏花、夏避暑、秋观山、冬戏雪"的四季旅游品牌。以"身心两安、自在边城"作为东北三省的康养旅游主题，主打"进森林氧吧、赏森林美景、品森林美食、感森林文化"，深度挖掘森林旅游优势。

3. 打造康养消费板块

东北三省应促进康养与旅居融合，立足气候特色优势，建设"候鸟式"智慧康养社区，并结合各地市自然禀赋，打造以"避暑山庄""温泉小镇""森林氧吧"等为主题的康养示范园区，满足老年消费者的康养需求。推动建立产业化、人性化的医养结合消费体系，发展健康管理、养老监护、康复辅助、中医药健康保健等服务，满足老年消费者的康养需求。

（三）形成新动能

当前，新型消费正处于加速扩张阶段，应通过信息化、智能化、数字化发展，打造消费新场景，拓宽农产品消费渠道。顺应消费升级趋势，进一步培育壮大新型消费业态，如智能家居、健康养老、文化创意等，积极发展电商直播、夜间经济、文旅消费等新业态新模式，打造新的消费增长点，充分挖掘新的消费潜力。

1. 发展"个性化定制"，精准对接消费群体

东北三省应借助大数据等智能化分析技术，推出"个性化定制"消费模式，对不同消费群体进行精准分析，优化产品和服务，满足消费者真实需求，提高消费的精准匹配率。比如，针对东北三省老龄化的人口消费特点，运用大数据为老年群体提供更加精准、个性化的服务，根据其饮食特点推荐更加合适的健康食品，利用智能设备对其健康状况进行实时远程监测，精准满足老年人的康养消费需求。

2. 发展"平台商业"，提高零售消费水平

一是推出智慧商圈新型消费模式。支持东北三省传统商业企业加快数字化、智能化改造和跨界融合，建立、升级线上消费平台，应用智能导购、云货架、外卖机器人等，让消费者体验智能化消费服务；拓展数字人民币等智能支付服务应用场景，提高商圈移动支付覆盖率，通过智慧商业场景、工具等满足消费者品质化、多样化的消费需求，提升商圈的消费额。二是推出餐饮服务新型消费模式。借助"美团""大众点评"等线上平台与消费群体对接，通过"优惠套餐""打折代金券"等形式吸引消费者到店消费。推进东北三省各类餐饮门店智能升级，普及线上排号、扫码结账、送餐机器人等消费服务。三是推出"网红"农产品新型消费模式。加强与热门直播购物平台的合作，打造东北三省绿色有机农产品专场"带货"直播间，对接线上购物平台，为消费者购买东北三省优质特色农产品提供专属渠道，提高东北三省农产品的线上零售额。

3. 发展"云旅游"，挖掘文旅消费潜力

依托东北三省丰富的旅游资源，推出"云旅游"新型消费模式。在线上展示东北三省的景观、美食等内容，打造沉浸式、体验式、互动式消费新场景，延伸旅游服务的边界。支持东北三省各类博物馆、景区开发线上游览功能，开发 App 为游客提供旅游信息咨询、酒店预订等消费服务，提升游客体验，挖掘东北三省文旅消费潜力。

（四）创新惠民政策

1. 发展消费信贷，提升居民的"即时"购买力

实证测算表明，消费信贷能使消费金额提升 16%～30%，销售额提升约

40%，能够助力释放潜在的消费需求。① 中青年群体是消费的主力军，消费意愿强于其他群体，应该在风险可控的基础上动态衡量其远期收入，考虑其潜在的消费需求，给予更多金融支持。东北三省应积极引进蚂蚁、招联、马上、兴业等知名消费金融公司在东北三省开设分支机构、进行网络布局；鼓励商业银行、信用卡中心发放消费信贷；优化信贷业务流程，推动业务模式信息化、减轻消费者开支压力。对于东北三省消费提质升级的重点行业，增加信贷产品供给，提升消费信贷的普及率和渗透率。

2.给予消费补贴，降低居民消费支出压力

一是应继续推进实施汽车消费补贴，鼓励以旧换新。二是鼓励消费者将旧家电更换为能源效率更高的新产品，给予不同等级的补贴，对再生资源回收企业分拣设备购置投资给予每家最高 100 万元的奖励。三是适度提高旅游、文化和体育活动补贴，在特定节假日通过提供优惠券等方式推动消费。对于单场观众在 3000～10000 人的营业性演出活动，按单场售票收入的2%～4%给予奖励，单场观众在 10000 人以上的奖励再提升一个等级。对旅游淡季开展免门票活动的景区给予一定补贴。

3.推出促销活动，增加各类消费机会

东北三省应继续推出各类促销活动，释放消费潜力，加强与重点行业、重点企业的联动，着力打造"每月有促销、冬夏有特色、全年可持续"的促消费平台。提升展会消费水平，围绕家居建材、纺织鞋服、食品饮料、体育用品、卫生用品等举办大型展会、微展会等。积极联合银联、支付宝、微信、美团、大众点评等平台分批错峰发放各类消费券，结合"毕业季""开学季""金九银十""618""双十一"等消费特殊时段发放消费券。鼓励平台企业对商户让利部分给予适当返还，带动餐饮、汽车、家电、文旅等重点消费领域发展。举办汽车下乡惠民巡展促销活动，推动新能源汽车下乡，提振乡村汽车消费。

---

① 《消费信贷助力消费恢复向好》，人民网，2023 年 6 月 21 日，http：//finance. people. com. cn/n1/2023/0621/c1004-40018290. html。

（五）提振消费信心

1. 强化居民基本保障，减少消费后顾之忧

东北三省应加强市场监管，确保供应稳定，防止价格过快上涨。建立健全价格监测体系，及时掌握市场价格动态，对价格异常波动及时采取储备调节、价格补贴等措施，稳定物价水平，增强居民消费信心。完善医疗保障、社会保障、就业服务、社会救助、养老保险、失业保险等基本保障服务，压缩预防性储蓄，增强居民消费信心和消费意愿。政府部门应进一步推出各类保障措施，继续扩大社会保险覆盖面，建立多层次的保障体系，增强基金的社会互济功能，建立健全社会保障管理监督机制，减少居民对未来不确定性的担忧，提振居民消费信心。

2. 做好稳就业保就业，稳定居民的消费预期

东北三省应持续打好援企稳岗、扩岗增容、保障重点群体就业"组合拳"，落实好阶段性降低失业保险和工伤保险费率政策、失业保险技能提升补贴政策、失业保险稳岗返还政策，未来可以考虑适度提升企业失业保险稳岗返还比例。强化金融支持稳企业保就业的作用，创新推出稳岗扩岗专项贷款政策，引导政府性融资担保机构降低费率，降低企业融资成本，多措并举助力稳定就业岗位。加大对吸纳就业能力强的企业的支持力度，提振市场信心，培育新的消费增长点。通过稳定就业增强民众消费意愿，使消费提质升级顺利推进。

3. 因地制宜减税降费，降低居民生活的各类负担

东北三省应针对本地产业结构情况，更加合理利用涉及小微企业和个体工商户的到期税费优惠政策，合理延长优惠政策年限，发挥好"六税两费"减免政策作用，在一定程度上为消费提质升级"卸下"负担。

B.12
东北三省消费发展路径研究

赵 奚*

摘　要： 党的二十大报告指出要"增强消费对经济发展的基础性作用"。2024 年前三季度，东北三省消费规模小幅扩大，消费增速有所放缓；消费结构日益优化，消费趋势有所转变；旅游消费逐步增加，消费口碑有所提升；网络营销多元化发展，线上销售有所增长。与此同时，收入差距显著、人口大幅减少、差异化需求尚未得到满足等因素制约了东北三省消费发展。本报告提出丰富供给层次、强化数字技术应用、完善消费政策体系、拓展消费新业态等路径，以提振东北三省消费。

关键词： 消费潜力　消费差异化　消费新业态　东北三省

一　东北三省消费发展现状[①]

消费是经济发展的重要引擎，是解决当前经济运行突出矛盾的关键举措。2024 年前三季度，辽宁、吉林地区生产总值（GDP）增速有所放缓，分别为 4.9%、4.1%，黑龙江 GDP 增速加快，辽宁是东北三省中唯一 GDP 增速超过全国平均水平（4.8%）的省份。从 2024 年第一季度居民人均消费支出看，辽宁居民人均消费支出为 6636 元，比上年同期增加 674 元，同比增长 11.3%；吉林居民人均消费支出为 5467 元，比上年同期增加 511 元，

---

*　赵奚，技术经济及管理博士，吉林省社会科学院软科学开发研究所副研究员，主要研究方向为产业经济。
①　如无特殊标注，本报告数据均来源于吉林省、辽宁省、黑龙江省统计局网站。

同比增长 10.3%；黑龙江居民人均消费支出为 5717 元，比上年同期增加 416 元，同比增长 7.8%。推动东北三省经济振兴，要把扩大消费摆在优先位置。

（一）消费规模小幅扩大，消费增速有所放缓

如图 1 所示，2024 年前三季度，辽宁、吉林、黑龙江社会消费品零售总额分别为 7952.1 亿元、3058.3 亿元、4052.6 亿元，同比分别增长 4.2%、2.9%、1.7%，辽宁增速高于全国平均水平（3.3%）。东北三省消费规模虽有小幅扩大，但增速有所放缓。

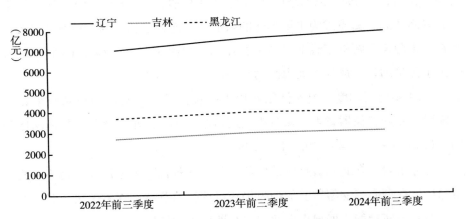

图 1　2022 年前三季度、2023 年前三季度、2024 年前三季度
东北三省社会消费品零售总额

（二）消费结构日益优化，消费趋势有所转变

2024 年前三季度，辽宁限额以上单位商品中，粮油、食品类商品零售额同比增长 9.7%，饮料类商品零售额同比增长 37.1%，烟酒类商品零售额同比增长 10.5%，体育、娱乐用品类商品零售额同比增长 33.4%，电子出版物及音像制品类商品零售额同比增长 40.4%，通信器材类商品零售额同比增长 42.1%，石油及制品类商品零售额同比增长 7.6%，汽车类商品零售

额同比增长 1.1%，服装、鞋帽、针纺织品类商品零售额同比下降 0.2%，日用品类商品零售额同比下降 9.0%，中西药品类商品零售额同比下降 0.6%，文化办公用品类商品零售额同比下降 1.4%，家具类商品零售额同比下降 4.8%，建筑及装潢材料类商品零售额同比下降 20.0%。与以旧换新政策密切相关的消费品如新能源汽车、智能手机、家用电器和音像器材零售额增长较快，以绿色消费、数字消费、服务消费为代表的新型消费蓬勃发展。

2024 年前三季度，吉林限额以上社会消费品中，穿类商品零售额同比下降 0.7%，烟酒类、日用品类、家用电器和音像器材类、家具类商品零售额同比分别下降 8.6%、3.1%、11.3% 和 5.8%；体育、娱乐用品类商品零售额同比增长 0.2%。以网络购物、"互联网+服务"、平台共享、线上线下融合等新业态、新模式为主要形式的新型消费逆势增长，线上消费规模的扩大在一定程度上缓解了线下消费下行压力，保障了民生，释放了消费潜力，促进了经济增长，成为扩大内需的新动能。

2024 年前三季度，黑龙江限额以上单位商品中，与以旧换新政策相关的家用电器和音像器材类、家具类、通信器材类、汽车类商品零售额同比分别增长 21.8%、14.4%、9.7%、4.3%。

总体来看，东北三省顺应消费数字化、绿色化、服务化升级趋势，消费结构从生存型向享受型转变的趋势仍在持续，消费结构逐渐优化，催生了更多消费发展新动能，展现出东北三省全面振兴的韧性和巨大潜力。

（三）旅游消费逐步增加，消费口碑有所提升

随着居民消费支出的提高以及新发展理念的深入人心，追求身心健康成为人们的重要需求，也催生了更多融合发展的旅游新业态。旅游需求的上升拉动了消费的增长，也带动了东北三省经济大幅提升。2024 年春节假期期间，东北三省共计接待游客 8359.0 万人次，约占全国的 17%，旅游综合收入共计 885.2 亿元，约占全国的 13%，东北三省接待游客人数和旅游综合收入同比增速均高于全国平均水平。其中，吉林接待游客 2051.7 万人次，收入 200.6 亿元；黑龙江接待游客 2220.7 万人次，收入 271.9 亿元；辽宁接

待游客 4086.6 万人次，收入 412.7 亿元。

辽宁文化积淀深厚，旅游资源丰富。其中，沈阳在网络旅游平台"同程旅行"发布的"2022 暑期黑马旅游目的地"中位列前三，旅游吸引力强劲。大连先后荣获"全球宜居城市""中国最佳旅游避暑胜地"等称号，在小红书、抖音等社交媒体平台屡获推荐。

吉林依托"都市冰雪""长春电影节"等品牌，文体消费口碑较好。长春相继打造了中国长春净月潭瓦萨国际越野滑雪系列赛、长春马拉松等品牌赛事，也是中国顶级足球联赛中超、篮球联赛 CBA 球队的主场，获得积极评价。

黑龙江冰雪旅游资源丰富，哈尔滨是"东亚文化之都"之一，其波塞冬旅游度假区涵盖沙滩水世界、海洋世界、欢乐王国和国际度假小镇等主题项目，获评"哈尔滨新城市旅游名片"，反映出较高的知名度和好评度。[1]

（四）网络营销多元化发展，线上销售有所增长

辽宁围绕居民消费升级的新趋势，进一步增供给、造场景、优环境，充分释放电商消费潜力。2023 年上半年，全省网络零售额为 1166.6 亿元，同比增长 20.9%，高于全国平均水平 7.8 个百分点。其中，实物商品网络零售额为 986.5 亿元，同比增长 17.0%，高于全国平均水平 6.2 个百分点，占全省社会消费品零售总额的 20.3%，拉动全省社会消费品零售总额增速高于全国平均水平。[2] 2023 年 12 月 27 日至 2024 年 1 月 2 日，以"电商消费新场景　实体经济新动能"为主题的辽宁省第四届电商直播节活动成功举办，网络零售额达 40.3 亿元，增速达 53.8%。[3]

吉林以创建新电商头部省份为目标，以产业集聚化、平台规模化、市场全球化、经营资本化为路径，以主体培育、消费促进、品牌推介、渠道畅通

---

① 《改善消费环境　激发消费活力——沈阳、哈尔滨、长春、大连四城消费形象报告》，人民网研究院，2023。

② 《上半年辽宁网络零售额同比增长超两成 "优供给"助力电商"畅循环"》，《辽宁日报》2023 年 8 月 19 日。

③ 《消费政策效力释放　惠及企业和消费者》，《消费日报》2024 年 6 月 18 日。

和数字赋能为抓手,全力推动全省新电商产业跨越式发展。2024年1~5月,吉林网络零售额同比增长17.9%,高于全国平均水平5.6个百分点,位居全国第五;农村网络零售额同比增长21.7%,高于全国平均水平6.4个百分点。全省新电商产业保持了较好的发展态势。①

黑龙江省商务厅于2023年组织开展了黑龙江网上年货节、"中国主播龙江行——绿色龙江黑土优品"直播系列活动、黑龙江第五届双品网购节、"名县优品"县域直播电商节等活动,带动网络销售额增长10亿元。②

二 制约东北三省消费发展的因素

(一)收入差距显著

2024年上半年,全国城镇居民人均可支配收入中位数为24403元,同比增长4.7%;农村居民人均可支配收入中位数为9539元,同比增长6.9%。从东北三省看,辽宁城镇居民人均可支配收入为23989元,同比增长4.5%;农村居民人均可支配收入为12655元,同比增长5.8%。吉林城镇居民人均可支配收入为19092元,同比增长5.2%;农村居民人均可支配收入为9859元,同比增长6.6%。黑龙江城镇居民人均可支配收入为18043元,同比增长5.1%;农村居民人均可支配收入为8353元,同比增长6.8%。东北三省城镇居民人均可支配收入均低于全国平均水平,农村居民人均可支配收入增速也低于全国平均水平。可见,东北三省居民人均可支配收入仍然偏低,且农村居民人均可支配收入与城镇居民人均可支配收入差距较大,制约了东北三省消费水平的提升。

(二)人口大幅减少

东北三省总人口虽然较多,但是出现了负增长。根据第七次全国人口

---

① 《1至5月吉林省网络零售额增速全国第五》,《吉林日报》2024年6月24日。
② 《多部门协力拓渠道稳就业》,《黑龙江日报》2023年7月7日。

普查数据，东北三省常住人口为 9851 万人，比第六次全国人口普查减少了 1101 万人，在全国的占比也由 8.18% 降至 6.98%，下降了 1.20 个百分点。[①] 人口负增长和人口净流出叠加导致东北三省人口明显减少。[②] 2010~2020 年，东北三省人口迁移总量超过 3000 万人，其中跨省迁出人口量达到 822.06 万人，是 2000~2010 年的 1.66 倍，东北三省迁出人口量在全国所占比例呈现持续提升态势。同时，东北三省人口老龄化程度加深，第七次全国人口普查数据显示，东北三省 65 岁及以上人口的比重为 16.39%，高于全国平均水平。[③] 人口的大幅减少以及人口老龄化程度的加深，都对消费结构和消费总量的变化产生了重要的影响。

（三）差异化需求尚未得到满足

当前，"Z 世代"[④] 群体成为东北三省消费的中坚力量，但他们的个性化消费需求尚未得到满足。同时，东北三省适老消费供给形态单一，旅游、康养、家政等领域的服务体系仍不健全，多层次、高质量的产品和服务供给不足，不能完全满足"新银发族"[⑤] 对高品质生活的需求，新型消费市场发展滞后。[⑥] 另外，随着东北三省城镇化的推进，庞大的新城镇人口群体所需的改善性住房、养老托幼等方面的社会支持力度不足，降低了他们的消费意愿。

（四）数字技术应用不全面

东北三省在消费升级的过程中对数字技术的应用不够全面，制约了数字

---

① 《第七次全国人口普查主要数据结果新闻发布会答记者问》，《中国信息报》2021 年 5 月 12 日。

② 《加快推进农村城镇化进程　吉林省鼓励农民进城购房》，《中国经营报》2021 年 6 月 7 日。

③ 《第七次全国人口普查主要数据结果新闻发布会答记者问》，《中国信息报》2021 年 5 月 12 日。

④ "Z 世代"指出生于 1995~2009 年的群体。

⑤ "新银发族"指出生于 1960~1969 年的群体。

⑥ 中国致公党中央委员会调研组等：《关于"培育新型消费　创新消费场景　促进消费升级　提升生活品质"的调研报告》，《中国发展》2023 年第 5 期。

消费潜力的释放。数字技术与实体消费业态结合不充分，与数字化载体相配套的消费内容开发不足。利用"互联网+平台"创新消费业态的能力不足，难以激发潜在的消费需求。

（五）政策机制不完善

当前，东北三省新消费业态存在乱象频出、治理方式粗放等突出问题，缺少完善的政策机制，制约了消费的进一步升级。新的消费模式在为消费者提供更多选择和便利的同时，在商品和服务质量、信息安全、合同履行、争议解决等方面带来更多的风险和挑战。消费业态的跨界融合可能涉及商业、文化、旅游、体育、健康、交通等多个行业主管部门，需要多部门协同配合，但不同行业的监管标准、准入条件等存在差异，亟须形成统一的监管体系，确保消费业态和模式的规范化。

（六）新场景、新业态、新项目开发不足

当下促进消费的首要方式就是创新消费场景、打造消费新业态、开发消费新项目。东北三省核心商圈面临设施陈旧、发展空间不足、改造难度大等挑战，缺乏创意IP，对消费主题的融合创新不足，特色优势亟待进一步挖掘，消费场景有待创新。

三　东北三省提振消费的路径

（一）丰富供给层次

1. 创新"Z世代"个性化消费

根据"Z世代"个性化的消费需求，在日常餐饮方面进一步开发外卖平台，创新营销方式；在生活娱乐方面依托动漫、影视IP等开展小剧场、特色展览等活动。

2.满足"新银发族"供给需求

在基本生活消费方面，提升日用品、健康文化产品的线上消费便捷程度，满足"适老"需求；在文化娱乐方面，提供专门的娱乐场所以及定制化旅游方案，满足"悦老"需求；在智慧康养方面，加大看护机器人等新设备的应用力度，满足"助老"需求。

3.增加新城镇人口生活保障性消费供给

面对大量新城镇人口的基本生活需求，创新共享经济等产业，满足新城镇人口对专业服务的需求；促进智慧教育、学后托管等新业态发展，满足新城镇人口在子女教育方面的需求；加大对改善性住房的金融支持力度，满足新城镇人口的生活需求。

（二）强化数字技术应用

1.完善新型消费基础设施

加大对冷链仓储、智慧物流、智慧零售等新型消费基础设施的投入力度，健全数字化商品流通体系，加快布局数字化消费网络，通过技术融合激发消费内生动力。利用智能终端和可穿戴设备为数字消费的延伸提供技术支持，提升消费体验。

2.支持消费企业数字化升级

在传统企业转型方面，持续推动企业"智改数转"，打造一批数字化、智能化企业，推广应用关键技术和核心装备，加快培育智能制造示范工厂。在新型数字企业孵化方面，遴选初创数字企业打造行业"小巨人"，扶持数字技术龙头企业。在老字号守正创新方面，促进老字号企业推陈出新，开发"网红"产品，进一步拓展数字化销售渠道。

（三）完善消费政策体系

1.提高政策落实效率

全面落实消费政策，建立统一、规范的执法体系。完善解决各平台关键问题的政策，建立消费环境评价制度。创建放心消费示范单位，持续开展提

振消费工作。

2.优化消费监管方式

消费的高质量发展需要先进的监管手段，要以政策设计为切入点，以前瞻性思维统筹市场发展的社会效益和经济效益，从源头杜绝消费市场中存在的违规穿越审核屏障、向公众传播不良价值观、扰乱消费市场秩序、诈骗等行为。一方面，建立直属机构投诉举报信息分流制度，为职能单位开通权限，确保便民利企、高效执法。协调有关部门与相关企业破解信息对接、数据跟踪等方面的难题，做到各个平台"无缝链接"，确保各级部门依责履职。另一方面，举办优化消费环境、提升消费品质、促进消费增长高端对话会，推动形成企业自律、社会监督、政府监管、消费者参与的消费维权社会共治格局。

（四）拓展消费新业态

1.打造特色消费 IP

助力特色美食创新，在区域优势明显的口岸及保税仓城市，以"跨境产品+美食"发挥"前店后仓"功能优势，打造独特的跨境产品现场体验场景；在文化底蕴浓厚的城市，以"文化+美食"弘扬传统饮食文化；在地域特色鲜明的旅游城市，以"民族特色+美食"发展小店经济和夜经济，体现风土人情。另外，鼓励延边朝鲜族自治州、伊通满族自治县等有地域文化特色的城市在夜经济中注入文化、艺术等元素，将食、游、购、娱、体、展、演相融合，打造沉浸式体验，兼顾新型文化与传统文化，为本地居民及外地游客提供优质的消费服务。

2.释放"首店经济"①效应

大力发展"首店经济"，提升区域品牌价值，挖掘消费潜力。制定鼓励发展商业品牌首店的政策措施，着力打造"首店经济"发展生态圈。优化

---

① "首店经济"是指一个区域利用特有的资源优势，吸引国内外品牌在区域首次开设门店，使品牌价值与区域资源实现最优耦合，由此对该区域经济发展产生积极影响的一种经济形态。

营商环境，为"首店经济"发展提供充足空间，吸引品牌资源集聚，促进城市消费差异化发展，提升东北三省的消费能级。

（五）创新消费场景

1. 以国际消费中心城市建设为契机，挖掘城市"立体经济"潜力

以国际消费中心城市建设为契机，完善交通网络，提升立体停车场利用率，充分整合地上商业体与地下商业空间，促进城市"立体经济"发展。

2. 以一体式社区建设为基础，打造"一刻钟便民生活圈"

打造社区便民服务综合体，将社区消费纳入"一刻钟便民生活圈"。支持老年食堂向社区食堂转型，并向全体市民开放。积极拓展社区便民服务综合体功能，丰富经营业态，满足居民多元化需求。整合社区资源建立社区电商平台，着力满足居民消费需求，推进社区消费便民水平不断提升。

3. 以城市更新为核心，打造"消费新地标"

统筹推进老城更新、交通优化、用地调整，加快传统商圈的改造升级，延续老场景消费惯性，促进新场景错位发展，增加同一场地、不同场景的有效供给，打造"消费新地标"，挖掘消费新增长点。例如，规划改造长春市重庆路步行街，融入迎合"Z世代"需求的新鲜元素和潮流主题，打造体验式、年轻化、趣味化、潮流化的主题街区，吸引更多消费者前来消费。

（六）创立消费新项目

1. 地域特色项目

辽宁可以围绕海参、樱桃等众多知名产品打造集采摘、观光、体验于一体的农业生态旅游项目。吉林作为全国最大的梅花鹿养殖基地，可以建立集观光、科普于一体的花园式梅花鹿产业旅游区。黑龙江可以加强同俄罗斯在农业、食品工业、旅游文化、物流等方面的合作，打造俄式风味美食之都。

2. 冰雪旅游项目

哈尔滨是世界冰雪文化名城，可以围绕得天独厚的冰雪资源、悠久的冰

雪运动历史和良好的群众基础，进一步打造冰雪旅游品牌和产品。吉林作为"冬季奥运项目训练基地"，可以依托冰雪文化、运动竞技等元素，创新开发多种冰雪旅游项目，创新冰雪消费模式。

3. 城区滨水休闲项目

东北三省主城区内贯通水域的城市不在少数，应因地制宜围绕城区滨水资源构建全新消费场景。加强滨水两岸基础设施建设，打造集生态休闲、文化宣传、体育活动、滨水观光于一体的城区滨水休闲项目，在加强城市建设的同时拓展便民休闲消费新渠道。

4. 体育风尚项目

鼓励沈阳、哈尔滨、大连继续举办中国田径协会认定的马拉松"金牌赛事"，支持长春、大连、沈阳举办中国顶级足球（中超）、篮球（CBA）联赛，推动众多冰雪体育赛事如净月潭瓦萨国际滑雪节、哈尔滨速度滑冰马拉松、"中国杯"国际冰盘赛等在东北三省持续举办，通过"体育+健康"提振消费。

B.13
东北三省民营经济发展现状及对策研究

刘佳杰*

摘　要：　发展壮大民营经济是构建高水平社会主义市场经济体制的重要内容。2024 年以来，东北三省坚持问题导向和系统观念，坚定不移支持民营经济做大做强，民营经济主体规模持续扩大，企业发展环境持续优化，创新水平持续提升，为经济高质量发展提供了源源不断的内生动力。但东北三省民营经济仍在一定程度上面临企业转型升级较为缓慢、市场壁垒有待进一步消除等问题，需要营造良好发展环境，完善工作机制；加大要素支持力度，全面提升民营经济发展质量；加强产业链合作延伸，持续夯实产业基础。

关键词：　民营经济　民营企业　要素支撑　高质量发展　东北三省

民营经济高质量发展是推动实现中国式现代化的重要路径。党的二十届三中全会提出"构建高水平社会主义市场经济体制"，进一步明确了民营经济发展的方向与重点，为新时代新征程推动民营经济高质量发展服下"定心丸"。2024 年以来，东北三省持续贯彻新发展理念，民营经济高质量发展扎实推进，民营企业发展势头进一步巩固，民营经济迈入全面振兴、蓄势待发的新阶段。然而，受国内外发展环境发生深刻复杂变化的影响，我国经济发展面临新形势新任务，东北三省民营经济发展也面临前所未有的挑战。民营经济发展直接关系东北三省国民经济的整体活力和增长潜力，增强民营经济发展的信心及底气是东北三省稳住经济基本盘的关键所在。

---

* 刘佳杰，辽宁社会科学院经济研究所研究员，主要研究方向为区域经济、服务经济、产业转型升级理论与政策。

一 东北三省民营经济发展现状

党的二十大以来，东北三省坚持以习近平新时代中国特色社会主义思想为指导，坚持稳中求进工作总基调，做出一系列促进民营经济发展壮大的决策部署，全力克服民营经济发展面临的困难。2024年，东北三省民营经济保持回升向好态势，民营企业生产稳定增长，营商环境进一步优化，新动能加速培育，源源不断地为东北三省经济发展提供内生动力。

（一）发展态势总体平稳，主体总量持续增加

2024年，东北三省民营经济规模持续扩大，对东北三省经济增长的支撑作用不断增强。

稳住市场主体就是稳住辽宁省经济增长的基本盘。2024年1~10月，辽宁省民营经济主体超过500万户，占经营主体总量的95.9%，新增"四上"单位数量同比增长25.3%。2024年前三季度，沈阳市民营经济主体数量达131.86万户（见图1），企业活跃度达70.2%，为经济长期向好发展打下重要基础。辽宁省民营经济主要指标回升明显，私营企业增加值实现较快增长，增速达到4.7%，高于全省规模以上工业增加值增速1.3个百分点；受服务业拉动影响，小微企业增加值增长7.4%，高于规模以上工业增加值增速4.0个百分点。

吉林省经营主体总量及民营经济规模持续扩容。2023年，吉林省经营主体增长趋势向好，新登记经营主体62.0万户，总量近360万户，规模稳步扩大；创业密度稳中有升，在全国的排名持续提升。吉林市新增入规入统企业323户，总量位居全省前列。通化市经营主体总量达到16万户，以民营企业和个体工商户为代表的民营经济主体占通化市经营主体总量的99.4%，创造了80%以上的城镇就业率、72%的税收，是增加就业、拉动地方财政收入的主力，成为坚定不移推动高质量发展的重要力量。2024年第一季度，吉林省民营经济工业增加值增速达到12.5%，部分民营企业保持

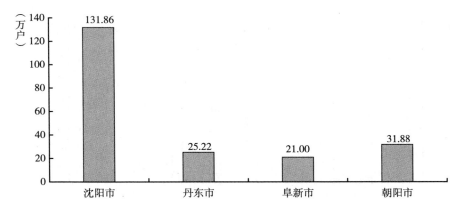

图 1　2024 年前三季度辽宁省部分城市民营经济主体总量

资料来源：辽宁省统计局。

平稳扩张状态，有效支撑全省规模以上工业增加值增长。

黑龙江省民营经济发展呈现积极变化。截至 2024 年 4 月底，黑龙江省新登记经营主体 51937 户，全省共计 334 万户，数量创新高。2024 年上半年，哈尔滨市非公有制经济活力持续释放，经营主体总量持续增加，同比增长 9.6%。2024 年 1~10 月，哈尔滨新增"旅行社"经营主体 846 户（见图 2），成为壮大冰雪产业的有力支撑。大庆市市场主体超 30 万户，新材料、数字创意、新能源汽车等战略性新兴产业及其产业链上下游资源要素加速集聚，优质产业生态进一步形成。2024 年第一季度，大庆市民营企业产值占全市工业增加值的 68.6%，沃尔沃、伊品等重点民营企业拉动大庆市规模以上工业增加值增长 14.5 个百分点，为全市经济增长做出了巨大的贡献。

（二）市场环境不断优化，营商环境有效改善

持续破除市场准入壁垒。辽宁省以优化营商环境为基础，加快建设全国统一大市场，推进基础制度规则相统一。发布东北三省首部维护市场公平竞争秩序的基础性地方性法规，并持续缩减负面清单事项。出台《辽宁省推进数据要素市场化配置改革实施方案》，辽宁省公共资源交易中心为全国经

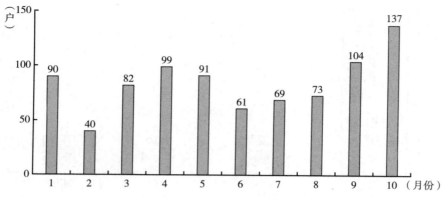

图 2　2024 年 1~10 月哈尔滨市新增"旅行社"经营主体数量

资料来源：黑龙江省统计局。

营主体提供丰富的线上服务，带动公共资源要素跨省域交易、跨地区流动，推动大中小企业融通发展，加速融入全国统一大市场。开展"净源"2024专项行动，持续清理各类经营主体参与政府采购活动的相关壁垒，审查政策措施 5762 项，着力破除障碍。吉林省持续强化市场准入负面清单管理，《中共吉林省委吉林省人民政府关于促进民营经济发展壮大的实施意见》提出"继续破除准入壁垒""对各类经营主体一视同仁"，并推进各项改革举措落地落实。通过对标企业需求，吉林省能源局配合电网公司探索降低全省工商业用电价格有效路径，把对国企民企平等对待的要求落实到位，保障民营经济主体得到充分的政策支持。黑龙江省保障民营企业平等参与市场竞争，设立省级反垄断反不正当竞争委员会，建立健全违背市场准入负面清单案例排查、归集和上报制度，保障民营企业平等使用生产要素。截至 2024 年 11月，黑龙江省已修订或废止妨碍市场公平竞争的政策措施 48 项，市场公平竞争秩序得到有力维护。

切实减轻企业负担。辽宁省推进铁路专用线进企入园，新开通 7 条铁路专用线，实现产成品和原材料"门到门"运输，为铁西经开区内的企业大幅降低物流成本。创新"大连—营口铁矿石组合港"业务模式，强化内陆钢厂、营口港与大连港散杂货码头公司的协同联动，同时下调全省钢材、铁矿石等主要货品的铁路运价，使东北腹地钢厂多式联运市场竞争力不断提升，切实让利于企。吉林省立足产业发展实际，实施先进制造业增值税加计抵减政策并推动政策红利精准直达。截至 2023 年底，为全省 478 家先进制造业企业减负 24.2 亿元，激发企业活力。吉林省还协同财政部为轨道客车车身单独设置税目，提升轨道客车特色支柱产业的国际市场份额。依托关税新政，吉林启星铝业有限公司等特色龙头企业的产品已覆盖十几个国家和地区。黑龙江省紧盯涉企政策不兑现、拖欠工程款等问题，建立解决拖欠民营企业账款问题长效机制，严肃处理损害政府诚信的行为，促进民营经济做大做强。2024 年以来，全省清理拖欠民营企业账款事项 912 项，涉及资金 17.59 亿元，大力释放惠企政策红利。

（三）要素支持进一步强化，创新水平持续提升

2024 年，辽宁省健全绿色金融组织架构，助力民营经济发展壮大。明确金融服务民营企业的目标和重点，提升"辽绿贷""绿票通"专项再贷款、再贴现额度，探索开发符合绿色民营企业经营特点的金融产品。支持民营小微市场主体培育壮大，在支农、支小再贷款中单列再贷款额度 50 亿元，增强金融机构服务民营小微市场主体的能力。精准支持民营小微企业及项目，并优先接受绿色贷款、绿色债券作为发放再贷款的质押品，绿色贷款增速连续 18 个季度保持两位数以上。创设"绿票通"专项再贴现支持工具，单列再贴现额度 50 亿元，为金融机构绿色票据办理再贴现简化相关手续并提供快速通道。

吉林省持续搭建民营企业、个体工商户用工和劳动信息对接平台。依托"96885 吉人在线"，开展"民营企业服务月"等就业服务专项活动，结合用工需求送岗位、围绕企业发展送人才。开展"社保服务进万家"畅通社保关系转移接续活动，基本实现社保事项"跨省通办"。2024 年，吉林省对裁员率不高于 5.5% 的参保单位实行"免申即享"政策，快速顶格落实失业保险稳岗返还政策，缓解中小企业资金压力，有效实现了从"企业找政策"到"政策找企业"的转变。

黑龙江省依托基础设施建设做好用地保障，实施全要素保障一揽子政策，满足民营企业用地需求，鼓励各类市场主体盘活存量建设用地。着力增强土地使用灵活性，提高土地使用效率。哈尔滨新区江北一体发展区依托园区闲置资产开发工业地产，打造新兴制造业产业园区，有力助推新区产业升级。

持续加大创新要素支持力度。辽宁省不断完善科技创新资源配置方式，探索培育机器人产业链链主企业，引领全省机器人产业创新发展。强化产学研协同，提升自主创新能力，开展定制化产品研发，实现重点产业链和创新链资源协调配置。

（四）产业集群持续转型升级，国际竞争力不断提升

特色产业集群是衡量民营经济发展水平的重要指标。2024年，辽宁举全省之力，持续推进电力装备、汽车及零部件、特色纺织等22个重点产业集群建设，着力做大做强实体经济。分地区看，沈阳市深入实施"链群协同"工程，推动"15+30"头部企业配套和特色园区增企扩园，航空产业园发展模式具有较强的示范效应。丹东市打造"丹东纺织服装虚拟产业园区"，入驻企业500余家。锦州市出台惠企政策145条，形成"惠企政策包"，确保政策应知尽知。营口市分层分类分级指导和培育优质中小企业，新增省级专精特新中小企业17家，数量位居全省第三。截至2024年上半年，辽宁省22个产业集群集聚规模以上工业企业5800余家，占比达61.1%。民营企业在创新方面的表现尤为亮眼，有力推动辽宁省产业集群整体发展。

吉林省以"四大集群"培育为重点，加快构建具有吉林省特色优势的现代化产业体系。在数字化、智能化发展趋势下，吉林省民营企业全面巩固农产品加工、轨道交通、医疗仪器等装备优势，谋划开辟量子通信、人工智能等新赛道，产业集群效应凸显。截至2024年上半年，吉林省"十大产业集群"中省级以上农业产业化重点龙头企业达709家，现代乡村产业体系全面形成。吉林长光卫星在低空卫星领域排名全球第三，形成具有700余家

上下游企业的产业集群，为全球 170 余家单位提供高清自定义图源，满足战略性需求。

黑龙江省深耕行业细分领域，生物医药、航空航天元器件、农产品加工等产业的影响力不断提升，哈尔滨航天恒星数据、新光光电、博林鑫、东禾金谷等一批龙头企业成为黑龙江省民营经济的新名片。2023 年，黑龙江省航空产业工业总产值达 500 多亿元，同比增长 30% 以上，推动全省产业结构由传统工业加快向数智技术赋能的现代化产业迈进。哈尔滨航空集群、绥哈大齐生物制造集群、沈大工业母机集群、沈阳航空集群成功入围 2024 年国家先进制造业集群。

民营企业是东北三省外贸主力军。2024 年，东北三省民营企业积极融入全球产业链、供应链、价值链，为东北三省经济持续回升向好提供有力支撑。2024 年，辽宁省开展外贸"破零"行动，"走出去"的企业充分利用"两个市场、两种资源"，不断提升核心竞争力，外贸市场主体活跃度进一步提升。2024 年前三季度，辽宁省民营企业进出口额为 1711 亿元，其中出口额同比增速高于全省 1.1 个百分点；新增有实绩的进出口企业 600 多家，民营企业进出口额实现稳定增长。沈阳宸帆工程咨询有限公司、盘锦水飞蓟生物有限公司、大成农牧（铁岭）有限公司、朝阳浪马轮胎有限责任公司等辽宁省民营企业用足国家政策，专注技术创新，对欧盟、东盟、日本的布局能力持续提升，充分展示了辽宁省民营企业的创新性和多样性。

民营企业是吉林省进出口第二大主体。2023 年，吉林省民营企业进出口额为 1679.1 亿元，占全省的 33.9%，1952 家企业有进出口实绩，保持较快增长。延边朝鲜族自治州抢抓新一轮长吉图开发开放先导区规划契机，聚力推进开边通海，珲春综保区、延吉保税物流中心与周边口岸一体化建设有序推进，进出口规模不断扩大，民营企业活力持续迸发。延边朝鲜族自治州民营企业占外贸主体的 94.1%，业绩稳定的外贸进出口企业共计 488 家，民营企业在对外贸易中占据了主导地位。2024 年，图们市进口额同比增长 157.0%，延吉市出口额同比增长 571.0%，均位居东北三省各市前列。

二 东北三省民营经济发展存在的主要问题

（一）民营企业转型升级较为缓慢

东北三省民营企业在规模和整体实力上仍落后于东部发达省份。东北三省民营企业多为中小微企业，运营方式粗放，社会经济效益低。2024年，浙江有106家企业上榜"中国民营企业500强"，连续25年位居全国第一；而东北三省共入围5家，缺少领军型头部企业（见图3）。另外，东北三省民营经济发展存在明显短板，与产业结构不平衡等因素有关。

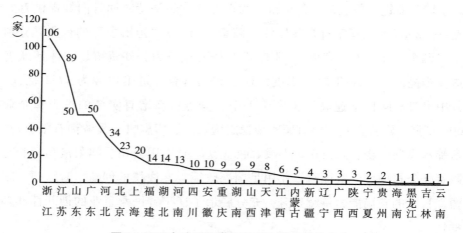

图3　2024年中国民营企业500强各省份分布

资料来源：根据相关资料收集整理。

民营企业生产成本始终居高不下。受原材料价格、能源费用、租金等各类前期费用上涨影响，东北三省民营企业生产成本一直维持在较高水平。同时，季节、温度变化也拉高东北三省用电、物流等成本。特别是对产业链终端的小微企业而言，其不具备议价能力，无法应对上游原材料价格上涨。原材料价格持续上涨直接影响制造成本，致使工业企业毛利下滑，利润增长动力不足。

民营企业科技创新要素支撑能力不强。截至 2024 年 9 月，全国高新技术企业共计 449864 家，其中广东以 75923 家居于首位，辽宁、吉林、黑龙江分别有 11939 家、3550 家、3669 家，东北三省总量仅为广东的 1/4（见图 4）。

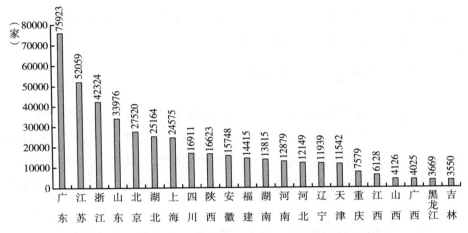

图 4　截至 2024 年 9 月我国部分省份高新技术企业数量

资料来源：万德数据。

（二）市场壁垒有待进一步消除

东北三省现代化治理体系与机制有待进一步完善。由于部分地区部分领域市场化改革尚未完全到位，市场不能在资源配置中发挥决定性作用，制度和规则不统一，民营企业发展投资空间被挤压。

行政审批手续烦琐。在市场准入过程中，各地政策、监管水平不统一，投资项目审批内容多、评估推进慢。部分企业在用地及用工审批方面仍需与十多个职能部门对接，大大增加了时间成本，影响企业运营。

市场准入资质限制较多导致民营企业发展受限。东北三省民营企业在市场竞争中受到不必要的资质限制，市场发展空间进一步被挤占。2024 年以来，东北三省部分民营企业经营利润下降，经济内生增长动力不足、预

期不稳；持续的准入壁垒使投资机会进一步减少，民间投资意愿持续下降。

民营企业核心要素难以获取。东北三省部分民营企业缺乏资金流，难以获得直接融资，被迫转向成本高的间接融资，企业成本增加且风险加剧，进而影响产品质量，无法提升经济效益。另外，东北三省平均薪酬较低，对高技术人才的吸引力不足。产业结构失衡导致人才培养、使用空间有限，高学历、高技术人才流失较多，严重阻碍产业结构升级。

（三）企业面临生产经营困境

民营企业经营理念相对滞后。当前，国内外发展环境日趋复杂严峻，不确定因素增多，部分行业企业"内卷式"竞争加剧，导致企业生产经营愈加困难。东北三省部分民营企业缺乏集体决策机制，风险管控存在明显短板。此外，民营企业受制于资金及技术门槛，科技创新参与度不高，阻碍了企业的提质增效。

区域配套产业链延伸受限。东北三省配套产业链短，支撑要素不足。例如，汽车零部件产业在东北三省皆有分布，但区域内始终未形成产业联动和协作效应。很多配套企业从事简单的加工与装配业务，经营分散，产品附加值较低，产业链延伸有限。另外，东北三省没有完备的制造业体系加以支撑，龙头企业的带动作用较弱，很多创新成果难以高效率、低成本地在区域内落地转化。

民营企业债务负担日益加重。受外部环境影响，民营企业生存愈加艰难。债务率上升增加了企业经营的不确定性，财务危机向供应链上下游扩散，易造成链式风险传导。

三 促进东北三省民营经济发展壮大的对策建议

民营经济是东北三省经济发展的活力所在。从当前和今后一个时期内的外部环境、基础条件等方面综合分析，东北三省要把促进民营经济发展壮大的各项决策部署落到实处，开拓进取、敢作善为，使民营经济发展壮大具备坚实支撑和独特优势，推动民营经济高质量发展。

（一）营造良好发展环境，完善工作机制

深刻领会党中央关于促进民营经济发展壮大的战略意图，加强政策宣传和舆论引导，宣传民营企业家艰苦创业事迹与家国情怀，规范涉民营经济信息传播秩序。弘扬企业家精神，加快建设一流企业，为新时代推动东北全面振兴做出积极贡献。民营企业家也要积极参与应急救灾、慈善捐赠等社会事业，弘扬企业家精神。

加快形成央地协同促进民营经济发展壮大的工作机制。东北三省各地要结合本地实际，适时出台促进民营经济发展壮大的政策，让市场作用与政府作用实现有机结合。增强宏观政策取向一致性，财税、市场监督管理等相关部门要共同发力，推动民营经济高质量发展。完善民营企业融资支持政策制度，建立包括银行在内的多方共同参与的融资风险市场化分担机制，推动涉企资金直达快享。

构建常态化沟通机制，倾听企业真实诉求，增强企业发展信心。促进政策同向发力，成立工作专班，解决企业面临的各类问题，做好结果反馈和跟踪问效，提升民营企业高质量发展的能力和水平。

（二）加大要素支持力度，全面提升民营经济发展质量

解决民营企业后顾之忧，持续激发民营经济发展活力。东北三省要在土地、劳动力、技术、资金等方面持续强化要素支撑保障。辽宁省应持续加大"辽信通"建设力度，积极发挥辽宁省融资信用服务平台等的互联互通作用，提升银企对接效率，缓解民营企业融资难题，助力区域金融生态高质量发展。吉林省应充分保障用地空间，允许民营企业在不增加建设用地、不突破永久基本农田总量的前提下，单独选址报批休闲度假、冰雪场地等项目，持续加大民营经济的用地保障力度。黑龙江省应持续完善民营企业职称申报兜底保障机制。专业技术人员与民营企业签订劳动合同且工作满1年，即可打

破条件限制申报职称，激发和释放民营企业人才创新活力。明确民营企业评价导向，赋予民营企业更大的人才评价自主权，充分发挥民营企业在人才培养、使用和评价中的主体作用。破除"唯学历"倾向，采取多元化的民营企业职称评价方式，让更多的民营企业和专业技术人才在职称改革中受益。

提升民营经济市场主体地位。充分发挥东北三省区位、资源、产业优势，围绕重点产业领域加大优质企业培育力度，帮助民营企业做大做强，推动民营经济主体数量实现较快增长，有效优化经济结构、促进产业升级、激发市场活力。推进民营企业转型升级，加大对专精特新企业的支持力度并完善专精特新企业梯度培养体系，打造一批细分行业、市场和领域的"隐形冠军"和"单项冠军"，推动产业规模化、集约化发展。释放政府投资的带动效应，提高刺激投资政策的针对性，选择具备一定收益水平、条件相对成熟的项目，大力支持民营企业参与重大项目建设，提振民营企业发展信心。用普惠性减税降费代替产业政策引导和财政资金扶持，为小微企业发展注入信心和活力。降低增值税率，将贷款利息、员工工资、社保费用列入增值税抵扣项，推行清单管理制度，清理不合理收费，减轻企业税费负担。

（三）加强产业链合作延伸，持续夯实产业基础

打造自主可控的产业链供应链，把助推民营企业提质增效作为主要抓手，构建产业链生态系统，形成利益共同体，促进产业链上下游合作和链条延伸，以提升产业链的整体竞争力和创新驱动力。着力打造全产业链条。因地制宜发展新质生产力，聚焦医药、汽车、农机装备、高端制造业、新材料等产业集群建设，立足东北三省重点产业，强化科技创新主体地位。抓住产业链链主企业"牛鼻子"，深挖项目信息，持续整合资源，带动产业链上下游企业协同发展，推动整体产业链做大做强。加快推进产业链数字化。发挥东北三省数据、人才、场景等优势，引领人工智能大模型、大数据、云计算等数字技术发展，加强数字技术创新应用，推进产业链上下游企业同步转型。布局产业矩阵，优先满足扩产扩能等项目用地需求，切实做到"产业项目推进到哪里，各类要素保障就延伸到哪里"，助力民营企业做大做强。

　　把握构建现代化产业体系的战略基点和发力重点。实体经济是现代化产业体系的根基，企业是发展实体经济的重要载体。东北三省要以构建现代化产业体系为目标，把发展新质生产力作为重要着力点，扎实推进科技创新和产业创新深度融合，聚焦重点领域探索实践，认真梳理清单，逐项攻坚突破，推动高质量发展不断取得新进展新成效。在加快传统产业转型升级方面，辽宁省要锚定新时代"六地"目标定位，抓住市场机遇，布局战略性新兴产业和未来产业，积极开辟新赛道。吉林省要以技术创新赋能传统产业发展，加大"智改数转"力度，完善"数字化生产线—数字化车间—智能工厂—未来工厂"梯度改造机制，促进行业智能化发展，培育壮大战略性新兴产业。黑龙江省要立足资源禀赋，加速推进制造业和中小企业数字化网络化智能化转型升级行动计划，在民营企业广泛应用以大数据、物联网和云计算为代表的数字技术，拓展产业链延伸空间，助力新型生产要素在全社会广泛普及和应用。

参考文献

《2022 中国民营企业数字化转型调研报告》，全国工商联经济服务部等，2022。

徐晓明：《加快推动民营中小企业数字化转型》，《中国党政干部论坛》2024 年第 1 期。

郭菊娥、陈辰：《数字科技何以驱动新质生产力发展——以专精特新企业为实现主体》，《西安交通大学学报》（社会科学版）2024 年第 4 期。

王志凯：《民营经济对高质量发展的重要意义探析》，《国家治理》2018 年第 44 期。

周文：《民营经济是推动高质量发展的坚实基础》，《中国社会科学报》2023 年 8 月 15 日。

B.14
东北三省专精特新中小企业发展研究

田 晔 宋帅官*

摘 要： 推动专精特新中小企业高质量发展对于推动我国经济发展有着十分重要的作用。同时，构建多点支撑、多业并举、多元发展的产业新格局是全面实施高质量发展战略的重要支撑。东北三省不断优化营商环境，最大限度释放企业活力，经济呈现量质双升、效速双增的良好发展态势。但是东北三省专精特新中小企业普遍处在发展初期，仍存在一些突出困难，经营压力依然较大，经济企稳回升的基础仍不牢固。建议优化体制机制，强化政策支持，注重基础投入，推动科技优势转化为产业发展新动能，改善营商环境，加速数字赋能，推动传统企业提质增效，为促进东北三省专精特新中小企业高质量发展提供强大动力。

关键词： 专精特新 中小企业 东北三省

一 东北三省专精特新中小企业发展现状

党的二十大报告提出："实施产业基础再造工程和重大技术装备攻关工程，支持专精特新企业发展，推动制造业高端化、智能化、绿色化发展。"专精特新中小企业是一类具有专业化、精细化、特色化和新颖化特点的中小

---

* 田晔，辽宁社会科学院经济研究所助理研究员，主要研究方向为国民经济；宋帅官，辽宁社会科学院经济研究所研究员，主要研究方向为区域经济。

企业，它们具有较大的发展潜力，是中小企业的领导者和开路先锋。它们通常在某一特定行业内具有较强的创新能力，是单项冠军或隐形冠军企业。习近平总书记在致2022全国专精特新中小企业发展大会的贺信中提出，中小企业联系千家万户，是推动创新、促进就业、改善民生的重要力量。希望专精特新中小企业聚焦主业，精耕细作，在提升产业链供应链稳定性、推动经济社会发展中发挥更加重要的作用。①

2022年6月，工业和信息化部印发《优质中小企业梯度培育管理暂行办法》，明确了创新型中小企业、专精特新中小企业和专精特新"小巨人"企业3个层次（见表1）。专精特新中小企业主要集中在新一代信息技术、高端数控机床及机器人、先进轨道交通装备、节能环保汽车、海洋工程装备及高科技船舶、航空航天装备和电力装备等领域，既是中国制造业的重要支撑，也是保障产业链供应链稳定的关键所在。

表1　优质中小企业梯度培育管理分类

层次	申请难度	企业培育目标	等级	特征
创新型中小企业	低	100万家左右	优质中小企业的基础力量	具有较高专业化水平、较强创新能力和发展潜力
专精特新中小企业	中	10万家左右	优质中小企业的中坚力量	实现专业化、精细化、特色化发展，创新能力强，质量效益好
专精特新"小巨人"企业	高	1万家左右	优质中小企业的核心力量	位于产业基础核心领域和产业链关键环节，创新能力突出，掌握核心技术，细分市场占有率高，质量效益好

资料来源：《优质中小企业梯度培育管理暂行办法》。

（一）企业数量稳步上升

当前，我国专精特新中小企业呈现较好的发展态势，科技创新水平不断

---

① 《习近平致2022全国专精特新中小企业发展大会的贺信》，中国政府网，2022年9月8日，https://www.gov.cn/xinwen/2022-09/08/content_5708951.htm。

提高，经济实力不断增强。东北三省对专精特新中小企业的发展壮大给予了高度关注。

2022年，辽宁省工业和信息化厅认定556家企业为省级专精特新中小企业。2023年，辽宁省工业和信息化厅认定560家企业为省级专精特新中小企业。在这560家企业中，有555家企业的主营业务收入占比在80%以上；有529家企业的主要产品与国外大型企业直接配套，占94.5%；58.0%的企业具有一类发明专利和各类知识产权。截至2024年11月，辽宁省拥有省级专精特新中小企业2465家，到2025年，辽宁省力争培育创新型中小企业5000家、专精特新中小企业2500家。截至2024年11月，近三成辽宁省专精特新中小企业的主导产品具有较高的国内市场占有率。①

截至2024年7月，吉林省共认定1451家省级专精特新中小企业，涵盖汽车、石化、食品、装备、电子信息、医药等支柱和优势产业。②

2021~2023年，黑龙江省工业和信息化厅共遴选出955家省级专精特新中小企业。截至2024年11月，黑龙江省已累计培育创新型中小企业1501家、专精特新中小企业1105家、省级制造业单项冠军企业48家、国家级制造业单项冠军企业8家、省级及国家级小型微型企业创业创新示范基地76个。③

截至2024年4月，辽宁省有国家级专精特新"小巨人"企业363家，吉林省有国家级专精特新"小巨人"企业85家，黑龙江省有国家级专精特新"小巨人"企业87家。④ 东北三省专精特新企业数量不断增多，在支撑产业链供应链延伸、攻关关键核心技术、补齐关键领域短板等方面发挥了重要作用，做出了突出贡献。

（二）行业分布进一步细化

从行业分布看，辽宁省专精特新中小企业中，超过70%属于制造业相

---

① 以上资料均来自辽宁省工业和信息化厅网站。
② 以上资料均来自吉林省工业和信息化厅网站。
③ 以上资料均来自黑龙江省工业和信息化厅网站。
④ 以上资料均来自各省工业和信息化厅网站。

关领域，符合全国专精特新企业以制造业为主的整体特征，行业分布契合辽宁省产业转型战略，企业普遍围绕重点产业链布局，主要聚焦新能源、新材料、高端装备制造等战略性新兴产业，并在多个细分领域实现技术突破。重点行业分布如下。一是装备制造。作为传统工业强省，辽宁在装备制造行业优势突出，涉及精密零部件、智能设备等细分方向。二是新材料。辽宁省专精特新中小企业布局高附加值新材料产业链，如辽宁奥亿达新材料围绕"乙烯焦油—包覆沥青"全链条布局，锂电池产品应用于新能源汽车领域。三是电子信息。辽宁省专精特新中小企业聚焦智能检测等细分方向，凸显电子信息行业发展趋势。四是绿色能源与资源利用。鞍钢绿色资源科技等企业创新工艺，推动循环经济发展；沈阳微控新能源技术等企业则聚焦新能源技术开发。五是精细化工与基础材料。大禹防水建材集团的新型建材、辽宁瑞邦石油技术的油田配套产品均体现对工业基础领域的支撑作用。

吉林省通过"产业孵化+政策引导"模式，推动专精特新中小企业在航空航天、生物医药等领域的专业化发展，为区域经济转型升级注入核心动能。重点行业分布如下。一是航空航天与高端装备制造。以长春新区为核心，代表企业包括长春长光智欧科技（高精度光学系统）、长春众升科技（卫星组件）等，技术优势显著。二是生物医药与医疗器械。覆盖医用材料、原料药、智能医疗设备等领域，如长春圣博玛生物材料（可吸收缝合线）、吉林显锋科技（抗肿瘤原料药）等企业填补国内空白，吉林弗朗医疗科技（智能医疗设备）、长春晨裕生物医疗（体外诊断试剂）在细分市场占有率领先。三是光电信息与智能技术。依托光电子产业孵化器，重点发展激光器件、半导体检测设备，代表企业永利激光的市场占有率超 10%。四是新材料与汽车零部件。中科英华长春高技术（钛合金材料）、晓可新材（环保涂层）推动高端材料国产化。五是汽车产业。盖尔瑞孚艾斯曼（车载控制系统）、英嘉齿轮（变速箱部件）支撑传统汽车产业升级，一汽集团产业链协同效应显著。

黑龙江省通过"特色产业+梯度培育"模式，推动专精特新中小企业在航空航天、生物医药等领域的集群化发展，聚焦现代化产业体系与区域特色

资源，为东北老工业基地振兴注入创新动能。重点行业分布如下。一是航空航天与高端装备制造。哈尔滨集中发展航天零部件、高端智能装备，代表企业包括哈尔滨航动机械制造（航空零部件）、哈尔滨东北水电设备制造（水电装备）等，深度融入国家重大装备产业链。大庆依托大庆安瑞达科技（油田智能设备）、大庆华理生物技术（生物基材料）等国家级专精特新"小巨人"企业，推动能源装备与新材料技术融合。二是生物医药与现代农业科技。哈尔滨、齐齐哈尔重点布局原料药、医疗器械领域，填补区域产业链空白。绥化、大庆发展农业机械与生物技术，提升农业现代化水平。三是装备制造与食品加工。黑龙江海航创通机械（传动设备）、哈尔滨新唐锅炉容器（压力容器）等企业技术优势突出，黑龙江润金泽供应链（食品冷链）、黑龙江默赛东科技（功能性食品）等企业推动绿色食品精深加工。四是数字经济与新材料。哈尔滨重点培育数字经济核心产业，黑龙江建设科创投资（智慧建筑）、哈尔滨浩星科技（工业软件）等企业助力传统产业数字化转型。大庆、牡丹江布局碳纤维、特种金属等新材料，大庆亿鑫化工（高性能树脂）、哈尔滨需泽材料科技（环保材料）等企业加速技术转化。

（三）政策体系不断完善

辽宁省出台了《关于进一步推进中小企业实现专精特新发展工作方案》《辽宁省优质中小企业梯度培育管理实施细则（暂行）》等一系列引导专精特新中小企业健康成长的政策文件。

《吉林省专精特新中小企业培育计划（2021—2025）》明确指出，到2025年，全省将有1000家省级专精特新中小企业成为重点扶持对象，力争完成国家级专精特新"小巨人"企业培育目标。《吉林省人民政府关于进一步支持民营经济（中小企业）发展若干政策措施》提出推动专精特新中小企业快速发展，重点扶持规模在1000万元以上、对全省重点创新型中小企业起到带动作用的科技型中小企业。《吉林省人民政府关于实施专精特新中小企业高质量发展梯度培育工程的意见》明确到2025年，力争创建10个国家级制造业单项冠军企业和 100 个国家级专精特新"小巨人"企业，培育 1500 家省级专精特新中小企业、3000 家市（州）级专精特新中小企业、10000 家高品质"种子企业"；争取在"新三板"挂牌 20 家专精特新中小企业，争取在上海、深圳和北京证券交易所上市 15 家专精特新中小企业。

黑龙江省工业和信息化厅制定了《黑龙江省创新型中小企业评价实施细则》《黑龙江省专精特新中小企业认定实施细则》。黑龙江省工业和信息化厅、黑龙江省知识产权局共同发布《黑龙江省知识产权助力专精特新中小企业创新发展的实施方案》，旨在持续提升专精特新中小企业创造、运用、保护与管理知识产权的水平，推动专精特新中小企业的创新发展。黑龙江省人民政府办公厅发布的《黑龙江省科技成果产业化行动计划（2022—2025 年）》提出，力争到 2025 年，全省专精特新中小企业达到 3000 家。

二 东北三省专精特新中小企业发展的主要瓶颈

第一，专精特新中小企业发展支持政策尚未形成体系，政策力度有待加大。虽然政府制定了一些支持专精特新中小企业发展的政策，但在具体执行过程中，由于政策宣传不够、政策衔接不畅、政策执行不严或享受政策的门槛过高，一些专精特新中小企业享受不到应有的优惠待遇。从配套服务的视角来看，东北三省专精特新中小企业面临融资难、融资贵、融资慢的问题，在发展的早期阶段，往往由于缺乏抵押物而无法从银行得到充分的信贷支持。

第二，对专精特新中小企业的应用基础研究较少，在关键技术方面的研究还需加大力度。东北三省专精特新中小企业发展需求与研发体系不相适应。东北三省尚未建立一套完善的产学研协同创新体系，合作方式与收益分配制度不明确，导致科研成果难以有效转移。另外，东北三省专精特新中小企业研发投入强度普遍低于行业平均水平。

第三，人才吸引力不足，创新人才存在缺口。东北三省专精特新中小企业技术人才流动频繁、储备不足，无法满足企业发展需求。

第四，数字化转型动力不足，转型路径有待探索。东北三省部分专精特新中小企业对数字化转型的认识不足，同时存在资金与人才方面的难题，制约了其踏出数字化转型的"第一步"。

三　推动东北三省专精特新中小企业发展的对策建议

（一）优化体制机制，强化政策支持，强化创新发展制度保障

首先，树立创新生态观，改变目前的治理模式。其次，做实做细金融服务，出台专精特新中小企业专项金融服务支持政策，对专精特新中小企业融资给予专项政策支持。对专精特新中小企业实行"白名单"制度，推出"专精特新领航贷""专精特新科创信用贷"等专属信贷产品。再次，充分利用人才评价制度，加速创新制度改革，提升科研成果的质量与效益。最后，各地要根据当地实际情况，积极开展专业服务工作，建立扶持机制，促进传统中小企业向专精特新发展。

（二）注重基础投入，强化平台建设，形成有活力的创新生态

一是重视原始创新，一方面着力解决核心共性问题，另一方面为基础研究营造良好环境。二是进一步健全科技成果转化应用机制，形成充满生机和活力的创新生态，突出企业在技术创新中的主导作用。三是建立健全公共服务平台，充分利用平台集聚资源的能力，推动专精特新中小企业与行业龙头企业、科研机构等协同创新。

（三）推动科技优势转化为产业发展新动能

一是围绕产业链部署创新链，全链条一体化谋划科技项目。突出创新优势和先发优势，着眼于战略性新兴产业发展，精准定位一批有创新基础、市场空间、先发优势的细分产业链。二是强力推进科技招商做大增量。瞄准核心技术企业和团队招商，加强产业园区创新创业平台建设，打造"专业众

创空间—科技企业孵化器—产业园区"垂直孵化链条，为专精特新中小企业成长壮大提供全程专业服务，逐步形成完整的产业链和完善的产业生态。三是大力培育创新联合体，加强产学研合作。建立省财政科技经费支出稳定增长和柔性调整机制，面向产业技术创新和成果转化环节精准施策，引导和支持企业加大投入力度，加强科技部门与产业部门的政策协同，提高资金使用效率，引领和推动高新技术成果产业化各环节高效协调运转。四是全面落实企业研发费用加计扣除、高新技术企业所得税减免等税收优惠政策，支持企业提升创新实力，重点支持产业龙头企业、创新领军企业、专精特新企业、高新技术企业等开展高水平成果转化。

（四）改善营商环境，强化产权保护，充分激发企业家精神

一是不断深化市场化改革，放宽市场准入条件，为专精特新中小企业的发展创造条件。二是加速推进新型基础设施建设，促进人才、数据、技术等要素的充分流动，不断优化营商环境。三是引导、扶持中小企业走上专精特新发展之路，提升其专业化程度。

（五）加速数字赋能，强化改造升级，推动传统企业提质增效

一是利用数字化技术和平台化服务，提升产业链上下游的协作程度，帮助中小企业朝专精特新方向发展。二是提升专精特新中小企业的数字化管理水平，促进产业的协同发展，加快实现数字经济和实体经济的深度融合。

B.15
东北三省数字经济发展研究[*]

曾博 常钰 何雪晴[**]

摘 要： 数字经济作为继农业经济、工业经济之后的一种新型经济形态，已然成为重构经济格局的核心驱动力，它能够加速高质量发展的动力变革、方向变革、能力变革和效率变革，是加快形成和培育新质生产力的必然选择。目前，东北三省数字经济发展赶超态势显著，中心城市数字经济发展势头强劲，产业数字化转型提速，数字资源效能持续释放，数字基础设施布局不断完善，数字政策体系进一步健全，但也存在诸多困难和挑战。面对外部和内部压力，东北三省应把握新一轮科技革命和产业变革的历史机遇，加强数字生态与数据要素市场体系顶层设计，持续推动产业数字化转型，深化数字技术创新与应用体系建设，以数据基础设施建设释放数据要素价值。

关键词： 数字经济 数字化转型 高质量发展 东北三省

新发展格局下，数字化浪潮继续席卷全球，数字中国建设迈出新的步伐。2023年以来，在外部压力增大、内部困难交织的背景下，我国数字经济保持高位运行。中国信息通信研究院发布的《中国数字经济发展研究报

---

[*] 基金项目：黑龙江省社会科学规划项目"数据要素驱动黑龙江省新质生产力发展研究"（24JYE017）。

[**] 曾博，黑龙江省社会科学院数字经济研究所副研究员，主要研究方向为数字经济和农业经济；常钰，黑龙江省社会科学院数字经济研究所研究实习员，主要研究方向为数字经济；何雪晴，黑龙江省社会科学院数字经济研究所研究实习员，主要研究方向为数字经济。

告（2024 年）》① 显示，2023 年中国数字经济规模达到 53.9 万亿元，较上年增长 3.7 万亿元，占国内生产总值的比重提升至 42.8%，较上年提高 1.3 个百分点。同时，数字经济与实体经济的融合不断深入，三次产业数字经济渗透率分别较上年提高 0.32 个、1.03 个和 0.91 个百分点，第二产业数字经济渗透率增幅首次超过第三产业。如今，数字经济已成为推动传统产业转型升级的关键力量，也为东北三省重塑竞争优势、开辟高质量发展新路径提供了新的动力和机遇。

一 东北三省数字经济发展现状

东北三省作为我国重要的工业基地，拥有完整的产业门类和完备的工业体系。在国家战略的指引下，东北三省抢抓新一轮科技革命和产业变革的历史机遇，大力发展数字经济，将其作为实现全面振兴的战略选择。通过深入推进数字化转型、加快新旧动能转换、强化政府支持与政策规划、促进数字经济与实体经济的深度融合，东北三省正逐步优化经济结构、补齐发展短板，向高质量发展目标稳步前进。

（一）数字经济发展赶超态势显著

近年来，东北三省数字经济发展步伐加快，成功实现跃升。根据工信部电子第五研究所发布的《中国数字经济发展指数报告（2024）》②，我国数字经济呈现 3 个梯队的发展格局（见图 1）：以北京、广东、上海等为代表的东部地区以及湖北、四川位于第一梯队，这些地区数字经济整体实力雄厚，融资集中度高，数据要素成为数字经济发展的关键动力；第二梯队涵盖东部、中部、西部地区的部分省份以及东北三省，这些地区展现出强劲的追

---

① 《中国数字经济发展研究报告（2024 年）》，中国信息通信研究院网站，2024 年 8 月 27 日，http://www.caict.ac.cn/kxyj/qwfb/bps/202408/t20240827_491581.htm。

② 《工信部电子五所发布〈中国数字经济发展指数报告（2024）〉》，澎湃新闻，2024 年 9 月 30 日，https://www.thepaper.cn/newsDetail_forward_28907157。

赶态势，数字经济发展速度显著加快；第三梯队主要由西部地区省份组成，其数字经济发展相对缓慢。值得注意的是，辽宁省在第二梯队中表现稳健，而吉林省和黑龙江省则实现了从第三梯队到第二梯队的跃升，标志着东北三省在数字经济发展进程中取得了显著的进步。

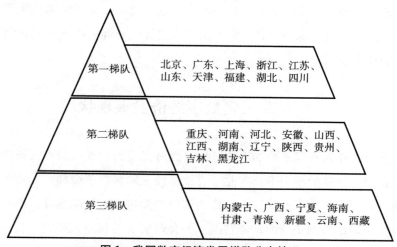

图 1　我国数字经济发展梯队分布情况

资料来源：《中国数字经济发展指数报告（2024）》。

（二）中心城市数字经济发展势头强劲

东北三省数字经济已形成以大连、沈阳、长春、哈尔滨 4 个城市为中心的辐射网络。4 个城市的数字经济整体实力在东北三省中尤为突出。根据赛迪顾问发布的《2024 数字经济百强市名单》，大连排第 31 位，沈阳排第 32 位，哈尔滨排第 39 位，长春排第 45 位。① 在制造业数字化转型方面，这 4 个城市同样表现抢眼。根据中国软件行业协会发布的《制造业数字化转型发展指数报告（2024）》②，大连、沈阳、长春、哈尔滨的制造业数字化转

---

① 《赛迪报告：上海、重庆、北京位列数字经济发展活力三甲》，中国经济网，2024 年 11 月 27 日，http：//www.ce.cn/cysc/tech/gd2012/202411/27/t20241127_39217259.shtml。

② 《中国软协发布〈制造业数字化转型发展指数报告（2024）〉》，中国软件行业协会网站，2024 年 7 月 22 日，https：//www.csia.org.cn/content/6047.html。

型发展指数均排名前50。《城市数字化发展指数报告（2024）》[①] 进一步揭示了这4个城市的数字化发展势头。2023年，沈阳、大连、长春、哈尔滨的城市数字化发展指数分别为74.1、70.2、68.3和67.9，在全国260个城市中的排名分别为第28位、第43位、第52位和第54位，较上年均有显著提升。该报告将这4个城市归类为数字化新一线城市，充分展示了它们在数字经济发展上的强劲动力和潜力。此外，东北三省上榜的城市还包括大庆、齐齐哈尔、鞍山等，这些城市也在数字经济发展中逐步崭露头角。

（三）产业数字化转型提速

东北三省工业体系完备，在推动产业数字化方面拥有良好基础。辽宁省产业基础雄厚，数字化转型发展迅速；吉林省在制造业智能化改造和数字化转型方面取得显著进展；黑龙江省应用场景类别齐全、形式丰富，致力于推动数字化转型全面覆盖。

辽宁省深耕工业互联网领域，以典型应用场景建设带动"制造"向"智造"加速迈进。2024年9月，全球工业互联网大会在辽宁沈阳开幕，辽宁省人民政府副省长王利波发布《辽宁省制造业数字化转型场景案例精选及需求清单》[②]，涵盖110个供给侧典型场景案例和1000余个需求侧案例，涉及22个重点产业集群，充分反映了企业当前推动数字化转型的现实需求。截至2024年12月，辽宁省已打造222个数字化车间和115个智能工厂[③]，并获评全国首批数字化转型贯标试点省份。沈阳、大连、盘锦获批成为国家级中小企业数字化转型试点城市。

吉林省制造业数字化转型步伐全面提速，自2023年5月全面启动实施制造业"智改数转"三年行动以来，已成功推动1000个以上重点"智改数转"

---

① 《城市数字化发展指数报告（2024）》，CSDN网站，2024年5月7日，https://blog.csdn.net/weixin_55366265/article/details/138516947。

② 《以工互网促进制造业数字化转型》，《中国化工报》2024年9月25日。

③ 《区域协调高质量发展一线观察：扭住"牛鼻子"铸就"强引擎"——东北开拓高质量发展新局面》，辽宁省人民政府网站，2024年12月24日，https://www.ln.gov.cn/web/ywdt/zymtkln/2024122409011756526/index.shtml。

项目的加速建设。其中，一汽集团"基于5G的数字一汽管理、生产全流程创新探索与实践"项目获评工信部移动物联网优秀案例，展现了吉林省在智能制造领域的创新实力；通化建新等一批装备制造企业成功实现服务化转型，成为国家级服务型制造供应商，为行业树立了转型典范。[①] 截至2024年12月，吉林省已累计培育5个国家级智能制造示范工厂、15个国家级智能制造优秀场景，4个省级未来工厂、27个省级智能工厂和50个省级数字化车间获得认定。[②]

黑龙江省积极推进数字化绿色化协同转型发展，成功实施148个数字化绿色化发展项目[③]，充分展示了实践创新成果。黑龙江省努力推动数字化转型全面覆盖，促进中小企业集群式发展，截至2024年9月累计培育省级智能工厂19个、数字化车间316个、中小企业数字化示范标杆100个。[④] 获批全国首批数字化转型贯标试点省份，哈尔滨、齐齐哈尔成为国家级中小企业数字化转型试点城市，航发东安、飞鹤（泰来）乳业成为国家级智能制造示范工厂揭榜单位，14家企业的20个制造场景获评国家级智能制造优秀场景。为进一步推动工业数字化转型，黑龙江省组建工业数字化转型促进中心，构建全方位、多角度的数字化转型服务体系，截至2024年11月已联合省内外数字化转型服务商96家，为110余家企业提供实地服务。[⑤]

（四）数字资源效能持续增强

伴随数字技术的飞速发展，各类数字平台应运而生，提供了丰富多样的

---

① 《"数字"让吉林更美好——数字吉林建设五年综述》，吉林省工业和信息化厅网站，2023年11月27日，http://gxt.jl.gov.cn/gxdt1/gxyw/202311/t20231127_8842988.html。
② 《吉林提速"智改数转"进程 为振兴发展添活力》，新浪财经，2024年12月11日，https://finance.sina.com.cn/roll/2024-12-11/doc-inczawim3860143.shtml。
③ 《赋能聚力！黑龙江描绘数字+绿色协同发展崭新图景》，"哈尔滨日报"微信公众号，2023年6月20日，https://mp.weixin.qq.com/s?__biz=MjM5NTQyMjAyMg==&mid=2650406001&idx=1&sn=7813ce6765ee69869d6c409a06d14487。
④ 《两地市入选国家级试点城市后黑龙江制造业数字化转型还将这样做》，"黑龙江网"百家号，2024年9月29日，https://baijiahao.baidu.com/s?id=1811534188818605907。
⑤ 《荣登全国榜单！黑龙江省推广优质数字化转型公共服务取得长足进步》，"龙江工信"公众号，2024年11月16日，https://mp.weixin.qq.com/s/1wjA0vOB4R4f50WQ3AwoeA?.scene=25#wechat_redirect。

数字服务。东北三省紧跟时代步伐，充分发挥数字平台的桥梁作用，整合、优化和创新数字资源，为经济社会发展注入全新活力。

辽宁省整合场景资源，积极搭建工业互联网平台，推出《辽宁省工业互联网产业集群发展培育方案》，以高起点规划引领工业互联网创新发展，重点培育省级工业互联网平台 87 个。① 辽宁省还持续支持大企业建平台、中小企业用平台，通过搭建冰山工业互联网平台，让中小企业便捷接入，共享工业互联网平台带来的便利。同时，辽宁省依托智鼎工业互联网平台，为企业从生产商向解决方案供应商转变开辟了新路径，在产业链下游，企业产品嵌入产业链，实现了产业链上下游企业间的紧密衔接和顺畅运行。截至 2023 年 8 月，辽宁省新建、重组全国重点实验室 11 家。② 2024 年 6 月，辽宁省工业互联网实验室群成立，聚焦互联网、人工智能等前沿科技，面向全省智能制造技术需求，攻克工业互联网领域的核心技术难题，已基本建成以企业为核心的产学研用技术创新体系，其中沈阳中德装备园、和平区、沈北新区入选工业互联网国家新型工业化产业示范基地。③

吉林省以打造数字政府为引领，建立"吉林祥云"大数据平台，依托"两地三中心"的基础架构，为政府部门、企业和科研机构提供高效的数据服务。在第十七届中国电子政务论坛暨数字变革创新峰会上，吉林省分享了数字政府建设经验。在数字农业领域，"吉农云"平台已成为农业生产、农村经营、农民生活以及涉农管理信息应用服务的重要数字化支撑，大大推动了农业现代化进程。④ 吉林省重大创新平台建设也取得新突破，

---

① 《对省十四届人大二次会议〈关于持续提升工业互联网创新能力助力辽宁制造数智化转型升级的建议〉（第 1421474 号）的答复》，辽宁省工业和信息化厅网站，2024 年 9 月 30 日，https：//gxt. ln. gov. cn/gxt/zfxxgk/fdzdgknr/jyta/srddbjy/sssjrdechy2024n/202409301441038850 3/index. shtml。

② 《辽宁省获批全国重点实验室已达 11 个》，央广网，2023 年 8 月 11 日，https：//www. cnr. cn/ln/jrln/20230811/t20230811_526375170. shtml。

③ 《工业互联网促进企业数字化转型 辽宁制造焕发新生机》，新华网，2024 年 9 月 13 日，http：//ln. news. cn/20240913/d1688b2349734c5da0721b28ef1a5b88/c. html。

④ 《"数字"让吉林更美好——数字吉林建设五年综述》，吉林省工业和信息化厅网站，2023 年 11 月 27 日，http：//gxt. jl. gov. cn/gxdt1/gxyw/202311/t20231127_8842988. html。

长春国家自主创新示范区、农业高新技术产业示范区建设步伐加快，长春市获批建设国家知识产权保护示范区，大安市获批建设国家级创新型县（市）。①

黑龙江省服务平台建设取得显著成效。截至 2024 年 7 月，黑龙江省累计培育省级中小企业公共服务平台 68 个②，为中小企业发展提供了有力支撑；凭借"数管+智慧"一体化平台的强大功能，黑龙江省信用监管数据质量总体评分达 99.9 分，位居全国一类档次③，彰显了数据治理的成果；创新推出"电子退休证"，成为政务服务的一大亮点。④ 在农业数字平台领域，依托"黑土优品"数字化管理系统，实现对省内 923 款农产品的统一管理。⑤ 2023 年，黑龙江省全国重点实验室增至 12 家，5 个国家级企业技术中心获批成立，新增 3 个国家级科技企业孵化器，哈大齐国家自主创新示范区、佳木斯国家农业高新技术产业示范区建设稳步推进。⑥

（五）数字基础设施布局不断完善

数字基础设施建设为东北三省产业数字化发展提供了坚实支撑。2023 年，东北三省移动互联网接入流量达到 158.9 亿 GB，同比增长 17.6%，高出全国平均水平 2.4 个百分点。⑦ 2024 年，辽宁省新建 5G 基站 3.1 万个，

---

① 《政府工作报告》，吉林省人民政府网站，2024 年 2 月 22 日，https：//www. jl. gov. cn/gb/2024/zb_202403/gcgd/202402/t20240222_8873742. html。

② 《了解支持政策　有益更快成长》，《黑龙江日报》2024 年 7 月 15 日。

③ 《黑龙江省扎实开展市场监管效能"提升"行动》，国家市场监督管理总局网站，2024 年 12 月 10 日，https：//www. samr. gov. cn/xyjgs/gzdt/art/2024/art_d8561f0880b446448210cbb8f 327f2af. html。

④ 《黑龙江：数字政府赋能，政务效能升级》，黑龙江省人民政府网站，2024 年 8 月 9 日，https：//www. hlj. gov. cn/hlj/c107856/202408/c00_31758280. shtml。

⑤ 《省农业农村厅坚持"点线面"结合　有序推进智慧农业发展》，黑龙江省农业农村厅网站，2024 年 7 月 11 日，https：//www. hlj. gov. cn/hlj/c107857/202407/c00_31750620. shtml。

⑥ 《关于黑龙江省 2023 年国民经济和社会发展计划执行情况与 2024 年国民经济和社会发展计划草案的报告》，黑龙江省人民政府网站，2024 年 2 月 9 日，https：//www. hlj. gov. cn/hlj/c107856/202402/c00_31709491. shtml。

⑦ 《2023 年通信业统计公报》，工业和信息化部网站，2024 年 1 月 24 日，https：//wap. miit. gov. cn/gxsj/tjfx/txy/art/2024/art_76b8ecef28c34a508f23bdbaa31b0ed2. html。

超额完成目标任务①，并在全国 5G 网络上下行接入速率评测中荣获卓越和优秀省份称号，全省行政村 5G 网络通达率达到 100%，提前一年半实现"十四五"规划目标。② 截至 2024 年 11 月，吉林省 5G 基站数量达到 5.5 万个，10G-PON 及以上端口规模达 56 万个，物联网终端用户数达 1760 万户③，正在推进 G331 沿线的 5G 基站建设，计划 2025 年底实现沿线 5G 网络覆盖率超 90%。④ 2023 年，黑龙江省 5G 基站数达 7.2 万个，实现了全省行政村、乡镇及以上城区、3A 级以上旅游景区的 5G 网络全覆盖，并在边境地区基站建设上取得突破，G331 边防公路全线 4G 网络覆盖率已达 93%，边境地区信号覆盖水平大幅提高。⑤

随着国家新基建战略的深入实施，以数据中心为代表的算力基础设施加快建设，正成为支撑东北三省数字经济发展的重要底座。2024 年，黑龙江省超算系统峰值性能达到 60PFlops，多个智算中心项目落地。其中，中国移动智算中心（哈尔滨）节点建成全球运营商最大单集群智算中心，拥有超万卡智算集群，提供高达 6.9EFlops 的智能算力，为黑龙江省人工智能产业发展与数字化转型提供有力支撑。⑥ 截至 2024 年 4 月，辽宁省共有互联网数据中心 71 家，机架达 7.1 万个，拥有沈阳、大连 2 个智算中心，

---

① 《辽宁信息通信业全面助力推进新型工业化发展》，辽宁省通信管理局网站，2024 年 12 月 23 日，https：//lnca. miit. gov. cn/xwdt/gzdt/art/2024/art_9abdb343105c46b986d9b7efd532eb5a. html。

② 《全省信息通信业助力辽宁全面振兴新突破工作有关情况新闻发布会》，辽宁省人民政府网站，2024 年 5 月 16 日，https：//www. ln. gov. cn/web/spzb/2024nxwfbh/2024051614104112 343/index. shtml。

③ 《吉林：进一步加快部署新型基础设施建设》，中国吉林网，2024 年 11 月 25 日，https：//news. cnjiwang. com/jwyc/202411/3902098. html。

④ 《今明两年规划建设 290 个通信基站，建成后可实现 G331 沿线 5G 网络覆盖率 90% 以上》，中国吉林网，2024 年 5 月 13 日，https：//finance. sina. cn/2024-05-13/detail-inavapup 5444128. d. html。

⑤ 《黑龙江省信息通信行业 2024 年"5·17"世界电信和信息社会日纪念大会》，黑龙江省通信管理局网站，2024 年 5 月 20 日，https：//hljca. miit. gov. cn/xwdt/gzdt/art/2024/art_54e13 c3d9d9f4f69a7fb24d995041f98. html。

⑥ 《全球运营商最大单集群智算中心在哈尔滨建成投用》，黑龙江省人民政府网站，2024 年 8 月 31 日，https：//www. hlj. gov. cn/hlj/c107856/202408/c00_31764518. shtml。

算力规模达 500PFlops①，沈阳国际互联网数据专用通道建成开通，"星火·链网"沈阳超级节点也已上线。吉林省积极推进大数据中心建设，建成吉林祥云大数据中心、长春市算力中心、长春新区智算中心等，计划到"十四五"末数据中心标准机架数达到 5 万个以上，算力规模力争达到 3000PFlops。②

（六）数字政策体系进一步健全

近年来，东北三省紧随国家数字经济发展趋势，加大数字经济布局力度，密集出台相关政策，展现出同向发力的态势。在推动制造业数字化方面，发布了《吉林省制造业智能化改造和数字化转型行动方案（2023—2025 年）》《黑龙江省加快推动制造业和中小企业数字化网络化智能化发展若干政策措施》，旨在通过创新技术应用推动制造业的高质量发展。在支持数据产业发展方面，制定了《黑龙江省促进大数据发展应用条例》《吉林省大数据产业发展指导意见》《辽宁省"数据要素×"三年行动总体工作方案（2024—2026 年）》，同时出台了《数字辽宁智造强省专项资金（数字经济方向）管理暂行办法》《黑龙江省支持数字经济加快发展若干政策措施》等奖补政策，进一步激发数字经济发展活力。此外，《吉林省关于进一步加强数字政府建设的若干举措》《辽宁省"算力强基　注智赋能"行动计划（2024—2026 年）》《黑龙江省数字经济促进条例》等政策文件相继出台，紧密契合国家在数字经济领域的发展动态，不仅体现了东北三省对国家战略的积极响应，更为区域数字经济发展注入了强大的活力和动力。

---

① 《辽宁：信息通信业高质量发展步伐坚实》，央视网，2024 年 4 月 28 日，https：//5g.cctv.com/2024/04/28/ARTIezypwzxHOqDJrWpZT2mL240428.shtml。

② 《长春市人民政府办公厅关于印发长春市数字经济发展攻坚突破行动计划的通知》，长春市人民政府网站，2024 年 2 月 22 日，http：//zwgk.changchun.gov.cn/szf_3410/bgtxxgkml/202402/t20240222_3282943.html。

二 东北三省数字经济发展面临的问题与挑战

（一）数字经济核心产业总量偏小、结构单一

根据国家统计局发布的《数字经济及其核心产业统计分类（2021）》，数字经济产业包括数字产品制造业、数字产品服务业、数字技术应用业、数字要素驱动业和数字化效率提升业五大类别，前四个为数字经济核心产业。其中，计算机通信和其他电子设备制造业是数字产品制造业的主要构成部分，软件和信息技术服务业是数字技术应用业的主要构成部分。

东北三省计算机通信和其他电子设备制造业规模明显落后于其他地区。2024 年 1~10 月，东北三省计算机通信和其他电子设备制造业实现营业收入 714 亿元，相较于其他地区，产业规模较小（见图 2）。从该行业营收累计增速来看，2024 年 1~10 月，东部、中部地区分别增长 10.0%、7.1%，增速较快；西部地区下降 5.1%。东北三省下滑幅度较大，达到 14.3%，可能与经济结构调整滞后、传统产业占比较高、新兴产业发展缓慢等因素有关。

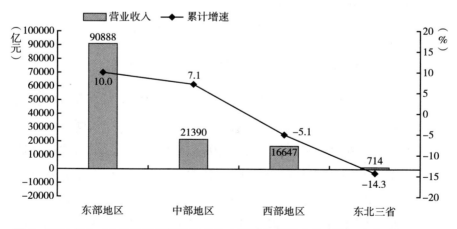

图 2 2024 年 1~10 月计算机通信和其他电子设备制造业营业收入分地区增长情况

资料来源：工业和信息化部。

东北三省软件和信息技术服务业规模远小于东部地区（见图3）。2024年1~10月，东部地区软件和信息技术服务业营业收入达到91957亿元，在中国软件和信息技术服务业中占据主导地位。东北三省软件和信息技术服务业营业收入稳中有增，但累计增速低于全国平均水平2.1个百分点，体量偏小，整体竞争力相对较弱，还需要通过深化产业结构调整进一步提升产业创新能力。

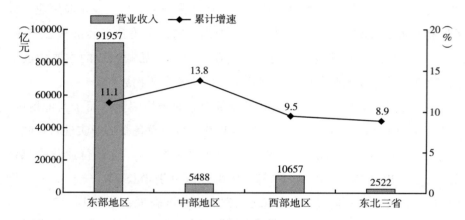

图3　2024年1~10月软件和信息技术服务业营业收入分地区增长情况

资料来源：工业和信息化部。

（二）互联网业务发展缓慢，业务收入出现负增长

互联网业务发展情况充分体现了一个地区数字经济的参与度和覆盖范围，通常由一个地区的技术创新能力、数字产业融合程度、市场竞争力、数字基础设施建设力度所决定。2024年1~11月，东部地区互联网业务收入增速有所下滑，但总量仍然领先，占全国互联网业务收入的89.6%；中部地区互联网业务收入下降3.5%，低于全国增速3.6个百分点；西部地区互联网产业发展迅速，互联网业务收入大幅增长11.4%，高于全国增速11.3个百分点；东北三省互联网业务收入为33.9亿元，下降9.1%，低于全国增速9.2个百分点。与其他地区相比，东北三省互

联网业务收入及增速存在较大差距（见图4）。东北三省亟须加快经济结构调整，改善互联网产业发展的基础条件，通过政策引导和市场化手段促进产业发展。

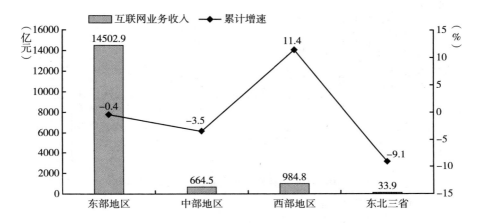

图4　2024年1~11月互联网业务收入分地区增长情况

资料来源：国家统计局。

（三）新型基础设施竞争力薄弱，融合指数排名靠后

如图5所示，在新型基础设施竞争力指数方面，东北三省均低于全国平均水平。其中，辽宁省新型基础设施竞争力指数为75.04，在东北三省中相对较高，在31个省份中处于第三梯队，在重大科技、科教等创新基础设施方面占有优势，但信息网络、新技术和算力等信息基础设施布局不够完善；吉林省和黑龙江省处于第四梯队，新型基础设施竞争力指数分别为70.32和72.76，在高校科研和创新实力方面占有优势，且黑龙江省信息基础设施建设较好，但智慧能源、工业互联网、智慧医疗等基础设施布局不够完善。新型基础设施建设不足使东北三省信息交流滞后，数字产业资源流通不顺畅，难以形成强有力的数字产业链。

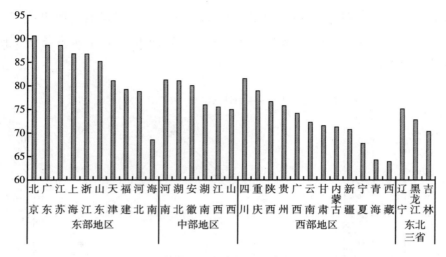

图5　2023年中国各省份新型基础设施竞争力指数

说明：不包含港澳台地区。
资料来源：清华大学互联网产业研究院。

（四）数据资源开发利用不足，公共数据授权运营规范化水平亟待提升

东北三省在数据资源开发利用方面尚存不足。截至2024年9月，我国已有89%的省级行政区（不含直辖市及港澳台地区）和65%的城市（包括直辖市、副省级与地级行政区）建立了公共数据开放平台。[①] 在东北三省中，黑龙江省公共数据开放平台实现了省本级及所有地市的全面覆盖；辽宁省省本级平台已上线，但部分城市尚未建立平台；吉林省虽已上线吉林市、辽源市两个城市平台，但省级平台缺失。根据复旦大学数字与移动治理实验室联合国家信息中心数字中国研究院发布的"2024中国开放数林指数"，黑龙江省和辽宁省的公共数据开放利用水平处于第四等级，而吉林省则处于第五等级，东北三省公共数据整体开放利用水平较低，这可能与平台上线时间较短有关。

---

① 《资讯：2024中国开放数林指数发布（复旦DMG）》，复旦发展研究院网站，2024年9月26日，https://fddi.fudan.edu.cn/_t2515/96/fe/c21257a694014/page.html。

公共数据授权运营作为我国在数据要素市场探索过程中产生的创新模式，受到广泛关注。截至 2024 年，国内已有超 110 个城市新成立或重组成立地方数据集团，作为承接当地公共数据授权运营相关工作的机构。[①] 黑龙江省和吉林省各有两个数据集团，辽宁省有 3 个数据集团，东北三省数据集团总量较少。总体来看，东北三省公共数据授权运营相关政策颁布时间较晚，且公共数据授权运营存在全流程规范化问题，还需要在实践探索的基础上不断改进，确保公共数据授权运营机制的高效、合规运行。

（五）经费投入强度低于全国平均水平，科技创新能力有待增强

数字技术创新突破是发展数字经济的基础，可以为数字经济提供更广阔的发展空间。东北三省近年来不断加大对科技创新的投入力度，但在经费方面仍有不足。如图 6 所示，2023 年东北三省研究与试验发展（R&D）经费投入强度均低于全国平均水平（2.65%），处于中下游位置。其中，辽宁省

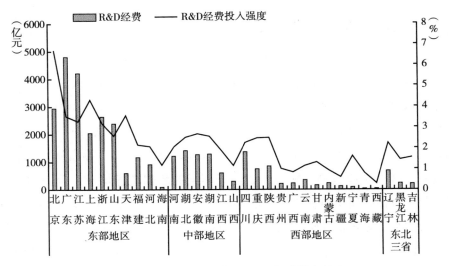

图 6　2023 年中国各省份 R&D 经费投入情况

说明：不含港澳台地区。

资料来源：国家统计局。

---

① 《加速优质数据资源整合　国家数据集团成立在即》，《科创板日报》2025 年 2 月 13 日。

投入资金与强度在东北三省中最高，投入经费 676.4 亿元，投入强度较 2022 年提升 0.10 个百分点；吉林省投入经费 210.2 亿元，投入强度较 2022 年提高 0.12 个百分点；黑龙江省投入经费 229.3 亿元，投入强度较 2022 年提高 0.07 个百分点。此外，东北三省与数字经济发达省份的经费投入还有不小差距，广东、江苏、浙江等数字经济发达省份经费投入均已超过 2000 亿元。R&D 经费包含用于基础研究、应用研究和试验发展的支出，其中企业、政府和研究机构以及高等院校是 R&D 活动的三大执行主体，东北三省科研资源丰富，但目前来看三大执行主体的经费投入均不足，东北三省科研与企业创新活力有待进一步激发。

三　促进东北三省数字经济高质量发展的对策建议

（一）加强数字生态与数据要素市场体系顶层设计

为了将数据这一新型生产要素融入经济社会运行全过程，东北三省需要围绕国家数据要素市场体系的生态化特征，紧扣"数据二十条"要求，构建具有区域产业特色的数字生态与数据要素市场体系。一方面，以数字生态视角统筹顶层设计。依托东北三省老工业基地现有产业基础建立跨区域、跨行业的数据要素协同网络，推动工业数据与农业、能源数据的融合应用，强化生态关联性；结合数据要素市场"准入、交易、退出、管理"全生命周期，设计动态调整机制，优先在哈尔滨、沈阳、长春等核心城市构建灵活监管机制，区分跨境贸易、民生、工业等不同的数据流通场景，分类制定规则。另一方面，筑牢数据要素市场体系基础架构。利用能源优势布局绿色数据中心集群，逐步扩大哈尔滨算力节点规模，应用隐私计算、区块链等技术，保障数据流通安全；明确数据安全底线，建立"中央—地方"两级监管框架，将敏感数据交易纳入官方机构监管，允许普通数据市场化交易；建设"通用+专用"数据交易平台，通用平台面向公共数据开放与基础服务，专用平台聚焦汽车、航空、农业等东北三省优势产业，形成互补型市场生态，充分探索市场化路径，鼓励企业、科研机构成立数据要素创新联合体，支持数据清洗、确权、资产评估等第三方服务，设立数据要素产业基金，引导社会资本参与。

（二）持续推动产业数字化转型

东北三省具有完备的传统工业体系，制造业与基础工业占比较高，推动产业数字化转型是实现数字经济增长的关键。一方面，以设备更新加快规模以上工业企业数字化转型。在国家推动大规模设备更新的背景下，要积极推动规模以上工业企业数字化改造。规模以上工业企业要遵循"数字化车间—智能工厂—未来工厂"发展路径，加快工业机器人、智能传感与控制设备等的规模化应用，推动生产流程与制造、经营管理系统的信息化集成，提升生产智能化水平，建设现代化新型企业，提升企业核心竞争力。另一方面，针对数量庞大、自身基础比较薄弱的中小企业，应聚力打造专精特新企业，在发挥链主型企业优势的同时，制定系统性、定制化的解决方案，助推中小企业技术改造。政府可以积极组织中小企业与服务商开展供需对接，加快数字化转型服务系统解决方案的落地实施和优秀案例的复制推广。

（三）深化数字技术创新与应用体系建设

加强数字技术创新、不断完善应用体系是东北三省在数字经济发展上实现飞跃的关键，可考虑从以下路径突破。一是完善数字经济发展政策支撑体系。东北三省需构建科学评估机制，依据《数字经济及其核心产业统计分类（2021）》，对数字经济产业进行分类评估，结合产业链完善度与发展前景制定差异化支持政策。建立"政府主导+多元投资"模式，通过税收优惠、专项基金等减轻企业转型压力，强化能耗与土地要素保障。同时，将数字经济发展纳入政府与企业考核体系，实施年度监测与中期评估，动态提升政策执行效率。二是构建数字技术创新协同体系。以高端制造、新一代信息技术、新材料等领域为重点，依托数字化产业园区推动人工智能、大数据等技术实现突破，建立奖励机制，促进技术转化孵化。发挥科研优势，推进产学研一体化，强化基础与交叉学科建设，培养"数字科技+X"复合人才；

构建技术经理人团队，搭建统一的成果转化平台，推动科研资源向产业集聚。三是强化数字技术应用生态建设。优化数字政务平台，实现全流程线上办理，加强数据安全监管；加快智慧城市建设，提升地理监测能力，在交通、医疗、教育等领域深化智能服务；打造数字化社区，整合教育、医疗、商业场景，构建"15分钟智能生活圈"。四是强化数字基础设施。加快对5G网络、算力中心的部署，提升区域协同运算效率；完善卫星定位、遥感等空间基础设施，同步建设数字农田与智慧矿区，通过大数据平台实现精准农业监测与矿区安全预警。

（四）以数据基础设施建设释放数据要素价值

2025年1月，国家发展改革委、国家数据局、工信部联合印发《国家数据基础设施建设指引》，开启了新一轮以数据为中心的数字基础设施建设布局。东北三省应紧跟国家发展规划，结合自身发展特色与优势充分释放数据价值。一是精准对接国家顶层设计，优先在核心城市建设数据基础设施核心示范区，针对中俄跨境贸易、黑土地智慧农业、冰雪经济数字化等特色场景开展可信流通试点，构建标准化数据接口，并逐步拉动其他地区跟进，围绕特色产业如装备制造、农业、能源等构建统一目录标识体系，推进传统产业数字化转型升级。二是建设"沈大哈长"高速数据传输环网，推进5G-A网络覆盖重点产业园区，联合哈尔滨工业大学等高校攻克极寒环境6G技术应用难题，支持智能制造实时数据交互，从而建立数据协同机制，打通辽宁港口物流数据链、吉林农业数据链、黑龙江对俄贸易数据链，形成跨境数据流动先行区。三是推进能源绿色化，探索太阳能、风能稳定接入电网技术，改造高耗能设施，积极发展绿色算力。四是创新自然资源数据资产化模式，充分挖掘旅游资源，摸清现有寒地经济作物生长模式与销售周期，开发冰雪旅游客流分析、寒地经济作物生长模型等数据产品，以大数据优化游客体验，从而带动地区旅游收入增长，将特色经济作物推广至全国，并充分探索数据要素融入乡村振兴项目。

B.16
东北三省服务业运行态势及发展对策

李佳薇 王璐宁*

摘　要： 2021 年以来，东北三省服务业总体增势尚不明显，区域构成变化较小，传统行业仍有亮点，新兴行业任重道远，服务业发展存在质量水平有待提升、转型动力亟待增强、融合效应发挥乏力等问题。未来，面对复杂的国内外发展形势，东北三省要推进质量标准品牌建设、聚焦转型重点领域、支持新兴融合业态应用，加速激发服务业发展活力。

关键词： 服务业　质量标准品牌建设　东北三省

一　东北三省服务业①运行现状

（一）总体增势尚不明显

2024 年前三季度，东北三省服务业增加值达到 24477.7 亿元②，占东北三省地区生产总值的 56.3%，较全国比重高 0.4 个百分点；占全国服务业增加值的 4.6%，较 2023 年同期基本无变化。2021~2023 年，东北三省服务业增加值占各省地区生产总值的比重均低于全国（见图 1）。2021~2023 年，东北三省各类服务业增加值占全国服务业增加值的比重

---

　* 李佳薇，辽宁社会科学院产业经济研究所副研究员，主要研究方向为产业政策；王璐宁，辽宁社会科学院产业经济研究所副研究员，主要研究方向为产业政策。
　① 如无特殊说明，本报告所称服务业涵盖第三产业全部分类。
　② 如无特殊说明，本报告数据均来源于国家统计局和东北三省统计局网站。

东北蓝皮书

变化幅度较小，其中交通运输、仓储和邮政业以及其他行业的比重较高
（见图2）。

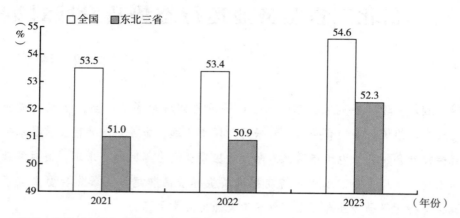

图1　2021～2023年全国及东北三省服务业增加值占国内（地区）生产总值的比重
资料来源：国家统计局网站。

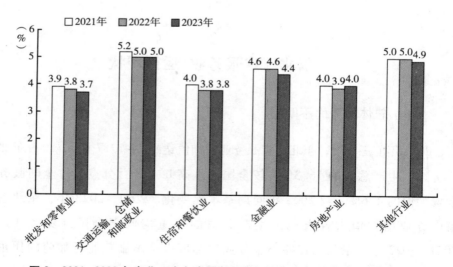

图2　2021～2023年东北三省各类服务业增加值占全国服务业增加值的比重
资料来源：国家统计局网站。

（二）区域构成变化较小

2024 年前三季度，辽宁、吉林、黑龙江服务业增加值分别占东北三省服务业增加值的 49.6%、23.9% 和 26.5%，与 2023 年同期相比，辽宁比重提高 0.6 个百分点，吉林和黑龙江比重分别降低 0.4 个和 0.2 个百分点。2021~2023 年，东北三省服务业增加值占各省地区生产总值的比重较为稳定，辽宁始终占 50% 以上，黑龙江占比略高于吉林（见图 3）。从 2021~2023 年东北三省各类服务业增加值占各省地区生产总值的比重看，辽宁大多数行业的比重超过 50%，吉林交通运输、仓储和邮政业比重略高于黑龙江，黑龙江批发和零售业、住宿和餐饮业、金融业比重均略高于吉林（见图 4）。

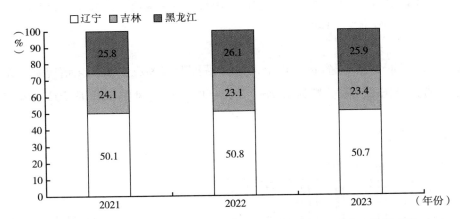

图 3　2021~2023 年东北三省服务业增加值占各省地区生产总值的比重

资料来源：国家统计局网站。

（三）传统行业仍有亮点

从 2021~2023 年全国及东北三省限额以上批零住餐企业营业成本率变化情况看，东北三省限额以上批发业、零售业企业营业成本率均高于全国；东北三省限额以上住宿业企业营业成本率低于全国（见图 5）。从 2021~

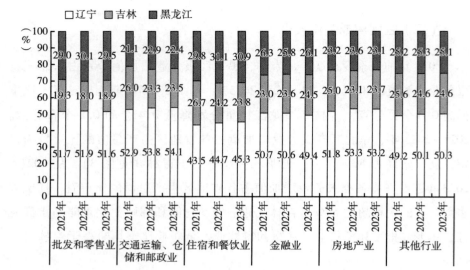

图4 2021~2023年东北三省各类服务业增加值占各省地区生产总值的比重

资料来源：国家统计局网站。

2023年全国及东北三省亿元以上商品交易批发市场成交额变化情况看，东北三省占全国的比重分别为4.5%、3.3%和3.6%（见图6）。从2021~2023

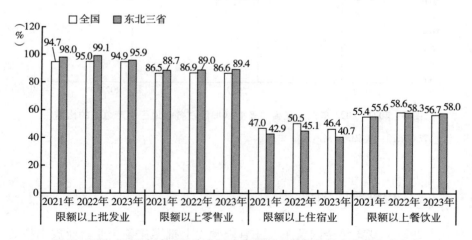

图5 2021~2023年全国及东北三省限额以上批零住餐企业营业成本率

资料来源：国家统计局网站。

年全国及东北三省连锁企业每万平方米营业额变化情况看，东北三省连锁零售企业较有优势（见图7）。从2021~2023年全国及东北三省限额以上批零住餐企业利润总额变化情况看，东北三省占全国的比重偏低，且出现亏损；限额以上批发业企业利润总额相对较高（见图8）。

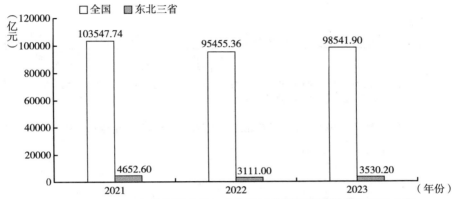

图6 2021~2023年全国及东北三省亿元以上商品交易批发市场成交额

资料来源：国家统计局网站。

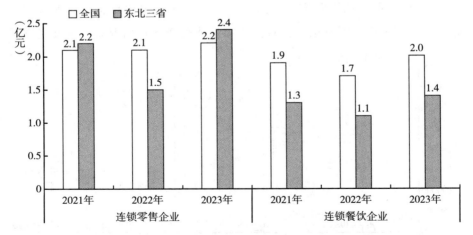

图7 2021~2023年全国及东北三省连锁企业每万平方米营业额

资料来源：国家统计局网站。

东北蓝皮书

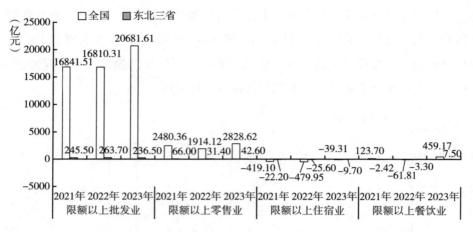

图8　2021~2023年全国及东北三省限额以上批零住餐企业利润总额

资料来源：国家统计局网站。

（四）新兴行业任重道远

从2021~2023年全国及东北三省信息行业主要发展指标变化情况看，东北三省电子商务销售额相对较高，占全国的比重也逐年提高（见图9）。从2021~2023年全国及东北三省技术市场成交额变化情况看，东北三省技

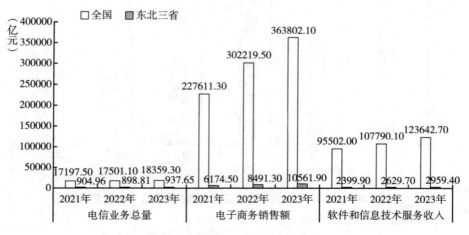

图9　2021~2023年全国及东北三省信息行业主要发展指标

资料来源：国家统计局网站。

术市场成交额虽逐年增长，但占全国的比重逐年降低，2023 年为 2.4%，较 2021 年下降 0.9 个百分点（见图 10）。

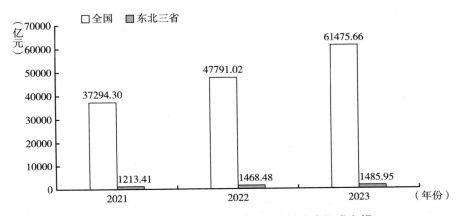

图 10　2021~2023 年全国及东北三省技术市场成交额

资料来源：国家统计局网站。

二　东北三省服务业发展存在的问题

（一）质量水平有待提升

服务业标准化程度不高，企业品牌建设意识不强。2014 年以来，在 60 个国家级服务业标准化示范项目中，东北三省仅有黑龙江上榜 1 项。[①] 截至 2024 年底，在全国具有"中华老字号"称号的服务业项目中，东北三省仅占约 7.5%。[②]

（二）转型动力亟待增强

信息化解决方案供给能力和科技企业培育能力有待增强。从 2021 ~

[①]　根据国家标准化管理委员会网站公布的资料整理。
[②]　根据商务部网站公布的资料整理。

2023 年东北三省软件和信息技术服务业分类收入占全国的比重看，东北三省优势并不突出，特别是体现信息化解决方案供给能力的信息技术服务和嵌入式系统软件两类收入比重较低（见图 11）。2022 年度国家级科技企业孵化器评价结果显示，东北三省达到优秀（A 类）的孵化器只有 6 家，仅占全国的 2.1%。[①]

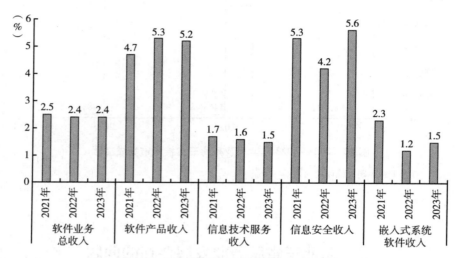

图 11　2021~2023 年东北三省软件和信息技术服务业分类收入占全国的比重

资料来源：国家统计局网站。

（三）融合效应发挥乏力

支撑融合效应发挥的经营主体能力不强，融合新业态发展略为滞后。在农民日报社发布的"2024 中国农民合作社 500 强"中，东北三省仅有 8 家合作社上榜，其中只有 3 家排前 250 位。在中国科学院信息化研究中心等单位联合发布的"2024 工业互联网 500 强"中，东北三省仅有 14 家企业上榜，其中只有 4 家排前 250 位。2023 年全国智慧旅游"上云用数赋智"十佳和优秀解决方案共有 36 项，2023 年"5G+智慧旅游"应用试点项目共有

———————

① 根据工信部火炬中心网站公布的资料整理。

30 项，2024 年全国红色旅游新技术应用优秀案例共有 8 项，东北三省均无一上榜。[①]

三　东北三省服务业发展面临的形势

（一）服务贸易渐成世界经济支柱

2023 年，全球服务贸易总额增长 9%，高于全球货物贸易总额增速 14 个百分点，可数字化交付服务出口额占服务出口总额的 54%。世界贸易组织预计，到 2040 年，服务贸易在全球贸易中的比重将超过 30%，发展中国家服务出口在服务贸易中的份额将提升 15 个百分点，发达经济体依托技术优势将继续保持在全球服务贸易尤其是数字服务贸易发展中的主导地位。

（二）政策加速释放发展活力

2024 年 8 月 3 日，《国务院关于促进服务消费高质量发展的意见》发布，明确各类服务消费的发展方向和政策保障，以培育服务消费新增长点。2024 年 9 月 2 日，《国务院办公厅关于以高水平开放推动服务贸易高质量发展的意见》发布，在制度调适、要素流动、领域聚焦、布局拓展和保障完善等方面为推动服务贸易高质量发展明确了方向和路径。2024 年 12 月 4 日，《全国统一大市场建设指引（试行）》印发，旨在通过引导和规范地方政府、部门的行为，奠定要素自由流动和市场公平竞争的基础，促进全国统一大市场逐步形成。

（三）区域合作发展基础不断夯实

2023 年，东北三省与内蒙古签订了《"三省一区"综合交通运输战略合作框架协议》，在建设完善综合运输大通道、推进综合交通枢纽一体化发展、

---

① 根据文化和旅游部网站公布的资料整理。

构建高效货运服务系统、推进多式联运高质量发展、提升旅客出行服务品质、推进交通运输信息化一体化发展、强化重点物资运输保通保畅 7 个重点领域全面加强合作。同年，辽宁发布了《关于进一步深化东北三省一区交流合作的工作方案》，提出了 7 个方面的重点任务。2024 年，东北亚绿色船舶燃料供应链联盟成立，推动东北三省及内蒙古在绿色船舶燃料方面的合作进一步深化。同年，《关于促进东北三省一区旅游业协同发展的决定》发布，为东北三省及内蒙古旅游市场共建共享提供更持久和更有力的制度保障。

四 推动东北三省服务业发展的对策建议

东北三省服务业在全国的优势尚不明显，需要在发展中强化前瞻布局和潜力释放，并在推进具体领域合作的过程中不断提升发展质量。

（一）推进质量标准品牌建设

加快东北三省综合交通运输一体化融合发展，在海陆空全链条货运服务和省际定制客运等方面提高运行效率。依托现有合作优势，积极争取国家级服务业标准化试点（智慧交通专项）项目，力争在多式联运、冷链物流、一体化出行服务等领域尽早实现相关服务和技术成套标准验证及先进标准研制、应用和推广。立足各省主导产业特色优势，助推产业结构优化升级，打造区域特色品牌。以先进装备制造、石化和精细化工、冶金新材料、新能源、生物医药、食品等行业为突破口，探索基础设施资源共建共享和检验检测资质认定合作机制。发挥东北亚绿色船舶燃料供应链联盟作用，加快推进船燃贸易、物流运输、仓储中转、港口转运、燃料加注等服务标准研制和试点示范，提升服务水平和全流程服务能级，在支撑港航产业转型发展中塑造细分领域生产性服务业新优势。

（二）聚焦转型重点领域

创新发展软件和工业设计服务业，重点支持优势制造业领域基于数据模型驱动的工业软件集成，推动产品和解决方案研发及产业化。推进东北三省产学研用检一体化创新平台建设，加强优质检验检测机构技术合作，增强行业供给能力。强化高质量孵化器对科技型创业企业在设施共享、技术服务、成果保护、资源对接、投资融资等方面的服务功能，增强软件和工业设计服务业、关键技术检验检测机构培育孵化能力。

（三）支持新兴融合业态应用

发展覆盖设计研发、生产制造、运维管控、能效管控、品牌营销和售后维保等全链条的高端综合设计服务，以及覆盖种业研发、农资供应链、资源回收利用等的农业全过程服务。在加速区域一体化市场共建过程中及时拓展应用空间，助力东北三省在发挥工农业发展优势的基础上形成更强的产业融合供给能力。推进智慧旅游解决方案的应用，在凸显旅游资源特色的基础上区分客源需求，精心设计观光游、康养游、科普游等多种类型的旅游产品，满足消费者的多元化需求。做强做精东北三省旅游品牌，不断扩大东北三省旅游市场。

参考文献

《把握全球服务贸易创新发展趋势》，"光明网"百家号，2024年10月24日，https：//baijiahao.baidu.com/s？id=1813762294219931336&wfr=spider&for=pc。

《构建优质高效的服务业新体系｜以优质高效服务供给更好满足人民美好生活需要》，山东省发展改革委网站，2023年11月10日，http：//fgw.shandong.gov.cn/art/2023/11/10/art_91665_10419055.html。

农业农村篇

B.17
东北三省推进粮食大面积单产提升研究

赵 勤 白溯阁*

摘 要： 2023年以来，东北三省建良田、强科技、提装备、促规模，大力推进粮食大面积单产提升，取得了积极成效。但粮食大田生产综合技术到位率不高，还未形成"多技术集成、大面积普及"均衡增产格局，粮食单产提升面临水土资源约束趋紧、科技水平差距较大、装备支撑不足、种粮比较利益下降、高素质人才短缺、防灾减灾能力不强等问题挑战。东北三省深入推进粮食大面积单产提升，要以科技和改革为动力，主攻单产和品质提升，强化耕地保护和质量提升，推进种业创新，集成推广高产栽培技术，强化节粮减损，加大资金投入，推进高素质劳动者培养，深化体制机制改革。

关键词： 粮油作物 单产提升 科技创新

---

* 赵勤，博士，黑龙江省社会科学院农业和农村发展研究所所长、研究员，主要研究方向为农业经济理论与政策、区域经济；白溯阁，黑龙江省社会科学院研究生学院硕士研究生，主要研究方向为产业经济。

粮食安全是"国之大者"。2023 年中央经济工作会议、中央农村工作会议和中央一号文件对实施新一轮千亿斤粮食产能提升行动做出安排，农业农村部启动了粮油作物大面积单产提升行动。作为国家重要的粮食主产区，东北三省积极落实国家新一轮千亿斤粮食产能提升行动部署，深挖粮食单产提升潜力，为更有底气、更为安全的"中国粮食"做出了重大贡献。

一 东北三省推进粮食大面积单产提升的做法成效

2023 年以来，东北三省围绕"稳面积、提单产、增总产"的目标，以问题为导向，加强科技创新和改革赋能，大力推进粮食大面积单产提升，全力打造"五良"融合增产的东北样板。2024 年，东北三省粮食单产达到 814.2 斤/亩，分别比 2022 年和 2023 年提高了 19.2 斤、11.4 斤。吉林省粮食单产最高，达到 971.7 斤/亩，比 2022 年提高了 31.2 斤；黑龙江省在大豆播种面积占粮食播种面积的 31.8%的情况下，粮食单产同比提高了近 19 斤（见表 1）。

表 1　2022~2024 年东北三省粮食单位面积产量

单位：斤/亩

地区	2022 年	2023 年	2024 年
辽　宁	930.1	955.1	931.9
吉　林	940.5	958.2	971.7
黑龙江	704.9	704.3	723.1
东北三省	795.0	802.8	814.2

资料来源：2022~2023 年东北三省统计年鉴和《国家统计局关于 2024 年粮食产量数据的公告》。

（一）建良田，筑牢粮食单产提升根基

"耕地是粮食生产的命根子。"[①] 在保证耕地数量的前提下，东北三省深

———————————————

[①] 《习近平谈治国理政》（第四卷），外文出版社，2022，第 395 页。

入落实"藏粮于地"战略,全力提升耕地质量,筑牢粮食大面积单产提升根基。

1. 切实加强黑土地保护

近年来,东北三省坚持保护与利用统筹、用地与养地结合、管控与修复并重,深入实施国家黑土地保护工程、东北黑土地保护性耕作行动计划,通过法律保障与规划引领、集成应用保护性耕作技术、推进农业绿色生产方式、全面推行"田长制"、加大政策扶持力度等一系列有效措施,打好黑土耕地保护利用"组合拳",有效促进了土壤中有机物质的积累和土壤肥力的改善。2024年,东北三省对7820万亩耕地实施黑土地保护性耕作(其中辽宁省1350万亩、吉林省3800万亩、黑龙江省2670万亩)①,促进了粮食单产的提升。吉林省梨树县采用以玉米秸秆覆盖、全过程机械化生产技术为核心的保护性耕作技术后,玉米单产水平已接近2000斤/亩。②"黑土粮仓"科技会战三江示范区核心区所在地——友谊农场,针对坡耕地采取"等高环播"种植模式,有效保持了土壤结构和水分,减少了土壤侵蚀和水土流失,不但使土壤流失量降低了70%以上,而且实现了粮食增产5%~22%。③

2. 加强高标准农田建设

东北三省深入落实习近平总书记"加大投入,率先把基本农田建成高标准农田""建设适宜耕作、旱涝保收、高产稳产的现代化良田"④的重要指示精神,不断提高政治站位、创新工作机制、加大资金投入,推动高标准农田建设工作稳步开展。东北三省出台《辽宁省高标准农田建设指南》《吉林省高标准农田建设规划》《黑龙江省高标准农田建设技术规范》等文件,

---

① 辽宁省、吉林省、黑龙江省数据分别来自《辽宁省2024年黑土地保护性耕作实施方案》《吉林省2024年保护性耕作实施方案》《黑龙江省2024年黑土地保护性耕作实施方案》。
② 数据来自实地调研。
③ 《北大荒集团:"低产田"里实现"高产梦"》,"黑龙江新闻网"百家号,2024年12月25日,https://baijiahao.baidu.com/s? id=1819390443818584521&wfr=spider&for=pc。
④ 《习近平主持召开新时代推动东北全面振兴座谈会强调 牢牢把握东北的重要使命 奋力谱写东北全面振兴新篇章》,《人民日报》2023年9月10日,第1版。

明确技术标准、质量管理、资金使用等关键问题，进一步优化提升高标准农田工作的体制机制。2023～2024 年，东北三省抢抓国家增发国债项目政策机遇，积极落实国债高标准农田项目，累计建设高标准农田 4117.8 万亩，约占全国新建和改造提升高标准农田总面积的 1/4①，特别是黑龙江省高标准农田建设面积连续多年居全国首位。截至 2024 年，东北三省累计建成高标准农田 1.99 亿亩，约占全部耕地面积的 44.6%、永久基本农田面积的 57.3%，② 其中黑龙江省是全国唯一建成规模过亿亩的省份。与建成前相比，建成后的高标准农田亩均粮食产量提高了 10%～20%。例如，黑龙江省哈尔滨尚志市元宝镇建成 7.5 万亩高标准农田，玉米、水稻平均亩产比建成前分别高 243 斤、237 斤。③

（二）强科技，释放粮食单产提升潜力

实现粮食大面积单产提升的根本出路在科技。东北三省深入落实"藏粮于技"战略，以种业创新为切入点，加强核心技术攻关，集成推广绿色高产高效技术模式，进一步提升了粮食单产水平。

1. 大力推进种业创新

大面积提升粮食单产，种子是关键。东北三省通过实施种业振兴行动，加大生物育种、分子育种力度，打造生物育种平台，建强种业基地，构建保、育、繁、推紧密衔接的现代种业发展格局，提升种质资源保存利用能力、育种创新能力、良种繁育水平和普及推广应用水平，持续释放三大主粮作物良种单产提升潜力。2024 年，辽宁省发布适宜不同区域的优良粮食品种 85 个，发布主推先进适用技术 30 项，建设粮食生产科技示范基地 146 个，落实粮油绿色高产高效示范县 16 个，开展高产稳产技术攻关试验和示范推广 259 万亩。④ 吉林省加快推进玉米、水稻、大豆等关键品种育种平台

---

① 根据东北三省农业农村厅数据计算整理。
② 根据东北三省农业农村厅数据计算整理。
③ 数据来自实地调研。
④ 《护良田 精耕作 粮满仓》，《辽宁日报》2025 年 1 月 5 日。

建设，支持企业育、繁、推一体化，特别是新培育的吉粳 129 耐盐碱水稻品种，第一次在重度盐碱地上大面积种植就创造了亩产破 1000 斤的好成绩。①黑龙江省大力实施种业振兴五大行动，发布主要农作物优质高效主导品种135 个，常规粳稻、大豆育种水平全国领先，黑河 43、龙粳 31 分别是全国推广面积最大的大豆品种、水稻品种。②

2. 加强技术集成推广

近年来，东北三省围绕新一轮千亿斤粮食产能提升行动，大力实施科技增粮战略，制定出台主要粮油作物生产技术指导意见，加强产学研合作，聚焦水稻、玉米、大豆生产等关键核心技术开展协同攻关，集成推广密植精准调控、单粒精播、测土配方施肥、水肥一体化、病虫害绿色防控、一喷多促等多项增产增效技术，提高种植密度、出苗整齐度、植株抗灾能力和籽粒成熟度，有效提升粮食单产水平。辽宁省阜新县通过浅埋滴灌、水肥一体化、导航播种、一喷多促、病虫草害综合防治等关键技术，大豆亩产普遍增加40 公斤左右，部分地块增加 80 公斤以上。③吉林省大力推广"水肥一体化+密植"技术，玉米每亩可增产 400 斤左右。黑龙江北大荒集团八五三农场集中推广水稻旱平免提浆、叠盘暗室育秧、秸秆全量还田等技术，水稻绿色高质高效创建攻关田亩产达 1740 斤。④

（三）提装备，补齐粮食单产提升短板

近年来，东北三省加快推进粮食生产设施装备更新与升级，农业机械化发展呈现出全程化、智能化并进的特征，为粮食作物大面积单产提升奠定了装备基础。

---

① 《当好国家粮食稳产保供"压舱石"吉林省解锁粮食增产"密码"》，吉林省人民政府网站，2025 年 2 月 4 日，http://www.jl.gov.cn/szfzt/jlssxsxnyxdh/gzjz/202502/t20250204_3359815.html。

② 《10 组数据，看 2024 年龙江"三农"成绩单》，《黑龙江日报》2025 年 1 月 22 日。

③ 《单产提升看阜新》，《农民日报》2024 年 12 月 7 日。

④ 数据来自实地调研。

1. 推进粮食生产全程机械化

为充分发挥农机在粮食大面积单产提升中的重要作用，东北三省大力推进粮食农作物全程全面机械化，推广应用一批高适应性技术装备和全程机械化生产模式。例如，推动秸秆覆盖免少耕播种机械化技术应用提质扩面，引导农机手规范操作，提升机械化应急抢种抢收能力，做好机具调度等，通过促进农机农艺结合，带动粮食生产集成技术、节本增效、提质减损、稳产增产。2024 年，辽宁省、吉林省、黑龙江省农作物耕种收综合机械化率分别超过 85%、94%、99%，[①] 均居全国前列。东北三省累计有 126 个县（市、区）被农业农村部授予主要农作物生产全程机械化示范县。

2. 加快农机装备智能化转型

东北三省通过"无人化农场"试点建设、持续优化农机购置与应用补贴政策等，增加大马力高端智能农机装备数量，加力推进农机装备的智能化转型升级。辽宁省大力推进不等深度深松浅耙重压机、气吸式和指夹式全智能播种机等农机装备，不仅提高了粮食生产的作业效率和精度，还降低了粮食作物的损耗率。吉林省是全国首个将智能参数配置纳入补贴机具投档条件的省份，2024 年落实老旧农机报废更新补贴资金 1.4 亿元，重点支持购置智能农机具，大力推广高性能播种机。[②] 黑龙江省以建设大型大马力高端智能农机装备研发制造推广应用先导区为契机，加快推进适用机具升级换代，仅 2024 年全省就报废老旧农机 3.46 万台，新购置各类农机 13.03 万台。[③]

（四）促规模，激发粮食单产提升动能

东北三省将推进土地适度规模经营作为提高粮食单位产量的着力点，加快构建以农户家庭经营为基础、以合作与联合为纽带、以社会化服务为支撑的立体式复合型现代农业经营体系，大力发展规模化经营、专业

---

① 数据来自东北三省农业农村厅。

② 《2024 吉林农业十大新闻》，《吉林日报》2025 年 1 月 2 日。

③ 《2024 年黑龙江省粮食作物平均单产提高 2.7%》，黑龙江省人民政府网站，2025 年 2 月 5 日，https://www.hlj.gov.cn/hlj/c107856/202502/c00_31808172.shtml。

化生产。

1. 不断壮大新型农业经营主体

东北三省大力实施新型农业经营主体提升行动，重点面向家庭农场主、农民合作社带头人开展培训，培育一批规模适度、生产集约的粮食生产主体，集成推广应用新品种、新技术、新模式。地方财政对落实单产提升主推技术、实现单产提升目标的新型农业经营主体给予适当的奖补。[①] 2024 年，东北三省新型农业经营主体数量达到 38.2 万家，其中家庭农场 22.2 万家、农民合作社 24.7 万家。吉林省梨树县组织各乡镇农民合作社和家庭农场以开展高产竞赛活动的形式推进粮食单产提升，扩大了保护性耕作技术的应用和高产玉米品种的种植范围。[②] 根据农业农村部门调查，新型农业经营主体亩均粮食产量比小农户分散经营高 10%左右。

2. 加快推进农业生产社会化服务

近年，东北三省加快推进以农业生产托管为主的农业社会化服务，培育各类服务主体，创新服务模式，拓展服务领域，为农户提供全程机械化作业、农资统购、技术培训、信息咨询、农产品销售对接等"一站式"综合服务。例如，黑龙江省依安县积极搭建综合为农服务平台，全面推行"为农服务中心+村集体+合作社（家庭农场）+农户"的农业社会化服务模式，通过与北纬四十七、东方瑞雪糖业等企业实行订单化种植，建立首席、区域、本土三支专家队伍，强化农技服务保障，对接中农、中化、象屿、鹏程生化等农资和粮食收购企业，统购农资降低成本，促进粮食增产和农民增收。社会化服务为粮食单产提升带来直观的效益，如辽宁阜新县惠广农机专业合作社玉米托管产量比农民自种亩均增产 100 斤；[③] 黑龙江延寿县水稻种植托管产量比农民自种增产 70 斤；黑龙江巴彦县大豆种植托管产量比农民自种亩均增产 40 斤。[④]

---

① 《我省大力培育新型农业经营主体》，《辽宁日报》2023 年 8 月 16 日。
② 《吉林：开展单产提升行动　助力粮食产量再提升》，《经济参考报》2024 年 6 月 4 日。
③ 《单产提升看阜新》，《农民日报》2024 年 12 月 7 日。
④ 数据来自实地调研。

二 东北三省推进粮食大面积单产提升
面临的问题挑战

东北三省在粮食大面积单产提升行动中取得了积极成效，但目前粮食大田生产综合技术到位率不高，还未形成"多技术集成、大面积普及"均衡增产格局，粮食单产提升仍面临诸多问题挑战。

（一）水土资源约束趋紧

随着粮食等农产品供给不断增加，东北三省水土资源和生态环境承载压力不断加大。一是水资源紧缺问题突出。东北三省水资源总量不足，且降水时空、时量分布极不均衡，旱涝等自然灾害造成不同程度粮食减产甚至绝收。2023年，东北三省水资源量为1819.3亿立方米，占全国水资源总量的7.05%，而农业用水量达411.4亿立方米，占全国农业用水总量的11.2%。[①]流域性水利控制工程不多，利用地表水灌溉农田的能力不强，一些粮食主产区地下水位下降明显。同时，水资源管理基础相对不强，水资源监控能力建设仍然滞后。二是优质耕地资源仍不足。农业农村部发布的《2019年全国耕地质量等级情况公报》显示，东北三省四至六等耕地面积占比约为40%，七至十级耕地面积占比7.9%。截至2024年，东北三省还有近1.5亿亩永久基本农田未建成高标准农田，仍有大量易涝耕地未治理。此外，东北三省黑土区还有60多万条侵蚀沟未治理，水土流失较为严重。

（二）科技水平有较大差距

尽管东北三省集成创新一批粮食高产技术模式，一些粮食生产科技示范基地平均增产10%，但一些模式还没有大面积普及推广。[②] 从农业科技进步

---

① 根据《中国统计年鉴2024》相关数据计算。
② 郎闯、李国泰：《黑龙江省大豆产业发展战略研究》，《农业展望》2024年第4期。

贡献率看，2024年黑龙江省达70.8%，高于全国平均水平近8个百分点，但低于农业强国90%的水平。东北三省种业仍处于从杂交育种到分子育种的过渡阶段，优异种质资源相对不足、育种创新能力不强，突破性新品种、优质品种不多，良种对粮食单产的贡献率约为45%、比美国低20个百分点。东北三省玉米、大豆亩产分别比美国低约300公斤、100公斤。

（三）农机装备支撑能力不足

与发达国家相比，东北三省在农机装备档次、科技含量方面差距明显。高端智能农机装备研发制造还处于起步阶段，传感器自主研发能力弱，大多数农机应用的传感器为进口，由于端口源代码不开放，国产北斗导航系统数据无法应用在约翰迪尔、凯斯等市场占有率较高的国外品牌大型农机上，智能化、数字化农机装备推广应用占比不高。虽然东北三省农业机械化程度高于全国平均水平，但粮食生产全程机械化发展还不充分、不均衡，平原地区机械化发展较快，丘陵和山区发展较慢，气吸式一体播种机、植保无人机等新型机械装备普及，从点到面还需一定时间。

（四）种粮比较利益下降

当前，受生产资料、土地、劳动力等要素价格上涨影响，粮食生产成本逐年走高。2022年以来，由于化肥市场供应短缺、价格上涨，传导至种子、农药等农业生产资料价格跟涨，东北三省粮食生产成本始终保持高位运行。以玉米为例，从黑龙江省农业农村厅调度反馈情况来看，2023年新型农业经营主体种植玉米的平均成本为1212.2元/亩（含土地流转成本），较2022年增加140.0元/亩，增幅达13.1%；较2019年增加535.9元/亩，增幅达79.2%。种粮成本大幅上升，而粮食价格增长缓慢甚至下行，导致种粮比较利益下降，农民种粮积极性受到影响。

（五）高素质农业人才短缺

人才是大面积粮食单产提升的基础和原动力。高素质农业人才不足是当前和今后一个时期东北三省粮食大面积单产提升的一大障碍。一方面，农业科技创新人才偏少。能够领衔国家农业领域重大科技攻关任务的领军人才严重短缺，农业科技人员特别是具有专业技术职称的基层农技推广人员也不足。另一方面，高素质农民群体不大。以黑龙江省为例，截至 2022 年，全省高素质农民仅有 17.3 万人，[①] 占农村劳动力的 1.7% 左右，有技术、懂经营、善管理的高素质农民十分短缺。

（六）农业防灾减灾能力不足

在全球气候变化和极端天气频发的大背景下，东北三省农业生产也面临不确定的自然灾害风险。东北三省部分耕地立地条件差，易涝、易旱，灌排体系虽然基本形成，但仍存在工程老化、维修不到位等问题。总体来看，东北三省农业抗灾减灾能力不强，粮食生产靠天吃饭的局面尚未根本改变，制约粮食大面积单产提升。2023 年黑龙江五常、尚志等地遭遇暴雨洪水袭击，部分农田面临绝收。2024 年辽宁省葫芦岛 "8·20" 暴雨洪涝灾害损毁耕地面积 18.7 万亩，其中永久基本农田 8.7 万亩。[②]

三 东北三省深入推进粮食大面积单产提升的对策建议

加力落实新一轮千亿斤粮食产能提升行动，东北三省要深入推进粮油作物大面积单产提升行动，以科技和改革为动力，主攻单产和品质提升，全力挖掘释放粮食单位面积增产潜力。

（一）强化耕地保护和质量提升

一是加强高标准农田建设。坚持良田粮用，按照国家逐步把永久基本农田全部建成高标准农田的要求，东北三省要将永久基本农田、粮食生产功能

---

① 数据来自黑龙江省农业农村厅。
② 《灾毁耕地纳入灾后重建规划》，《辽宁日报》2024 年 11 月 9 日。

区、重要农产品生产保护区作为重点区域，高质量推进高标准农田建设，优化田、土、水、路、林、电、技、管等方面建设内容，完善农民全过程参与项目实施机制，探索高标准农田建后管护长效机制。二是推进土壤质量改良。深入实施地力提升工程，进一步落实保护性耕作、施用有机肥、深松整地等肥沃耕作层构建的农艺措施，扩大轮作范围，重点改良白浆土旱田耕地和盐碱耕地。三是加快水田格田化改造。通过统筹规划布局沟渠、路、林三网，对零散、分散、粗放经营的水田进行土地平整、田埂修筑、地力提升，集零为整、变小为大，提高耕地利用率和农机作业效率。四是强化水土保持。坚持水土保持与耕作、生物措施相结合，加强侵蚀沟治理，防治水土流失，推进退耕还林还草还湿，持续加强盐碱地、坡耕地、风蚀沙化土地综合治理。①

（二）加快推进种业创新

一是强化种业创新攻关。大力推进种业自主创新，加强东北寒地作物种质资源库建设，聚焦三大主粮作物品种关键核心技术攻关，加快种业技术创新、鉴定评价、育种攻关平台建设，推进生物育种措施应用，落实重大品种研发与推广后补助政策，加快选育一批具有自主知识产权的突破性新品种，推动东北粳稻达到国际领先水平，玉米和大豆达到国际先进水平。二是建强良种繁育基地。加快建设国家级种子基地、制种大县和区域性良种繁育基地，加强南繁基地建设，完善粳稻、玉米、大豆等良种繁育体系。三是加大良种推广力度。根据东北不同积温区、不同土壤类型，优化粮食作物高效品种种植区划布局，建设一批专家育种示范基地，打造高产优良品种示范田②，打通良种推广"最后一公里"。四是组建省级种业集团。针对东北种企数量多、规模小、集中度低，以整合省内种业科研资源和现有种业公司股权为导向，组建省级种业集团。

---

① 董伟俊：《当好国家粮食稳产保供"压舱石"》，《红旗文稿》2023 年第 19 期。
② 郎闯、李国泰：《黑龙江省大豆产业发展战略研究》，《农业展望》2024 年第 4 期。

（三）集成推广高产栽培技术

加快推进"数字+生物+农业"深度融合，围绕集成组装推广玉米、水稻、大豆等高产优质栽培技术模式，集中连片、系统推广农业绿色高效技术，提升农业科技创新能力水平，夯实粮食单产提升的科技支撑。一是通过品种耐密植、技术集成用、单粒精准播、肥料分层施、灾害精准防、适期晚机收[1]，集成推广玉米高产栽培技术；二是通过集中育秧、机械插秧、节水灌溉、侧深施肥、一喷多促、精准防灾、机械收获，集成推广水稻高产优质栽培技术；三是通过合理轮作避重茬、商品种子加包衣、精细机播增密度、精准防控病虫害、机收减损创高产[2]，集成推广大豆高产栽培技术。此外，还要集成推广深松深耕打破犁底层，秸秆还田深翻埋或秸秆覆盖免少耕保护性耕作，秋整地秋施肥、合理增密、种肥同播、水肥一体、节水控制灌溉等关键技术。

（四）强化节粮减损增产

减少粮食损耗是保障粮食安全的重要途径。东北三省要树立节粮减损就是增产的理念，坚持从机收节粮减损、病虫草鼠害防治减损、自然灾害防御减损等方面，采取综合措施降低粮食生产损失。一是强化机收节粮减损。要把握大力发展智慧农业的重要机遇，加快推广应用高端智能高效收获机械，淘汰老旧收获机械，补齐割台、脱粒等作业环节短板，提高农机作业质量、安全性等方面关键技术到位率和覆盖率。特别是集成推广与农艺和品种配套的机械化收获技术，保证粮食适时收获，减少田间地头收获损失。二是强化病虫草鼠害防治减损。要加强重大病虫草鼠害监测预警和防控服务网络体系，推动农田统一灭鼠、更新改造施药机械、大豆种子科学包衣、喷施优质防病增产药剂等生物、物理防控措施，持续提升科学防控能力和水平，有效

---

① 《黑龙江：多措并举提单产　合理加密促增收》，人民网，2024 年 5 月 8 日，http：//m.people.cn/n4/2024/0508/c2209-21064081.html。

② 郎闯、李国泰：《黑龙江省大豆产业发展战略研究》，《农业展望》2024 年第 4 期。

减少危害损失，促进粮食单产提升。三是强化自然灾害防御减损。立足东北三省自然灾害类型和发生特点，加强倒春寒、洪涝、干旱、高温、风雹等气象灾害短期预警监测和中长期趋势研判，有效开展精细化气象服务；及时制定发布气象灾害防范和农业生产恢复技术意见，适时开展人工增雨、防雹作业等，健全防灾减灾救灾长效机制，促进灾后恢复，减少灾害损失。

（五）加大多元资金投入力度

东北三省要坚持农业优先发展，将农业农村作为财政资金优先保障领域，鼓励各类农业经营主体和社会资本加大粮食生产资金投入。[①] 积极争取政策资金项目，大力推进高标准农田建设和中低产田改造，夯实粮食单产提升根基。加快重大水利基础设施和"五小水利"建设，健全农田灌溉排水设施体系建设，加大侵蚀沟治理力度，提高水源调蓄保障能力和利用效率。加强农业科技创新投入，积极争取建设国家级农业创新平台，全面提高种质资源挖掘、生物育种开发、抗病抗逆筛选、制（繁）种基地建设等保障能力。加强大型高端智能农机装备研发制造，加大对大马力高端智能农机配套补贴力度，鼓励引导农民专业合作社配备适应先进种植技术的大型农机具，提高粮食生产机械化水平。

（六）推进高素质劳动者培养

一是加快培养战略科技力量。一方面，要培养一批长期奋战在科研一线，具有前瞻性判断力、跨学科理解能力、大兵团作战组织领导能力的粮食生产相关领域科技领军人才、战略人才。另一方面，重点培养青年科技人才，完善全链条培育制度，建立职称晋升绿色通道，支持其在粮食产能提升的重大任务中挑大梁、当主角，快速成长。二是着力培养高素质农民。面向市场需求，不断拓展农民教育培训渠道，培养一批农业综合实用型人才。三是持续深化人才培养机制改革。聚焦粮食生产相关领域，构建跨领域培养资

---

① 董伟俊：《当好国家粮食稳产保供"压舱石"》，《红旗文稿》2023 年第 19 期。

源调度机制;健全"揭榜挂帅"制度,探索涉农领域先导产业科技人才参与政府决策的机制和渠道。

(七)深化体制机制改革

深入推进粮食大面积单产提升,需要处理好保障粮食与促进农民增收的关系。一是深化金融保险改革。深入实施信贷支农行动,扩大完全成本保险和种植收入保险覆盖面,开展农业大灾保险试点,继续探索针对规模化种植主体融资模式。二是深化农村土地制度改革。积极开展二轮土地承包到期后再延长 30 年试点,探索解决承包地碎片化问题,做好农村集体产权制度改革"后半篇"文章。三是完善种粮农民收益保障机制。全面落实国家稻谷最低收购价、稻谷补贴等政策,统筹实施玉米、大豆生产者补贴政策,保障农民种粮积极性。继续实行水稻地表水与地下水灌溉差异化补贴标准,调动农民用地表水替代地下水积极性。四是进一步规范土地流转行为,形成相对稳定的集约化经营关系,提升东北三省农业生产社会化服务水平,促进农业降本增效。

参考文献

胡瑞法、黄季焜:《中国与三大粮食主要生产国的单产变化趋势比较研究》,《华南农业大学学报》(社会科学版)2024 年第 5 期。

郑风田、普蒄喆:《量质兼顾下新一轮千亿斤粮食产能提升:思路与举措》,《中州学刊》2023 年第 4 期。

董伟俊:《当好国家粮食稳产保供"压舱石"》,《红旗文稿》2023 年第 19 期。

钱龙、寇双慧、叶静:《大面积提高粮食单产:理论逻辑、现实制约与实现路径》,《山西农业大学学报》(社会科学版)2025 年第 3 期。

郎闯、李国泰:《黑龙江省大豆产业发展战略研究》,《农业展望》2024 年第 4 期。

《单产提升看阜新》,《农民日报》2024 年 12 月 7 日。

《吉林:开展单产提升行动 助力粮食产量再提升》,《经济参考报》2024 年 6 月 4 日。

《黑龙江:多措并举提单产 合理加密促增收》,人民网,2024 年 5 月 8 日,http://m.people.cn/n4/2024/0508/c2209-21064081.html。

B.18
东北三省农业优势特色产业
高质量发展研究

*孙葆春**

摘　要： 东北三省重视农业优势特色产业发展规划，在中国特色农产品优势区建设、农业优势特色产业集群发展、名特优新农产品培育，以及优势特色农产品产量规模上都能得以体现。东北三省农业优势特色产业发展呈现特色产品类型多样、省域之间各具特征、经济规模不断壮大、三产融合程度加深、区域品牌建设加快等特点，但仍有一些共性的问题存在，本报告从整合要素投入，做好种质资源保护，促进产能提升和全产业链发展，加快组织化、集群化、品牌化发展，营造良好的市场秩序环境，完善社会服务，坚持绿色发展理念，推进数字化进程等方面，提出促进东北三省农业优势特色产业高质量发展的对策建议。

关键词： 农业优势特色产业　区域品牌　乡村振兴　高质量发展

　　农业优势特色产业的发展对于增加农民收入、增强产业集群竞争力、获得区域品牌红利、推进技术创新等，都具有重要作用。作为发挥资源优势、增加农民收入的重要突破口，优势特色农业高质量发展是深化农业供给侧结构性改革、实现农村产业兴旺、推动乡村振兴的必由之路与现实选择。

＊　孙葆春，博士，吉林省社会科学院农村发展研究所研究员，主要研究方向为农业经济理论与政策。

一 东北三省农业优势特色产业发展成效

无论是国家宏观层面，还是东北三省中观层面，对农业优势特色产业的重视程度不断提升，这一点可以从特色农产品优势区打造、优势特色产业集群发展、名特优新农产品培育等方面得以体现。从特色农产品开发到产业集聚化发展，再到优势区形成，是一个递进拓展的过程，即在发挥农业优势特色产业区域比较优势的基础上，促进产业链条的延伸与农产品附加值的提升，推动农村三次产业融合发展，培育农村发展新动能，实现农民增收、农业增效、农村发展。

（一）统筹农业优势特色产业发展规划

东北三省对于农业优势特色产业发展的重视程度不断提升，均做出了适应农业资源禀赋的产业发展规划。2024 年，辽宁省出台推进农业特色产业高质量发展实施方案，将"做强农业土特产"列为政府重点工作，规划梯次推进农业优势特色产业发展，打造 6 个全产业链产值超百亿元的特色产业，分别是优质大米、小粒花生、樱桃、草莓、海参、蛤仔等，培育中药材、食用菌、绒山羊、扇贝、河蟹等 9 个百亿级潜力特色产业，推动花卉、南果梨、梅花鹿、柞蚕等产业逐步形成规模效应和品牌效应。吉林省注重农业优势特色产业高质量发展，提出发展壮大十大产业集群，推动优势特色产业集群建设，提升"吉字号"农产品品牌市场影响力，谋求乡村产业高质量发展，十大产业集群培育与区域品牌建设对于优势特色产业的发展形成强劲助力。黑龙江省拥有"寒地黑土"的自然资源条件，在农业优势特色产业的建设中，不仅加强水稻、玉米、大豆、乳品、肉类、果蔬等优势农产品产业链的构建完善，而且注重食用菌、中药材、汉麻、浆果、杂粮杂豆等经济作物优势产业链的打造。同时，推进科技兴农战略，实施现代种业提升工程。2024 年，全国农业技术推广服务中心发布 2023 年度主要粮油和特色作物十大品种，黑龙江省 4 个常规水稻品种、7 个大豆品种上榜。黑龙江省通

过品牌培育管理，持续提升"黑土优品"和"九珍十八品"市场知名度和影响力，将科技推动、生态绿色、质量品牌等元素融入农业优势特色产业发展。

（二）开展特色农产品优势区建设

为加快农业优势特色产业发展，解决产业发展水平不高、市场竞争力不强等问题，2017 年国家发展改革委、农业农村部、国家林业局联合印发《特色农产品优势区建设规划纲要》，2017~2022 年共认定 4 批 308 个中国特色农产品优势区。东北三省共有 25 个特色农产品优势区获得认定，涉及特色粮经作物（3）、特色园艺产品（11）、特色畜产品（2）、特色水产品（3）、林特产品（6）等产品类型，特色园艺产品与林特产品相对集中（见表 1）。

表 1　东北三省中国特色农产品优势区

认定批次	辽宁省	吉林省	黑龙江省
第一批	北镇市北镇葡萄	汪清县汪清黑木耳、抚松县抚松人参	海伦市海伦大豆、大兴安岭黑山猪
第二批	鞍山市鞍山南果梨、盘山县盘山河蟹	洮南市洮南绿豆	东宁市东宁黑木耳
第三批	大连市大连海参、大连市大连大樱桃、铁岭市铁岭榛子	通化县通化蓝莓、集安市集安人参、前郭县查干湖淡水有机鱼、长白山桑黄	齐齐哈尔市梅里斯达斡尔族区梅里斯洋葱、讷河市讷河马铃薯、伊春市伊春黑木耳、虎林市虎林椴树蜜
第四批	新民市关东小梁山西瓜	桦甸市桦甸黄牛、集安市集安山葡萄、蛟河市蛟河黑木耳	通河县通河大榛子

资料来源：根据农业农村部农产品质量安全中心网站信息整理。

（三）加强农业优势特色产业集群建设

农业优势特色产业的高质量发展与集群化发展程度息息相关。2020~2024 年我国共认定 5 批 220 个优势特色产业集群，东北三省共有 20 个优势特色产业集群入选，其中辽宁省和黑龙江省各 7 个、吉林省 6 个，在数量上居全国中游水平。四川省等 7 个省份的优势特色产业集群数量为 9 个，山东省等 6 个省份的优势特色产业集群数量为 8 个。从产品类别看，东北三省农业优势特色产业集群主要集中在特色粮经作物和特色畜产品方面，如辽宁省的大豆、粳稻产业集群，肉鸡、奶牛、肉牛产业集群；吉林省的粳稻、大豆产业集群，肉牛、梅花鹿产业集群；黑龙江省的大豆、鲜食玉米、粳稻产业集群，肉牛、白鹅、乳品产业集群等。东北三省在粮经作物上共同的优势特色品类是大豆和粳稻，畜产品共同的优势特色品类是肉牛（见表 2）。

表 2 东北三省农业优势特色产业集群

认定批次	辽宁省	吉林省	黑龙江省
第一批	辽宁小粒花生产业集群、辽宁白羽肉鸡产业集群	吉林长白山人参产业集群	黑龙江食用菌产业集群、黑龙江雪花肉牛产业集群
第二批	辽宁良种奶牛产业集群	吉林长白山黑木耳产业集群、吉林粳稻产业集群	黑龙江白鹅产业集群
第三批	辽宁省大豆产业集群、辽宁省辽河流域粳稻产业集群	吉林省中部肉牛产业集群	黑龙江省乳品产业集群、黑龙江省大豆产业集群
第四批	辽宁省肉牛产业集群	吉林省大豆产业集群	黑龙江省鲜食玉米产业集群
第五批	辽宁设施蔬菜产业集群	吉林梅花鹿产业集群	黑龙江寒地粳稻产业集群

资料来源：根据农业农村部农产品质量安全中心网站信息整理。

（四）加快名特优新农产品培育

培育名特优新农产品是优势特色产业发展的基础和前提。从 2018 年开始，农业农村部农产品质量安全中心开展了全国名特优新农产品名录收集登录工作，截至 2024 年共公布 19 批。2020~2024 年东北三省共有 194 个产品入选，其中辽宁省 85 个，吉林省 67 个，黑龙江省 42 个。2019 年的 4 批公告中，东北三省均没有名特优新农产品入选，2020～2022 年，农业农村部农产品质量安全中心共发布 9 批次名录，东北三省只有 12 个产品入选。2023 年东北三省的入选产品数量明显增加，有 34 个，2024 年提升至 148 个（见表 3）。这说明东北三省对名特优新产品培育以及农业优势特色产业发展重视程度不断提高。

表 3　2019～2024 年东北三省名特优新农产品数量

单位：个

年份	辽宁省	吉林省	黑龙江省	东北三省	全国
2019					400
2020	1	3	2	6	831
2021	2	1	0	3	999
2022	3	0	0	3	1012
2023	5	26	3	34	1351
2024	74	37	37	148	1927

资料来源：根据农业农村部农产品质量安全中心网站信息整理。

从产品品类看，东北三省的名特优新农产品可分为特色粮经作物、特色园艺产品、特色畜产品、特色水产品、林特产品及初加工产品。特色粮经作物数量较多，其次是特色园艺产品、特色畜产品和林特产品，特色水产品与初加工产品数量较少（见图 1），这一特点与东北三省的农业资源环境息息相关。东北三省是我国的粮食主产区，拥有肥沃的黑土地资源和适宜的气候条件，特色粮经作物种类也比较多，如粳稻、鲜食玉米及燕麦、绿豆等杂粮杂豆。东北的大、小兴安岭和长白山的纬度、降水量、气温等都非常适合浆果、山野菜等特色园艺产品和林特产品的生长。东北三省是粮食主产区，秸秆等资源丰富，畜牧业生产具有养殖传统，产业发展具有相对优势，优质特色畜产品品种较多，包括肉牛、梅花鹿等。辽宁省西丰县及吉林省长春双阳、四平伊通、辽源东丰都是梅花鹿的主

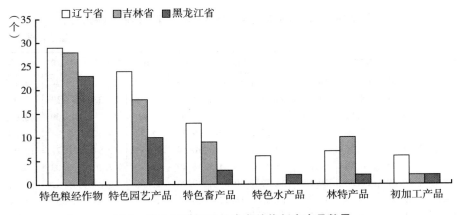

图1 东北三省不同品类名特优新农产品数量

资料来源：根据农业农村部农产品质量安全中心网站信息整理。

要产区。东北三省水系发达，沿海和边境线为渔业和进出口贸易的发展
奠定了基础。

（五）优势特色农产品产量波动上升

2014～2023年，东北三省部分优势特色农产品产量占比较高的是豆类
和玉米，占全国比重均在30%以上；其次是稻谷、牛奶、禽蛋等，除个别
年份外，均基本占全国的15%以上；肉牛产量占比在10%以上；生猪、水
产品、肉羊、蚕茧、蜂蜜等产量占比均低于10%。东北三省的豆类和玉米
更具规模优势。根据历年东北三省统计年鉴数据计算部分优势特色产业的
规模优势指数，2014～2023年东北三省豆类和玉米的规模优势指数分别在
2.0和1.5以上，肉牛、稻谷、生猪、肉羊的同期规模优势指数均在1.0
以下。

从年序变化趋势看，起伏波动幅度较大的是豆类产品，这与国家调控政
策有关，总体呈上升态势。2020年和2022年东北三省豆类产量占全国比重
达45%以上。2021～2023年，牛奶、禽蛋产量占全国比重呈现小幅度下降，
其他产品的年序变化趋势基本平稳（见表4）。

表4 2014~2023年东北三省优势特色农产品产量占全国比重

单位：%

农产品	2014年	2015年	2016年	2017年	2018年	2019年	2020年	2021年	2022年	2023年
稻谷	18.07	17.76	18.21	18.46	17.68	17.92	18.92	18.90	18.34	17.11
玉米	33.31	34.40	34.18	33.75	32.84	34.01	32.28	34.33	33.39	33.97
豆类	38.37	37.92	39.83	43.86	39.64	42.07	45.05	41.78	45.69	43.92
生猪	8.06	7.92	7.94	8.27	8.14	9.73	8.74	8.60	8.94	8.80
肉牛	11.21	11.56	11.53	10.29	10.38	10.54	10.13	10.54	10.77	10.95
肉羊	6.24	6.56	6.57	6.71	6.54	6.49	6.78	7.20	7.09	7.13
牛奶	19.80	20.36	20.53	20.37	20.38	19.96	19.66	18.24	16.92	15.96
禽蛋	15.95	15.63	15.84	16.32	16.73	16.42	16.46	15.84	15.03	14.44
水产品	9.76	9.62	8.74	8.69	8.31	8.39	8.46	8.66	8.57	8.59
蚕茧	7.32	7.57	6.53	6.63	6.40	5.71	5.27	5.93	6.27	7.07
蜂蜜	7.45	7.50	6.85	6.08	7.42	7.00	6.04	5.84	6.09	3.36

资料来源：历年《辽宁统计年鉴》《吉林统计年鉴》《黑龙江统计年鉴》《中国统计年鉴》。

二 东北三省农业优势特色产业发展特点

东北三省特色水产品主要集中在辽宁省，特色粮经作物、特色园艺产品、特色畜产品、林特产品在东北三省的整体发展都比较突出，尤其是豆类、玉米、稻谷等粮经作物。东北三省拥有白山黑土自然资源和玉米水稻杂粮杂豆黄金地带优势，是人参、林特产品天然宝库，还有梅花鹿、人参、食用菌等地标品牌，同时冰雪经济、农旅产业的发展为农业优势特色产业链条延伸创造了条件。

（一）三省发展各具特征

东北三省农业优势特色产业发展具有明显的共性特征，如同为粮食主产区，特色粮经作物品质优良，具有畜牧业发展基础；由于东北黑土地优势和长白山脉的气候环境特征，人参、中药材、食用菌、干果仁等林特产品具有资源优势。同时，东北三省农业优势特色产业各具特征。辽宁省拥有丰富的海洋资源，海岸线占全国总长的12%，重点打造海参、蛤仔等全产业链产值超百亿元的特色产业。从水产品产量看，辽宁省水产品占东北三省的85%左右。辽宁省水果蔬菜等特色园艺产品发展也具有优越的自然条件，水果产量占东北三省总产量的90%左右，蔬菜产量占60%以上。草莓、樱桃等水果被列入全产业链产值超百亿元的特色产业计划。此外，辽宁蚕茧、禽蛋等畜产品产量占东北三省的比重也较高，分别为85%和50%以上。吉林省的人参产量在东北三省中占比较高。2018年之前，吉林省的人参产量在东北三省中占七到八成，2019年黑龙江省人参产量迅速上升，吉林省人参产量占比有所下降。黑龙江省特色粮经作物优势明显，豆类、稻谷、玉米产量在东北三省都占有明显优势，牛奶、蜂蜜产量也十分突出。

（二）经济规模不断壮大

东北三省同为农业大省，近年来粮食产品、杂粮杂豆、畜产品、林特产品经济规模不断壮大，人参、豆类、羊肉、水果、玉米、禽蛋规模增长显著。从产业集群龙头企业数量来看，支撑农业优势特色产业集群发展的核心企业规模不断扩大，涵盖粮油、畜禽、水产、果蔬、中药材、林特等多类产业，还引入电子商务、休闲农业等多种新型业态。

（三）三产融合程度加深

在优势特色产业发展过程中，东北三省三次产业融合程度不断加深，各级各类农业产业化龙头企业数量不断增加。2024年，辽宁省、吉林省、黑龙江省分别新增龙头企业91家、61家、102家，新增企业数量占比分别是17.4%、8.6%、22.9%。企业集群化发展有助于最大限度地共享利用公共资源，实现规模经济效益，从而带动该区域经济产业链条上下游企业协同发展，推进优势特色产业的一体化经营与全产业链发展。目前，休闲农业与生态旅游业成为实现新旧动能转换的驱动力。东北三省利用满族、蒙古族传统文化和朝鲜族风情的历史文化优势，打造农家乐、休闲农庄和民俗村等，形成以体验度假为主题的休闲观光农业新业态，实现三次产业融合，促进东北三省农业优势特色产业高质量发展。

（四）区域品牌建设加快

近年来，东北三省对于区域品牌建设的重视程度不断提升。农业农村部信息中心与中国农业大学联合发布的《农产品区域公用品牌互联网传播影响力指数研究报告（2024）》显示，2023 年网络销售额排名居前列的 578 个农产品区域公用品牌中，东北和华北地区的品牌影响力仅次于华东地区，其中吉林的长白山人参表现优秀，粮油类农产品区域公用品牌在所有品类中互联网传播影响力指数最高，黑龙江的五常大米、辽宁的盘锦大米等品牌位居前列。辽宁省开展了"辽宁优品"品牌认证项目，吉林省提出七大"吉字号"品牌建设战略，黑龙江省培育农业区域公用品牌"黑土优品"和"九珍十八品"，致力于"最优、最绿、最香、最安全"农产品及其加工品的生产。区域品牌建设的目的是为优势特色农产品的全产业链发展保驾护航。当前，东北三省的区域品牌建设与发达地区相比还有一定的进步空间，尤其是优质特色农产品的品牌价值实现方面还需要继续提升。此外，东北三省还有许多优质特色农产品亟待开发地域特色、历史传承与文化底蕴。

三　东北三省农业优势特色产业发展面临的主要问题

现阶段，东北三省农业优势特色产业高质量发展过程中仍存在一些共性问题，主要表现在以下几个方面。

（一）产业结构相对单一

东北三省自然资源禀赋具有相似性，都是粮食主产区，肩负国家粮食安全重任，开发特色粮经作物和林特产品具有自然资源、产品品质、生产技术、政策导向等优势，但这也导致东北三省的农业优势特色产业结构趋同，如人参产业、肉牛产业等，尤其是在消费市场容量有限的情况下，盲目扩张市场容易形成内部竞争摩擦成本。

（二）对资源依赖性较大

生态环境对于东北三省农业优势特色产业发展是一个先天的利好条件，绿色无污染农产品与当前消费者重视健康产品的需求相吻合，然而东北三省肉牛、肉羊等特色畜产品的小规模散养模式对生态环境保护造成了一定的压力。农业优势特色产业的发展对于自然资源的依赖性较大，容易导致重生产轻加工、重资源轻创新，还可能导致产业发展韧性变差，容易受到自然环境变迁、市场价格变动、经济贸易形势变化等诸多因素的影响。

（三）种质资源保护还需加强

东北三省拥有玉米、稻谷、大豆、人参、中药材、食用菌、梅花鹿等众多优质品种，保护利用好这些优良种质资源，建立管理谱系档案，扩大种群规模并推广应用，形成东北三省农业优势特色产业的硬件核心，是优势特色农产品的亮点，也是区域品牌的卖点。但是当前东北三省种业发展还存在企业规模小、集中化程度低、研发周期长、创新资金短缺、市场科研脱节等问题。种子市场秩序的规范化和监督管理机制需要常抓不懈，防止以次充好和假冒伪劣种子流入市场。

（四）龙头企业带动性还需增强

龙头企业是农业优势特色产业的排头兵，龙头企业的数量和规模决定了农业优势特色产业发展的活力与动力。东北三省农业优势特色产业龙头企业的区域辐射覆盖能力、产业集群的集聚效应、行业标准建设的标杆作用、区域品牌带动能力、产品研发创新能力等还需要进一步提升。

（五）社会服务体系有待完善

东北三省的一些优势特色农产品如山野菜、小浆果等季节性强、不耐储运，受冷链物流不发达、交通距离较远等条件限制，国内市场占有率难以迅速提升。此外，生产包装用品的企业数量较少，可供优势特色农产品加工企

业选择的空间不大，且成本较高。要实现农业优势特色产业全产业链高质量发展，就要加强生产、加工、仓储、运销等各个环节的支持。

四　促进东北三省农业优势特色产业发展的对策建议

东北三省可以从做好种质资源保护，促进产能提升和全产业链发展，加快组织化、集群化、品牌化发展，壮大生产经营主体，完善社会服务体系，加快数字化进程等方面促进农业优势特色产业高质量发展。

（一）做好种质资源保护，提升市场竞争力

引导种业企业壮大实力，提高农业优势特色产业的联合育种水平，拓宽融资渠道，重点在具有自主知识产权的突破性品种上下功夫。解决种业存在的科研市场脱节问题，为种子供需双方建立沟通平台，建立种子知识产权保护与奖励机制，实现种业振兴。监督管理部门要持续净化种业市场，既要防范地方保护主义，也要严厉打击侵权套牌行为，防止假冒伪劣种子流入市场，确保农民用种生产安全。

（二）优化整合产业基础，促进产能提升

优化整合要素资源投入，促进产能提升，实现适度规模经营。第一，规划利用好土地资源，在保障粮食安全生产的基础上，整合低效或不适宜农业生产的闲置土地用于对土地质量要求不高的优势特色产业生产，以获得更高的经济效益。重视土地的用养结合，尤其是黑土地的保护利用，加强对土壤养分与重金属含量的定期追踪监测，合理使用化肥，避免过度利用。鼓励土地向种养大户流转，提高土地利用效率。第二，多渠道筹募投入资金。引导社会资本流入，在解决资金问题的同时引进先进技术和专业人才队伍。第三，进一步完善农业基础设施，加强高标准农田建设，提升机械化、自动化水平。第四，调整优化传统农业生产方式。传统的小规模生产方式在有效利

用生产要素资源方面有其合理性，但存在机械化利用程度较低、环境治理成本较高、疫病防治困难、市场交易成本较高等弊端。因此，采用合理的农业生产方式，如通过合作经济组织、种养大户，机械化合作社等，实现生产、疫病防治、收获、仓储、销售等环节的统一经营管理，可以有效补齐传统农业生产方式的短板。

（三）促进三次产业融合，拉长产业链条

结合休闲旅游农业，以龙头企业为核心，上联农畜产品生产，下联乡村旅游、农产品电子商务等，加快三次产业融合发展步伐，实现东北三省农业优势特色产业振兴。同时，解决龙头企业的劳动力资源、产品宣传与销售问题。例如，推广会员制营销模式，不仅可以实现以产定销，提升产品预售收益，而且可以更好地把握生产计划和市场需求。[①] 通过三次产业融合发展，农产品的生产、加工和销售环节联系更紧密，实现良性循环。

（四）加快区域品牌培育，拓宽营销渠道

区域品牌的培育过程也是特色农产品生产、加工、流通与营销模式的创新与变革过程。区域品牌资源是东北三省农业优势特色产业高质量发展的"金名片"。首先，加大宣传力度，融合历史与文化元素，凸显绿色与安全特色，提高消费者对东北三省特色农产品的认知度。其次，通过行业发展协会、品牌推介联盟等，建设区域品牌产业信息平台，建立区域品牌信息披露机制，同时服务消费者查询和生产经营者调研市场。最后，规范区域品牌商标的使用，加强市场监管，防止假冒伪劣产品影响区域品牌的美誉度。

（五）壮大生产经营主体，促进协同发展

龙头企业、合作经济组织、种养大户等生产经营主体，是农业优势特色

---

① 杨亚东、罗其友、伦闰琪等：《乡村优势特色产业发展动力机制研究——基于系统分析的视角》，《农业经济问题》2020 年第 12 期。

产业高质量发展的核心，需要从壮大发展规模、规范经营管理等方面提升其市场竞争力。壮大生产经营主体的重要路径之一是实行一体化经营、集群化发展，通过产业联盟或行业协会整合同类型优势特色农产品的生产经营主体要素资源，共享部分设施、信息、资源，提升经济联合体的整体实力。[①] 但需要注意的是，集群化发展可以节约成本，也可能在恶性竞争下形成摩擦成本，这就需要各经营主体协同发展。一是龙头企业要与分散的农户、养殖户形成合理的利益共享机制，避免双方出现不履约行为或失信行为。二是生产经营主体之间要形成良好的合作共赢关系，优化市场竞争秩序，避免恶性竞争。三是产业联盟或行业协会要有统一的章程、培育统一的品牌，增强凝聚力。

（六）完善社会服务体系，加强政策支持

随着现代农业的发展，代收代种、畜产品托管、土肥监测、云仓建设、信息化数据分析、产品营销策划、广告外包等可以由社会服务组织承担的环节越来越多。完善社会服务体系是推动农业优势特色产业发展的重要环节，政府部门的合理规划与政策支持也是至关重要的一环。农业优势特色产业的选择、区域化布局、结构优化调整、中远期规划等，都需要政府部门在大数据平台的支持下进行市场调研与可行性分析。政策支持主要针对产业投入要素的募集筹划，针对产业发展难点、堵点进行疏通。

（七）坚持绿色发展理念，加快数字化进程

东北三省的自然资源是发展农业优势特色产业的基础，要实现产业可持续发展，必须坚持绿色发展理念，实现生态建设与经济发展的双赢。绿色发展包括对自然资源环境的保护与合理利用，如化肥、农药等生产资料的减量增效，对农业废弃物的合理再利用等，以及绿色低碳经济的发展。要严格控

---

① 高鹏：《农村地区特色产业经济发展现状与改善对策研究》，《现代经济探讨》2022 年第 1 期。

制高能耗高污染生产加工产业的进入，着力培育新兴产业业态。

要实现农业优势特色产业全产业链各环节的畅通，提高一体化发展水平，数字化建设必不可少。通过大数据分析，可以实现对东北三省特色养殖业防疫情况实时监控，做到早发现早干预；实时采集种植业生产现场的光照、温度、湿度等参数，远程监控生产环境，对于发现的问题及时采取相应的措施。除了生产环节，物流、仓储等现代设施的运营，电子商务、新兴场景营销模式等更需要大数据的联通对接。目前，东北三省农业数据库大多针对某个特色农产品，还需要在数据库的统一与数据更新维护等方面进一步加大建设力度。

参考文献

杨亚东、罗其友、伦闰琪等：《乡村优势特色产业发展动力机制研究——基于系统分析的视角》，《农业经济问题》2020 年第 12 期。

高鹏：《农村地区特色产业经济发展现状与改善对策研究》，《现代经济探讨》2022 年第 1 期。

B.19
东北三省生猪产业发展对策研究

苏惟真　孙国徽*

摘　要：　东北三省是我国重要的生猪生产基地，是保障京津冀、长三角等主销区猪肉供给的重要源头，承担着保障全国猪肉供应的重要任务。近年来受非洲猪瘟、环保政策升级、国际粮食市场波动等多重因素影响，东北生猪产业面临转型升级的迫切需求。本报告对东北三省生猪养殖情况、饲料供应、屠宰加工能力等展开分析，系统梳理产业发展现状与存在的问题，并提出针对性对策，以期为东北生猪产业实现高质量发展提供借鉴参考。

关键词：　东北三省　生猪产业　转型升级

生猪产业关系城乡居民"菜篮子"，对乡村振兴和农业现代化具有支撑作用。东北三省生猪产业是农业经济的重要组成部分，近年来处于较快发展阶段，拥有粮食主产区的资源禀赋、国家及东北三省政策支持等优势。然而东北三省生猪产业存在产业链不完善、寒地生产成本和运输成本高、环保压力及非洲猪瘟等疫病风险等问题，生猪价格波动剧烈，影响到生猪产业的健康发展。在此背景下，本报告研究东北三省生猪产业发展形势，分析生猪产业发展存在的问题并提出应对策略，以期助力东北三省生猪产业健康良性发展。

---

* 苏惟真，黑龙江省社会科学院农业和农村发展研究所助理研究员，主要研究方向为农业经济；孙国徽，黑龙江省社会科学院农业和农村发展研究所，助理研究员，主要研究方向为农业生态经济与区域发展。

一 东北三省生猪产业发展现状

（一）生猪养殖业处于低迷期

养殖形势不容乐观。受国际粮价冲击、生猪养殖成本高等因素影响，东北三省生猪养殖业生存压力较大。玉米、豆粕等原料价格频繁波动影响养殖效益；同时环保要求与防疫要求趋严导致投入加大，进一步推高养殖成本；生猪市场价格呈现大幅波动，严重影响养殖效益。2022~2024 年，东北三省生猪出栏量呈现先升后降趋势，其中辽宁省出现明显下滑，2024 年同比下降 6.1%。黑龙江省与辽宁省的生猪存栏量呈现小幅上涨，吉林省则同比下降 4.9%。猪肉产量方面，东北三省表现各异，黑龙江省出现小幅调整，吉林省保持稳定增长，辽宁省同比下降 5.4%。2022~2024 年东北三省能繁母猪数量持续减少（见表 1）。随着生猪产能调控政策的逐步优化，生猪产能将保持稳定。

表 1 2022~2024 年东北三省生猪养殖情况

指标	省份	2022 年	2023 年	2024 年	2024 年同比（%）
出栏（万头）	黑龙江	2317.3	2414.3	2346.0	-2.8
	吉林	1839.4	1927.7	1908.4	-1.0
	辽宁	2894.3	2970.5	2788.3	-6.1
存栏（万头）	黑龙江	1439.1	1311.9	1335.7	1.8
	吉林	1190.2	1172.4	1115.1	-4.9
	辽宁	1414.6	1337.2	1342.1	0.4
猪肉产量（万吨）	黑龙江	191.8	201.8	196.2	-2.8
	吉林	150.1	158.5	159.3	0.5
	辽宁	242.6	249.1	235.7	-5.4
能繁母猪（万头）	黑龙江	134.9	126.7	126.2	-0.4
	吉林	115.2	108.9	103.5	-5.0
	辽宁	—	—	—	—

资料来源：东北三省畜牧兽医局年度报告、东北三省农业农村厅。

生猪养殖集中度提升。2023～2024 年生猪价格持续低位运行,东北三省养殖户较长时间处于亏损状态,中小散户因现金流压力加速退出,受政策引导及企业通过逆周期扩产巩固市场份额影响,生猪养殖向规模化发展,头部企业通过专业化分工和逆周期扩产主导着生猪产业整体格局。黑龙江省大型养殖场生猪出栏量占比显著提升,能繁母猪数量同比大幅增长,产能向高效的规模化养殖场倾斜。黑龙江省形成了以哈尔滨巴彦县及绥化市北林区、望奎县、青冈县等年出栏超百万头的生猪产业基地。①

(二)饲料产业优势突出

东北三省具有明显的饲料生产优势。东北三省是全国粮食主产区,饲料原料粮产量大,尤其是玉米产量不断增长。2023 年东北三省玉米产量达9812.7 万吨,其中黑龙江省玉米产量稳居全国首位,吉林排名第二位。黑龙江省大豆产量占全国大豆产量的近 50%,同时东北三省的豆粕进口依存度呈下降趋势。

东北三省猪饲料产量逐年增加。2022～2024 年在全国猪饲料产量止增下降的大环境下,东北三省年均增长 1.82%。其中 2024 年黑龙江省猪饲料产量同比增幅位居全国前三,增幅为 3.8%。

饲料企业集中度提升。中小饲料加工企业生产成本高,加之饲料市场低迷,利润空间有限甚至出现亏损,中小饲料企业逐步退出饲料市场,尤其是大量村办小饲料企业停工停产。中小散户市场的萎缩给大型养殖企业扩产提供了机会,尤其是大型养殖企业自建饲料产能比例大幅提升,新希望、大北农等企业通过规模化采购压低成本,头部企业饲料的市场份额超过 50%,饲料生产集中到规模较大的企业。

(三)屠宰企业集中度提升,屠宰能力增强

屠宰企业向规模化发展。东北三省对生猪屠宰场开展了清理整顿和转型

---

① 何鑫森:《发展特色生猪产业 助力农业高质量发展》,《奋斗》2024 年第 6 期。

升级工作，对小型屠宰企业进行关停并转，优化产业结构和布局，生猪屠宰行业质量明显提升。环保政策对小型屠宰企业提出了更高要求，屠宰成本增加，达不到环保标准的屠宰企业退出或被整合；大型屠宰企业使用自动化屠宰线，生产效率高，逐渐扩大产能，对小型企业产生挤兑效应，小型企业竞争力明显不足，逐渐被淘汰。同时，政策对达到一定规模的大型屠宰企业给予补贴，也加速了小型屠宰企业的退出。截至 2022 年，黑龙江省共有生猪定点屠宰厂（场）251 家，较 2014 年的 553 家减少 302 家，下降 55%。生猪年屠宰产能集中在大中型屠宰企业，全省屠宰产能 15 万头以上的大中型企业有 69 家，产能合计占 80%。① 辽宁省对屠宰超过 50 万头企业给予 10 元/头的补贴，鼓励大型屠宰加工企业扩充产能。

重视屠宰产业规范化建设。东北三省对生猪屠宰产业进行制度规范，严格准入标准，出台畜禽屠宰、动物防疫、屠宰场地建设管理等文件，不断规范和健全生猪屠宰制度体系。黑龙江省出台《黑龙江省畜禽屠宰管理条例》《黑龙江省动物防疫条例》《黑龙江省生猪屠宰厂（场）设立指南（试行）》，加强生猪屠宰企业的规范化建设，保障猪肉质量安全。

加强生猪屠宰企业标准化建设。东北三省屠宰企业标准化水平不断提升，保障了生猪产品质量，有效推动了行业持续健康发展。通过实施"智能屠宰车间"改造工程，建设全自动屠宰生产线，关键工序自动化率得到有效提升。屠宰企业配套 X 射线异物检测仪、ATP 生物荧光检测仪、PCR 病原体快速检测平台三重检测体系，严格产品检测，实现 48 小时全项检测。黑龙江省 9 家生猪定点屠宰企业被评为国家级生猪屠宰标准化建设示范单位。现有生猪定点屠宰厂（场）基本按照 2019 年生猪定点屠宰资格评估标准进行改建或新建，设计年屠宰能力不低于 15 万头，设备设施普遍更新，具备理化、微生物和 PCR 检测能力。

加强生猪屠宰企业监管。督促生猪定点屠宰厂（场）履行肉品安全

---

① 《黑龙江省生猪屠宰行业发展规划（2024—2030 年）》，黑龙江省农业农村厅，2024 年 1 月 11 日。

主体责任，全面落实生猪屠宰环节非洲猪瘟企业自检和官方兽医派驻制度。屠宰环节质量安全监督抽查部级检测和省级检测结果全部合格。屠宰质量检测人员均拥有专业资格。吉林省 87% 的官方兽医持有 PCR 检测资格证，设立东北首个兽医现场快检移动站。辽宁省官方兽医全部完成"区块链+检疫"专项培训，63 人获农业农村部数字监管认证。创新监管手段，吉林省创新实施屠宰企业信用分级管理制度，辽宁省建立"黑名单"联合惩戒机制，对屠宰企业进行严格管理。

（四）建立动态监测机制

2025 年中央一号文件提出"做好生猪产能监测和调控"，东北三省将监测作为生猪产业管理的重要手段，建立以新生仔猪数、中大猪存栏量、屠宰量为核心的监测体系，结合农业农村部直联直报系统，实时跟踪从生产端到消费端的全链条数据，在生猪疫病控制、价格调控和生猪有效供给方面发挥了重要作用，保障了生猪产业健康有序发展。黑龙江省依托"智慧龙牧"App 实现了数字化监测，实时追踪生猪存栏量、价格波动及调运数据，每周发布市场预警，建立能繁母猪存栏预警系统，对存栏量低于正常保有量 95% 的县（市）启动产能补充措施，高于 105% 则引导产能调减，准确掌控生猪动向，及时采取有效措施和手段应对各种变化。吉林省对年出栏 500 头以上规模猪场建立动态台账，监测饲料消耗、疫病防控等数据，实现生猪产业的精细化管理。辽宁省构建省、市、县、乡、村五级监测预警体系，并建立月度监测机制，对能繁母猪存栏量实施月度统计，根据数据变化动态调整优化生猪产能，有效防止产能大起大落。

（五）政策措施不断完善

作为全国粮食主产区，东北三省畜牧业发展具有得天独厚的优势，为确保生猪产业健康发展和生猪供给能力，东北三省出台了一系列推动产业发展的政策措施。

实施种源优质化补贴政策。为推动生猪种源优质化，以及在生猪价格低迷期确保生猪稳定生产，2024年东北三省对生猪生产实行补贴政策。其中，黑龙江省实施生猪良种补贴，对购买良种猪精液的中小养殖场（户）给予每头能繁母猪最高40元补贴，重点支持种质资源保护和人工授精技术推广。吉林省对引进原种猪、祖代种禽的企业按引种资金的30%给予补助（单个企业年度最高200万元），对省内通过国家审定的生猪、家禽新品种培育单位给予一次性补助，推动生猪、家禽种业自主创新。辽宁省对使用良种猪精液开展人工授精的中小养殖场（户）给予补贴，对原种猪场和扩繁场按引种资金的30%给予补贴，强化本地种质资源保护。

不断优化生猪产业布局。东北三省通过出台相关规划、资金鼓励等引导生猪产业逐步实现优化布局，推动产业集中和规模化发展。在养殖端，吉林省重点推进77个省级以上生猪产能调控基地建设①，同时统筹中央和省级资金支持标准化养殖基地建设，优先支持创建国家级全产业链标准化示范基地，推动"散养向规模、规模向示范"转型。辽宁省扶持建设生猪标准化养殖小区超过4000个，出台《辽宁省畜禽产业集群发展行动方案（2023—2025）》，确定2025年畜禽平均规模化养殖率达78%以上的发展目标，推动提升生猪养殖规模化水平。在加工端，黑龙江省出台《黑龙江省生猪屠宰企业行业发展规划（2024—2030年）》，对小型屠宰企业进行整顿，实施关停并转措施以优化屠宰企业结构，2024年大中型屠宰企业产能占比达到80%。

二　东北三省生猪产业面临的问题

（一）非洲猪瘟常态化威胁

非洲猪瘟病毒污染面广，屠宰场、农贸市场等流通环节是病毒多发区，

---

① 《吉林省畜牧业发展持续向好》，吉林省人民政府网站，2023年11月1日，https：//www.jl.gov.cn/szfzt/jlssxsxnyxdh/gzjz/202311/t20231101_2874281.html。

而且病毒毒株多样化，检测难度和防控压力大，威胁东北生猪产业发展。东北气候寒冷，冬春交替季节疫情发展的可能性相对较大，加之中小型养殖场和散养户防护意识薄弱、防护能力有限、生物安全投入不足、防护措施不到位，消毒设施达标率仅为40%，增加了疫情传播的可能性。东北生猪调出比例大、调出频次高，增加了外传风险。非洲猪瘟疫苗研发滞后，有效的防治疫苗尚未商业化应用，因此非洲猪瘟一旦暴发，会造成巨大损失。2019年非洲猪瘟疫情导致东北生猪存栏量下降30%，直接经济损失超100亿元，2023年黑龙江绥化、吉林松原局部疫情复发，为了防止疫情扩散，扑杀生猪20万头，直接损失高达5亿元。

（二）资源与环境约束

黑土地退化不仅影响国家粮食安全，而且影响依赖玉米大豆等作为饲料的生猪产业。种植结构单一、玉米连作、各种化学污染等造成黑龙江省土壤有机质含量下降，虽然经过保护和治理，土壤有机质含量下降速度得到有效控制，但黑土退化带来的部分地区土壤板结化依然比较严重。生猪产业粪污排泄物带来环境压力，中小企业难以负担生猪粪污处理的成本，而粪污资源化利用率不高，部分中小养殖户和企业加速退出。生态环境保护红线不可逾越，对养殖企业提出了更高要求。

（三）人才短缺严重

从业人员学历水平偏低，畜牧行业从业人员初中及以下学历占比较高，高学历占比较低，技术岗位普遍依赖中高职学历人员。从业人员老龄化严重，年轻人员占比较低，年龄大的退出后，年轻人员在技术、经验等方面难以接续。高校畜牧专业招生冷门，毕业生实际从业比例低，更加剧了行业从业人员青黄不接的状态。生猪养殖领域专业技术人才短缺，育种、疾病预防控制等关键环节人才短缺问题突出，基层兽医从业人员多为兼职，很难满足规模化养殖的需求。中小养殖户、散户普遍缺乏现代化养殖知识，依赖传统经验管理，现代化养殖设备使用不足，制约生产效率提升。生猪企业在自建饲料产能、智能化设备运维等环节急需大量技术与管理人才，中小规模企业专业人才招聘困难。

三　东北三省生猪产业发展对策

（一）建立东北三省生猪产业协同合作机制

东北三省作为一个整体，要提升生猪产业的竞争力，需协同应对市场波动和外部竞争，共享资源，优化产业链布局，避免重复建设，提高整体效率。

一是构建协同合作组织。由三省畜牧主管部门牵头，成立协同合作组织，主要职责是制定东北三省生猪产业协同发展规划，统筹生猪产业发展，及时监测生猪产业相关数据，如存栏出栏、能繁母猪和仔猪数量，饲料生产以及屠宰加工企业情况等，避免重复建设和内耗性竞争，更好地应对市场风险，抵抗疫情疾病等。建立跨省调运协作机制，发挥各自优势，降低风险和成本，保障生猪产品的有效供给。

二是共建生猪产业大数据中心。搭建东北三省生猪产业数据平台，建立生猪产业档案，对接农业农村部数据平台，更好地指导三省生猪产业发展。平台及时更新养殖数据、屠宰数据、市场价格信息，开发产能预警功能，及时监控数据波动产生的风险，监测和预测价格波动情况，加强生猪产业的宏观调控。共享非洲猪瘟热力图，降低防疫响应速度，有效应对疫病风险。

三是推进物流网络一体化发展。建立三省冷链物流分工合作机制，降低物流成本，提高运输效率。打造协作冷链物流线路，辽宁依托港口优势建立港口运输枢纽，吉林长吉图通道和黑龙江哈大齐走廊形成合作运输骨干网，降低物流损耗。同时建立共享屠宰加工园区，降低跨省运输成本，减少活猪调运损失。搭建东北玉米联合采购平台，降低采购成本。

（二）夯实产业基础，推动规模化、标准化发展

一是优化养殖结构。鼓励规模化养殖，扶持龙头企业，推动中小散户向

合作社或家庭农场转型，提高抗风险能力。推广"公司+农户"模式，通过订单农业降低农户市场风险。

二是提升设施智能化水平。推广智能化养殖设备，如自动饲喂、环境监控系统等，提高生产效率。加强生物安全体系建设，完善疫病防控设施（如洗消中心、隔离区），防范非洲猪瘟等重大疫病。

三是加快实现种业振兴。依托东北地方特色猪种（如东北民猪），培育抗病性强、肉质优的良种，打造差异化品牌。与科研机构合作，建立联合育种基地，提升种猪自主供应能力。

（三）推动绿色循环发展，破解环保难题

一是探索生态循环型种养结合模式。推广"猪—沼—粮/菜"循环农业，将粪污转化为有机肥，反哺黑土地保护，降低化肥使用。支持建设区域性粪污处理中心，实现资源化利用。黑龙江省以玉米种植为主，推广"猪—沼—玉米"模式，沼液替代化肥。吉林省依托水稻产区，建设"猪—沼—稻"示范区，生产"沼液稻"高端品牌。辽宁省结合设施农业发展"猪—沼—温室蔬菜"循环链，降低粪污处理成本。

二是推行低碳减排技术。应用粪污沼气发电、臭气处理技术，减少温室气体排放。建设区域性处理中心，在辽宁铁岭、吉林四平、黑龙江绥化建设 3 个年处理 50 万吨粪污的"生物天然气+有机肥"联产中心，通过政府购买服务吸引社会资本投资。推动养殖场节能改造（如光伏屋顶、余热回收），降低能源成本。推行"零碳排放猪场"低碳养殖试点，采用"屋顶光伏+粪污沼气发电"模式，实现场区能源自给，降低能耗。

三是加强政策引导和数字化监管。对环保达标企业给予补贴或税收优惠，严控不合规小散养殖，避免污染扩散。提升数字化监管水平，接入东北黑土地保护大数据平台，实时监测粪污还田量、土壤重金属含量，对超标地块自动预警并暂停使用。

（四）延伸产业链，提升附加值

一是推动屠宰加工升级。建设现代化屠宰加工园区，发展冷鲜肉、预制菜、低温肉制品等高附加值产品。辽宁省依托大连港建设"东北国际肉类加工中心"，重点发展出口欧盟的冷鲜肉。吉林省在长春兴隆综保区布局预制菜产业园，开发"长白山黑猪火腿""酸菜血肠"等特色产品。黑龙江省在哈尔滨双城建设生物医药原料基地，从猪血中提取凝血酶。支持企业通过深加工（如骨血制品、生物医药原料）实现全产业链增值。

二是打造区域公用品牌。三省联合制定"东北黑猪品质标准"，要求全程无抗养殖、屠宰后72小时排酸，通过"黑土认证""寒地生态"双标签实现品牌溢价。打造东北优质猪肉区域公共品牌（如"黑土猪""长白山生态猪"），突出绿色、健康标签。开拓京津冀、长三角等高端市场，利用电商和冷链物流扩大销售半径。举办东北优质猪肉博览会，联合抖音、快手开展黑土猪美食挑战赛，实现品牌宣传和市场扩展。

三是推动产业融合发展。推广"生猪+文旅"，发展养殖体验、特色餐饮等业态，提升产业综合效益。建设标准化观光养殖基地，设计"小猪认养""喂养互动""智慧猪场参观"等亲子项目，配套解说系统科普现代化养殖技术。挖掘东北民俗文化（如满族"杀年猪"习俗），开发"黑土丰收节""年猪文化节"等主题活动，增强游客参与感。设计以"东北黑猪"为主题的IP形象，推出玩偶、手办、表情包等文创产品。引导屠宰企业向文旅端延伸，如双汇、金锣等企业开设透明工厂参观通道，展示智能化生产线，配套肉制品DIY工坊。联合冰雪旅游（黑龙江）、森林生态（吉林）、滨海度假（辽宁）等资源，设计"猪肉美食+特色景区"联票，纳入省级旅游推荐线路。

（五）强化政策与科技支撑

一是加大金融支持力度。设立生猪产业专项基金，提供低息贷款、保险补贴，减轻企业资金压力。探索"保险+期货"模式，帮助养殖户规避价格

波动风险。联合大连商品交易所开展期货培训,实现年出栏万头以上企业参与套期保值,降低企业风险。

二是加强科技支撑。建立产学研合作平台,推广疫病快速检测、精准营养配方等实用技术。培育新型职业农民,开展养殖技术和管理培训。推广智慧养殖示范工程,安装智能环控系统,实现温湿度、氨气浓度自动调控;推广 AI 疾病诊断系统,及时诊断预防猪病情;建立区块链溯源体系,消费者可通过从养殖到零售的全链条数据平台扫码查看猪只生长环境、饲料来源,提高品牌溢价率。

B.20
东北三省林业经济高质量发展对策研究[*]

陈秀萍[**]

摘　要： 东北三省林业在筑牢祖国北方生态安全屏障、维护国家生态安全方面发挥了重要作用。自2014年天然林"全面禁伐"政策实施以来，东北三省木材采运业逐步收缩，林业经济开始转型，并呈现多元化发展态势。特色林、林下经济成为林区经济转型的重要方向，产业链逐步延伸，三产融合发展推动林业生态价值转换，林业碳汇产业链加快构建。目前东北三省林业经济存在林业总产值萎缩、森林生态价值转换较慢、林产品加工业多处于初级阶段等问题。为推进东北三省林业经济高质量发展，本报告建议：深入践行大食物观，做大森林"粮库"；以新质生产力推进林业经济发展，深挖森林"碳库"价值；推动森林三产深度融合，深挖森林"钱库"价值；积极培育新型经营主体，探索现代经营模式；关注森林认证，助推森林生态产品价值实现。

关键词： 东北三省　林业经济　高质量发展　生态安全　森林"四库"

党的十八大以来，东北三省勇担使命，切实筑牢北方生态安全屏障，维护国家生态安全；深入贯彻落实习近平总书记关于森林"四库"（水库、钱库、粮库、碳库）的重要论述，积极推进集体林权制度改革和林业产业高质量发展，改革成果显著，林业经济稳步发展。

---

[*] 基金项目：2025年度黑龙江省经济社会发展重点研究课题"'两山'理论的龙江实践研究"（25153）；中国林业科学研究院-中央级公益性科研院所基本科研业务费专项资金"森林认证助推森林生态产品价值实现路径研究"（CAFYBB2024MC017）。

[**] 陈秀萍，黑龙江省社会科学院生态文明研究所研究员，主要研究方向为农业经济、生态文明建设。

一 东北三省林业经济发展成效

（一）切实筑牢祖国北方生态安全屏障

东北三省拥有丰富的森林资源。自 2014 年起东北三省陆续停止天然林商业性采伐，全面实行封山育林，林区任务从采伐林木转化为造林、绿化、退化林修复等。通过实施天然林保护工程和退耕还林工程，东北三省森林面积保持稳定，森林生态系统得到保护与修复，一条筑牢祖国北方生态安全屏障的"绿色长城"拔地而起。截至 2024 年，黑龙江省森林面积 2150 万公顷，森林蓄积量 22.4 亿立方米，森林覆盖率 47.3%。[1] 截至 2023 年，吉林省林地面积 784.87 万公顷，森林蓄积量 10.13 亿立方米，森林覆盖率 41.5%。[2] 截至 2023 年，辽宁省森林面积 571.83 万公顷，森林蓄积量 2.97 亿立方米，森林覆盖率为 39.2%。[3] 第十次（2021 年）全国森林资源清查结果显示，黑龙江、吉林和辽宁的森林覆盖率在全国排第 10、11 位和 18 位。与第九次（2014~2018 年）清查结果相比，黑龙江和吉林的森林覆盖率分别提升 1.58 个和 5.76 个百分点，辽宁下降 10.12 个百分点。

（二）林业经济呈现多元化发展态势

为解决"三北"工程区造林周期长、见效慢、效益低等问题，东北三省采取了一系列创新举措，包括改造树种结构、改造产业结构、推动三次产业深度融合发展，林业经济呈现多元化发展态势。2023 年，辽宁、吉林、黑龙江的林业总产值分别为 144.64 亿元、70.05 亿元和 207.98 亿元[4]，黑

① 《黑龙江："税务力量"助力森林产业"根深叶茂"》，黑龙江省政务服务网，2025 年 4 月 10 日，https://www.zwfw.hlj.gov.cn/zczx/zwzx/art/2025/art_928a47ce974249c9a66c0dfcc489cf26.html。
② 数据来自国家统计局网站。
③ 数据来自国家统计局网站。
④ 数据来自国家统计局网站。

龙江林业总产值最高。从林草产业产值来看,黑龙江最高。三省林草产业的内部结构不同(见表1),2022年辽宁林草第一产业占比最高、达60.25%,经济林产品的种植与采集业在第一产业中的占比达75.0%,而吉林和黑龙江分别为55.58%和56.08%。吉林林草第二产业占比最高、为43.86%,其中非木质林产品加工制造业占比最高、达到43.54%;辽黑两省林草第二产业中木材加工和木、竹、藤、棕、苇制品制造业占比较高,分别为36.13%和32.61%。黑龙江林草第三产业占比最高,为25.99%,其中林草公共管理及其他组织服务和其他占比最高,吉林林业旅游与休闲服务业占比最高,辽宁林业生态服务业占比最高。

表1 2022年东北三省林草产业产值及三次产业占比

单位:亿元,%

省份	产值	第一产业占比	第二产业占比	第三产业占比
辽 宁	690.62	60.25	28.32	11.43
吉 林	1037.87	32.03	43.86	24.10
黑龙江	1360.62	48.89	25.11	25.99

资料来源:《中国林业和草原统计年鉴(2022)》。

(三)林下经济成为林区经济转型的重要方向

自2014年天然林"全面禁伐""天保工程"等国家林业保护政策实施以来,东北三省逐步收缩木材采运业,将林下经济作为林区经济转型的重要方向,在财政、金融、用地、集体林权制度改革等方面出台了一系列政策,支持林下经济发展。三省相比,黑龙江林下经济产值最高,辽宁最低。2015~2022年,东北三省林下经济产值发展总体呈现先增后降态势,2020~2022年辽吉黑三省林下经济产值分别下降5.26%、35.41%和11.96%。

辽宁省印发《辽宁省推动林业特色产业高质量发展实施方案》,发展以松子、核桃等8类干果经济林和林菜为重点的林业特色产业。但辽宁林业以

特色林为主，林下经济发展相对较慢，2022 年林下经济总产值仅 22.7 亿元，远低于黑吉两省。

吉林省将林下经济列为全省林草产业转型三大支柱产业之一，制定《吉林省林下经济发展规划（2021—2025 年）》，指导林下经济发展。2023 年全省林下经济利用林地总面积达 7500 万亩，占全省林地总面积的 56.6%，林下经济产品总量 56.7 万吨，林下经济产值 1072.6 亿元，占林草总产值的 71.5%，其中第一产业占比 27.2%、第二产业占比 26.2%、第三产业占比 46.6%。全省林下经济经营主体 4500 多个，其中省级以上林草产业化龙头企业和产业基地 180 个，林下经济经营人员约 30 万人。① 全省已初步形成十大主导产业和木本油料、中药材、经济林、森林菌菜、种苗花卉、林特经济动物养殖、矿泉水、林产工业 "八大林特产业集群"，建立通化蓝莓、长白山桑黄、集安山葡萄、蛟河黑木耳 4 个国家级特色产业优势区、5 个省级和 26 个市州级特色产业优势区；培育了 16 家国家级林业产业化龙头企业，131 家省级林业产业化龙头企业。

黑龙江省林区依托林下空间积极发展林下经济，坚持做大做强龙江森林食物 "九珍十八品" 省域公用品牌。2023 年，黑龙江省印发《关于推进全省林下经济产业高质量发展的意见》，提出围绕森林资源优势，在保护优先前提下充分发挥森林 "四库" 作用，以提供更多优质森林食物产品、改善林区民生为目标，重点发展林下经济产业。经过多年的培育，黑龙江省林下经济呈现良好发展态势，带动了林区经济增长和生态环境改善。2023 年林下经济面积达到 257.62 万亩，林下经济成为林农增收的重要途径，带动 15 万名农民就业。林下经济呈现出多元化和生态化的特点，产业结构包括林粮、林果、林菜、林药、林菌等林下种植业，林畜、林禽、林蜂等林下养殖业，森林旅游与康养业，大兴安岭、伊春、牡丹江等地林下经济发展较好。国有林监测中心和东北林业大学测算结果显示，大兴安岭蓝莓、红豆等野生

---

① 《总面积达 500 万公顷！吉林省林下经济初步形成 10 大主导产业》，全国党媒信息公共平台，2024 年 3 月 7 日，https：//www.hubpd.com/detail/index.html？contentId=2305843009216426401。

浆果年允收量 16.5 万吨，偃松籽、榛子等野生坚果年允收量 3.7 万吨，桦树汁年允收量 30 万吨，可打造百亿级林下经济产业集群。①

（四）三产融合发展推动林业生态价值转换

全面停止天然林商业性采伐后，如何保证农民收入是林区面临的重点问题。东北三省在保护森林资源和生态的前提下，依法利用公益林的林下资源、林间空地等，适度开发林下经济、生态旅游、森林康养等绿色富民产业，推动林下经济产业与农业、文旅产业、产品加工业等产业融合发展，实现林业生态价值。例如，吉林省支持和鼓励林业新型经营主体与京东、淘宝、美团、拼多多等互联网电商平台和专业农产品电子商务销售平台合作，大力发展"互联网+订单林业"。辽宁省积极推进林下经济与第二、第三产业融合发展，如探索"光伏企业+村集体经济合作社+林农"林光互补产业发展模式。黑龙江省利用丰富的森林资源，发展森林旅游、生态旅游等，如开发森林康养、森林体验、自然教育等特色生态旅游基地，吸引游客前来观光、休闲、度假。产业融合发展推动了东北三省林业生态价值转换，给当地居民带来了更多收益。

（五）构建林业碳汇产业链

东北三省全面贯彻落实习近平生态文明思想，聚焦实现"双碳"目标要求，充分发挥林草资源优势和森林"碳库"作用，在巩固提升森林生态系统碳汇能力的基础上积极开展林业碳汇交易试点，构建林业碳汇产业链。林业碳汇产业链包括森林经营性碳汇和造林碳汇两个方面，涉及森林经营、碳计量与核证、项目开发与减排量签发、交易四个环节，其中森林经营是产业链的源头和基础。东北三省一方面开展森林保护修复综合治理，提升森林质量，巩固和增强森林资源固碳能力；另一方面对森林碳汇资源进行整合开

---

① 《大兴安岭勇辟生态文明发展新"天路"》，黑龙江省人民政府网站，2024 年 12 月 15 日，https：//www.hlj.gov.cn/hlj/c107858/202412/c00_31792913.shtml。

发、整体交易，探索适用于本地区的森林经营碳汇项目方法，构建区域森林碳汇项目管理体系与操作流程。

2022 年辽宁省《辽宁省"十四五"林业草原发展规划》提出，鼓励社会资本参与碳汇林草建设，探索开展碳汇交易，推进碳汇产品价值实现途径。目前林业碳汇试点工作稳步推进，宽甸县、岫岩县、北票市、彰武县、本溪市 5 个省级试点单位设立样地 1100 余块，制定碳汇计量模型树种 42 个，已启动外业调查、样木样本采集等工作。①

2022 年吉林省制定《吉林省林业和草原局推进林草碳汇工作方案》，提出选择 20 个基础条件较好和积极性较高的县（市、区）及国有森工企业开展林草碳汇交易试点，项目类型包括国际自愿减排标准项目、国家自愿减排项目、吉林省自愿减排项目，目标是到"十四五"末期，项目总规模达到 500 万亩，项目计入期平均年入市碳汇量达到 100 万吨，平均年入市碳汇价值达到 5000 万元。

黑龙江省围绕"双碳"目标，科学开展国土绿化，精准提升森林质量，不断提升森林系统的碳汇能力。2021 年发布《关于进一步激发林草发展活力助力全省经济高质量发展的意见》，2024 年出台《黑龙江省林业碳汇项目工作方案》《黑龙江省林业碳汇项目交易管理办法（试行）》等政策，为林业碳汇项目的开发交易提供政策保障。黑龙江省在林业碳汇监测和计量方面走在全国前列，建立了独立的森林碳汇计量监测体系，建成全国首个省级林业碳汇交易体系，并推出"龙江绿碳"品牌。2024 年 7 月，黑龙江省林业碳汇交易启动仪式上，"龙江绿碳"品牌首批交易 4.285 万吨，签约交易额 428.5 万元。② 全省共试点开发了 11 个"龙江绿碳"项目。例如，停伐十年，黑龙江森工集团多措并举，实现森林面积、森林覆盖率、森林总蓄积以及公顷蓄积量的"四增长"，森林碳汇总量达到 6 亿吨。据测算，大兴安岭森林碳储量达 820.59 万吨/年、碳变化量达 20.55 万吨/年。森林生态系统

①《推进适度规模经营 支持产业多元发展——辽宁省深化集体林权制度改革稳步推进》，"中国绿色时报"微信公众号，2024 年 11 月 19 日。

②《加速资源转化 打造龙江绿碳北方示范》，《黑龙江日报》2025 年 2 月 11 日。

价值量为 6051.23 亿元。[①] 2024 年大兴安岭成为首批国家生态价值实现机制试点，搭建了全国首个省级林业碳汇项目管理平台。

二 东北三省林业经济发展存在的问题

东北三省在维护国家生态安全、筑牢北方生态安全屏障的前提下，通过拓展林业产业链，发展林下种养殖业、生态森林旅游、森林康养产业，实现绿色转型，推动林业经济提质增速，但是仍存在以下问题。

（一）林业总产值出现缩减

2000 年以来，东北三省林业产值整体快速增长。黑龙江省林业产值始终保持第一，辽宁和吉林分别排第二和第三。1978~2023 年，吉林省林业产值的最高点是 2015 年，辽宁和黑龙江省的最高点是 2022 年。2023 年，东北三省林业总产值合计 422.7 亿元，比上年减少 22.86 亿元；辽宁和黑龙江林业产值比上年分别减少 17.1 亿元和 4.3 亿元，吉林比上年增加 0.61 亿元（见图 1）。林业分别占辽、吉、黑农林牧渔业总产值的 2.75%、2.24% 和 3.20%，分别比上年增长-0.38%、0.08% 和 0.04%。

（二）林业碳汇尚未转化为经济价值

东北三省森林生态资源的经济价值尚未充分挖掘，"钱库"的作用尚未充分发挥，主要有以下几方面原因。一是森林培育和管护成本不断增加，但产品附加值低，导致生态林的成本高、收益低。二是产业规模扩张困难。由于国有林区占比高、林地利用受到诸多限制，社会资本进入困难，生态林经济价值转化难度大。三是林区产业处于转型过程中，传统林业产业增长空间缩小，新兴林下产业尚处于发展成长期，主导经济产业尚未建

---

① 《大兴安岭勇辟生态文明发展新"天路"》，黑龙江省人民政府网站，2024 年 12 月 15 日，https：//www.hlj.gov.cn/hlj/c107858/202412/c00_31792913.shtml。

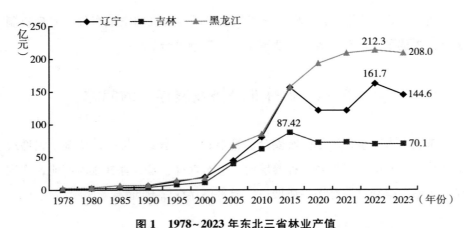

图 1　1978~2023 年东北三省林业产值

资料来源：1978~2022 年数据来源于《辽宁统计年鉴 2023》《吉林统计年鉴 2023》《黑龙江统计年鉴 2023》；2023 年数据来源于中经数据网，https：//ceidata. cei. cn/new/。

立。四是林业碳汇的经济效益尚未充分开发。因地理位置和气候原因，东北三省森林生长速度慢，单位碳蓄积量低，林业碳汇受自然条件的限制，可利用森林资源有限。林业碳汇交易市场建设处于初创阶段，林业碳汇交易进展较慢，碳汇需求不足，目前林业碳汇交易尚处于探索阶段，林业碳汇尚未转化为经济价值。

（三）林下经济发展速度较慢

一是土地用途管制客观上限制了经济林的发展。我国《关于防止耕地"非粮化"稳定粮食生产的意见》要求严守永久基本农田红线，严禁占用耕地及永久基本农田绿化造林，严格控制耕地转为林地、园地，坚决遏制耕地"非农化"、防止"非粮化"。二是林下种植、养殖业产业发展周期长、速度慢，需要长时间培育才能形成规模。例如，黑龙江省大兴安岭地区浆果、坚果和特色经济种植产业起步较晚，林下产品加工产业链尚未成熟，竞争力较弱。例如，榛子树种植需要 3 年左右才能结果、7 年左右才能进入盛果期，前三年只有投入、没有收益，直接影响农民种植积极性和产业发展速度。三是林下经济以家庭分散经营为主，不仅规模小、产值低，而且缺乏龙头企业带动，难以延伸产业链和打造品牌。四是东北三省地域广阔，很多林地位置偏远、交通不便、坡陡地薄，制约林下产业发展。

（四）林产品加工业多处于初级阶段

林下种养殖业居于林业全产业链前端，发展速度慢、规模小，直接影响产业链下一环节——林产品加工业的发展。东北三省林产品加工业多处于初级阶段，规模普遍较小，大量林产品以原材料外销。林产品加工业相对滞后，管理水平不高，导致林产品加工业规模小而分散、产出率不高、经营粗放、集约化水平落后，整体效益较低；产业链条短，上下游配套不完善，精深加工不足，产品附加值低。

（五）经营分散、投资不足

林业投入产出周期较长，成本回收慢、见效缓。林权承包到户后，林农经营分散、投资不足成为普遍问题。从林业投资结构来看，生态建设与保护投资占林业投资总额的 80% 以上，林业产业发展投资较少，尤其是非木质林业产业投资严重不足。① 林业碳汇项目的实施、监测和交易都是长期过程，需要大量资金投入，但林业对社会资本投资的吸引力不高，导致林业资本投入总量与产业发展需要不相适应。

（六）科技水平不高

林区分林到户后，林地经营分散性、碎片化问题突出，产业主体带动能力弱。例如，吉林省林业站划归乡镇管理后，存在人员调减、职能弱化、工作衔接不畅等问题，林业系统科技研发缺少高层次人才，技术力量薄弱，创新意识不强，林业技术培训和推广力度不够。林草基础设施和公共事业建设滞后，现代治理和创新能力有待提升。数字化、智能化整体水平不高，良种

---

① 吕洁华、付思琦、张滨：《黑龙江省国有重点林区林业经济投入产出效率研究》，《林业经济问题》2019 年第 3 期。

壮苗供给不足。由于科技投入不足、技术研发滞后，林业碳汇技术、林产品精深加工技术仍依赖传统模式，缺乏核心竞争力。

三 推进东北三省林业经济高质量发展的对策建议

（一）深入践行大食物观，做大森林"粮库"

2025 年中央一号文件提出"践行大农业观、大食物观，全方位多途径开发食物资源"。建立多元化食物供给体系需要全方位多途径开发食物资源。[①] 东北三省拥有丰富的森林资源，能够提供多元化的森林食品，包括木本粮食、木本油料、菌菇类、蔬菜类、水果类、肉食类等食物，具备做大森林"粮库"的基础。做大森林"粮库"，首先要甄别本区域特色林产品，进一步调整优化树种、品种结构，加强名特优新品种引进和丰产栽培技术应用，提高优质果率和产品品质，将特色林产业做大做强。其次要盘活林下土地资源，合理利用林下空间，积极发展林下种养殖业，推进和实施无公害、绿色、有机栽培模式，为居民提供更多营养丰富的优质林产品。再次要深度开发森林食品，突破传统初级加工模式，引入冻干技术、超临界萃取、生物提取等现代生产工艺，开发功能性食品、保健产品等，延长林产品的产业链。最后要深化林产品的品牌建设与市场拓展，提升价值链，通过科技赋能、政策引导和市场驱动，使森林食品产业成为东北三省绿色经济发展的新引擎。

（二）以新质生产力推进林业经济发展，深挖森林"碳库"价值

在新质生产力驱动下，碳计量技术的突破能够使碳汇价值实现显性化，使森林碳汇实现从生态要素向可交易商品转变。林业经济已突破传统产业边

---

① 《程国强：践行"大食物观"孕育食品产业升级机遇》，"中新经纬"百家号，2025 年 2 月 25 日，https：//baijiahao. baidu. com/s？id = 1824989743896437400&wfr = spider&for = pc。

界，呈现出生态资本化、技术融合化、价值多元化等新特征，深挖森林"碳库"价值是实现"双碳"目标的核心路径，更是新质生产力驱动下林业经济升级的关键突破口。要以新质生产力提升林草生态系统碳汇能力，通过构建"技术—市场—制度—文化"四维驱动体系，推动碳汇从自然资源向战略资产跃迁。当前，要推进碳计量技术突破，构建碳库价值量化新体系；推进林权产权制度创新，优化碳交易机制；建立碳汇资产跨境抵押制度，探索跨境碳信用机制。未来，要重点突破碳汇资产证券化、跨境协同计量、生物碳封存技术等关键领域，使森林碳库真正成为高质量发展的"绿色银行"。通过深挖森林"碳库"价值，撬动东北绿色经济的新增长极。

（三）推动森林三产深度融合，深挖森林"钱库"价值

东北三省森林面积较大，拥有丰富的林下产品，森林食品产业发展空间巨大。在保护森林资源和生态的前提下，可依法利用公益林的林下资源、林间空地、林缘地等适度发展林下农产品种植养殖业。在此基础上，深度开发林产品加工、森林食品、森林生态旅游康养、自然教育等产业；大力发展"碳汇经济"、"氧吧经济"、生物经济、冰雪经济、数字经济等产业新引擎，不断优化产业结构，推进三次产业深度融合，提升第二、第三产业在林业经济中的比重，提升资源利用水平，加快构建现代立体产业体系，深挖森林"钱库"价值，实现森林生态价值的转换。

（四）积极培育新型经营主体，探索现代经营模式

东北三省深入推进生态文明建设，深化集体林权制度改革，积极培育新型林业经营主体，探索新发展模式。黑龙江省鼓励社会资本进入林草行业，积极探索"龙头企业+林业合作社+林农+基地"发展模式，引导国有林场依托经营管理和专业技术优势建立以场带村联户合作发展机制。[①] 吉林省支持

---

① 《黑龙江省深化集体林权制度改革实施方案》，中共黑龙江省委办公厅、黑龙江省人民政府办公厅，2024 年 4 月 2 日。

小农户通过多种形式发展家庭林场、股份合作林场等新型林业经营主体，推广"园区+""合作社+""龙头企业+"等规模化经营模式。① 辽宁省鼓励林农以入股、托管、合作等形式把分散的林地整合到林业专业组织中，提升林地的规模化、专业化、精细化经营管理水平。这些模式离不开企业的带动。东北三省当前需要加快林业管理体制机制改革，培育一批发展能力和辐射带动能力强的龙头企业，推进"龙头企业+合作社+林农""龙头企业+林农"等现代发展模式，让龙头企业带动林农增收。

（五）关注森林认证，助推森林生态产品价值实现

我国已经建成并运行森林可持续经营与森林认证体系。《中华人民共和国森林法》第 64 条规定"林业经营者可以自愿申请森林认证，促进森林经营水平提高和可持续经营"。2009 年出台《中国森林认证实施规则》，规定森林认证涵盖八大领域，成为评价森林可持续经营和森林生态产品生产与价值实现的重要工具。我国森林认证工作起步较晚，公众对森林认证的知晓程度较低，对森林认证产品的认知度也不高，认证成本较高，认证体系和市场运作不规范，配套资金短缺，导致我国森林认证率不高，东北三省也是如此。开展森林认证，一是有利于确保森林资源的合理利用，促进森林的可持续经营，保护生态环境；二是有助于认证企业在市场上树立绿色可持续的形象，提高产品品牌形象和市场竞争力；三是可以满足林产品进口国的法规要求。发达国家对林产品的可持续性和合法性有较高的要求，林产品认证后才允许进口。当前我国森林地区积极发展林下经济，林产品供给量和出口量不断增长，从长期发展来看，森林认证产品具有更强的竞争力，所以东北三省应逐步提高森林认证率。

---

① 《吉林省深化集体林权制度改革实施方案》，中共吉林省委办公厅、吉林省人民政府办公厅，2025 年 1 月。

B.21

东北三省人参产业高质量发展对策研究

宋佳骏　赵光远*

摘　要： 东北三省是我国乃至世界人参的主产地，人参产业的健康发展对新时代东北全面振兴、乡村全面振兴具有重要示范意义。本报告梳理东北三省人参产业发展现状，分析人参产业高质量发展的时代意义，指出东北三省人参产业高质量发展的制约因素，最后从顶层设计、科技创新、产业转型等方面提出加快东北三省人参产业高质量发展的对策建议。

关键词： 东北三省　人参产业　高质量发展

人参作为"百草之王"，被世界科学界公认为具有特殊功效的名贵药材，有4000多年的药食应用历史，备受世界各国的推崇和青睐。长白山人参作为国之瑰宝，被国家列为50个优势特色产业集群之一，承载着振兴国家中医药产业的战略使命。新时代以来，东北三省深入贯彻习近平总书记关于发展中医药产业重要指示和重要论述精神，积极探索人参产业振兴发展之路，推动中医药走出国门、走向世界。人参是黑龙江省"九珍十八品"的"九珍"之一，2024年吉林省设立人参产业高质量发展专项，2025年辽宁省政府工作报告将人参列为十大特色农业产业，将人参产业高质量发展推向时代发展前沿，东北三省人参产业高质量发展不断加快。

---

* 宋佳骏，中共白山市委政策研究室经济发展和社会研究科科长，长白山"两山"理念研究院研究员，主要研究方向为长白山区域经济发展；赵光远，吉林省社会科学院城市发展研究所所长，长白山"两山"理念研究院副院长，主要研究方向为科技创新与区域发展。

一　东北三省人参产业发展现状

全球人参主要产于中国的东北地区、朝鲜半岛、日本、俄罗斯的西伯利亚地区、美国和加拿大。中国作为全球人参第一大生产国，种植面积最大，目前人参种植主要分布于辽宁东部、吉林东部和黑龙江东部地区。

（一）人参产业发展概况

吉林省是人参产业核心区。2023 年吉林省人参播种面积和产量分别为1.64 万公顷和 3.79 万吨。[①] 2024 年吉林省人参产业综合产值突破 800 亿元。[②] 2024 年，通化市人参产业高质量发展步伐不断加速。"通化好参"工作机制全面压实，林下山参电子围栏基地加快建设，溯源基地面积达到 10万亩，宜参林地标准正式推行，确定种源基地 4568 亩。人参数字化平台上线运营，《通化市人参产业高质量发展条例》颁布实施，首届人参鸡汤评选大赛备受好评，授牌首批 50 家"通化人参鸡汤品鉴名店"，通化人参旗舰店开业运营。吉林省首设人参产业发展战略咨询中心，人参产业产值达到403 亿元，同比增长 15.2%。[③] 2024 年，白山市不断推动新质生产力与人参产业融合发展，召开 2024 人参产业高质量发展大会和首届东北亚人参养生膳文化展示交流活动，长白山数字化人参在贵阳大数据交易所成功发布，全国唯一人参气象服务中心落户抚松，制定并发布人参团体标准 13 项，人参标准化种植率达到 90%，吉林省人参会客厅·白山市人参产品汇展及人参新品种发布会在长春举行。[④] 2024 年，延边朝鲜族自治州人参产量同比增长16.7%，吉林市申报认定"长白山人参"品牌产品 26 个，其他相关市州积极推动人参产业发展。

---

① 《吉林统计年鉴 2024》。
② 《2025 年吉林省政府工作报告》。
③ 《2025 年通化市政府工作报告》。
④ 《2025 年白山市政府工作报告》。

辽宁省高度重视人参产业发展。2025 年辽宁省政府工作报告指出，要立足特色、打造品牌，扩大绿色、有机和地理标志农产品生产规模，重点培育海参、人参、梅花鹿等十大特色农业产业。辽宁省人参产业主要在桓仁满族自治县（以下简称"桓仁县"）。2024 年，桓仁县实施中药材绿色高产高效行动和中药材种苗繁育基地项目，"桓仁山参智慧种植"入选全国智慧农业建设典型案例，推进好护士智能化中药饮片生产线、祥云健康产业保健食品生产线等重点产业项目竣工投产，熙峰药业数字化车间、行天健中药饮片生产线等新增产能充分释放，中医药健康规上工业产值增速超 12%，占规上工业总产值的比重达 45%。① 全面启动林下山参省级炮制规范制定项目，奋力争创国家级林下山参产品质量检验检测中心，林下山参产业发展关键技术研究取得阶段性进展。"桓仁山参"入选中国农业品牌目录 2024 农产品区域公用品牌名单。

黑龙江省成为全国最大鲜参供应产区。2018~2022 年，黑龙江省人参种植面积、产量均整体呈增长态势，种植面积由 0.31 万公顷增至 1.92 万公顷、增长了 5.19 倍，产量由 0.53 万吨增至 5.82 万吨、增长了 9.98 倍。2023 年，播种面积和产量有所下滑，分别为 1.66 万公顷和 5.28 万吨，② 但两个指标仍均居全国首位。2024 年，人参被纳入黑龙江省"九珍十八品"的"九珍"，同时人参也是"寒地龙药"的重要品种之一。

（二）人参贸易基本情况

中国海关总署海关统计数据在线查询平台数据显示，2024 年全国出口人参（商品编码为 12112091、12112092、12112099）162.22 万千克，出口金额为 4.93 亿元，平均每千克价格为 304 元。其中，吉林省出口人参 26.81万千克，出口金额为 0.97 亿元，分别占全国的 16.52% 和 19.58%，平均每千克价格为 360 元；辽宁省出口人参 6.78 万千克，出口金额为 0.16 亿元，

---

① 《2025 年桓仁县政府工作报告》。
② 相关年份《黑龙江统计年鉴》。

分别占全国的 4.18% 和 3.20%，平均每千克价格为 233 元；黑龙江省出口人参 2.80 万千克，出口金额为 0.07 亿元，分别占全国的 1.72% 和 1.41%，平均每千克价格为 248 元。吉林省其他鲜人参出口居全国主导地位，出口量和出口金额均占 3/4 左右，其他两省未见其他鲜人参出口，吉林省鲜人参出口单价为每千克 71 元，略高于全国平均水平（70 元）；在其他干人参出口方面，东北三省出口量为 33.96 万千克、出口金额为 1.14 亿元，分别占全国的 21.34% 和 23.35%，三省出口量和出口金额均低于天津市，东北三省出口单价为每千克 335 元，高于全国平均水平（306 元）；在其他冷、冻的野生人参方面，辽吉两省有产品出口，出口量为 1.09 万千克、出口金额为 0.05 亿元，分别占全国的 77.30% 和 86.44%，其中吉林省占据主导地位；辽吉两省该产品出口单价为每千克 436 元，高于全国平均水平（390 元）。全国进口人参（商品编码为 12112091、12112092、12112099）10.81 万千克，进口金额 2.71 亿元，进口单价达 2507.56 元。东北三省没有人参进口，人参进口主要是上海、江苏，两地进口数量和进口金额占全国比重达 96% 以上。这也提示东北地区人参产业发展要关注上海、江苏两地需求，并精准开发、种植相关产品。

（三）人参产业主体情况

全国人参相关企业数量较为稳定。截至 2025 年 2 月 7 日，我国处于正常经营状态、经营范围含人参的市场主体共有 1.8 万户，按三次产业分别为 0.57 万、0.26 万和 0.97 万户；其中企业类型主体 6874 户，按三次产业分别为 1540、997 和 4337 户。从东北三省看，市场主体 1.53 万户，按三次产业分别为 0.51、0.24 和 0.78 万户；企业类型主体 6874 户，按三次产业分别为 1370、855 和 3614 户，[①] 两类指标在全国均占据主导地位。2024 年人参产业龙头企业（上市公司）市场表现整体稳健，各企业在营业收入、净利润、市场份额等方面各有特色。同仁堂作为人参行业的头部上市公司，其

---

① 数据来自天眼查。

人参相关业务收入在行业中处于领先地位。2023 年同仁堂人参相关业务收入达 103.45 亿元，具有较高的市场占有率和强大的销售能力。益盛药业不仅从事人参种植、加工和销售，还涉及人参相关药品及保健品的研发，在人参产业中以高毛利率著称，2023 年其毛利率达 57.40%，显示出较强的成本控制能力和盈利能力。华润三九在人参产业中拥有较多专利，其中外观设计专利达 302 项，显示出较强的研发实力和创新能力。吉林敖东是成立时间较早的人参产业上市公司之一，拥有丰富的行业经验和资源积累。从 2024 年三季报看，这四家上市公司 2024 年前三季度营收约 360 亿元，利润约 77 亿元，研发费用约 7.2 亿元，同比分别增长 1.81%、6.26%、5.52%，整体发展态势良好。①

二 人参产业高质量发展具有重要时代意义

人参产业作为东北三省（尤其是吉林省）的特色资源产业和战略性新兴产业，近年来在政策推动、科技创新与产业升级的多重驱动下，逐步迈向高质量发展阶段。从东北全面振兴需要、新质生产力发展需要以及中国式现代化需要看，人参产业高质量发展具有重要的时代意义。

（一）有利于推动经济结构转型，打造区域发展新引擎

东北地区长期面临产业结构单一、增长动能不足的挑战，人参产业的崛起，不仅为区域经济注入新活力，更成为推动经济结构转型的关键抓手。吉林省提出"5 年实现人参全产业链规模达 3000 亿元"的目标，并通过"一参一码"追溯平台、检验检测联盟、新版鉴定证书等举措，推动人参产业链标准化与规模化发展，将有效提升人参产业在区域经济中的占比，形成以资源禀赋为基础、以高附加值产品为核心的人参产业现代化产业体系。从政

---

① 《【全网最全】2024 年人参行业上市公司全方位对比（附业务布局汇总、业绩对比、业务规划等）》，新浪财经，2024 年 8 月 29 日，https：//finance.sina.com.cn/roll/2024-08-29/doc-incmhvuk1043837.shtml。

策路径和实践发展看，吉林省通过编制专项规划、健全四大体系（市场诚信、种植规范、精深加工、品牌营销），推动人参产业从初级农产品向食品、药品、化妆品等多元领域延伸。这种全链条布局不仅优化了产业结构，还通过吸引龙头企业形成产业集聚效应，带动上下游配套产业发展，助力区域经济从"传统制造"向"高附加值制造+现代服务"转型。

（二）有利于推动中医药现代化进程，服务国家大健康战略

人参作为中医药文化的核心符号，其产业发展与中医药现代化进程紧密相连。2024年《"十四五"中医药发展规划》明确提出加强中药资源保护与利用，而吉林省通过林下山参药用属性回归、人参药效物质研究、抗衰老化妆品开发等课题，将传统中医药理论与现代科技深度融合。如吉林省药检院发布《助推人参产业高质量发展工作实施方案》，重点围绕人参质量标记物研究、代谢组学技术应用等领域，推动人参制品质量标准化与国际化，不仅提升了人参产品的科技含量，还为国家大健康产业提供了高质量原料和功能性产品，助力"健康中国"战略的实施。

（三）有利于促进区域协同发展，构建东北振兴新格局

东北三省人参产业布局呈现出以吉林省为核心、辽宁和黑龙江协同发展特征。吉林省作为全国人参主产区，通过政策联动与资源整合，带动周边省份共同发展。黑龙江省和辽宁省在人参种植监管、林地保护等方面出台配套政策，形成区域协同的产业生态。吉林省通化市率先颁布《通化市人参产业高质量发展条例》，通过法治化手段破除制度障碍，为跨区域合作提供了范本。在产业链协同方面，吉林省通过"产学研用"深度融合，联合高校（如长春中医药大学）、科研机构（吉林省人参科学研究院）与企业（吉林敖东等），形成"科技研发—成果转化—市场应用"的闭环体系。这种协同模式不仅加速了技术创新，还通过共享资源与市场渠道推动东北地区整体产业竞争力的提升。

（四）有利于强化生态保护与可持续发展

东北三省人参产业的可持续发展离不开对生态环境的科学保护与合理利用。吉林省通过林下参原产地保护、种质资源库建设、"宜参地动态管理"等政策，在保障产业规模的同时，避免过度开发对生态系统的破坏。"林下参智能辅助鉴定设备"的研发与应用，既提高了资源利用效率，又减少了人工干预对自然环境的负面影响。吉林省推动园参在养生保健领域的应用，通过科学回答"人参上火与否"等争议性问题，引导消费者理性使用人参制品，减少盲目开发导致的资源浪费。这种"生态优先、绿色发展"路径不仅符合"绿水青山就是金山银山"理念，还为全球传统资源型产业的可持续发展贡献了中国方案。

（五）有利于助力乡村振兴，加速共同富裕目标的实现

人参产业的高质量发展对东北农村经济振兴具有显著带动作用。吉林省通过"企业+合作社+农户"模式，将人参种植、加工与农民增收紧密结合。"一参一码"追溯平台不仅保障了产品质量，还通过透明化供应链提升了农户议价能力。在政策层面，吉林省将林下山参纳入医保支付范围，既拓展了消费市场，又通过价格机制反哺参农收入。在文化赋能方面，吉林省举办长白山人参赏鉴会、人参展销会等活动，将人参文化与旅游、文创产业结合，打造"林海参乡"品牌，推动三次产业融合。这种"产业+文化+生态"的综合发展模式，为东北农村探索了一条特色化、差异化的振兴路径。

三　东北三省人参产业高质量发展制约因素

（一）人参产业质量标准混乱

人参产业长期以来存在质量标准混乱的问题。由于历史原因和监管缺失，人参市场上的产品质量参差不齐，严重破坏了市场秩序和消费者认同。

部分企业和农户为了追求短期利益，采用不当的种植和加工方法，导致人参品质下降，甚至出现假冒伪劣产品。同时，市场上缺乏统一的质量标准和检测手段，使得消费者难以辨别产品的优劣，进一步加剧了市场混乱。质量标准混乱不仅损害了消费者的利益，也影响了人参产业的国际声誉。在国际市场上，东北三省人参产业在与韩国等的竞争中处于劣势地位，部分原因就在于质量标准不统一、产品品质不稳定。

（二）缺乏公开透明的定价机制

人参产业价格体系存在不透明问题，由于市场准入门槛低、市场监管不严，许多不具备技术和资金优势的企业纷纷加入，市场竞争激烈，价格体系混乱。中间环节较多、信息不对称，使得消费者难以判断产品价格是否合理，价格体系不透明制约了人参产业的健康发展，不仅导致资源错配和市场扭曲，影响产业的整体效益，而且使企业在市场竞争中难以形成稳定的预期和信心。

（三）人参价值尚未充分挖掘

尽管人参产业在种植方面取得了显著成就，但在精深加工方面仍有较大提升空间，绝大多数人参企业为初级加工企业，规模普遍较小，缺少大规模龙头企业，市场竞争力差。精深加工不足导致人参价值尚未充分挖掘和广泛应用，人参加工领域科技投入较少、渠道较为单一，产学研成果转化率不高，缺少精深加工能力强的龙头企业，人参产品深加工仅占产业总量的1/3。大企业多具有资源和药业背景，缺乏核心技术，创新程度低。新产品开发滞后，现有产品同质化严重，难以满足市场的多样化需求。人参食药同源属性开发管理机制不够完善，在食品、保健品、药品生产许可批复上存在标准复杂、程序繁杂、周期长等问题，也导致企业深入挖掘人参价值动力不足。

（四）行业缺少市场引领力量

人参产业集中度低，缺少市场领导者。人参企业数量众多但规模较小，市场竞争力差，缺乏龙头企业和知名品牌导致整个产业难以形成合力，同时难以与其他先进技术融合发展，难以在国际市场上形成竞争优势。重生产轻品牌、重资源轻市场等观念不同程度存在，以吉林省为例，人参领域品牌产品 200 余种，但每个品牌的产量都很小，市场覆盖面窄，在国际宣传上没有统一的形象，在市场上更是单打独斗、互相压价，"有名气、无品牌"现状导致我国在国际人参市场的话语权不大。小企业难以承担高昂的研发和创新成本，缺乏龙头企业和知名品牌也导致消费者在选择产品时缺乏信任感和归属感。可以说缺少市场领导者既制约了国内外竞争力，也影响了市场公信力。

（五）产业链协同发展不积极

人参产业链上下游企业合作不够紧密，横向竞争多、纵向合作少，"以价格求生存"仍是多数人参产业中小企业的常态，难以实现资源共享和优势互补。种植企业与加工企业合作不足，导致原料的质量和供应难以保证；加工企业与销售企业合作不够紧密，限制了销售渠道的拓展和品牌影响力的提升。产业链各环节信息不对称和合作不足导致资源浪费和成本上升，缺乏紧密的合作关系导致企业在市场竞争中难以形成合力，难以应对复杂多变的市场环境。缺少特大型人参产业发展集团规范一产和三产、统一收储、调控产量和价格，多个人参市场政策资源不集中、市场资源分散，人参产业链各要素不能进行充分整合等，也制约了人参产业链的整体提升。

（六）人参种系延续面临威胁

当前人参栽培模式由原始的采伐迹地种参向农田栽参转变，由于转型期短，适宜农田种植的长白山人参品种培育、种植技术开发等相对滞后，非林地栽参还不能满足长白山人参原有品种的高质量生长。同时，受高丽参种植周期短、技术成熟等特点影响，参农大面积流转参地种植高丽参，进一步挤占长白山人参发展空间。目前，全省非林地种植人参中高丽参种植面积已达90%以上，原有长白山人参种源面临灭绝的风险。

四 加快东北三省人参产业高质量发展的对策建议

（一）加强顶层设计，突出战略导向

长白山人参被誉为"百草之王"，在继承和发扬中医药文化、推动医药健康产业发展方面扮演着至关重要的角色，东北三省要联手推动如下相关工作。一是制定全面的人参产业发展规划，以增强政策支持和激励，进一步明确产业发展的战略方向。二是统一相关标准和监管机制，促进人参产业高质量发展。三是采取积极行动，将中国人参培育成为引领世界人参产业发展的新高地。四是将人参作为战略性生物资源，加强人参进出口管理及国内贸易管理，防止人参资源外流。五是着力推动人参产业与其他产业融合发展，在全国统一大市场中谋划人参产业新发展格局，全力推动人参产业全产业链发展和可持续发展。六是加强合作，争取央企对人参产业的关注度，用好央地合作工具，为人参产业提供新的助力。

（二）强化科技创新，提升核心竞争力

科技创新是推动人参产业发展的核心动力。要提升长白山人参的品质和附加值，必须加大科研投入，支持人参种植、加工、产品研发等关键技术的创新。提倡发展人参工业和人参未来产业，支持人参资源与生命科学技术、光电科学技术紧密融合。建立符合新时代发展要求的产学研结合创新体系，促进科研成果的转化应用，提高人参产业的整体竞争力。鼓励企业与科研机构合作，共同开发具有自主知识产权的人参深加工产品，推动人参产品向高端化、功能化、便捷化方向发展。用好东北三省与其他省份的对口合作机制，建立人参产业省际横向利益协调发展机制，支持更多省份参与人参产业高质量发展。同时要注意加强种业创新和种质资源保护，加快构建和完善人参种质资源保护机制，打造标准化人参良种繁育基地，尽快完成林下参良种驯化工作及园参良种繁育任务，有效保护长白山人参种质资源。加强生命生

物生态科学等领域技术攻关，积极推广林参间作等先进的栽培方式，提高人参种植的标准化水平。要加大对进口种子的防控力度，避免出现我国中医药处方无参可用的尴尬局面，确保中医药产业的自主性和安全性。

（三）推动产业转型，突出精深加工

发挥人参主产区辐射带动作用，推动人参重点项目和园区加快建设。发挥省会城市和副省级城市对外影响力和辐射力，打造集市场交易、数字溯源、标准认证、研发检测、中试生产、加工制造、产业孵化、医疗流通、健康服务、文化展示、康养体验于一体的现代化产业园区，支持人参主产地围绕科技成果转化和精深加工关键节点打造特色产业园区。加强人参创新平台建设，深化与中国科学院等科研院所在人才培养等方面的合作，围绕食品、药品、保健品、化妆品、生物制品五大系列产品多领域开发人参精深加工新产品。鼓励企业积极开展人参生物制品研发，支持采用生物转化技术实现人参稀有皂苷的大批量生产，创制新药，研制新食品原料，利用人参提取后的残渣及茎叶等副产品，开发人参生物菌肥、驱虫剂、饲料添加剂等制品，提高人参综合开发利用水平，推进人参全产业链开发，延伸产业链条，不断提高产品附加值，满足消费升级换代的需求。积极引进战略投资者，重点扶持一批科研、种植、加工、深度开发、营销一体化经营的国有龙头企业，提高长白山人参产品的国际竞争力。

（四）弘扬人参文化，促进融合发展

持续将传承和弘扬人参文化融入种植、加工、旅游产业链条，将人参历史传统文化和现代时尚文化有机结合起来，既要保护好长白山采参习俗、人参加工工艺等非物质文化遗产，又要建设好现代人参文化园、人参博物馆、人参标志建筑等弘扬当代地域特色的人参文化元素。同时，创新宣传形式，推进中国人参文化挖掘、传承和推广，以文化助力人参产业的繁荣发展。加快推动农业、文化、旅游"三位一体"协同发展，把农副产品、农耕活动、文化艺术、休闲娱乐、养生度假等有机结合起来，推动种植、加工、销售与

观光体验循环发展，使传统功能单一的农业及农产品成为现代休闲产品的载体，发挥产业价值的乘数效应。

（五）强化科学管理，争取流程再造

在优化审批程序上实现新突破。建议修订人参相关的国家、地方、行业标准，建立食用与药用分开经营机制，放宽人参作为新资源食品管理的食用部位条件，推动人参产业链发展。同时，根据地域、品种、产品、经营范围，梳理人参食品、保健品、药品开发标准，减少生产许可指标程序，优化审批流程，提升管理效能。要在制定野山参、林下参鉴定标准、推广人工智能鉴定野山参、林下参技术等方面给予支持，建立野山参、林下参国家数据平台，推动野山参全面规范发展。同时，可通过关税调节的方式，提高市场壁垒，保护我国人参产业，为中国人参企业争得发展时间与空间。

（六）实施名品战略，全力拓展市场

深入学习并借鉴韩国在高丽参品牌管理方面的成功经验，通过有效的品牌策略和市场营销手段，加快将东北地区人参打造成国际知名高端品牌。针对"长白山人参""桓仁山参"等区域特色品牌，要从国家层面出发，提供必要支持和扶持，促进品牌整合和资源共享，强化专精特新发展理念，帮助这些品牌加速成长。着力国际市场突破，使用统一品牌形象和标识，确保一致的品牌信息传递，充分展示东北人参产品所代表的强大的中国力量和国家形象。要深度挖掘和整理"长白山人参"等传统人参文化资源，依托"人参老把头""人参娃娃"等具有深厚历史文化底蕴的元素，开发具有中国特色的人参产品，提升品牌的市场吸引力。

（七）强化政策助力，完善配套体系

聚焦人参产业种质资源、种植、生产加工、企业培育、品牌打造、市场营销等方面，加大扶持力度，创新政策举措，将人参产业纳入重点支持对

象，做到政策"应纳尽纳""应享尽享"。要积极对接国家部委，尽力争取试点、示范资格，获得财政、金融、基金、项目和荣誉等支持。加强资金、人才、技术、土地资源等要素保障，优先向人参领域投入。统筹乡村振兴专项资金、乡村振兴产业发展基金等，重点支持关键技术突破，重点课题立项、重大项目实施、原料基地建设、龙头企业培育、质量安全管控和人参品牌宣传等方面。要做好科研创新、人才培训、表彰激励和监管服务等相关工作，鼓励科研机构、院校相关专家采取授课、培训和派驻等方式，指导人参种植、加工和研发。依托三省人参领域社会组织提供品牌运营、政策咨询和市场规范等服务，在标准制定、行业统计、平台建设、数据运用、产销对接和品牌推广等方面发挥指导作用。

参考文献

《把人参产业打造成千亿级优势产业——吉林省政协建言助推全链条做强人参产业》，《人民政协报》2022年3月7日。

《白山市：全力发展壮大中药材产业》，《吉林日报》2023年12月15日。

《白山：着力培育发展新动能新优势》，《吉林日报》2024年11月8日。

《蓄势赋能动力增》，《吉林日报》2024年11月1日。

B.22
东北三省加快构建多元化食物供给体系研究

宋晓丹*

摘　要： 构建多元化食物供给体系是建设农业强国的内在要求，是切实提高食物供给保障能力、更好满足人民美好生活需要的必然要求。东北三省农林牧渔业具有粮食产量高、海珍品养殖规模大、食物品类多样化、产品品质优良等多重优势，应在构建多元化食物供给体系建设上加快步伐，力争走在全国前列。同时，东北三省构建多元化食物供给体系存在生态资源面临多重制约、产业结构相对失衡、区域协同机制有待建立和完善等问题，本报告建议东北三省切实保障粮食安全、增加重要农产品供给，重视特色产业发展、增加多元化食物供给，夯实食物源基地建设、增加健康优质食物供给。

关键词： 多元化食物供给　大食物观　新型食品

党的二十大报告明确要求树立大食物观，构建多元化食物供给体系。构建多元化食物供给体系是建设农业强国的内在要求，是切实提高食物供给保障能力、更好满足人民美好生活需要的必然要求。将单一的向土地要食物逐步转化为向林业、牧业、渔业等多元化要供给，不仅能使百姓餐桌的膳食结构更加优化，促进国民健康水平不断提升，还有利于科技创新发展、孵化新兴产业、促进经济的可持续增长。东北三省在农业、林业、牧业、渔业等方

---

* 宋晓丹，黑龙江省社会科学院经济研究所助理研究员，主要研究方向为发展经济学、区域经济学。

面既具有粮食产量高、海珍品养殖规模大、食物品类多样化、产品品质优良等优势，又具有生态环境和先进科技优势，因此，东北三省更要在构建多元化食物供给体系建设上加快步伐，力争走在全国前列，为保障国家粮食安全贡献东北力量。

一　东北三省多元化食物供给体系建设成效

2024 年 9 月，国务院办公厅印发《关于践行大食物观构建多元化食物供给体系的意见》，指出将有更多食物供应来自林业、畜牧业和深远海养殖。在确保粮食供给的同时，向森林、草原、江河湖海要食物，向设施农业要食物，向植物动物微生物要热量、要蛋白，拓展食物直接和间接来源，挖掘新型食品资源，保障各类食物有效供给。东北三省不仅粮食产量位居全国前列，在林业、牧业、渔业的种养殖生产加工领域也同样取得了优秀成绩。

（一）林下经济稳步增长，森林食品供给丰富

习近平总书记指出要向森林要食物，向植物动物微生物要热量、要蛋白。① 绿水青山就是金山银山，林草行业就是天然聚宝盆，林下经济稳步增长、蓬勃发展，东北三省走出了一条绿色发展道路。

近年来，吉林省以"两山"理念为指导，坚持"高水平保护、高质量发展"并重，加快推进林下经济发展，禽蛋、人参、果蔬、林下及林特产业集群产值超 500 亿元。截至 2023 年，吉林省林下经济利用林地总面积占全省林地总面积的 56.6%，林下经济产品总量 56.7 万吨，林下经济产值 1072.6 亿元，占总产值的 71.5%，已初步形成林下经济十大主导产业（见表1）。吉林省林草中药栽培全产业链产值达 400 亿元。截至 2024 年 9 月，吉林省已建立通化蓝莓、长白山桑黄、集安山葡萄、蛟河黑木耳 4 个国家级特色产业优势区，5 个省级和 26 个市州级特色产业优势区，16 家国家级林

---

① 中共中央党史和文献研究院编《习近平关于国家粮食安全论述摘编》，中央文献出版社，2023，第 87~88 页。

业产业化龙头企业，131 家省级林业产业化龙头企业，49 个省级林业产业基地。① 2024 年，吉林省人参产业综合产值突破 800 亿元，居全国首位。四大人参交易市场的鲜参年交易量占全国 80% 以上。

表 1　吉林省林下经济十大主导产业基本情况

产业	内容
以红松为基础的木本油料产业	包括红松、核桃、榛子、文冠果等乡土木本油料,年产值 94 亿元。已实施产业化经营的林分面积 270 万公顷,主要以红松籽采集权对外承包经营为主要方式
以林下山参为代表的林下中药产业	吉林长白山位列"中国三大中药材基因库"之一,药用植物菌类有上千种,中药人工种植年产量 4.1 万吨,总产值 227 亿元。林下山参种植年产量 200 吨,年产值 62 亿元
以小浆果为特色的经济林产业	总面积 1.9 万公顷,包括蓝莓、山葡萄、沙棘等,年产鲜果 13.2 万吨,年加工果汁、果酒等 3.5 万吨,年产值 21 亿元。其中蓝莓产业规模最大,年产蓝莓鲜果 4.5 万吨,年产值 8.7 亿元。现有通化禾韵蓝莓、白山林源春、大安吉隆沙棘等 14 家省级林业产业化龙头企业
以黑木耳、山野菜为主的森林菌菜产业	种植面积近 1 万公顷,年产食用菌和山野菜 8 万吨(含野生采集),年产值 51.7 亿元。黑木耳作为吉林省优势特色产业,年种植木耳 22 亿袋,年产值超 44 亿元,已形成蛟河、汪清、敦化三个主产县(市),蛟河黄松甸镇是全国知名的黑木耳交易市场,年吞吐量约 3.7 万吨,年交易额达 30 亿元
以城乡绿化美化为带动的种苗花卉产业	全省现有各类苗圃 1607 家,林木良种基地 32 家,花卉产业基地 233 个。年均产种量 360 吨,年产苗木花卉 21 亿株,年产值 27.5 亿元。现已形成柳河县、永吉县、长春市九台区三大种苗花卉产业优势县
以林蛙、梅花鹿为典型的林特经济动物产业	林特经济动物养殖包括林蛙、梅花鹿、蜂蜜、柞蚕等,总产值约 35 亿元。全省年产商品蛙 8000 吨左右,林蛙加工企业 60 余家,精深加工企业 9 家,年产值 20 亿元。全省共有梅花鹿规模养殖场 576 家,中小养殖户 1.6 万户,东丰县和长春市双阳区是全国最大的梅花鹿养殖主产区,双阳梅花鹿全产业链产值突破 65 亿元、品牌价值超过 60 亿元。全省蜜蜂养殖年产蜂蜜 5000 多吨,产值 1.6 亿元;柞蚕放养年产 5500 多万只,产值 6000 万元

---

① 《绿绘宏图　富民强省——"绿色产业"引领吉林林草振兴之路》,人民网,2024 年 9 月 4 日,http://jl.people.com.cn/n2/2024/0904/c349771-40966264.html。

产业	内容
以牧草和特色水产为重点的草原湿地经济	主要集中在西部白城、松原地区。湿地面积 82.4 万公顷,共有省级重要湿地 37 个(其中国际重要湿地 3 个)。草原面积 67.5 万公顷,占国土面积的 3.7%,草原综合植被盖度 72.15%,年产牧草 330 万吨左右,年产值近 10 亿元
以泉阳泉为龙头的矿泉水产业	长白山林区已探明矿泉水水源地 114 处,年允许开采总量 1.09 亿吨,是全球优质天然矿泉水主产区之一。在产企业 23 家,其中年产百万吨以上企业有 2 家(农夫山泉 272 万吨、泉阳泉 100 万吨)。2023 年矿泉水总产量 720 万吨,产值 72.3 亿元
以木制品加工为主体的林产工业	现有木材加工企业近 500 家,年产值 167 亿元。其中年产值超 3000 万元的企业 17 家,产值 22.38 亿元。其中珲春兴家、敦化新元、长春金桥等龙头企业三层实木复合地板加工技术和加工能力全国领先,年产值超亿元的企业有 8 家。围绕发展林产化工新兴产业,已建成全球最大的二氢槲皮素生产基地
以森林草原湿地景观利用为核心的旅游康养产业	共有各类自然保护地和风景名胜区 168 个,总面积 319.2 万公顷。全省 4A 级以上景区 90 家,有一半是依托林草资源开发的。2023 年接待游客约 3000 万人次,收入约 500 亿元

资料来源:《总面积达 500 万公顷!吉林省林下经济初步形成 10 大主导产业》,全国党媒信息公共平台,2024 年 3 月 7 日,https://www.hubpd.com/hubpd/rss/cmmobile/index.html? contentId = 2305843009216426401。

辽宁省有经济价值的植物资源 1300 种以上,有药用类植物资源 830 多种。2023 年,辽宁实现林业总产值 799 亿元。[①] 截至 2024 年 9 月,辽宁省完成特色经济林 6.2 万亩,发展林下经济 4.98 万亩,[②] 印发《辽宁省推动林业特色产业高质量发展实施方案》,推动以松子、核桃等 8 类干果经济林和林菜为重点的林业特色产业健康发展。在新宾满族自治县、桓仁满族自治县、宽甸满族自治县建立 300 亩林菜、林菌、林药模式的林下经济示范基地。辽宁省本溪市发展以林下参为主的森林药材基地和以红松为主的森林食

[①] 《推进适度规模经营 支持产业多元发展——辽宁省深化集体林权制度改革稳步推进》,辽宁省林业和草原局网站,2024 年 11 月 19 日,https://lyt.ln.gov.cn/lyt/index/snzx/2024111909195575556/index.shtml。

[②] 《我省超额完成特色经济林和林下经济建设任务——山成"聚宝盆" 林变"摇钱树"》,《辽宁日报》2024 年 12 月 16 日。

品产业基地，将森林旅游向健康养生转变，走出一条"不砍树也致富"的绿色生态发展之路。

生态优先、绿色发展。习近平生态文明思想为黑龙江省建设生态强省指明了方向。为实现生态文明发展与乡村振兴有机统一，2022 年 5 月黑龙江印发《黑龙江省林下经济发展规划（2021—2035 年）》。黑龙江省的红松子、榛子等特色坚果，以及蓝莓、蔓越莓、沙棘等特色浆果产量居全国第一。林菌、林果、林菜、林蜂、林药及森林水、森林茶等为黑龙江省带来了丰厚的经济效益。2023 年，黑龙江省林下经济总产值突破 900 亿元，增速达到 10%。[①] 蕨菜、大叶芹、刺嫩芽、燕尾菜、猴腿菜等时令"野山珍"经过精加工走向市场、端上餐桌，为百姓美好生活提供了更丰富的中高端森林食品，让大森林的馈赠变成村民兜里的"真金白银"。黑龙江向森林要生产力、求增长点，多渠道开发食物资源，构建多元化食物供给体系。伊春森林生态食品不断提升产业竞争力，截至 2024 年，伊春市建有浆果、坚果、山野菜、食用菌等特色种植基地 180 个，建有森林猪、雪貂、湖羊等特色养殖基地 120 个。[②] 以桦树汁、刺五加为突破口，积极推动"产、加、销"全链条发展，桦树汁产品远销美国、加拿大、俄罗斯等国家，产业产值同比增长 60% 以上。"伊春蓝莓"品牌价值达 16.5 亿元。伊春市入选农产品供应链体系建设试点，2023 年被授予全国唯一"森林生态食品之都"称号，抖音账号直播 500 余场，销售伊春特色森林食品百余万元。[③] 2024 年，龙江森林食品集团推出 10 个系列近 40 款崭新"森林贵细"产品，甄选西洋参、林下参、鹿产品、沙棘、五味子、灵芝等森工特色道地名贵中药材，结合高科技提取工艺，让林区中药材产品实现华丽转身。

① 《奋进强国路 阔步新征程 龙江林草蓬勃发展 绘就高质量发展新蓝图》，"黑龙江新闻网"百家号，2024 年 9 月 30 日，https：//baijiahao.baidu.com/s？id=1811581803504344004&wfr=spider&for=pc。
② 《伊春：好生态积聚"绿色动力"迸发发展活力》，黑龙江省人民政府网站，2024 年 6 月 24 日 https：//hlj.gov.cn/hlj/c107858/202406/c00_31745286.shtml。
③ 《从林下到舌尖，伊春按下森林生态食品产业"快进键"》，"黑龙江新闻网"百家号，2025 年 2 月 2 日，https：//baijiahao.baidu.com/s？id=1822915930258497327&wfr=spider&for=pc。

（二）畜牧养殖效益提高，特色产业发展迅速

优质安全肉蛋奶的稳定供应能够更好地满足人民群众多元化畜禽产品消费需求，畜牧业可持续供给能力的增强与高质优效发展在保障国家食物安全、繁荣农村经济等方面发挥着重要作用。

辽宁省是畜牧业大省，重视畜禽养殖发展，2023 年畜禽全产业链总产值达到 2400 亿元，猪肉和鸡肉产业是辽宁省畜牧业的支柱产业。2024 年，辽宁省创建国家级和省级畜禽养殖标准化示范场 20 个，支持 200 个大中型畜禽养殖场开展智能化设施升级改造。优化畜禽产业集群布局，做优做强做大做精生猪产业、家禽产业、牛羊产业和特色产业，因地制宜发展肉驴、梅花鹿、蜜蜂等特色产业。辽宁省印发《辽宁省畜禽产业集群发展行动方案（2023—2025）》，提出 2025 年辽宁省畜禽产业全产业链总产值将达到 2800 亿元，规模以上畜禽加工业产值达到 1050 亿元，年均增速分别为 5%左右和 9%左右，畜禽平均规模化养殖率达 78%以上。辽宁省肉鸡养殖规模化率达 98.4%，2023 年辽宁肉鸡全产业链产值已达 920 亿元，白羽鸡是辽宁省优质畜牧产业之一，年出栏产量排名全国第二。"十四五"时期，辽宁省结合资源要素、产业基础、市场容量、环境承载力等条件，精准指导优化全省畜牧业产业布局（见表 2）。

表 2　"十四五"时期辽宁省畜牧业发展布局

产业名称	重点发展地区
生猪产业	沈阳市、阜新市、锦州市、铁岭市、朝阳市、葫芦岛市
蛋鸡产业	沈阳市、大连市、鞍山市、丹东市、锦州市
肉鸡产业	沈阳市、鞍山市、锦州市、丹东市、铁岭市、朝阳市
奶牛产业	沈阳市、抚顺市、阜新市、锦州市、铁岭市、朝阳市
肉牛产业	沈阳市、锦州市、阜新市、铁岭市、朝阳市、葫芦岛市
肉羊产业	锦州市、阜新市、朝阳市、葫芦岛市
绒山羊产业	鞍山市、抚顺市、本溪市、丹东市、营口市、辽阳市。

资料来源：《辽宁省"十四五"现代畜牧业发展规划》。

2024 年，吉林省畜牧业取得逆势上扬、稳中求进的亮眼成绩。猪牛羊禽增速位居全国前列，肉类人均占有量居全国第 1 位，牧业人均产值居全国第 2 位。肉牛屠宰量实现翻番，由全国第 11 位跃升至第 5 位。梅花鹿饲养量和鲜鹿茸产量均占全国 70% 左右，梅花鹿种质资源、养殖规模、鹿茸产量均居全国第一。皓月、金翼、世鹿、东鳌首次入选全国肉牛 8 强、禽蛋 20 强、梅花鹿 3 强龙头企业。畜产品质量安全监督抽检合格率达 99.3%。① 吉林省立足"牛优势"、做足"牛文章"，遵循省情农情和畜牧业发展规律发展肉牛产业，建设年产万头肉牛无抗养殖基地 15 家，着重深加工、打品牌、搞服务、巧营销，肉牛产业加速集群集聚。实施"千万头肉牛"工程，肉牛饲养量连续两年保持 10% 以上增速，吉林省已成为全国最大的肉牛生产基地之一。2024 年前三季度，吉林省肉牛全产业链产值达 1843.27 亿元、同比增长 8.96%。② 吉林皓月集团通过精深加工将一头牛"吃干榨净"，从鲜肉到熟食、再到蛋白粉等产品，将数十种牛肉制品端到消费者餐桌。2024 年前三季度，吉林省养殖业产值居农林牧渔业之首，其中第一季度占 95%，第二季度占 84%，第三季度占 66%。③ 近年来，吉林省出台《吉林省人民政府办公厅关于实施"秸秆变肉"暨千万头肉牛建设工程的意见》《吉林省做大做强肉牛产业十条政策措施的通知》《全省肉牛屠宰量倍增工作实施方案》等文件，为畜牧业稳健发展提供了政策保障。

黑龙江省加快由畜牧大省向畜牧强省转变，通过强畜牧、兴渔业、优果蔬构建多元化食物供给体系。黑龙江省高度重视现代畜牧业发展，以"两牛一猪一禽"为重点，坚持畜牧业全产业链谋划。2023 年，黑龙江省畜牧业产值 1722.9 亿元，同比增长 3.7%。2023 年猪牛羊禽肉产量比上年增长

① 《省畜牧局召开全省畜牧业工作视频会议》，吉林省畜牧业管理局网站，2025 年 1 月 21 日，https：//xmy. jl. gov. cn/xwfb/myyw/bmdt/202501/t20250121_9008917. html。
② 《吉林省肉牛饲养量、屠宰量、全产业链产值逆市上扬——肉价持续低迷，牛业何以奋蹄？》，《农民日报》2024 年 12 月 18 日。
③ 《省畜牧局召开全省畜牧业工作视频会议》，吉林省畜牧业管理局网站，2025 年 1 月 21 日，https：//xmy. jl. gov. cn/xwfb/myyw/bmdt/202501/t20250121_9008917. html。

5.1%，生牛奶产量增长 0.5%。[1] 2024 年全省生猪出栏 2346 万头，"龙民黑猪"新品种通过国家认定，全省牛肉产量 56 万吨，生鲜乳产量 443.1 万吨。[2] 着力打造全国高端肉牛生产第一大省，以龙江县为核心，辐射齐齐哈尔各县区，黑河市、大庆市、佳木斯市、七台河市和内蒙古的锡林浩特、海拉尔及新疆等地，预计到 2030 年，黑龙江省将实现高端肉牛存栏 100 万头，肉牛全产业链产值达到 1000 亿元。[3] 鹅产业"畜"能成势，全省鹅出栏量已位居全国前十，并于 2025 年成立了黑龙江省鹅业协会。大庆市及林口县、绥滨县、依安县等地聚焦鹅养殖、鹅餐饮、鹅绒羽绒服、羽毛球等精准发力，带动鹅经济迅速发展。2024 年大庆市鹅产业产值突破 8 亿元，新建年出栏 10 万只以上的鹅养殖新型经营主体 7 家，鹅全产业链营业收入有望实现 15 亿元以上。[4] 绥滨大鹅小镇带动了全县 27 个肉鹅养殖基地的发展。[5]

（三）加快发展深远海养殖，科学开发江河湖海资源

辽宁省濒临渤海、黄海，拥有近 2300 公里的海岸线，海水养殖面积位居全国第一，水产资源丰富，可直接利用海洋经济鱼类 70 多种，典型淡水鱼类 90 多种。2019～2023 年，辽宁省水产品总产量保持增长态势（见图 1）。2023 年辽宁省渔业经济产值 957.02 亿元，占农业总产值的 18.2%。全年水产品产量（不含远洋捕捞）490.6 万吨，比上年增长 3.9%。其中，海洋捕捞 49.5 万吨，海水养殖 356.5 万吨，淡水捕捞 3.4 万吨，淡水养殖 81.1 万吨。大连市海洋捕捞产品产量占全省的 52.8%。2023 年，大连市海

---

[1] 数据来自黑龙江省人民政府网站。

[2] 《10 组数据，看 2024 年龙江"三农"成绩单!》，黑龙江省人民政府网站，2025 年 1 月 22 日，https://www.hlj.gov.cn/hlj/c107856/202501/c00_31804488.shtml。

[3] 《黑龙江省高端肉牛产业"百千工程"实施方案》，黑龙江省农业农村厅，2022。

[4] 《鹅产业为大庆畜牧经济增添新"引擎"》，黑龙江省农业农村厅网站，2024 年 11 月 28 日，https://nynct.hlj.gov.cn/nynct/c115396/202411/c00_31788476.shtml。

[5] 《"绥滨鹅"羽翼渐丰》，"黑龙江新闻网"百家号，2024 年 5 月 14 日，https://baijiahao.baidu.com/s? id=1798990898877839233&wfr=spider&for=pc。

水养殖产量217万吨，其中海参年产量8万余吨、约占全国产量的28%，虾夷扇贝约占全国产量的90%，裙带菜约占全国产量的70%。作为全国最大的海珍品增养殖基地，长海县2023年实现水产品产量68.56万吨，同比增长4.4%。[①] 2024年，大连市海洋经济生产总值达4500亿元。[②] 辽宁省充分挖掘海洋资源，全力打造"蓝色粮仓"，已建成国家级海洋牧场38个，养殖面积达30万亩，有12家以鲳鱼、小黄鱼等品种为主的工厂化养殖场，小人蚬、中国对虾、海参、海蜇实现多层立体养殖。[③] 2024年，辽宁省新建国家级海洋牧场6个，居全国第一。[④] 2023年，辽宁省成功打造全国规模最大的南极捕捞加工船。

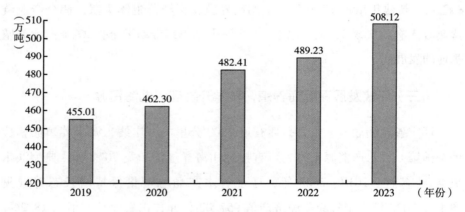

图1　2019~2023年辽宁省水产品总产量

资料来源：《一个不可低估的海鲜大省　看数字里的辽宁海洋势力》，"东北新闻网"百家号，2025年2月9日，https：//baijiahao. baidu. com/s？ id = 1823513327593582363&wfr = spider&for = pc。

[①] 《创示范区，建种质资源场，向深远海挺进——这首"海洋牧歌"带来几多启示》，"东北新闻网"百家号，2024年11月18日，https：//baijiahao. baidu. com/s？ id = 1816012968824028124&wfr=spider&for=pc。

[②] 《大连：扛牢使命挑大梁　蓄势聚能再扬帆》，《辽宁日报》2025年1月16日。

[③] 《如何落实大食物观？来看辽宁怎么做》，中国农业农村信息网，2024年7月8日，https：//www. agri. cn/zx/xxlb/ln/202407/t20240708_8650002. htm。

[④] 《2025年省政府工作报告——2025年1月16日在辽宁省第十四届人民代表大会第三次会议上》，《辽宁日报》2025年1月20日。

吉林省境内有松花江、鸭绿江、图们江等五大水系，2710 座湖泊水库，在近百个 5000 亩以上大水面打造大水面生态渔业和冬捕产业，共创建 51 处省级以上休闲渔业示范基地，年休闲渔业产值达 30 多亿元。[①] 查干湖是吉林省最大的天然湖泊，以查干湖为代表的现代渔业园区初步形成。2023 年全省加工水产品规模达 5000 多吨。[②] 2020 年吉林省就开始实施水产绿色健康养殖技术推广"五大行动"，着力打造特色优势产业，使水产养殖业集约化、标准化、产业化、现代化水平不断提升。截至 2023 年，30 家渔业企业获评国家级骨干基地，推广"稻渔综合种养""大水面生态增养殖""流水池塘养殖尾水生态净化与循环利用"等技术模式 10 个。[③]

黑龙江省有黑龙江、松花江、乌苏里江和绥芬河四大水系，有兴凯湖、五大连池等天然湖泊 6000 多个，水质优、无污染，形成淡水养殖水面 652 万亩，域内已发现鱼类 105 种，民间素有"三花、五罗、十八子、七十二杂鱼"之称。龙江冷水鱼氨基酸总量可达 18%，水产品认证国家地理标志 25 个，绿色食品认证 48 个，达氏鳇和施氏鲟属世界特有养殖品种。[④] "十四五"期间，黑龙江省深挖冷水渔业发展优势潜力，全省建有冷水鱼繁育良种场 14 个。2023 年，黑龙江省水产品总产量 77.5 万吨，渔业产值 155.1 亿元、增长 6.2%。截至 2023 年，黑龙江省寒地小龙虾养殖规模年均增速超过 500%，养殖区域辐射全省 11 个地市，哈尔滨市被授予"中国寒地小龙虾之都"区域特色品牌称号，已建成寒地小龙虾苗种生产基地 12 个，在 7 区 9 县建立寒地小龙虾养殖示范基地 20 余个，规模化养殖小龙虾年产值可达

① 《吉林省大力发展大水面生态渔业 推进渔业现代化建设》，吉林省人民政府网站，2023 年 10 月 23 日，https：//www.jl.gov.cn/szfzt/jlssxsxnyxdh/gzjz/202310/t20231023_2868936.html。
② 《争当现代农业建设排头兵——回望 2023 吉林实践（五）》，吉林省人民政府网站，2023 年 12 月 26 日，https：//www.jl.gov.cn/szfzt/gzlfzx/gzdt/202402/t20240201_3036544.html。
③ 《吉林部署落实"五大行动"推动水产养殖业绿色生态健康发展》，"中国水产"微信公众号，2024 年 4 月 3 日。
④ 《龙江冷水鱼，何以领"鲜"》，人民网，2024 年 12 月 26 日，http：//m.people.cn/n4/2024/1226/c1435-21480955.html。

7500 余万元。① 2024 年，黑龙江省着力打好春育、夏放、秋捞、冬捕渔业"四季牌"，发展小龙虾、河蟹等特色养殖，水产品总产量超 80 万吨。② 龙江冷水鱼已加入"黑土优品"产品矩阵，梭鲈、鲟鱼、虹鳟等作为"三花、五罗、十八子"代表，在 2025 年哈尔滨亚洲冬季运动会亮相，凸显了黑龙江冷水渔业在定制农业领域的独特地位。

二 东北三省构建多元化食物供给体系面临的问题

（一）生态资源面临多重制约

一是黑土地退化呈现加速趋势。东北三省的黑土地一直处于高强度耕种状态，长期机械深耕与秸秆焚烧导致土壤板结、沙化，土壤有机质含量下降，土壤保水保肥能力衰退严重。2017 年，农业部等 6 部门印发《东北黑土地保护规划纲要（2017—2030 年）》，指出近 60 年东北黑土地耕作层土壤有机质含量平均下降 1/3，部分地区下降 1/2，辽河平原多数地区土壤有机质含量已降到 20 克/千克以下。松嫩平原、辽河平原坡耕地被侵蚀情况严重，耕层变薄、地力下降。调查显示，东北黑土区侵蚀沟总量为 66.67 万条，且侵蚀沟主要分布在耕地上。耕地虽然仅占东北黑土区总面积的三成，但集中了近 3/4 的侵蚀沟，达 49.48 万条。③ 二是水资源供需存在矛盾。辽河流域、吉林西部等地水资源不足，季节性干旱频发。辽河流域人口密集，工业用水需求量巨大，而同样耗水量大的水稻种植同工业、生活

---

① 《我的家在龙江｜突破寒地养殖难题"小龙女"不寻常》，央广网，2024 年 6 月 23 日，https：//news.cnr.cn/local/dftj/20240620/t20240620_526755831.shtml；《寒地小龙虾"长"成富民大产业》，哈尔滨市人民政府网站，2024 年 8 月 27 日，https：//www.harbin.gov.cn/haerbin/c104696/202408/c01_1006638.shtml。

② 《10 组数据，看 2024 年龙江"三农"成绩单！》，黑龙江省人民政府网站，2025 年 1 月 22 日，https：//www.hlj.gov.cn/hlj/c107856/202501/c00_31804488.shtml。

③ 《东北黑土区侵蚀沟达 66.67 万条：近 3/4 分布在耕地上，影响粮食安全》，"界面新闻"百家号，2023 年 8 月 28 日，https：//baijiahao.baidu.com/s？id=1775465924542721641&wfr=spider&for=pc。

用水竞争加剧。三江平原虽然水资源丰富，但季节性降水集中，春旱夏涝时有出现。

（二）产业结构相对失衡

东北三省粮食、畜牧等传统产业仍是核心，传统粮食产业占比较高，水稻、玉米、大豆等农作物在农业生产中占主导地位，而特色养殖、水果、蔬菜、食用菌等产业发展相对滞后，与庞大的农业体量相比差距较大，在植物动物菌类粮食安全生产的多元结构中占比失衡。特色水果、高端蔬菜、冷水养殖等特色产业规模小且分散，标准化程度不高，尚未形成规模效应，在市场供应中难以满足多元化需求。精深加工处于价值链低端，功能性食品、生物制品等高附加值产品少，多数农产品仍以原粮、生鲜等初级形态销售，高端化、精细化、差异化的开发能力仍需提升。三次产业融合度不足，农产品加工、流通、电商销售等环节衔接不畅，不仅增加了流通损耗，还造成了产品的库存积压。

（三）区域协同机制有待建立和完善

首先，东北三省在农业规划上缺乏区域统筹，容易陷入同质化竞争。如作物种植结构单一，不易产生差异化产品，在激烈的市场竞争中难以脱颖而出，各省农业合作与协调不足，会进一步加剧东北三省农产品的同质化竞争。其次，跨省域生态治理缺乏联动。东北三省在黑土地保护、水资源治理方面的保护政策和措施缺乏衔接，缺少资源共享、信息互通等，依靠自身有限资源与局部信息"各自为战"，没有形成协同治理合力，无法针对全流域生态问题统筹调配人力和物力，改善生态环境和保障食物安全的效果打折，阻碍各产业协同发展。此外，食物供给体系涵盖种养加工销售多环节，缺乏及时准确的资源共享与信息传递，会让产业链上下游企业不能进行有效沟通，削弱食物供给体系的整体竞争力，也无法实现食物稳定多元供给的长期发展目标。

三　东北三省构建多元化食物供给体系的几点建议

2024年9月12日，国务院办公厅发布《国务院办公厅关于践行大食物观构建多元化食物供给体系的意见》，提出到2027年，大农业观、大食物观普遍树立，构建形成粮经饲统筹、农林牧渔结合、植物动物微生物并举的多元化食物供给体系；到2035年，食物产业链条健全完善，多元化食物供给体系全面建成，人民群众多元化食物消费和营养健康需求得到有效满足。

（一）切实保障粮食安全，增加重要农产品供给

2025年2月8日，习近平总书记在吉林长春听取吉林省委、省政府工作汇报时强调："保障国家粮食安全，是农业大省、粮食大省的政治责任。"[1]东北三省稳稳筑牢粮食安全根基，不仅是打造现代化大农业发展先行地的客观要求，也是践行大食物观的内在要求。习近平总书记指出："要把黑土地保护作为一件大事来抓，把黑土地用好养好。"[2]保护耕地安全，重点要保护黑土地的质量和生态，培育肥沃耕作层，实施黑土地保护性耕作技术，统筹推进盐碱地综合治理，减少化肥、农药施用量。依托技术赋能，提高粮食综合生产能力、黑土地管护利用水平和农业防灾减灾能力。因地制宜制定黑土区侵蚀沟治理方案，坚决杜绝对保护性耕地的乱占、破坏行为。东北三省在做好提升水稻、玉米、大豆三大主粮单产和产能的同时，更要加强牲畜家禽、食用菌、瓜果蔬菜、水产品等多元化食物的生产和供应，提升精深农产品加工水平，使优质农产品获得更高的产品附加值与收益。依托生态优势，进一步夯实、巩固与提升绿色有机食品的发展优势，构建绿色健康产品生态圈，努力争取占领高端农产品市场，为消费者提供多元化选择。

---

① 《习近平在听取吉林省委和省政府工作汇报时强调　深入落实推动新时代东北全面振兴战略部署　在中国式现代化建设中展现更大作为》，《人民日报》2025年2月9日，第1版。
② 《习近平谈治国理政》（第四卷），外文出版社，2022，第396页。

（二）重视特色产业发展，增加多元化食物供给

发展特色产业是推动农业由传统向现代转变的重要抓手，是带动农民增收致富的有效途径，也是构建多元化食物供给体系的重要环节。2025年辽宁省提出海参、人参、梅花鹿、食用菌、樱桃、草莓、蓝莓、盘锦大米、河蟹、小粒花生等特色产业由省政府领导"一对一"统筹推进，不仅要全面推行标准化生产，还要打造一批优质生产基地，尤其是实施严格监管，确保好产地出好产品。[①] 辽宁省具备发展深远海养殖天然优势，截至2024年，大连市国家级海洋牧场示范区数量位居全国各城市之首。要向海洋要食物，利用海洋资源减轻陆地种养殖压力，打造现代化海洋牧场全产业链，推动海洋牧场生态产品价值实现。吉林省要在"土特产"上做好大文章，在人参、梅花鹿、食（药）用菌、特色蔬菜、特色果品、花生、蜜蜂、生态渔业、林蛙等产业上多下力气，切实增加食物供给的多样性和稳定性。黑龙江省要通过强畜牧（稳定生猪生产、推进奶业振兴、发展中高端肉牛、做大做强鹅产业）、兴渔业（实施冷水渔业振兴行动、突出大水面生态养殖、组织开展系列渔事活动）、优果蔬（努力打造"北菜南销"生产基地，抓住南方果蔬生产淡季的时间窗口，狠抓蔬菜生产），发展特色产业，构建多元化食物供给体系。[②]

（三）夯实食物源基地建设，增加健康优质食物供给

2024年11月，农业农村部提出必须始终将保障国家粮食安全放在首位，支持东北地区建设粮食和重要农产品大型生产基地，推动粮食和其他主要作物单产水平大面积提高。[③] 东北三省应重视筑牢农林牧渔产品质量安全

---

① 《辽宁十大特色产业将由省领导"一对一"推进》，辽宁省农业农村厅网站，2025年2月12日，https：//nync. ln. gov. cn/nync/index/nyyw/nyxw/nyyw/20250212110539532249/index. shtml。

② 《强畜牧 兴渔业 优果蔬 黑龙江构建多元化食物供给体系》，《中国食品报》2024年9月27日。

③ 《农业农村部召开常务会议 研究支持东北地区加快发展现代化大农业、强化农业建设项目管理等工作》，农业农村部网站，2024年11月25日，https：//www. moa. gov. cn/xw/zwdt/202411/t20241125_6466895. htm。

根基，构建农林牧渔产品全产业链，促进农林牧渔产业融合发展。

辽宁省要推进建设国家科技兴海产业示范基地、境外远洋渔业基地、休闲渔业示范基地、玉米制种基地、小粒花生深加工基地、草莓生产基地、樱桃种植基地、河蟹养殖基地、河蟹冬储基地、蔬菜应急保障基地、果蔬采摘基地等。吉林省要深化建设全国绿色食品原料（水稻）标准化生产基地、国家级玉米制种基地、梅花鹿养殖基地、肉牛养殖基地、鲜食玉米种植基地、鲜食玉米科技实验基地、人参（长春、辽源、白城、通化等）种植基地、黑木耳种植基地、国家农业标准化绿色山葡萄基地、休闲渔业示范基地等。黑龙江省要进一步夯实国家百万吨商品粮生产基地、绿色食品原料标准化生产基地、绿色有机食品基地、国家脱毒马铃薯区域性良种繁育基地、玉米生物发酵产业基地，着力建设生态森林食品供应基地、中高端肉蛋奶生产基地、寒地果蔬生产基地、冷水鱼产品生产供应基地等。

参考文献

《专家观点丨樊胜根等：大食物观下我国食物供求均衡的挑战与对策》，"清华农研院"微信公众号，2024 年 4 月 19 日。

《2023—2024 年度全球食品安全与健康十大研究热点发布》，新华网，2024 年 4 月 26 日，https://www.xinhuanet.com/food/20240426/36c589f37fa048bbb8c2ed4a1c68a967/c.html。

专题研究篇

B.23
哈长沈大东北城市群建设基础、问题及对策研究

姜瑞春　陈岩*

摘　要： 　哈长沈大东北城市群是东北三省产业、科教、国防、粮食、能源等资源的核心地带，地处东北亚区位中心，具有创新要素集聚优势突出、产业体系门类齐全、粮食能源保障能力较强、城镇化体系日益完善等优势。同时，哈长沈大东北城市群建设存在区域合作机制不够健全、总体经济规模偏小、中心城市对周边辐射带动不足、科技创新能力有待提升等问题。未来应推动体制机制创新，建设科技创新走廊、现代产业走廊、东北海陆大通道，努力将哈长沈大东北城市群打造成为现代化产业集聚地、东北亚开放合作新高地、国家重大战略支撑地和我国经济新增长极。

关键词： 　哈长沈大城市群　科技创新走廊　现代化产业集聚地

---

* 姜瑞春，辽宁社会科学院产业经济研究所所长、研究员，主要研究方向为产业经济、区域经济、技术经济；陈岩，辽宁社会科学院产业经济研究所研究员，主要研究方向为产业经济。

党的二十大报告明确提出以城市群、都市圈为依托构建大中小城市协调发展格局。哈长沈大东北城市群①是东北地区产业、科教、国防、粮食、能源等资源的核心地带，建设哈长沈大东北城市群能够整合资源，有效提升东北地区科技创新能力和产业竞争力，推动国防科技工业高质量发展；能够通过发展现代化大农业，提高粮食综合生产能力、加工能力和仓储物流能力；能够强化重点流域治理和生态环境保护，筑牢北方生态安全屏障；能够合力建设能源保障基地和能源进口战略通道，保障国家能源供给；能够合力打造支撑东北乃至全国高质量发展的增长极、增长带，有效带动周边地区快速发展，实现东北全面振兴。

一　哈长沈大东北城市群建设具备的基础条件

东北地区山水相连、资源禀赋相似、人文历史相近、经济联系紧密，具有深厚的合作基础和广阔的合作空间。构建哈长沈大东北城市群，能够更好发挥哈尔滨、长春、沈阳、大连中心城市纽带和辐射作用，实现区域优势互补、协调联动、融合融通，以城市群高质量发展引领东北全面振兴。

（一）良好的地理位置和交通条件

哈长沈大东北城市群位于东北亚经济圈和环渤海经济圈的中心位置，是我国向北开放的重要门户，是连接海上丝绸之路与中蒙俄经济走廊的重要枢纽，战略区位和交通优势独特。区域内交通运输体系发达，拥有海港、空港、铁路、公路、管道"五位一体"的运输网络和较为发达的集疏运体系，高速公路、高速铁路网较为密集，形成了都市圈"1 小时交通圈"和中心城市"2 小时交通圈"。

---

① 哈长沈大东北城市群包括辽中南城市群和哈长城市群。辽中南城市群规划范围包括沈阳市、大连市、鞍山市、抚顺市、本溪市、营口市、辽阳市、铁岭市、盘锦市共 9 个城市；哈长城市群规划范围包括黑龙江省哈尔滨市、大庆市、齐齐哈尔市、绥化市、牡丹江市，吉林省长春市、吉林市、四平市、辽源市、松原市和延边朝鲜族自治州。

（二）高质量的人力创新资源

哈长沈大东北城市群云集了 258 所高等院校，教职工人数超 23 万人。城市群还汇集了一批以中国科学院系统为代表的大院大所，大连化学物理研究所、金属研究所、沈阳自动化研究所、长春光学精密机械与物理研究所、东北地理与农业生态研究所等在系统内地位举足轻重，是国家战略科技力量的集中体现。

（三）基础雄厚的工业体系

哈长沈大东北城市群是全国重要原材料和装备制造基地，被誉为"共和国装备部"。截至 2023 年，东北三省粗钢、乙烯、汽车产量分别占全国的9.48%、16.70%、8.60%（见图 1），数控机床、航空、燃气轮机、船舶和海洋工程、输变电设备等行业先后突破了一批关键核心技术，开发出一系列世界级产品，具备自主研发生产能力，拥有一批大型骨干工业企业，具备众多"国之重器"的总装生产能力。

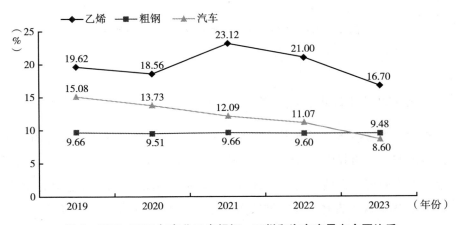

图 1　2019~2023 年东北三省粗钢、乙烯和汽车产量占全国比重

资料来源：国家统计局国家数据网站。

（四）粮食能源保障能力突出

东北三省具有发展农业和畜牧业的有利条件，农业增加值和总产值稳定增长，占全国比重基本保持在10%左右。其中以粮食、畜产品为主的大宗农产品在全国占有较大的份额，具有明显的比较优势。2023年，东北三省粮食总产量占全国的20.91%（见图2），发挥了保障国家粮食安全"压舱石"作用。东北三省也是全国九大清洁能源基地之一，是中俄进口石油和天然气管道必经之地。

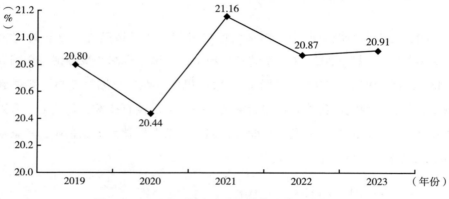

图2　2019~2023年东北三省粮食产量占全国比重

资料来源：国家统计局国家数据网站。

（五）城镇化体系日益完善

东北三省城镇体系形成历史较早，辽中南城市群曾与京津唐城市群、沪宁杭城市群并列为我国三大增长极。哈长沈大城市群区域内拥有4个副省级城市，特大城市、大城市密集，城镇化率较高，基础设施完善、交通便利。2023年，黑龙江、吉林、辽宁城镇人口分别为2054.9万人、1514.07万人、3074万人，常住人口城镇化率分别为67.1%、64.72%、73.51%。①

---

① 《辽宁省2023年国民经济和社会发展统计公报》《吉林省2023年国民经济和社会发展统计公报》《2023年黑龙江省国民经济和社会发展统计公报》。

（六）共同的利益需求

地理位置临近的哈尔滨都市圈、长春都市圈、沈阳都市圈和辽宁沿海经济带，要素资源、政策扶持方向、经济发展水平相近，经济发展利益诉求趋同。四个区域均处于传统的粮食主产区，也是国家重点开发区域，加快工业化和城镇化进程、保护耕地、推进农业现代化是重中之重。四个区域在招商引资和产业发展方面拥有共同目标，如打造统一的投资信息发布平台、避免恶性竞争和低水平重复建设等。在基础建设、市场培育、旅游及科教事业等方面，合作空间也非常广阔。因此，要满足黑、吉、辽的共同发展利益需求，就需要整合四个区域的资源，统筹谋划，构建互利互惠、共同发展的新格局，加快推进哈长沈大东北城市群建设。

二　哈长沈大东北城市群建设存在的主要问题

城市群是推动区域高质量发展的核心引擎，是支撑中国经济高质量发展的主要平台，然而东北地区的城市群仍存在区域合作机制不够健全、总体经济规模偏小、中心城市对周边辐射带动不足、科技创新能力有待提升等问题。

（一）区域合作机制不够健全，发展相对滞后

从黑龙江、吉林、辽宁三省的合作机制看，城市群内部缺乏稳定的沟通渠道和合作平台，合作主要是通过签署框架协议和具体合作项目进行的，建立的协调机构较少。城市群内部大多单打独斗，区域联系和交流不够，协调发展程度较低，对哈长沈大东北城市群健康发展造成了阻碍。

（二）区域城市群经济总量和人口规模偏小

2023 年，东北地区的辽中南城市群和哈长城市群经济总量分别为

30209.4 亿元和 29415.1 亿元,人均 GDP 分别为 7.2 万元和 5.4 万元,常住人口分别为 4182 万人和 5401 万人,不仅远远落后于长三角、珠三角和京津冀城市群,也与长江中游、成渝和关中平原等主要城市群存在明显差距(见表 1)。

表 1　2023 年国内主要城市群发展概况

城市群	所在省份	GDP(亿元)	人口(万人)	人均 GDP(万元)
京津冀	北京、天津、河北	104442.1	10943	9.5
长三角	上海、江苏、浙江、安徽	305044.7	23761	12.8
珠三角	广东	135673.2	12706	10.7
成渝	重庆、四川	90278.7	11559	7.8
长江中游	湖北、湖南、江西	138016.6	16921	8.2
关中平原	陕西、甘肃、山西	71348.1	9883	7.2
哈长	吉林、黑龙江	29415.1	5401	5.4
辽中南	辽宁	30209.4	4182	7.2

资料来源:国家统计局国家数据网站。

与"十三五"规划相比,"十四五"规划对东北城市群的定位发生变化,辽中南城市群由第二梯队变成第三梯队,东北地区的城市群与后起的山西中部、黔中、滇中等城市群被定位为培育发展类,不仅与京津冀、长三角、珠三角城市群有所差异,也明显落后于成渝、长江中游、关中平原等主要城市群的发展定位(见表 2)。

表 2　我国 19 个城市群分类

分类	城市群				
优化提升	京津冀	长三角	珠三角	成渝	长江中游
发展壮大	山东半岛	粤闽浙	中原	关中平原	北部湾
培育发展	哈长	辽中南	山西中部	黔中	滇中
	呼包鄂榆	兰州西宁	宁夏沿黄	天山北坡	—

资料来源:国家"十四五"规划。

（三）区域中心城市的辐射能力有待提高

2023 年沈阳、大连、长春和哈尔滨的 GDP 分别为 8122 亿元、8753 亿元、7002 亿元和 5576 亿元，常住人口分别为 920.4 万人、753.9 万人、910.2 万人、977.6 万人①，与长三角城市群南京、杭州、合肥，成渝城市群的重庆、成都，长江中游城市群的武汉，关中平原城市群的西安等区域中心城市存在较大差距，这些城市全部进入中国万亿 GDP 城市，且常住人口大多过千万。

同时，东北三省城市规模发展不平衡，城市规模普遍较小，大城市数量较少。2023 年辽中南城市群和哈长城市群 20 个城市中，除沈大哈长 4 个中心城市外，GDP 为 2000 亿~3000 亿元的只有鞍山（2011.9 亿元）、大庆（2862.5 亿元）2 个城市，1000 亿~2000 亿元的有吉林、营口、盘锦、绥化、齐齐哈尔 5 个城市，其他 9 个城市 GDP 均低于 1000 亿元，相对于长三角城市群均为中等以上城市的结构，东北城市群在大、中、小型城市的构成上有待进一步优化。

此外，东北城市群四大中心城市的虹吸效应远大于涓流效应，现阶段高级生产要素持续向中心城市集聚，边缘城市在城市竞合关系中的劣势需继续改善。2023 年东北城市群四大中心城市集中了东北地区近 1/2 的经济总量、近 2/5 的常住人口、4/5 的规模以上工业企业的营业利润、2/3 的高校资源；与 2017 年相比，四大城市经济总量占比上升了 4.18 个百分点，常住人口占比上升了 11.3 个百分点，规模以上工业利润占比上升了 1.01 个百分点，高校数量占比上升了 2.1 个百分点。这表明，东北城市群中小城市拥有的工业、科技、人才等资源日益收缩，发展活力和动力相对不足。

---

① 《辽宁统计年鉴 2024》《吉林统计年鉴 2024》《黑龙江统计年鉴 2024》。

表3　2017年和2023年东北三省四大中心城市主要指标占比

单位：%

中心城市	GDP	常住人口	规模以上工业利润	高校数量
沈阳	13.62	9.6	24.78	17.44
大连	14.68	7.87	21.98	12.02
长春	11.74	9.5	28.43	15.89
哈尔滨	9.35	10.31	4.46	19.38
2017年合计	45.21	25.98	78.64	62.60
2023年合计	49.39	37.28	79.65	64.73

资料来源：Wind数据库。

（四）区域科技创新引领产业创新能力有待提升

东北城市群以科技创新和产业创新为主导的新动能还没有系统形成。根据中国科学技术发展战略研究院发布的《中国区域科技创新评价报告2024》，2024年辽宁（66.84）、吉林（56.90）、黑龙江（56.17）综合科技创新水平指数不仅显著低于广东（86.05）、江苏（84.69）、浙江（81.33）、湖北（76.6）、安徽（75.85）等省份，也低于全国平均水平（78.43分）。从当年高新技术产业化指数看，辽宁居全国第20位、吉林居第24位、黑龙江居第31位，三省高新技术产业化指数分别低于全国平均水平12.3、15.6和24.95。此外，东北地区数字经济发展相对滞后，涉及云计算、物联网、大数据和人工智能的企业和平台规模较小，还未形成完整的产业链和成熟的商业模式。东北地区的民营企业大都集中在传统行业，在高新技术领域特别是新能源、新材料、生物技术、人工智能等领域缺少领军企业。

三　哈长沈大东北城市群建设面临的机遇与挑战

（一）发展机遇

从国际看，全球化调整与重构进程中，全球经贸格局加速演变，多边贸易纵深推进，随着《区域全面经济伙伴关系协定》（RCEP）生效实施、中日韩自由贸易协定谈判取得突破，中蒙俄经贸合作不断深化，为哈长沈大东北城市群积极融入和参与重构全球产业链、供应链、创新链提供新机遇。从国内看，我国加快构建新发展格局，建设"一带一路"东通道枢纽，中央连续出台一系列支持东北振兴若干重大政策，东北三省出台以全面开放引领全面振兴、深度融入"一带一路"建设开放合作新高地等重要举措，为哈长沈大东北城市群全方位、多渠道开放发展创造了新条件。从东北三省看，建设哈长沈大东北城市群，能够更好统筹辽宁新时代"六地"、吉林"一主六双"、黑龙江"三基地、一屏障、一高地"目标定位，形成东北全面振兴整体合力，共同走出一条高质量发展、可持续振兴的新路。

（二）面临的挑战

一是哈长沈大东北城市群处于发展劣势。现阶段，两大城市群均处在培育期，经济实力不强，发展水平不高。京津冀、长三角、珠三角、成渝、长江中游五大城市群属优化提升类，规模大、实力强，是我国重要的区域增长极，被公认为国家级城市群。2023 年，五大城市群以 12%的土地集聚了45.7%的人口、创造了 56.5%的国内生产总值，但哈长、辽中南城市群地区生产总值之和约为长三角城市群的 19.5%、珠三角城市群的 43.9%，哈长城市群人均 GDP 为长三角、珠三角城市群的 42.2%和 50.5%，辽中南城市群人均 GDP 为长三角、珠三角城市群的 56.3%和 67.3%。二是哈长沈大东北城市群协同联动不足。目前哈长沈大东北城市群城市之间协同联动较弱，城市群和都市圈一体化协同发展机制不健全；主导产业发展趋同，产业配套协作程度较低，集群发展优势不够明显，资源型城市转型困难；科教资源优势没有转化为产业优势，科技创新"墙里开花墙外香"的问题仍然存在；东北亚地缘优势发挥不够，对外开放水平不高，2023 年东北三省外贸依存度仅为 20.66%，低于全国平均水平 12.44 个百分点。

四 推进哈长沈大东北城市群建设的对策建议

依托东北优势基础，立足维护国家"五大安全"重要使命，坚持"协同联动、共建共享"，充分发挥哈长沈大主轴作用，整合哈长、辽中南两大城市群，连通哈尔滨、长春、沈阳三大都市圈和辽宁沿海经济带，构建"一轴、两带、三圈、三区"区域协调发展新格局①，不断增强中心城市发展能级和人口承载能力，推动大中小城市和小城镇协同发展，加快构建高质量发展的动力系统，努力将哈长沈大东北城市群打造成为现代化产业集聚地、东北亚开放合作新高地、国家重大战略支撑地和我国经济新增长极。

（一）全面推动体制机制创新，探索构建协同高效的城市群治理体系

将体制机制创新作为推动城市群联动发展的首要任务，有效破除区域发展的行政壁垒和制度性障碍，促进产业、人口及各类生产要素合理流动和高效集聚。一是省、市层面，建立完善省级、副省级城市及毗邻区域各市党委、政府主要领导联席会议或定期会商机制，统筹推进基础设施互联互通、科创产业协同发展、城乡区域融合发展、生态环境共保共治、公共服务便利共享，建立区域间成本共担、利益共享机制。二是县区层面，建立省际毗邻区域协同发展示范区，开展交通对接、产业协同、成果转化、管理联动、信息共享等方面制度创新和先行先试。三是市场主体层面，引导产业、科技、教育、交通等领域市场主体及产业园区等各类平台成立联盟，实现信息共享、资源互换、政策协同联动。

---

① "一轴"即连接哈尔滨、长春、沈阳、大连四个中心城市的城市群发展主轴，"两带"即辽宁沿海经济带、东北沿边经济带，"三圈"即哈尔滨都市圈、长春都市圈、沈阳都市圈，"三区"东部绿色生态经济区、中部现代化大农业示范区、西部清洁能源保障区。

（二）加快构建科技创新走廊，协同打造区域科技创新中心

整合和优化城市群科教资源，协同打造区域科技创新中心、国家战略科技力量的纵深承载地和东北振兴重大技术创新策源地，努力把科教资源优势转化为产业发展优势，加快形成新质生产力，增强发展新动能。

一是依托中国科学院长春光学精密机械与物理研究所、金属研究所、大连化学物理研究所和哈尔滨工业大学、吉林大学、大连理工大学、东北大学等高校院所，合作共建一批重大科技创新平台，培育建设一批全国重点实验室、技术创新中心、制造业创新中心等国家级创新平台，构建高水平实验室体系。积极参与国家实验室及国家实验室基地建设。集中建设大连先进光源、哈工大核安全壳结构行为模拟等重大科技基础设施集群。

二是开展关键核心技术联合攻关。聚焦国家重大需求和产业发展需要，围绕高端装备、新材料、生物医药、新能源等领域，共同实施重大科技项目。推动头部企业联合知名高校、科研院所，牵头组建创新联合体和共性技术研发基地，共同承担国家重大科技项目。共同开展颠覆性技术创新，开辟发展新领域新赛道。

三是共同推动科技成果产业化。联合推动与中国科学院、高水平研究型大学、央企合作，系统谋划在城市群设立分院、研究院或新型研发机构。共同打造科技成果转化合作示范区，创建国家科技成果转化示范基地。

四是开展数字经济合作。统筹数据中心、工业互联网标识解析、星火·链网等新型基础设施布局。聚焦新一代信息技术、智慧农业、集成电路等领域，合力推动数字产业发展，打通数字经济全产业链。促进城市群数据要素互联互通，联合打造数据要素应用示范区。

五是协同推进国家级新区创新发展。坚持向改革要活力，聚焦薄弱环节，抓住关键领域，在共建营商环境、产业协同发展、科技联合创新等领域开展新一轮探索，复制推广金普新区园区法定机构改革、长春新区人才管理改革、哈尔滨新区"飞地经济"新模式等典型创新成果。充分发挥金普新

区临港临海、长春新区左右互济、哈尔滨新区临近俄罗斯远东地区的优势，共同打造高能级开放平台。

（三）共同打造现代产业走廊，构建具有东北特色优势的现代化产业体系

发挥比较优势，做好结构调整"三篇大文章"，组建目标一致、互惠互荣、彼此衔接的先进制造业网络，培育竞争新优势，共同打造具有国际竞争力的先进制造业基地、现代化大农业生产基地、高品质文体旅融合发展示范地，构建具有东北特色优势的现代化产业体系。

一是差别化培育壮大传统优势产业。合理优化产业布局，重点打造一批以辽宁沿海经济带为主体的石化和精细化工、以沈阳都市圈为核心的冶金新材料、以长春都市圈为核心的汽车制造、以哈尔滨都市圈为核心的农产品精深加工等万亿级产业基地。

二是合力发展战略性新兴产业和未来产业。依托城市群内科研资源优势和高新技术产业基础，布局建设一批新能源、新材料、先进制造、生物医药等战略性新兴产业集群，发展壮大碳纤维、石墨、卫星等特色优势产业，合力推动汽车产业朝新能源、智能化方向转型，共同谋划元宇宙、生命健康、氢能、储能等未来产业发展，培育一批未来产业聚集区。

三是共同建设产业战略备份基地核心区。依托沈阳、哈尔滨两地企业和院所研发制造优势，建设民航客机及零部件战略备份基地；依托中国一重和大连重工等企业，发展核电装备及关键部件战略备份基地；依托大连、哈尔滨两地企业和院所，发展船舶与海洋工程装备设计制造和总装战略备份基地；依托沈阳、长春等地产业基础和科研优势，发展集成电路装备及关键零部件战略备份基地。

四是共同建设粮食安全保障基地。以发展现代化大农业为主攻方向，共同建设好现代农业大基地、大企业、大产业。聚焦粮食生产短板弱项，重点完善粮食仓储物流、精深加工等，协同推进粮食就地就近加工转化升值。联合开展"黑土粮仓"科技会战，携手打造"北粮南运"大通道，合力共建

东北粮食储备集散中心和精深加工基地，扶持一批新型农业经营主体发展粮油、特色产品加工产业集群。

五是共同打造富有东北特色的文体旅融合示范带。聚焦冰雪、民俗、红色、工业等主题，合力打造精品旅游线路。建设以冰雪为主题的体育产业基地，共同承办国际国内冰雪赛事活动和冰雪展会。共同梳理高句丽、辽金、清朝、闯关东等时期历史文化故事线，谋划"重走东北抗联路"和"共和国装备部"等文化旅游主题。

六是共同推进金融服务实体经济发展。推动全国性银行及地方银行法人机构组建银团组织，聚焦哈长沈大重大产业合作项目、重大科技创新项目、城市群基础设施项目等，加大信贷投放力度。加强哈长沈大政府引导基金合作，通过共同设立投资基金等方式，重点扶持"硬科技"、前瞻性产业和未来产业发展。建立哈长沈大城市之间信用互信合作机制，营造良好营商环境。

（四）建立东北海陆大通道协作机制，构建高效现代通道运输服务体系

建立东北海陆大通道跨区域协作机制，强化跨境、省际交通设施互联互通，优化枢纽布局、完善集疏运网络，构建高效现代通道运输服务体系。

一是加强基础设施互联互通。打造自大连经沈阳、长春、哈尔滨至满洲里及绥芬河、同江的大运力铁路运输主通道，建设大容量、立体化、综合性交通主轴。畅通省际干线公路网络，加快形成与铁路干线互补支撑格局。完善海港、陆港、空港、口岸等基础设施，强化海陆口岸连通，形成以大连港、营口港为起点（终点）、东北腹地为支撑的海陆联动发展格局。

二是提升通道整体运行效率。优化整合中欧班列，发展"班列+"模式，推进运贸一体化。发展多式联运，强化规则标准衔接，推进"一单制"，加强铁、港、航等服务规则对接，整合建设多式联运综合公共信息平台，实现信息资源互联互通和开放共享。深化通关便利化，完善统一的便捷通关政策，探索通关"一站式"服务。

三是合力发展通道经济。优化整合物流资源，与通道沿线地区经济紧密

协同，推动业务链条向全程供应链服务延伸，提升产业链保障能力。统筹枢纽机场临空经济区规划布局建设，协同发展临空产业。推进信息、金融等现代服务业协同发展。

四是打造高水平对外开放平台。共同提高大连夏季达沃斯论坛、中蒙俄经贸合作洽谈会、中国—东北亚博览会、哈尔滨国际经济贸易洽谈会（哈洽会）、辽宁国际贸易投资洽谈会（辽洽会）等论坛展会国际化水平。推动辽黑自贸试验区协同联动发展，形成一批跨区域、跨部门、跨层级的制度创新成果。

（五）拓展东北亚国家合作领域，打造"一带一路"东北亚开放门户枢纽

按照"稳欧扩亚"思路，大力发展面向东北亚的开放型经济与总部型经济，积极拓展区域经贸合作领域，高水平打造重大开放合作平台，着力培育东北亚区域总部经济基地，全面提高哈长沈大东北城市群对外开放水平。

一是优化提升重大开放合作平台。用好用足《区域全面经济伙伴关系协定》生效实施带来的发展机遇，充分发挥重点产业园区政策叠加和政策协同优势，以制度创新为核心，下大力气打造自贸区、开发区等开放平台功能，全力提升对外开放平台能级。

二是积极拓展东北亚国家合作领域。积极拓展与日韩等国家经贸合作领域，巩固提高与俄蒙等国家能源资源合作深度和质量，将哈长沈大建设成为中国东北地区对外开放大门户和高水平对外开放示范区。

三是培育东北亚区域总部经济基地。按照"做优存量、鼓励增量"思路，坚持"外引内育、引育结合"原则，以优化环境、服务、政策为主线，积极吸引国内外大集团大企业总部和区域总部落户，大力支持发展高成长型企业向总部型企业发展，使总部经济成为东北亚国际化中心城市建设的重要支撑。

（六）构建东北亚区域资源配置平台枢纽，集聚各类高端要素资源

按照"枢纽+开放"思路，发展国际化服务型经济和流量型经济，做大

"空、陆、海、网"开放通道，培育资源要素跨境配置功能，增强国际现代化经济枢纽的集疏、辐射功能，构筑吸引国际物流、金融、技术、绿色权益、人才等各类高端要素资源的强大引力场。

一是完善国家现代综合枢纽国际功能。实施航空港、中欧班列、多式联运等领域的开放能级提升工程，全面拓展对外开放大通道体系，高水平建设以哈长沈大为中心的东北亚国际交通、物流枢纽和信息枢纽，形成吸引国际商品和要素资源的强大吸引力，打造开放高效、内捷外畅、高效通达的国际现代化综合枢纽。

二是提升区域性金融中心国际影响力。扩大金融对外开放，提升金融服务层级和水平，构建多元化金融机构、开展多层次金融市场、拓展多样化金融服务，把哈长沈大建设成为面向东北亚的机构聚集、设施完善、功能完备的区域性特色金融中心。

三是促进数据跨境流通和交易。建设多层次数据交易市场，畅通数据要素流通，建立完善数据要素全链条生态，积极发展数据开放平台，加强和改善对数据要素流通交易的监管，提升数据要素资源配置能级。

四是探索资源环境国际交易模式。探索构建跨区域资源环境交易平台，探索资源环境权益类要素市场化配置方式，促进要素资源的高效有序配置，不断提升哈长沈大在东北亚资源环境国际合作中的功能地位。

五是打造国际化人才集聚地。深入实施人才提升战略和海内外高精尖优才集聚工程，坚持面向世界科技前沿、面向经济主战场、面向国家重大需求、面向人民生命健康，积极吸引海外人才，建设青年友好型城市，破除人才使用、评价、服务等方面的体制机制障碍，营造识才爱才敬才用才的良好环境，着力建设国家级吸引和集聚人才平台。

（七）推动以人为核心的新型城镇化，优化区域协调发展格局

围绕加快农业转移人口市民化、构建区域协调发展格局、提升城市品质，进一步提高城市群城镇化建设质量。

一是增强人口和人才集聚能力。深化户籍制度改革，加快推进农业转移

人口市民化，推动城市群内部实行户籍准入年限同城化累计互认。共同提升高等教育办学层次和水平，共建引才引智示范基地，共同争取国家支持东北人才振兴专项政策，建立与国际接轨的人才激励机制。优化高端医疗资源布局，采取合作办院、设立分院、组建医联体等方式，扩大优质医疗资源覆盖范围。

二是建设现代化都市圈。围绕哈长沈大发展轴提高城市群一体化发展水平，加快建设哈尔滨、长春和沈阳现代化都市圈，高质量建设辽宁沿海经济带，推进以县城为重要载体的城镇化建设，促进大城市朝规模化、中小城市向专业化方向发展，引领带动东北地区协调发展。

三是转变城市发展方式和提升城市品质。加快转变城市发展方式，高效聚集人才、资本、技术等要素，形成以现代服务业为主体、先进制造业为支撑的产业结构，进一步提高哈尔滨、长春、沈阳、大连等中心城市经济增长质量和效益，提高中心城市核心竞争力，打造新时代东北振兴的增长极。同时，发挥中心城市的辐射带动作用，增强城市群综合承载能力。

四是促进县域经济发展。推动中心城市基础设施向县域延伸、公共服务向县域覆盖，强化县城、重点镇与中心城市发展的衔接配合。向县域疏解转移中心城市的一般制造业、区域性物流基地、专业市场等产业，特别是比较优势明显、就业容量大的产业，加快县域产业集聚。

参考文献

李琳：《长江中游城市群一体化模式选择与机制研究》，社会科学文献出版社，2019。

秦尊文主编《长江中游城市群发展报告（2013~2014）》，社会科学文献出版社，2014。

孙先科、蒋丽珠、杨东方主编《国家中心城市建设报告（2021）》，社会科学文献出版社，2021。

李万军、梁启东主编《中国东北地区发展报告（2022~2023）》，社会科学文献出版社，2023。

童中贤主编《长株潭城市群发展报告（2024）》，社会科学文献出版社，2024。

B.24
新质生产力驱动下东北三省
冰雪经济高质量发展研究

王力力[*]

摘　要： 凭借独特的冰雪资源，东北三省冰雪经济发展已初见成效。在新质生产力的驱动下，冰雪经济再次迎来转型升级新契机。为贯彻落实习近平总书记的重要指示，东北三省应当以新质生产力赋能冰雪经济发展，加快推进新兴技术融入冰雪经济、各类人才服务冰雪经济、体制创新保障冰雪经济、产业融合促进冰雪经济、金融支持助力冰雪经济，推动冰雪经济高质量发展。

关键词： 新质生产力　冰雪经济　高质量发展

一　东北三省冰雪经济发展现状

东北三省依托冰雪资源优势，构建了以冰雪旅游为核心、冰雪运动为支撑、冰雪文化为内涵、冰雪装备制造为延伸的全产业体系。冰天雪地正加快向金山银山转化。

（一）冰雪旅游蓬勃兴起

东北三省凭借独特的冰雪景观和丰富的民俗文化，连续多年成为国内冬季旅游热门目的地。特别是乘着第九届亚冬会在哈尔滨举办的东风，2025

---

[*] 王力力，黑龙江省社会科学院经济所副研究员，主要研究方向为文旅经济。

年春节期间，辽宁省共计接待游客5335.88万人次，同比增长30.57%；全省旅游收入达536.98亿元，同比增长30.11%。吉林全省接待国内游客2770.68万人次，国内游客出游总花费达337.55亿元。黑龙江全省累计接待游客2626.3万人次，实现游客花费336.5亿元，同比分别增长18.3%、23.8%。哈尔滨市位列2025年"冰雪旅游十佳城市"榜首，沈阳市、长春市、牡丹江市、伊春市等多个东北城市亦上榜。

（二）冰雪运动扎实推进

东北三省是我国冰雪运动的核心区域，群众基础深厚，专业赛事频繁。截至2023年底，黑龙江省拥有滑冰场1000余座、滑雪场140余座，参与冰雪运动人数达2000余万人，培养出王濛、武大靖等众多世界冠军，带动冰上运动在全省的普及。第九届亚冬会在哈尔滨市举办，该项赛事的举办有力推动国际赛事在东北地区落地。2023~2024赛季，吉林省举办国际、国内冰雪赛事50余场，提升了吉林省冰雪运动的国际影响力。辽宁省积极推广冰雪运动，举办的"百万市民上冰雪"活动，每年吸引超200万人次参与，推动冰雪运动普及。

（三）冰雪文化日益繁荣

冰雪文化在东北三省源远流长，形式多样且内涵丰富。黑龙江省的冰雕艺术堪称一绝，其冰雕技艺传承多年，冰雕作品在国际冰雕比赛中屡获奖项。创办于1985年的中国·哈尔滨国际冰雪节与日本札幌冰雪节、加拿大魁北克冬季狂欢节、挪威奥斯陆滑雪节并称为"世界四大冬令盛典"。这个冰雪季，第26届哈尔滨冰雪大世界接待游客量超过356万人次，同比增长31%，刷新历史纪录。东北三省结合当地特色文化，举办民俗表演、传统冰雪比赛近百场。长白山市打造"雪雕版云顶天宫"、牡丹江市推出"风雪宁古塔"、辽宁省举办"满族冰雪文化节"等，丰富了冰雪旅游的文化内涵。

（四）冰雪装备发展迅速

东北三省冰雪装备产业发展迅速，形成一定的产业集聚效应。黑龙江省集群发展态势明显，黑龙江劲道冰雪科技有限公司、长春百凝盾体育用品器材有限公司等一批冰雪装备领域优质企业落地，七台河市宇峰索道制造有限责任公司的拖牵产品进入亚冬会赛场。齐齐哈尔黑龙国际冰雪装备有限公司研制的T形高端速滑刀达到国际顶级水平，哈尔滨乾卯雪龙体育用品有限公司研发的自由式空中技巧滑雪板填补国内空白。同江赫哲远鹏科技有限公司推出的全地形雪地摩托车出口到10多个国家和地区，提升了国际影响力。吉林省冰雪产业发展迅速，一些企业的冰雪装备如吉林化纤集团有限责任公司的"希飞"牌碳纤维滑雪板，辽源北方袜业集团有限责任公司的自发热冰雪袜已在国内部分滑雪场推广使用。辽源市德弘冰雪运动科技有限公司专业研发、生产滑雪靴等滑雪装备，取得了迪士尼冰雪产品IP授权，实行品牌化发展战略，提升产品知名度。辽宁省冰雪装备产业不断发展壮大。在冰雪场地装备方面，辽宁省拥有大连冰山集团有限公司、沈阳娅豪滑雪产业集团有限公司、沈阳龙万恒滑雪设备有限公司、辽宁华驰专用汽车制造有限公司等重点企业；在冰雪运动器材方面，拥有沈阳市飞航冰雪器材有限公司、凤城市瑞沃尔制衣有限公司等实力强劲的企业，共同助力辽宁省冰雪产业发展。

二　新质生产力在冰雪经济中的体现

新质生产力以科技创新为核心驱动力，凭借新兴技术、新型人才、新产业组织模式等关键要素，从多个维度深度赋能冰雪经济。

（一）科技创新：冰雪经济升级的核心动力

科技创新促使冰雪经济的产品和服务不断推陈出新。在冰雪装备制造领域，借助3D打印、智能控制等先进技术，东北三省能够制造出更符合人体

工程学、性能更卓越的装备。在旅游服务方面，东北三省利用大数据、人工智能技术开发的智能导览系统，能为游客提供个性化的游玩路线规划，提升服务的精准度与质量。虚拟现实（VR）、增强现实（AR）等技术为冰雪经济创造了全新的体验形式，如冰雪主题的 VR 游戏、AR 冰雪互动展览等，吸引了更多非传统冰雪消费人群，拓展了市场边界。此外，互联网技术打破了地域限制，通过线上平台可以将东北三省冰雪旅游产品、冰雪运动培训课程等推广到全球各地，扩大市场范围。

（二）人才支撑：产业发展的智力保障

专业的科研人才专注于冰雪领域的技术研发，为产业发展提供技术支持。高端管理人才具备现代管理理念和战略眼光，能够制定科学的产业发展规划，整合资源，优化产业布局。营销人才运用创新的营销手段，提升冰雪产品和服务的知名度与市场竞争力，促进产业发展。冰雪运动教练、旅游服务人员等直接面向消费者提供服务。专业技能和服务意识强的人才，能够为消费者提供优质的体验，满足消费者不断升级的需求。专业滑雪教练可以根据学员的不同水平和需求，制定个性化的教学方案，帮助学员快速提升滑雪技能，激发消费者对冰雪运动的兴趣。

（三）产业融合：释放产业发展新活力

冰雪经济与其他产业的融合，能够实现资源的共享和优势互补。如冰雪旅游与文化产业融合，将冰雪景观与当地独特的历史文化、民俗风情相结合，丰富旅游产品的文化内涵，提升旅游产品的吸引力。文化产业也可借助冰雪旅游的平台，传播地域文化，实现文化的传承与发展。产业融合使得冰雪经济链不断延伸和拓展，提高了产品和服务的附加值。如冰雪体育与健康产业联动，除了提供传统的冰雪运动项目外，还衍生出冰雪运动康复、冰雪养生等服务，满足了消费者在健康方面的多元化需求，提高了产业的经济效益。不同产业的融合还能创造出新颖的消费场景，激发消费者的新需求。冰雪装备制造与现代科技融合，开发出智能冰雪装备，为消费者带来全新的运动体验，吸引消费者购买和使用，推动冰雪经济向高端化、智能化方向发展，拓展了产业的发展空间。

三 新质生产力驱动下东北三省
冰雪经济发展面临的问题

（一）科技融入面临成本与适配的双重困境

一方面，技术应用成本高成为科技融入难以跨越的"高门槛"。打造线上游览体验平台、建设四季运营的智能场馆以及配备沉浸式体验设备，均需动辄成百上千万元的巨额资金注入。东北三省多数冰雪企业规模较小，资金储备有限，在高昂的技术引进和设备购置费用面前，往往力不从心。相关调研发现，东北三省中小型滑雪场智能导览系统覆盖率不足40%，这使得新兴科技在冰雪经济中的普及速度较为缓慢。另一方面，技术适配性问题凸显。东北三省独特的地理环境、人文风情以及产业发展模式，形成了别具一格的冰雪经济场景。然而，现有的部分新兴技术未能充分考虑这些特性，难以完全契合当地实际需求。例如，一些场馆虽引入了虚拟现实技术，但呈现内容生硬、缺乏内涵，无法让消费者深入领略冰雪文化的魅力，难以产生强烈的文化共鸣，导致技术优势无法有效发挥。

（二）人才服务面临培养脱节与流失难题

人才培养体系与产业实际需求脱节严重，尽管"校企合作"办学模式已推行多年，但学校课程设置更新滞后于冰雪经济的快速发展。新兴的冰雪科技应用、冰雪经济数字化运营等前沿领域的知识，未能及时融入教学内容，致使培养出的人才在知识结构和技能水平上，难以满足产业对创新型、复合型人才的迫切需求。同时，人才吸引与留存面临巨大困难。与发达地区相比，东北三省在经济发展水平、薪资待遇以及职业发展机会等方面与先进

地区存在一定差距。即便为人才提供了发展平台和机会,仍难以吸引高端冰雪经济人才长期扎根。部分人才仅将东北三省作为职业发展的"跳板",工作一段时间后,便选择前往其他地区,造成严重的人才流失。

(三)体制创新面临改革与落实的双重挑战

将新质生产力发展体制机制应用于冰雪经济,涉及多个部门的职能调整和利益重新分配。在实际操作过程中,部门之间协调不畅,存在推诿扯皮现象,严重阻碍了改革进程。以利用大数据制定产业政策为例,不同部门的数据标准不统一,数据共享困难,导致政策制定缺乏科学性和精准性。此外,虽然东北三省相关部门出台了一系列支持冰雪经济发展的政策,但在基层执行环节,由于缺乏有效的监督和评估机制,部分政策未能真正落地实施。一些企业对政策知晓度低,无法及时享受到政策红利,政策的激励作用大打折扣。

(四)产业融合面临内部与外部融合不足的困境

东北三省冰雪产业内部融合不足,冰雪经济体系涵盖旅游、文化、体育、制造等多个领域,各细分产业虽有合作意向,但缺乏有效的融合机制和合理的利益分配模式。在冰雪旅游与文化影视业融合时,文化挖掘浮于表面,影视创作与旅游场景结合生硬,难以打造出具有市场竞争力的融合产品。在产业外部融合方面,东北三省冰雪经济与创意设计产业、数字经济产业等外部产业融合面临诸多挑战。行业标准差异大、技术对接困难等问题,使得融合进程受阻。创意设计企业难以精准把握冰雪经济的市场需求,数字经济企业在为冰雪经济提供技术支持时,面临数据安全、技术适配等难题。

(五)金融支持面临结构与风险的制约

金融支持在助力冰雪经济发展方面面临困境。资金投入结构不合理,专项研发基金和政府引导基金在分配过程中,过度倾向大型企业和成熟项目,专精特新中小微企业获得的资金支持相对有限,不利于产业创新生态的培育。同时，金融风险防控难度大，冰雪经济受季节、气候等因素影响较大，经营风险较高。金融机构在为冰雪企业提供贷款时，面临抵押物价值评估难、贷款风险难以有效控制等问题，导致放贷谨慎，部分企业融资困难。尽管出台了税收优惠政策，但社会资本参与冰雪经济的积极性仍有待提高。相关配套措施不完善，社会资本对冰雪经济的投资回报预期不明确，投资意愿不强。

四　新质生产力驱动东北三省冰雪经济高质量发展对策

面对发展过程中存在的种种问题，需要通过政府、企业、高校和社会各界的共同努力，制定有针对性的解决方案，破除发展障碍，为东北三省冰雪经济再攀高峰创造良好条件。

（一）推动新兴技术深度融入冰雪经济

在产业线上，东北三省应充分运用虚拟现实、人工智能、5G 通信等前沿技术，构建功能完备的云旅游、云观光线上游览体验平台。通过这些平台，全方位、沉浸式地展示东北三省独特的冰雪景观、丰富的冰雪文化和多样的冰雪活动，提升冰雪经济线上宣传的品质与吸引力，进一步提高东北三省冰雪经济在全国乃至全球的知名度，吸引更多潜在消费者的关注。在新兴技术的线下应用方面，依托新技术打造多元化、个性化的冰雪经济体验馆。这些体验馆应具备丰富的功能和多样的展示形式，以满足不同消费者的差异化需求。在场馆建设上，利用新能源技术和智能温控系统，实现场馆全年开放运营且四季恒温，突破季节对冰雪经济发展的限制，延长冰雪经济的经营周期，为消费者提供全年不间断的冰雪体验服务。同时，借助虚拟现实技术，为消费者营造身临其境的冰雪场景，满足其沉浸式体验需求，提升消费者的满意度和忠诚度。从产业发展方向来看，借助大数据、云计算等新兴技术，深入挖掘市场需求和消费者偏好。通过对海量数据的分析，精准把握市

场动态，有针对性地进行产品研发设计、市场细分和产品定位，避免资源浪费，提高产业发展的精准度和效率，实现冰雪经济与市场需求的高效对接。在冰雪用品及相关产品制造业领域，大力推动新材料和新技术的应用。通过研发和应用高性能、轻量化、环保型的新材料，提升冰雪用品的研发制造水平，提高产品的科技含量和附加值。在此基础上，培育和打造一批具有国际影响力的冰雪用品制造业品牌，提升东北三省冰雪用品在全球市场的竞争力。有条件的地区，可以规划建设新材料冰雪用品产业园区，发挥产业集群效应，促进产业链上下游企业之间的协同创新与合作，推动冰雪用品制造业实现高质量发展。

（二）构建全方位人才服务体系助力冰雪经济发展

对于东北三省冰雪经济而言，构建全方位的人才服务体系，吸引和留住各类专业人才，是推动产业快速发展的关键因素。一方面，要全面推进冰雪经济相关人才的"引育并举"。东北三省应凭借自身丰富的冰雪资源、广阔的产业发展空间以及优惠的人才政策，吸引国内外优秀的冰雪经济人才。同时，加大省内人才培育力度，推广"校企合作"办学模式，开设冰雪经济人才"订单班"。各类院校应紧密围绕产业需求和社会发展趋势，结合新技术革命的要求，引入产业发展前沿技术和知识，科学制订人才培养计划，注重培养实用型、复合型的高素质冰雪经济人才。此外，相关企业应积极承担社会责任，为在校学生提供实习和实践机会，建立人才储备机制，实现企业与人才的共同成长。另一方面，要充分激发人才的主观能动性，发挥人才在产业发展中的核心作用。建立健全人才发展激励机制，各级政府应构建冰雪经济人才数据库，加强与人才的定期沟通与服务。对在冰雪经济发展中做出突出贡献的人才，给予荣誉表彰和物质奖励，如设立冰雪经济人才津贴制度，提高人才的待遇和社会地位。同时，积极举办各类冰雪经济发展成果大赛、学术研讨会和博览会等活动，为人才提供交流与合作的平台，在竞争与合作中激发人才的创新活力和创造力，推动冰雪经济的技术创新和管理创新。

（三）依托体制创新构建冰雪经济发展保障机制

在新质生产力的发展过程中，东北三省不断推动相关体制机制创新、完善和发展。这些创新成果为东北三省冰雪经济的发展提供了坚实的制度保障。东北三省新质生产力的形成与冰雪经济发展环境紧密相连，二者在经济发展体系中相互影响、相互促进，面临相似的体制机制困境。新质生产力涉及领域广泛，面临的问题更为前沿，解决这些问题带来的体制机制创新，能够为冰雪经济的发展清除障碍，减少体制机制层面的阻力，为冰雪经济的健康发展创造良好的制度环境。借助新质生产力创新冰雪经济发展体制机制，通过将大数据、人工智能等新技术应用于政策制定和政务服务领域，提高政府工作效率和决策的科学性。政府部门应利用大数据技术，深入分析冰雪经济的发展现状、市场需求和存在的问题，精准把握产业发展需求，制定更加科学合理的产业发展政策。同时，通过建立数字化政务服务平台，提升政务服务的数字化和智能化水平，为企业提供便捷高效的服务。此外，要加强数字监管，完善政策反馈网络机制，及时跟踪政策实施效果，根据实际情况调整和完善政策，确保政策的有效性和适应性，充分发挥新质生产力在体制创新方面的引领作用，为冰雪经济发展提供全方位的制度保障。

（四）深化产业融合，拓展冰雪经济发展空间

产业融合是新质生产力发展的必然趋势，随着新质生产力的不断发展，产业间的界限逐渐模糊，融合发展的态势日益显著。对于东北三省的冰雪经济而言，产业融合既包括产业体系内部各产业之间的融合，也涵盖与外部其他产业的协同发展。在冰雪经济体系内部，应充分发挥新质生产力带来的技术优势，加强旅游业、制造业、体育服务业、文化影视业等产业之间的协作。通过技术创新和流程优化，打破产业链上下游之间的融合壁垒，促进设计、生产、服务、营销等环节的有机结合，推动产业链一体化发展。例如，以冰雪旅游为核心，整合冰雪装备制造、冰雪体育赛事、冰雪文化演艺等产业资源，打造集旅游、体验、购物、文化娱乐于一体的综合性冰雪经济发展

模式。同时，通过成立冰雪经济发展协会、举办冰雪经济发展论坛等方式，加强产业内部的信息交流和资源共享，促进冰雪经济体系内部的协同创新与融合发展。在推动冰雪经济与外部产业融合发展方面，东北三省应积极打造产业融合发展平台，加强跨产业协作。充分发挥行业协会、中介机构的桥梁纽带作用，精准对接冰雪经济与其他产业的发展需求，组织开展形式多样的对接活动。尤其要结合东北三省重点发展的新兴产业，如创意设计产业、数字经济产业等，推动冰雪经济与之深度融合。通过将创意设计融入冰雪产品和服务中，提升冰雪经济的文化内涵和艺术价值；借助数字技术，创新冰雪经济的营销模式和运营管理方式，抓住产业融合发展的战略机遇期，实现冰雪经济的跨越式发展。

（五）强化金融支持，为冰雪经济发展注入动力

在新质生产力赋能东北三省冰雪经济发展的过程中，强化金融支持至关重要。有关部门应设立专项研发基金和政府引导基金，重点支持冰雪经济新技术的研发与应用。在资金投放过程中，要关注具有发展潜力的研究平台和企业，特别是专精特新企业和中小微企业，帮助这些企业解决资金短缺问题。各级政府应结合地方实际情况，规划和设立冰雪经济发展项目，优先给予资金扶持，通过财政资金的杠杆作用和政府信用背书，缓解企业融资压力，弥补资本市场失灵的缺陷，保障冰雪经济的稳定发展。充分发挥金融机构的中介作用，金融机构作为金融政策传导的关键环节，对资本流向具有重要的引导作用。针对东北三省冰雪经济的发展特点，制定专项金融支持政策，调整和完善冰雪经济科技创新贷款政策，鼓励金融机构增加冰雪经济中长期贷款投放，引导金融资本流向冰雪经济领域，为冰雪经济的项目建设、技术研发和企业发展提供充足的资金支持。社会资本是推动东北三省冰雪经济发展的重要资金来源。资本具有逐利性，政府应充分利用这一特性，通过制定税收优惠政策、投资补贴政策等措施，引导社会资本参与冰雪经济发展。社会资本的注入不仅能够为冰雪经济带来充足的资金，还能促进冰雪经济的标准化、专业化和市场化发展，提升东北三省冰雪经济的整体竞争力，

助力冰雪经济实现高质量发展。通过整合政府财政资金、金融机构信贷资金和社会资本的力量，构建全方位、多层次的金融支持体系，为新质生产力赋能东北三省冰雪经济发展提供坚实的资金保障。

新质生产力为东北三省冰雪经济的发展带来了新的机遇和挑战。通过推动新兴科技融入、加强人才队伍建设、创新体制机制、促进产业融合以及强化金融支持等，东北三省能够充分发挥自身的资源优势，实现冰雪经济高质量发展，将冰雪经济打造为区域经济发展的新引擎，推动东北三省实现全面振兴和高质量发展。

参考文献

《冰雪经济持续升温，东北能否重振雄风?》，《中国经济时报》2025年2月1日。

《第26届哈尔滨冰雪大世界接待游客量超过356万人次》，《中国信息报》2025年2月28日。

中国旅游研究院：《中国冰雪旅游发展报告（2025）》，2025。

B.25
东北三省冰雪文旅产业高质量发展研究

姚震寰*

摘　要： 东北三省冰雪旅游资源优势明显，是我国积雪量最大、雪期最长的地区。在"冰天雪地也是金山银山"的理念指导下，东北三省冰雪经济发展水平逐步提升，冰雪文旅产业规模不断扩大。冰雪文旅产业的快速发展充分诠释了生态、创新、协作、共赢的发展内涵，随着政策环境持续利好、旅游产业空间不断扩大以及"冰雪+"链条逐步延伸，冰雪文旅产业在文旅融合发展、品牌影响力、文旅特色项目等方面的优势向多维拓展。东北三省应坚持把发展冰雪经济和特色文化旅游作为推动高质量发展的重要着力点、振兴发展的关键突破口，以更宽视野、更高标准谋划和推动特色冰雪文化旅游由"一地一季"向"全域全季"转变，不断探索"冰天雪地"向"金山银山"的转化新路径。

关键词： 冰雪文旅　智慧旅游　"冰雪+"　东北三省

一　东北三省冰雪文旅产业发展现状

（一）冰雪旅游文化资源丰富

东北地区冰雪旅游资源丰富，具有得天独厚的优势：地形地貌类型多样，以山地、丘陵和平原为主；冬季时间长，从每年11月到次年3月，冰

---

* 姚震寰，吉林省社会科学院城市发展研究所副研究员，主要研究方向为城镇化建设与产业经济。

雪期达 100 天以上；降雪量大，山区积雪厚度达到 40~50 厘米，雪质松软，附着力强；有 9 个国家级滑雪旅游度假地、多个冰雪旅游知名景区。吉林省地处东北亚几何中心地带、世界冰雪黄金纬度带，地理位置优越，冰雪资源丰富，是世界三大粉雪基地之一和东北亚冰雪核心资源区，具备雪期长、雪量大、雪质好的优越地理条件。滑呗 App 显示，在全国 14 家头部滑雪场中，吉林省有 5 家，且滑雪里程占比目前已上升至 35%。辽宁省冰雪资源特色突出，其冰川学旅游资源可以总结为"三优两多"。"三优"即气候条件、交通条件和温泉资源优秀，"两多"即冰雪自然条件、历史文化资源多样。这奠定了大众冰雪旅游的基础和优势，辽宁省具备较大的发展空间和韧性。黑龙江省冰雪文旅产业也在不断发展壮大。2023 年，黑龙江省以"冰雪之冠·童话龙江"为主题先后到成都、武汉、广州等地进行旅游产品宣传与推广；重点建设冰雪文旅项目 20 个，总投资额达 233.6 亿元。依托独特的地理优势和冰雪文化底蕴，东北三省冰雪文旅产业发展的基础不断夯实，发展势头强劲，为拉动经济增长和促进相关产业发展提供支撑。

（二）冰雪文旅产业发展优势明显

近年来，东北三省冰雪文旅产业保持增长态势，在发展冰雪经济上下大力气，下游的消费端持续提升吸引力，中游的服务端抢占新市场、打造新品牌、释放新动能，努力打造世界级冰雪品牌和冰雪旅游胜地，上游的冰雪装备制造持续强化，形成了完整的产业链条，为文旅融合发展提供强劲动能。自 2023~2024 年雪季以来，吉林省冰雪旅游爆发式增长，文旅融合新业态新玩法需求强劲。2023 年 11~12 月，吉林省接待国内游客 4708.32 万人次，实现国内旅游收入 803.58 亿元，同比分别增长 356.7%、310.0%。2024 年元旦期间，吉林省接待国内游客 604.33 万人次，同比增长 406.69%；实现国内旅游综合收入 53.21 亿元，同比增长 659.06%。春节期间，吉林省旅游订单量同比增长 560%，长春、白山、吉林、延边均位居中国冰雪旅游热门目的地前列。进入冰雪季，黑龙江省游客量激增。2024 年春节假期，黑龙江省累计接待游客 2220.7 万人次，同比增长 75.9%，较 2019 年增长 62.0%；

实现旅游收入 271.9 亿元，同比增长 102.1%，较 2019 年增长 61.7%。在中国旅游研究院发布的"2024 年冰雪旅游十佳城市"中，黑龙江省哈尔滨市位列榜首。据哈尔滨市文化广电和旅游局测算，2024 年元旦期间，全市累计接待游客 304.79 万人次，同比增长 441.4%；实现旅游收入 59.14 亿元，同比增长 791.92%，分别是三亚市的 5.4 倍、5.3 倍（见表 1），接待游客数量与旅游收入均达到历史峰值，成为 2024 年国内首个网红城市。辽宁省成功申办 2028 年第十五届全国冬季运动会，积极打造高品质文体旅融合发展示范地，人们参与冰雪运动的热情越发高涨。文旅深度融合可以有效彰显东北三省冰雪经济发展特色，丰富冰雪新业态、新模式，提升冰雪旅游收入并壮大冰雪产业规模，实现冰雪文旅高质量发展。

表 1　2024 年元旦期间哈尔滨与三亚接待游客数量与旅游收入

单位：万人次，亿元

城市	接待游客数量	旅游收入
哈尔滨	304.79	59.14
三亚	56.33	11.19

资料来源：根据各市文化和旅游局公布数据整理。

（三）品牌效应日益凸显

近年来，东北三省冰雪文旅产业着眼全媒体时代，整合媒体资源，打造媒体旅游产品和品牌。以黑龙江省为例，2024 年，"淘学企鹅"作为黑龙江冰雪天使、哈尔滨城市旅游 IP，在第四届冰城伴手礼大赛中，从全国 2000 多件参赛作品中脱颖而出，成为大赛唯一的金奖获得者。黑龙江省不断加强区域人文历史古迹资源的保护与传承，开发具有龙江文化内涵的冰雪产品，以哈尔滨冰雪大世界、雪乡、林海雪原等冰雪旅游特色 IP 为核心，培育冰雪影视、动漫、文创等。根据 2024 中国冰雪旅游发展论坛发布的"2024 年冰雪旅游热点城市和创新项目"研究成果，黑龙江省是"2024 年冰雪旅游十佳城市"中入选城市最多的省份（见表 2）。2024 年 2 月 2 日，吉林省首支虚拟数字人冰雪文旅宣传片《长白天下雪，雪域见奇遇》发布，推出全国首个冰雪文化虚拟人物；丰富的冰雪文创产品和形式多样的"冰雪+"玩法推动吉林省冰雪文旅产业变革与升级。辽宁省深挖"冷资源"，发展"热经济"，发动"冰雪引擎"。辽宁省的"欢乐冰雪·辽宁冬韵"冰雪旅游精品线路成功入选文化和旅游部公布的"2023～2024年全国十大冰雪旅游精品线路"。随着东北三省积极推进文旅品牌宣传、用科技创新赋能产品创新、突出产品特色优势等，冰雪文旅品牌影响力持续提升，冰雪经济内生动力逐步增强。

表2 2024年冰雪旅游十佳城市

序号	城市	所属省份
1	哈尔滨市	黑龙江省
2	张家口市	河北省
3	阿勒泰地区	新疆维吾尔自治区
4	长春市	吉林省
5	沈阳市	辽宁省
6	北京延庆区	—
7	吉林市	吉林省
8	牡丹江市	黑龙江省
9	呼伦贝尔市	内蒙古自治区
10	伊春市	黑龙江省

资料来源：根据中国旅游研究院官网整理。

（四）冰雪文旅项目火热开展

东北三省冰雪文旅项目种类较多，滑雪场、温泉度假区、冰雪主题公园、滑冰馆等数量均居全国前列。辽宁省为展示可感的冰雪文化，积极开展冰雪运动、冰雪旅游、冰雪文化主板块和群众冰雪娱乐赛事活动，开展非遗、年俗、冰灯等相关艺术展演，推动优秀传统冰雪文化传承与发展。2024年元旦假期，辽宁省青少年高山滑雪锦标赛的参赛人数创7年来新

高；2024年春节假期，辽宁省积极举办以"跟着赛事去旅行""伴着旅行来参赛"为主题的文体赛事，丰富冰雪赛事旅游体验，推出8条兼具民俗风情和冰雪文化特色的冰雪旅游主题精品线路。自2023~2024年雪季以来，吉林省长春冰雪节、吉林市雾凇冰雪节、通化市冰葡萄酒节、松原市查干湖冬捕节、白城市雪雕大赛、长白山粉雪节等各类冰雪主题活动在各市（州）开展，吸引众多国内外游客前来参与。2023年，黑龙江省推出漠河市冬至文化节、逊克县雾凇节、伊春森林冰雪欢乐季等以体验、参观、互动为特色的冰雪文旅活动，让游客感受到冰雪文化的魅力。东北三省不断打造冰雪文旅项目新亮点，积极打造各类具有地域特色的冰雪文化节，为游客带来多维度冰雪体验，尤其是不同冰雪文旅场景的营造，将带动冰雪旅游持续升温。

（五）冰雪文化产业带特色鲜明

近年来，东北三省用文化赋能冰雪产业发展，使冰雪旅游产业更具风度、厚度、深度和温度。为把东北地区的"冷资源"做成"热产业"，擦亮东北地区冰雪文化旅游品牌，2023年，在第七届吉林冰雪产业博览会期间，吉林省文化和旅游厅举办以"文化新动能 旅游新活力"为主题的东北区域冰雪特色文化产业带发展交流活动。"冰雪丝路"的文化引领是东北地区冰雪文旅产业持续稳步发展的关键因素，不仅促进东北地区文旅融合发展、丰富文化旅游产品、激发文旅消费潜力，而且能够优化区域产业布局、推进全域旅游产业发展。根据"2024中国冰雪旅游发展论坛"发布的"2024年冰雪文化十佳案例"名单，东北三省的冰雪天使"淘学企鹅"、哈尔滨冰雪大世界、林都号旅游列车、查干湖冬捕、"城中雪村"知北、传统冰嬉体验等均进入该名单。东北三省坚持以文塑旅、以旅彰文，推动冰雪文化和旅游深度融合，满足游客多元化需求，推动文旅全业态、全产业链提质升级，一批富含东北元素的旅游新业态、新体验、新场景不断涌现，旅游知名度和品牌影响力持续攀升。

二 东北三省冰雪文旅产业发展面临的主要问题

（一）IP 特色形象开发滞后

品牌是消费的内驱力，是产品的核心，更是质量的保证。东北三省冰雪旅游已经成为全国旅游业的品牌，尤其是近年来，东北三省都在利用自身的冰雪资源优势打造具有发展前景的文旅品牌，但品牌优势不明显。具体来说，一是品牌影响力不够大。能够体现东北地方特色并形成品牌效应的 IP 形象数量较少，品牌的影响力和竞争力不强。IP 打造的目的是形成一定的经济价值，要求其具备较丰富的文化内涵、具有创新性的产品功能以及富有一定的情感价值等。二是品牌创意不突出。目前，东北三省冰雪旅游产业的文创产品开发略显滞后，冰雪文化创意与科学技术融合发展不到位，在文化创意、文化创新、文化创造、文化创业等环节，亟须形成自由创造的价值导向和发展环境，同时缺乏冰雪文化创意设计与传承发展高端人才。因此，凝聚创新力量、提升创意理念、提高创意设计水平，是东北三省冰雪文创产业发展的重要内容。三是市场潜力亟须挖掘。东北三省冰雪文创产业的市场潜力没有完全发挥出来，受到产业发展机制、思维理念、人才资金等因素的影响，冰雪文创产品的开发与运营机制相对滞后、创新不足，无法迎合现代消费者对冰雪文旅产品的需求。综上所述，东北三省冰雪文旅 IP 特色形象设计及文创产品开发目前仍处于瓶颈期，尤其是数字时代，冰雪文创的核心是从内容升级为个性化体验，通过数字技术将建筑文化、冰雪文化、音乐文化、民俗文化、餐饮文化等元素融入冰雪文创之中，打造别具一格的冰雪文创产品，着力在优化产品供给、创新开展营销、塑造品牌形象、丰富人文体验等方面发力，提高东北三省冰雪文创产品的知名度和美誉度。

（二）智慧旅游开发不足

快速而又分散的新需求增长为东北三省冰雪文旅产业高质量供给带来挑

战，尤其在旅游目的地竞争日益激烈以及数字技术应用持续推进的大背景下，数字技术在冰雪旅游领域发挥了一定的作用，如对服务过程进行数据分析，绘制消费者画像，以明确消费趋势，从而开展精准营销、智能推荐等，但是这种技术应用仍处于数据的感知阶段，技术应用场景非常有限，尤其缺乏基于大数据的预测性与决策性应用。东北三省冰雪文旅产业仍处于数字化转型的初级阶段，旅游企业在应对个性化、碎片化、定制化的客户需求上缺乏有效的技术支撑，产品创新、设计、生产制造等核心环节的数字技术渗透率低，传统旅游活动与现代科技融合的新业态尚未形成，数字技术赋能内容创新发展的程度还不深。线上文旅消费作为最初的"应急之举"，与线下体验融合仍有待深化。冰雪文旅产业技术应用效果受制于东北三省的科技创新环境，创新能力不强是制约东北三省冰雪文旅产业升级和技术进步的重要因素，研发投入强度较低制约了智慧旅游的发展。东北三省冰雪文旅产业的数字化应用有待推进，以科技创新引领冰雪产业创新的难度加大，智慧旅游开发任重道远。

（三）全域旅游尚未形成

东北三省要想实现由"单一景区"向"全域旅游"的转变，需要以大旅游、大规划、全域性的战略布局进行产业开发。目前，东北三省冰雪文旅产业发展虽然以"大旅游"为主要方向，但全域旅游要素短板依然存在，需东北三省合力推进。具体而言，第一，旅游基础设施建设水平有待提升。目前，景区与景区之间交通网络的互联互通仍需逐步加强，相关资源没有形成协调联动、信息共享、优势互补，融合新供给无法满足游客多元新需求。冰雪旅游核心圈建设和高品质旅游度假区建设水平不高，尤其是旅游沿线地方政府基础设施建设和公共服务薄弱，沿线地方政府、旅游企业、广大民众等参与冰雪旅游发展的积极性没有完全调动起来，共建共享的利益分配机制亟须形成，产品和服务质量有待提升。第二，"+旅游"融合发展亟须推进。冰雪主题文旅项目与具有市场引领力的冰雪品牌建设相对滞后，应加快"+旅游"融合发展的步伐，推动冰雪旅游、冰雪运动、冰雪文化、冰雪装备

等向高质量、高端化发展。国家级滑雪旅游度假地、冰雪主题旅游度假区和
A 级旅游景区、体育旅游示范基地建设数量和规模仍有提升空间，推动东北
三省冰雪旅游实现绿色、低碳、集约的高质量发展。第三，"冰雪+" 区域
规划发展格局尚未形成。东北三省丰富的冰雪资源潜力没有得到充分挖掘，
导致产业发展规划和区域布局不够优化。而冰雪产业与新兴业态相结合并打
造的"冰雪+"模式相对单一，一方面，不利于实现各省之间的优势互补，
将资源优势转化为发展优势；另一方面，影响东北三省冰雪文旅产业整体实
力提升，需根据消费者多样化需求和科技发展前景，有效推进冰雪旅游现代
化、集约化、品质化发展。东北三省需着力推动在产业融合、基础设施建
设、利益分配机制、系统营销和综合管理等方面的共建共享，积极赋能全域
旅游发展。

（四）公共服务供给有待加强

冰雪文旅产业高质量发展要保障游客权益，完善旅游基础设施及配套建
设、公共服务和旅游环境，为游客提供高品质的产品和服务。随着经济社会
快速发展，冰雪文旅产业成为东北三省经济发展的引擎之一，冰雪文旅产业
的高质量发展与社会效益、经济效益，尤其是人民日益增长的精神文化高品
质需求相适应，但东北三省整体上冰雪旅游公共服务能力薄弱，这制约了旅
游业高质量发展。具体来看，首先，旅游管理部门的责任意识和服务意识有
待强化。管理部门作为旅游公共服务的提供者，满足公众对旅游服务的多样
化、个性化需求，公众的意见和信息反馈对决策制定者有重要的参考价值。
其次，冰雪旅游公共服务体系不健全。旅游公共基础设施建设水平不高、旅
游公共服务模式创新能力不强等因素制约旅游公共服务体系高质量发展。最
后，旅游公共服务与社会公共服务的衔接不到位。旅游基础设施配备不足，
景区交通、住宿条件、游览内容及娱乐项目可选择性不强、质量不高，很多
景区滑雪设备老旧，存在安全隐患，游客体验较差。政府与企业合作、景区
与非景区资源联通、旅游与非旅游功能互通等各项工作的"融合联通、共
建共享"水平不高，旅游公共服务引领社会公共服务的作用没有发挥出来。

东北三省亟须探索冰雪文旅公共服务融合的方式方法，在理念、规划、管理、运营等方面推进文旅公共服务资源共享、优势互补、协同发展，加强优质文旅公共服务供给，未来冰雪文旅公共服务能力将有较大提升。

三　东北三省冰雪文旅产业发展的环境与形势

（一）旅游产业发展空间巨大

发展冰雪文旅产业是东北三省推动高质量发展的重要着力点，也是建设大旅游产业集群的重要引擎。"十四五"时期，我国旅游业深度融入经济社会发展全局，对国民经济增长的支撑和带动作用进一步凸显。2023年末，全国共有A级旅游景区15721个，直接从业人员160.7万人。全年接待游客57.5亿人次，实现旅游收入4068.7亿元。2023年，国内出游人次为48.9亿人次，同比增长93.3%（见图1）。2024年第一季度，国内游客出游花费为1.52万亿元，同比增长17.0%；全国出入境人员达1.41亿人次，同比上升117.8%。

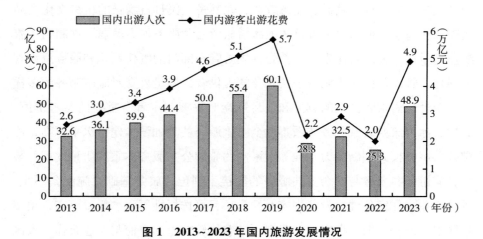

图1　2013~2023年国内旅游发展情况

资料来源：文化和旅游部网站。

　　旅游发展事关民生，也是开启全面建设社会主义现代化国家新征程的重要内容，国家始终予以高度重视，即使在国内经济形势承压前行的状态下，国家也不断加大文化和旅游事业支持力度。2023年，全国人均文化和旅游事业费为90.8元，比上年增加5.7元，增长6.7%（见图2）；文化和旅游事业费占财政总支出的比重为0.47%，比上年提高0.01个百分点。我国冰雪旅游市场进入品质和创新驱动的新阶段，中国旅游研究院发布的《2024中国冰雪旅游发展报告》显示，2022~2023年冰雪季，我国冰雪休闲旅游人数为3.12亿人次，冰雪休闲旅游收入为3490亿元，连续两个冰雪季实现超过3亿人次的市场规模。冰雪消费市场火爆，冰雪旅游需求旺盛，而冰雪文旅消费作为居民满足精神文化需求的重要载体，也在居民消费中占据越来越高的比重。可以看出，东北三省冰雪文旅产业迎来了发展的黄金时期，未来发展空间巨大。

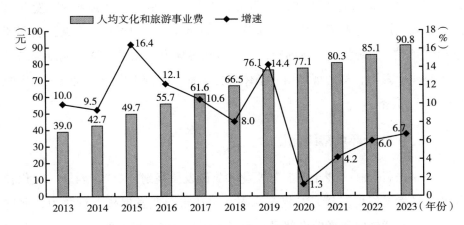

图2　2013~2023年全国人均文化和旅游事业费及增速情况

资料来源：文化和旅游部网站。

（二）"冰雪+"链条不断延伸

　　依托冰雪，"冰雪+体育""冰雪+文旅""冰雪+演艺""冰雪+民宿"等一系列"冰雪+N"的新场景、新玩法独具特色，丰富了冰雪经济业态，

点燃了冬季冰雪消费市场。具体来看，一是"冰雪+"活动赛事规模扩大。辽宁省打好冰雪牌、做活冰雪游、做热冰雪经济。2024年1月，辽宁省沈阳市深挖冰雪资源，启动"冬日雪暖阳"冬季游系列活动，围绕"冰雪+"共计推出近400项活动，如"冰雪+赛事""冰雪+温泉""冰雪+餐饮""冰雪+民俗""冰雪+商贸"等，其中，仅"冰雪+赛事"方面，沈阳市就安排了125场冬季体育赛事，其中国家级赛事3场、省级赛事10场、市级赛事53场。二是用科技赋能"冰雪+"链条不断延伸。吉林省白山市推出"长白山传奇飞行体验馆"，通过内容创意和裸眼3D技术，让游客沉浸式体验长白山"一山见四季，十里不同天"的奇幻美景。黑龙江省文化和旅游厅建设的智慧文旅小程序"一键玩龙江"，可"一站式"满足游客的游前、游中、游后服务需求。三是冰雪体验向多元化发展。近年来，黑龙江省大力发展集冰雪观光、冰雪运动、冰雪休闲等多种形式于一体的冰雪体验活动，推出冰雪文创、冰雪艺术等特色冰雪文化项目，逐步打造"冰雪+"发展格局，冰雪文旅产业高质量发展迎来难得的黄金期。可以看出，东北三省不断推出"冰雪+"新模式、新场景，在冰雪经济规模、冰雪经济构成以及未来发展空间上发力，努力规划出一条体验更丰富、前景更广阔、优势更突出的"冰雪+"链条。

（三）政策环境持续优化

国家先后颁布《"十四五"文化和旅游发展规划》《"十四五"文化和旅游市场发展规划》等，对提升我国文化和旅游业发展核心竞争力、促进文旅产业持续健康发展做出部署，为产业发展创造了良好的政策环境。东北三省冰雪文旅产业发展政策长期向好。例如，为进一步提升吉林省冰雪文旅产业的竞争力、号召力和影响力，2023年10月，吉林省发布《吉林省旅游万亿级产业攻坚行动方案（2023—2025年）》，谋定"产业集群、空间集聚、主体集成、产品集萃、服务集客、要素集中"的发展思路，提出力争5年内全省形成冰雪旅游、冰雪文化、冰雪装备等冰雪产业集群，规模达到5000亿元。《吉林省文化和旅游发展"十四五"规划》提出"建设旅游强省、冰雪经济强省成效显著，为建设文化强省远景目标奠定基础"的发展目标和重点领域的量化指标。在冰雪旅游建设上，为更好地满足人民对美好生活的新期待，聚焦大力发展特色文化旅游产业，黑龙江省出台《黑龙江省大力发展特色文化旅游实施方案（2023—2025 年）》《黑龙江省促进旅游业发展条例》《黑龙江省旅游业高质量发展规划》《黑龙江省释放旅游消费潜力推动旅游业高质量发展 50 条措施》等文件，有力推动冰雪文旅产业高质量发展。随着 2025 年第九届亚冬会申办成功，黑龙江省把发展冰雪经济作为东北全面振兴的切入点，冰雪产业红利将持续释放，冰雪经济的前景将更加广阔。多项国家级及省级规划的逐步落实推进，为东北三省冰雪经济可持续发展提供方向并进一步拓展了产业空间，有利于东北三省冰雪文旅产业进一步发展壮大。

（四）区域协同发展持续推进

区域协同发展有利于东北三省冰雪文旅产业品牌共塑、产品共推、利益共赢，更好地推动冰雪运动、冰雪文化、冰雪装备、冰雪旅游全产业链发展，并充分发挥东北三省冰雪资源优势，通过冰雪"冷资源"带动文旅"热产业"。《东北地区旅游业发展规划》指出，到 2035 年，东北地区全面建成世界级冰雪旅游度假地、全国特色旅游发展引领地和边境旅游改革创新样板地，成为跨区域旅游一体化发展的成功典范。2024 年，东北三省发布《冰雪经济协同发展及文旅消费区域合作倡议书》，进一步推进冰雪产业集群发展、区域消费一体化、旅游目的地规划等。为全面增强旅游发展新动能，加大旅游产业融合开放力度，构建全域旅游共建共享新格局，东北三省一区联合推出了 5 条冰雪特色文化主题旅游线路，即冰雪民宿探索之旅、冰雪演艺心灵之旅、冰雪雕塑匠心之旅、冰雪风光梦幻之旅、冰雪体验活力之旅，为游客提供更多精细化、差异化旅游产品和更加舒心、放心的旅游服务，增加有效供给。随着东北三省文化和旅游产业发展的全域化，以及冰雪经济协同发展，东北三省不仅将进一步提升区域经济一体化水平，而且在提升区域竞争力、发挥龙头景区的辐射带动作用和扩大文旅品牌影响力等方面都将取得重要成果，为东北全面振兴注入活力。

四 东北三省冰雪文旅产业高质量发展路径

（一）打造特色IP，推进冰雪文旅品牌建设

打造独具特色的冰雪文旅品牌是旅游目的地获取新的经济增长点的重要方式。首先，突出特色优势，打造冰雪旅游新地标。充分依托东北三省热门景区和文旅项目深度挖掘本地冰雪旅游资源、开发特色文旅产品、加强旅游景点和冰雪项目的整合，着力培育国内知名冰雪文旅目的地，同时辐射带动周边区域，形成点、线、面相结合的冬季旅游发展集聚区，为东北冰雪文旅市场快速发展创造条件。其次，扩大品牌宣传渠道，提升冬季旅游影响力。积极策划冬季冰雪文旅线路，多渠道开展文旅营销宣传活动，培育更多冰雪活动新品牌，以满足游客多样化需求，开发精品旅游线路、研发"冰雪+"产品、持续创新冰雪经济业态，实现节庆搭台、文旅引流、商贸发力等。最后，强化冰雪旅游精品意识。培育特色文旅品牌，举办一系列具有深厚人文底蕴的特色品牌活动；用科技创新引领品牌创新，推出具有创意和特色的精品文旅线路，丰富数字技术在冰雪旅游中的应用场景，积极推进数字文旅发展。东北三省在持续推进冰雪文化、大力发展冰雪旅游、推动冰雪经济发展的基础上，需进一步强化高品质供给，推出一系列满足市场需求、富有东北地域特色的冰雪文旅产品，推进大众冰雪最佳体验地建设，力争在国家级旅游度假区、国家级滑雪旅游度假地等品牌创建上取得新突破。

（二）聚焦文旅新业态，持续释放冰雪潜能

冰雪旅游是东北三省旅游产业的特色名片，应深挖冬季旅游资源的文化潜力、激发市场活力、丰富产品供给，进一步探索冰雪文旅产业高质量发展的新路径。具体来说，第一，以"冰雪+"为核心要素，推动文旅融合发展。从文化氛围营造、品牌打造、营销策略等方面对冰雪文旅产业进行全新包装和升级，打造一批国家级和省级夜间文旅消费集聚区。将冰雪文化与旅

游、休闲、科技、制造、康养等相结合，提供多样化产品和服务，为冰雪文化长期可持续发展提供新动能。依托和挖掘东北三省在滑雪、温泉、民俗、非遗、夜游等方面的特色资源，推出一系列特色冰雪文旅产品，在基础设施和冰雪场馆建设中融入冰雪文化元素。第二，积极构建文旅消费新业态、新模式，增强冰雪经济内生动力。培育休闲度假、夜间消费、户外运动、赛事旅游、电子竞技等体验式文旅融合新场景和综合体；拓宽冰雪消费渠道，深度开发冰雪消费新业态、新产品、新场景，拓展吃住行游购娱全链条；积极推进精品节庆宣传、旅游市场营销等，更好满足人民群众日益增长的个性化、多样化、高端化冰雪文旅消费需求。第三，推动文旅产业各要素高品质融合。强化文化赋能、旅游带动，推动文化、旅游向更广范围、更深层次、更高水平融合发展；加强与体育、交通、商务、教育、农业、气象等多方面的合作，整合文化演艺、体育赛事、研学旅行、餐饮住宿、度假旅居、时尚购物等服务业相关要素和功能，培育休闲度假、夜间消费、户外运动、赛事旅游、文旅装备、电子竞技等体验式文旅融合新场景和综合体。东北三省应进一步挖掘当地的冰雪旅游资源，切实把资源优势转化为产业优势、发展优势，在合作机制、发展理念和市场营销等方面协同创新，推动跨省份、跨国界的冰雪产业合作、经贸往来、人文交流，更好地推动冰雪文旅产业高质量发展。

（三）智慧冰雪文旅建设，以科技赋能产业发展

随着数字技术深入发展和智慧冰雪文旅需求不断提升，东北三省应积极打造数字经济新引擎，搭乘"数字快车"，着力提升冰雪旅游景区智能化水平，推动以数字化、网络化、智能化为特征的智慧冰雪文旅服务发展。首先，积极推进产业数字化改造。按照"全面、便捷、畅通、开放、融合、先进、安全"的要求，以智赋能，通过运用大数据、云计算、人工智能等先进技术，推进冰雪文旅产业"云、网、端"数字化改造；充分利用5G等技术适配更多应用场景，打造冰雪文旅复合型公共服务平台，提供个性化、品质化、交互化、沉浸式文旅服务，推进5G在冰雪游乐设施、冰雪装备等

领域的研发与产业化进程；逐步实现东北三省冰雪旅游景区、文博场馆管理数字化及产业资源数字化，建立数字文旅资源库。其次，努力实现文旅消费体验数字化。通过线上线下深度融合，实现景区景点多维呈现、文旅资源可视可感、吃住行游购娱体验更加便利便捷；以增强游客体验、提升游客服务为核心，充分利用5G等技术适配更多应用场景，打造复合型公共服务平台，提供个性化、品质化、交互化、沉浸式旅游服务；推广云旅游、云直播等线上服务模式，增强游客体验，强化游客感知。最后，探索智慧旅游营销新模式。开发数字文旅消费地图和跨境无障碍服务系统等智慧文旅系统，让旅游咨询、导览、预订、购票更加便利，实现"有为政府、有效市场、有爱社会"的良性互动。智慧冰雪文旅是未来东北三省旅游业发展的重要方向，"互联网+"是旅游业发展的趋势之一，做好"互联网+品牌+服务+营销+反馈"的创新性应用，运用数字化、信息化展示手段，为游客打造舒适、便捷、高效、高品质的高科技旅游产品，打造更有艺术性、更有历史感、更加国际化的赏冰乐雪新名片，促进地方经济发展，助力东北地区经济发展。

（四）完善配套设施，提升公共服务效能

推进东北三省冰雪文旅公共服务体系高质量发展，加快形成新质生产力，需逐步完善冰雪经济发展配套设施，着力提升公共服务水平。具体来看，一是充分发挥冰雪文旅公共服务的基础支撑作用。围绕人才引进、技术创新、融资服务、税收政策、土地供给等夯实发展基础，优化政务环境；提升冰雪文旅设备配置水平，对冰雪旅游设备、客运索道、灯光音响等设备进行更新改造。二是加强公共服务领域的数字化应用。通过推行"旅游公共服务+互联网"模式，推进冰雪文旅智能化、科技化发展，充分发挥数字化应用在公共服务领域的作用，从而提升公共服务品质。推进智慧冰雪旅游景区建设，在完善旅游基础设施、优化旅游发展环境、抓好旅游招商引资等方面改进方法、提升效率，通过加大科技投入力度，不断强化冰雪文旅产业发展的基础保障。三是推进冰雪旅游公共服务各要素均衡发展。通过旅游公共

服务与社会公共服务的有机衔接，各服务要素实现合理配置，即政府和企业紧密配合、各个景区之间合作共赢、各个服务机构之间功能互通，实现公共服务共建共享、和谐发展。东北三省应加快补齐网络通信、道路交通等旅游公共服务短板，强化精细化管理，营造宜居宜业宜游新空间，提高冰雪旅游景区承载能力，提升旅游通达度、景区美誉度、游客认同感，持续提升景区便民服务能力，塑造东北三省冰雪文旅产业高质量发展新动能、新优势。

参考文献

曹健、马卫星、李莉：《我国东北地区冰雪旅游文化资源深度融合发展的路径》，《社会科学家》2022 年第 9 期。

王奇：《东北地区冰雪旅游业发展的新格局及路径探索》，《经济纵横》2022 年第 8 期。

史晋娜：《全域旅游背景下冰雪旅游目的地引力模式探析》，《社会科学家》2020 年第 6 期。

李鹏、邓爱民：《旅游业高质量发展促进共同富裕的路径分析》，《社会科学家》2022 年第 2 期。

B.26
东北三省体育旅游发展研究

赵 蕾*

摘 要: 体育旅游这种新兴旅游方式正逐渐成为旅游新热点。东北三省体育旅游发展现状为政策支持推动体育旅游高质量发展、供需两端同时发力、冰雪运动助推冰雪经济发展、体育赛事激发消费活力。但是,东北三省体育旅游仍然存在发展不平衡、不充分的结构性问题,呈现体育旅游市场快速发展、冰雪经济全面增长、商旅文体融合紧密的发展趋势,建议加强区域协同合作,打好"组合拳";促进产业创新与融合发展,走出"跨界路";完善基础设施与服务,增强"支撑力";加强人才培养与引进,提供"优服务";强化品牌建设与推广,确保"高质效"。

关键词: 体育旅游 体育赛事 东北三省

随着我国经济社会的不断发展、人民生活水平的不断提升、大众旅游的持续推进,体育旅游逐渐走进普通民众视野。2022年北京冬奥会、2025年哈尔滨亚冬会激发了国人体育旅游的热情。"十四五"期间,东北三省认真贯彻落实习近平总书记"冰天雪地也是金山银山"的发展理念①,围绕"文化强国""体育强国""旅游强国""全民健身"战略,努力探索推动"白雪"换"白银"、"冷资源"变"热产业"的实践路径。

---

* 赵蕾,黑龙江省社会科学院副研究员,主要研究方向为产业经济。
① 《冰雪春天 | "冰天雪地也是金山银山"》,"光明网"百家号,2024年1月18日,https://baijiahao.baidu.com/s? id=1788430281058798831&wfr=spider&for=pc。

一 东北三省体育旅游发展现状

体育旅游作为一种新兴旅游方式，正逐渐成为旅游市场的新热点。2024年，东北三省深入贯彻党的二十大精神，全面落实健康中国战略，依托丰富的体育旅游资源，促进体育产业与旅游产业融合发展，满足人民群众日益增长的旅游消费新需求。

（一）政策支持推动体育旅游高质量发展

2016年，《国家旅游局 国家体育总局关于大力发展体育旅游的指导意见》为体育旅游发展指明了方向。"十四五"期间，各类利好政策陆续出台，如《户外运动产业发展规划（2022—2025年）》《关于恢复和扩大体育消费的工作方案》《体育总局办公厅 商务部办公厅 文化和旅游部办公厅关于开展"体育赛事进景区、进街区、进商圈"活动的通知》《推动东北地区冰雪经济高质量发展助力全面振兴取得新突破实施方案》。2024年国务院《政府工作报告》提出，要把体育赛事作为培育壮大新型消费增长点。国家一系列政策的出台为体育旅游带来发展机遇，坚定东北三省发展体育旅游的方向和信心。《2024年黑龙江省"体育助力旅游"行动方案》《黑龙江省释放旅游消费潜力推动旅游业高质量发展50条措施》提出发展体育旅游。《辽宁省打造高品质文体旅融合发展示范地指导意见》等对促进体育与旅游融合发展做出整体布局。

（二）供需两端同时发力

2023~2024年雪季，中国单板市场份额位居全球第一。2024年1~7月，体育旅游的搜索热度同比大幅上涨87%。① 2024年，滑雪杖、滑雪镜、滑雪鞋、单板滑雪板销量增速均超80%，双板滑雪板、滑雪衣裤套装、滑雪服销量增长50%以上。② 体验式消费的持续增长，为东北三省体育旅游市场发

---

① 数据来源：同程旅行联合咕咚App共同发布的《2024体育休闲消费报告》。
② 数据来源：中国旅游研究院发布的《中国冰雪旅游发展报告（2025）》。

展提供了动力,激发市场主体的信心和活力,如东北三省各地民宿快速发展。2024 年 1~9 月,哈尔滨市住宿类市场主体数量同比增长 197.99%。[1]黑龙江省拥有超 320 家冰雪旅游相关企业。[2] 吉林省拥有 75 家滑雪场,其中 5 家为国家级滑雪旅游度假地。[3] 市场供给与需求两端的发展,表明市场经济体制下体育旅游大发展具有广阔前景和重要意义。

(三)冰雪运动助推冰雪经济发展

东北地区冰雪旅游资源丰富、冰雪运动基础深厚,是国内冰雪体育旅游的首选地。《黑龙江省关于以冰雪运动高质量发展激发冰雪经济活力的实施方案》《中共吉林省委办公厅 吉林省人民政府办公厅关于推动吉林省冰雪经济高质量发展的实施意见》《辽宁省冰雪经济高质量发展实施方案》表明东北三省正努力将"冰天雪地"变成"金山银山"。2024 年,黑龙江省群众冰雪运动参与率为 57.8%,居全国首位,冰雪运动总产值为 525.8 亿元。[4] 截至 2024 年 11 月,吉林省累计注册 156 家冰雪(滑雪)相关企业,同比增长 13.33%。[5] 2024 年,吉林省提出构建以"冰雪体育、冰雪文化、冰雪旅游、冰雪装备"为核心的"4+X"冰雪产业体系。[6] 2023~2024 年冰雪季,辽宁省游客接待量、旅游收入分别增长 192.0%、348.6%。[7] "冷资源"切实转化为"热产业",冰雪经济活力尽显。

---

① 数据来源:哈尔滨市市场监督管理局。

② 数据来源:天眼查发布的《冬季报》。

③ 数据来源:吉林省人民政府网站。

④ 数据来源:黑龙江省体育局。

⑤ 《冰雪经济话吉林! 这笔三亿的"大生意",动心了!》,吉林省人民政府网站,2024 年 12 月 7 日,http://www.jl.gov.cn/szfzt/gzlfz/gzdt/202412/t20241207_3328600.html。

⑥ "4+X"冰雪产业体系是指以冰雪旅游、冰雪运动、冰雪文化和冰雪装备为核心,以冰雪科技、冰雪人才、冰雪商贸、冰雪金融、冰雪交通等为支撑的产业体系。

⑦ 《对省政协十三届二次会议促进休闲体育旅游消费的路径研究(第 0030 号)提案的答复》,辽宁省体育局网站,2024 年 8 月 21 日,https://tyj.ln.gov.cn/tyj/zfxxgk/fdzdgknr/jyta/szxta/2024n/20240821140141643036/。

（四）体育赛事激发消费活力

黑龙江省每年举办群众冰雪赛事活动 1000 余场次、青少年冰雪体育赛事活动 2300 余场次。2023～2024 年冰雪季，黑龙江省共举办各类冰雪体育赛事 601 场次，吸引 28 万人次参赛、1118.5 万人次观看，拉动消费 31.3 亿元。[①] 2024 年，吉林省承办 15 项国际、国内高水平赛事，如国际雪联单板滑雪障碍追逐世界杯，打造"一市一品"体育精品赛事。2024 年，辽宁省文体旅重点投资项目 551 个、计划投资总额为 2518 亿元，同比分别增长 296%、211%[②]，加快促进文体商旅融合发展。万人徒步、马拉松邀请赛、国际标准舞公开赛、全民健身大赛、城市足球擂台赛等丰富多彩的"文体活动+旅游"，为游客带来新场景、新体验，让"跟着赛事去旅行"不再是一句口号，而是一种旅游新方式和生活新选择。

二 东北三省体育旅游发展中存在的问题

东北三省体育旅游蓬勃发展，但同时要清醒地认识到，东北三省体育旅游仍然存在发展不平衡、不充分的结构问题，这些问题制约东北体育旅游的进一步发展。

（一）资源开发与产品供给不足

一是产品类型单一。东北三省体育旅游产品多集中在滑雪、滑冰等传统冰雪项目，大部分滑雪场提供的项目相似，没有形成差异化竞争。二是体验深度不足。如辽宁省的滨海体育旅游，基本只有游泳、沙滩排球等基础项目，缺少海洋文化与体育相结合的深度体验项目；黑龙江省的森林旅游，除了徒步以外，几乎没有森林探险、森林运动赛事等相关体育旅游产品。三是

---

① 数据来源：黑龙江省体育局。
② 《人民日报：辽宁文体旅融合乘风起飞》，"沈阳日报"百家号，2024 年 5 月 30 日，https：//baijiahao.baidu.com/s？id=1800430493963063647&wfr=spider&for=pc。

缺乏高端及定制化产品。不能满足高端冰雪团建的定制服务，不能提供专业运动员高水准训练场地及配套服务。四是融合不充分。东北三省历史文化、民俗风情等资源丰富，但与体育旅游融合不足。如黑龙江省赫哲族的渔猎文化，未很好地与冰雪体育旅游相结合，没有开发出具有民族特色的体育旅游产品。五是地区结构不平衡。东北三省内部不同地区体育旅游资源开发差异大，如吉林省长白山地区冰雪资源开发较为成熟，而其他一些地区开发滞后。

（二）基础设施与服务不完善

一是交通网络不完善。去往景区的公共交通班次少，部分景区之间没有直达交通，如从吉林省长白山景区到一些周边小众滑雪场，需多次换乘，增加了游客的时间和精力成本。二是配套设施不健全。传统体育旅游景点、运动场地等设施老化、功能不健全，不能满足游客高峰期的基本需要，如部分海滨浴场的更衣室及淋浴设施不足，滑雪场的缆车运行及承载能力有待提升。三是服务质量不高。体育旅游服务人员专业素养和服务意识有待提高，如滑雪场教练专业水平参差不齐，导游对体育旅游项目的专业知识了解不足，部分体育旅游项目存在安全隐患等，缺少体育旅游规划师、体育旅游教练、体育旅游导游等专业人才。

（三）市场推广与产业协同不足

一是市场定位模糊。对体育旅游目标市场的定位不够清晰，没有针对不同年龄、性别、消费层次的游客制定精准的营销策略，导致市场覆盖面较窄。二是品牌影响力较弱。除冰雪旅游外，东北三省与全国其他地区相比，在体育旅游其他领域的品牌知名度和影响力相对较低。在中国体育旅游精品项目中的占比不高，精品景区、精品线路、精品赛事的数量、质量有待提高。三是信息化服务水平低。大多数景区没有线上预订及信息查询等基本服务，营销大都借助IPO平台或官方媒体。四是产业协同不足。近几年，东北三省的冰雪体育旅游持续增长，但体育、旅游等相关部门之间的协调合作机制不完善，存在管理职责不清、政策落实不到位等问题，在特色产业链各环节的协同合作上不够紧密，存在各自为战的现象，如冰雪装备制造业与冰雪旅游、冰雪运动等环节之间的衔接不畅，没有形成区域合力和产业体系。

三　东北三省体育旅游发展预测

（一）体育旅游市场快速发展

从发达国家的休闲度假类产品结构来看，运动类的休闲度假产品占主导地位。世界旅游组织（UNWTO）数据表明，体育旅游产业正在以每年14%的速度增长。哈尔滨第九届亚洲冬季运动会的成功举办将掀起我国冬季冰雪旅游热潮。2025年2月在哈尔滨举办的第九届亚洲冬季运动会必将提升东北冰雪旅游的整体知名度，推动体育旅游发展。

（二）冰雪经济全面增长

2023~2024年冰雪季，我国冰雪休闲旅游人数已超过3.85亿人次。2024年《国务院办公厅关于以冰雪运动高质量发展激发冰雪经济活力的若干意见》提出，到2027年，冰雪经济总规模达到1.2万亿元；到2030年，冰雪经济总规模达到1.5万亿元。预计2024~2025年冰雪季，东北三省冰雪旅游人数将达到2.7亿人次。冰雪体育将带动冰雪文化、冰雪装备、冰雪旅游全产业链发展，冰雪经济将成为东北经济新引擎。

（三）商旅文体融合更加紧密

《国务院关于促进服务消费高质量发展的意见》要求，推进商旅文体健融合发展。《关于打造消费新场景培育消费新增长点的措施》提出，打造商旅文体融合的新型消费空间。商业、旅游、文化、体育在互融共促中形成新业态、创造消费新需求、塑造城市新形象、推进产业新升级。

四 东北三省体育旅游发展对策建议

不断满足人民日益增长的物质文化需要，是构建体育旅游发展新格局的时代课题。东北三省开启体育旅游新征程，至少要做好以下几方面工作。

（一）加强区域协同合作，打好"组合拳"

一是建立东北三省体育旅游协同发展机制，定期召开联席会议，共同制定体育旅游发展战略、规划和政策，明确各方在资源共享、市场开发、品牌建设、利益分配等方面的权利和义务，协调解决区域合作中的重大问题，如市场监管标准差异。

二是整合东北三省体育旅游资源，打造跨区域的体育旅游精品线路，如延长游客停留时间，合力设计精品赛事串联体育旅游景点，在资源共享、客源互送、优势互补中打造"东北是一家"的整体形象。

三是搭建信息共享平台，打造东北体育旅游信息共享平台，整合东北三省的体育旅游资源、企业信息、市场动态等，实现信息实时互通，为政府决策、企业运营和游客出行提供数据支持。

（二）促进产业创新与融合发展，走出"跨界路"

一是丰富优质冰雪体育旅游产品供给。一方面，增加传统滑雪、滑冰项目的趣味性、专业性、普惠性，开发更多创新性冰雪体育旅游产品，如冰雪马拉松、雪地摩托拉力赛、冰上龙舟赛等，满足不同游客的需求。另一方面，开发非冰雪季的多样体育旅游产品，如在市郊开展徒步、骑行、漂流等户外活动；在长白山、大兴安岭等地开展登山、徒步、露营、森林探险等活动；利用河流、湖泊等水域资源开展赛艇、皮划艇、垂钓等水上运动项目。

二是促进体育旅游与相关产业融合发展。挖掘东北三省的民俗文化和历史文化，将传统体育项目融入旅游产品中，如满族珍珠球、朝鲜族跳板等，举办民俗体育文化节，让游客在体验体育旅游乐趣的同时，感受东北的文化魅力。结合东北的生态资源和温泉资源，开发康养体育旅游产品，如运动康复、温泉疗养、森林康养等，满足人们对健康养生的需求。开展乡村体育旅游活动，如举办农事体验运动会、乡村马拉松等，促进农村经济发展，助力乡村振兴。

三是强化大型赛事溢出效应。一方面，积极申办传播力强、参与率高的高品质赛事，让赛场变景点，把"比赛"变"旅游"。另一方面，以赛促旅，以赛为媒，进一步增强赛事经济乘数效应。如紧抓亚冬会契机，推出特色体验环节和深度体验活动，将赛事观众转化为深度游客。

（三）完善基础设施与服务，增强"支撑力"

一是加强交通设施建设。加强区域内交通一体化建设，加密高铁、城际铁路班次，开通更多连接主要体育旅游景区的专线巴士和旅游直通车，提高景区之间的通达性。同时，完善景区内部的交通标识和停车场等设施。

二是优化公共服务设施。在体育旅游景区和相关场所，完善餐饮、住宿、购物、医疗急救、公共厕所等公共服务设施，提升综合配套服务能力。建设一批体育旅游主题酒店、民宿，提供特色餐饮服务，满足游客多样化需求。

三是提供智慧服务。利用大数据、物联网、人工智能等技术，提升体育旅游服务的智能化水平。如开发体育旅游 App，提供在线预订、导航导览、智能推荐、电子票务等服务，实现游客与体育旅游资源的精准对接。

（四）加强人才培养与引进，提供"优服务"

一是加强本地专业人才培养。东北三省高等教育部门应组织高校、职业院校与企业对接，开设体育旅游相关专业课程，共建实习实训基地，共同制定人才培养方案，培养既懂体育赛事运营又懂旅游服务管理的复合型人才。定期组织学术交流活动，邀请行业专家讲学，提升人才培养质量。

二是加快人才引进与流动。制定人才引进优惠政策，吸引国内外体育旅

游领域的高端人才、创新团队。打破人才流动壁垒,建立人才信息共享平台,促进人才在区域内自由流动,鼓励人才跨地区兼职。

三是开启在职人员培训。针对体育旅游从业人员,开展定期培训,提升其服务意识和专业技能。培训内容涵盖服务礼仪、安全急救、体育项目指导、旅游营销等方面,通过线上线下相结合的方式,扩大和提高培训的覆盖面和实效性。

(五)强化品牌建设与推广,确保"高质效"

一是创新媒体营销方式。挖掘各地体育旅游的特色亮点,充分利用抖音、小红书、微博等新媒体平台,开展短视频营销、网红直播推广、话题互动等活动,吸引年轻游客的关注和参与,提升品牌的传播力和影响力。

二是联合开展体育旅游宣传推广活动。统一打造"东北体育旅游"品牌形象,利用新媒体平台、旅游展会、体育赛事等渠道,共同宣传东北三省体育旅游特色产品和服务,提升区域体育旅游的知名度、美誉度和影响力。

参考文献

《冰雪经济迈向"高级道"(建设体育强国·激发冰雪经济活力)》,《人民日报》2025年2月24日。

《来龙江夏沐清风冬玩雪》,黑龙江省人民政府网站,2025年1月19日,https://www.hlj.gov.cn/hlj/c107856/202501/c00_31803504.shtml?use_xbridge3=true&loader_name=forest&need_sec_link=1&sec_link_scene=im。

《冰雪经济2.0|黑龙江:以冰雪运动引领带动全产业链发展》,人民网,2025年2月21日,http://hlj.people.com.cn/n2/2025/0221/c220024-41143116.html。

《冰雪经济话吉林!这笔三亿的"大生意",动心了!》,吉林省人民政府网站,2024年12月7日,http://www.jl.gov.cn/szfzt/gzlfz/gzdt/202412/t20241207_3328600.html。

民生提升篇

B.27

东北三省推动高质量充分就业研究

栾美薇[*]

摘　要： 东北三省作为我国的老工业基地，曾经为国家的经济发展做出了巨大贡献。然而，近年来，随着国内外经济形势的变化以及产业结构的调整，东北三省的就业问题日益凸显。本报告系统分析了东北三省推动高质量充分就业面临的挑战与机遇，并提出了相应的对策建议，旨在为政府部门、企业和相关研究机构提供参考，促进东北三省就业工作的持续健康发展。

关键词： 高质量就业　充分就业　东北三省

就业是民生之本，是经济发展的"晴雨表"和社会稳定的"压舱石"。东北地区作为我国的老工业基地，其就业状况一直备受关注。自党的十八大以来，以习近平同志为核心的党中央，将促进就业置于经济社会发展的首要

---

* 栾美薇，黑龙江省社会科学院经济研究所助理研究员，主要研究方向为人力资源与环境。

位置，提高到战略高度通盘考虑，为做好就业工作指明了前进方向、提供了行动指南。通过出台就业优先政策，东北地区打出减负、稳岗、扩就业的"组合拳"，将各项政策措施落到实处、细处，确保就业局势的总体稳定，为民生改善与经济发展提供坚实的支撑。随着国内外经济形势的变化以及产业结构的调整，东北地区的就业问题日益复杂，既面临传统产业转型升级带来的就业压力，又面临新兴产业发展不足、人才流失严重等问题。从"劳有所得"到"劳有厚得"，这不仅是人民群众对美好生活的向往，更是新时代高质量充分就业的必然要求。应以提升就业质量为核心，推动就业更加充分、质量更高。因此，如何推动东北三省实现高质量充分就业，成为当前亟待解决的问题。

一　东北三省就业现状

当前，东北三省发展进入战略机遇和风险挑战并存、不确定难预料因素增多的时期，稳增长、稳就业的压力始终存在。

（一）总体就业形势

近年来，东北三省的就业形势呈现积极向好的态势，就业率稳步提升，就业质量也有所提高。根据《中国统计年鉴 2024》，东北三省就业人口约为0.46 亿人，就业人口占比为 48%，其中城镇就业人口占 65%，乡村就业人口占 35%；第一产业就业人口占 33.0%，第二产业就业人口占 18.5%，第三产业就业人口占 48.5%。东北三省就业人口占比略低于全国平均水平（52.5%），城乡比例接近全国平均水平，第一产业就业人口占比显著高于全国平均水平（22.8%），第二产业就业人口占比显著低于全国平均水平（29.1%），第三产业就业人口占比与全国平均水平（48.1%）持平。在城镇新增就业人数方面，辽宁省新增 48.60 万人，吉林省新增 23.35 万人，黑龙江省新增 35.74 万人。然而，尽管就业形势总体向好，东北三省仍然面临人口持续负增长、人才流失情况严峻的挑战。每年有近一半的高校毕业生选择向外省寻求更好的发展机会，这使得东北三省的就业市场出现"用工荒"与"就业难"并存的局面。

（二）就业结构变化

随着产业结构调整的不断深化，东北三省的就业结构也在发生显著变化。传统重工业作为东北三省曾经的经济支柱，其岗位占比逐渐下降。这既是产业结构调整的必然结果，也是市场经济发展的客观要求。与此同时，服务业、高新技术产业、现代农业等领域的就业比例在逐渐提升，成为新的就业增长点。特别是现代服务业、数字经济、新能源、新材料等领域，凭借其强大的创新能力和市场竞争力，正逐渐成为东北三省就业市场的新宠。从产业结构来看，服务业在东北三省经济发展中的地位日益提升，其增加值占地区生产总值的比重逐年上升。以 2023 年为例，辽宁省服务业增加值占地区生产总值的比重达到 52.4%，吉林省则达到 53.9%。2023 年，沈阳市服务业增加值占地区生产总值的比重达到 55.6%，较 2020 年提高 3.2 个百分点，服务业已成为沈阳市经济增长的重要引擎。

（三）新兴产业发展带来的就业机遇

在新一轮科技革命和产业变革的推动下，东北三省的新兴产业迎来前所未有的发展机遇。数字经济的发展如火如荼，生物经济崛起势头强劲，冰雪经济因地域特色而兴盛，创意设计产业也呈现快速增长的态势。这些新兴产业的发展不仅为经济增长注入了新的活力，而且为就业市场带来了新的机遇。它们创造了大量新业态和新模式，如电商平台、智能家居、生物制药、冰雪旅游、文化创意设计等，这些新业态和新模式进一步激发了东北三省创造就业的潜力，促进了新岗位和新职业的不断涌现。2023 年，在互联网+、大数据、人工智能等新技术的驱动下，牡丹江市新兴服务业展现出强大的就业创造能力，网络零售店铺累计带动就业人数达到 60.1 万人。2023 年，长春市冰雪旅游产业实现收入 150 亿元，带动就业人数超过 10 万人，其中包括导游、酒店服务人员、滑雪教练等多种岗位。

二 东北三省推动高质量充分就业面临的挑战

东北三省在推动高质量充分就业方面面临一系列挑战，这些挑战相互交织，制约了就业质量的提升和就业规模的扩大。

（一）产业结构不优，就业岗位不足

尽管东北三省第三产业就业比重逐年上升，但与其他先进地区相比仍存在一定差距。部分传统产业转型升级缓慢，新兴产业尚未形成规模，导致就业岗位不足。这种产业结构的不合理直接导致就业岗位的供需矛盾，使得大量劳动力无法在本地区找到合适的就业机会。如辽宁省鞍山市某传统钢铁企业，由于近年来一直处于亏损状态，企业不仅无法提供新的就业岗位，还不得不通过裁员来降低成本，大量工人失业。

（二）劳动力素质不高，技能人才短缺

东北三省劳动力素质整体不高，技能人才短缺问题突出。东北三省的传统产业如钢铁、汽车、机床装备等，技术更新换代缓慢，导致产业竞争力下降，对劳动力素质的要求也未能及时提升。新兴产业如新能源、生物医药、人工智能和大数据等，对高技能人才的需求旺盛，但东北地区在这些领域的技能人才储备不足，难以满足企业的发展需求。许多企业在招聘高技能人才时面临困难，不得不通过提高薪酬待遇、提供更好的工作条件等方式吸引外地人才，从而增加了企业的运营成本，不仅影响了企业的正常生产和运营，也制约了东北地区新兴产业的发展，进而影响了整个地区的经济增长和就业稳定。

（三）就业服务体系不完善，信息不对称

东北三省就业服务体系尚不完善，就业信息传递不畅，导致劳动者和企业之间存在信息不对称的现象。东北三省均存在就业服务信息化水平不高的

现象，不能解决用工方与求职者的时间成本问题，特别是区县级人力资源市场普遍存在服务范围窄、服务效率低、服务成本高和就业质量差的问题。这种信息不对称不仅使得劳动者难以找到合适的工作机会，也使得企业难以招聘到合适的人才，从而影响了就业市场的整体效率。

（四）就业制度不完善，影响就业质量和效率

东北三省大量自由流动的劳动力和现存的就业制度之间存在很大矛盾，就业制度未能及时更新。传统的就业制度已经难以适应当前经济结构调整和产业升级的需求，导致就业市场供需不匹配，影响了就业质量和效率。

（五）就业结构转换滞后，限制新兴产业发展

东北三省正不断加快改革，不断优化经济结构，实现经济结构的升级，而就业结构转换得非常慢，严重滞后。这种滞后性不仅限制了新兴产业的发展，也影响了劳动力的有效配置，导致就业市场供需矛盾加剧。例如，辽宁省抚顺市的传统重工业仍然占据主导地位，2024 年，该市的传统重工业就业人口占比仍高达 60%，而新兴产业就业人口占比仅为 10%，导致新兴产业的发展受到限制，无法充分发挥其经济增长的引擎作用。

（六）人口负增长与人才流失，加剧劳动力市场供需矛盾

东北三省人口持续负增长，人才流失情况严峻。每年有近一半的高校毕业生流向外省，导致本地劳动力市场供需矛盾加剧，同时影响区域经济的长期稳定发展。这种人口负增长和人才流失的现象不仅使得东北地区的劳动力供给减少，也使得大量高素质人才流失，进一步削弱了本地区的竞争力。

三　东北三省推动高质量充分就业的对策建议

就业工作仍面临不少突出矛盾和问题，稳增长、稳就业的压力始终存在，结构性就业矛盾不断凸显，提升就业质量已经成为劳动者的迫切愿望。

（一）优化产业结构，扩大就业规模

通过推动产业结构的优化升级，可以创造更多高质量的就业岗位，从而实现经济发展与就业增长的良性互动。

1. 加快传统产业转型升级

政府应设立专项资金，支持企业技术创新和产业升级。通过引进先进技术和管理经验，推动传统产业的优化升级，提高产业附加值和就业吸纳能力。同时，加强对传统产业的改造和重组，引导其向高端化、智能化、绿色化方向发展。以辽宁省鞍山市某传统装备制造企业为例，2023年，该企业在政府专项资金的支持下，引进了先进的智能制造技术，对生产设备进行了升级改造，不仅提高了生产效率，还新增了50个就业岗位，有效缓解了当地的就业压力。

2. 培育新兴产业

大力发展新兴产业，如数字经济、生物医药、冰雪经济、创意设计产业等，创造更多就业岗位。政府应出台相关政策，鼓励企业投资新兴产业领域，提供税收优惠、贷款支持等扶持政策。同时，加强对新兴产业的规划和引导，促进其健康有序发展。以吉林省通化市某生物制药企业为例，2023年，该企业在政府的扶持下，加大了对生物制药的研发投入力度，成功开发出一种新型生物药，不仅提高了企业的经济效益，还新增了100个就业岗位，为当地的就业工作做出了积极贡献。

3. 发展壮大民营经济

民营经济是吸纳就业的重要力量。政府应出台相关政策，鼓励创业带动就业。对创业项目给予税收优惠、贷款支持等政策扶持，降低创业门槛和风险。同时，加强对民营企业的服务和管理，提高其竞争力和生存能力。以黑龙江省牡丹江市某民营科技企业为例，2023年，该企业在政府的扶持下，成功研发出一种新型智能家居产品，不仅提高了企业的市场竞争力，还新增了30个就业岗位，为当地的就业工作注入了新的活力。

（二）提高劳动力素质，加强技能人才培养

提高劳动力素质，加强技能人才培养是推动经济高质量发展的重要举措。随着科技的不断进步和产业的转型升级，对高素质技能人才的需求日益增加。

1. 有效实施大规模职业培训

政府主导的专项培训项目在职业培训体系中发挥着关键的引领和示范作用。当前，职业培训的重点应紧密围绕两大核心领域：一是满足人民群众对高品质生活的迫切需求，二是契合产业转型升级的战略方向。为此，需精心设计和实施专项培训计划，在精准把握市场需求、科学制定培训标准、提供充足补贴支持等方面下足功夫。通过采取这些举措，加大相关技能人才的培训力度，显著提升其专业化和职业化水平，为产业发展注入新的活力。

2. 深入实施数字人才培育行动

在数字经济蓬勃发展的时代背景下，深入实施数字人才培育行动显得尤为迫切。这不仅是适应技术发展新趋势的必然要求，更是增加数字人才有效供给、有力支撑数字经济高质量发展的关键举措。值得注意的是，数字领域的快速发展也为广大普通劳动者开辟了全新的就业空间。然而，要充分利用这一机遇，就必须加强数字技能培训，及时跟进市场变化，促进人才与岗位的精准匹配，从而为数字经济的蓬勃发展注入源源不断的动力。

3. 推广"订单式"人才培养模式

实现教育与市场需求的有效对接。政府应鼓励企业与职业院校开展"订单式"人才培养，根据市场需求和企业需求定制人才培养方案。通过这种方式可以确保培养出来的人才能够符合市场需求和企业需求，提高就业率和就业质量。以黑龙江省哈尔滨市某职业院校为例，2023年，该校与当地一家大型企业签订了"订单式"人才培养协议，根据企业的需求，培养了一批高素质的技术技能人才，毕业后直接进入企业工作，实现了教育与市场需求的有效对接。

4. 创新农民工服务培训模式

健全岗位推介机制和协作培训机制。据统计，有七成农民工没有接受过非农职业技能培训和就业服务，这方面工作还有很大空间。既深挖建筑、维修、家政、餐饮、物流等农民工传统就业领域潜力，也瞄准高新技术、先进制造等新兴领域的低技能岗位需求，有针对性地向农民工推介，帮助其尽快转型转岗。建立协作培训机制，充分发挥"输入地有培训资源，输出地有人力资源"的双向优势，建立"用工企业出单、农民工点单、人社部门亮单、培训机构接单、政府补贴买单"的跨省异地培训模式，实现就近培训、直接上岗。

（三）完善就业服务体系，提高就业服务质量

聚焦"提升就业质量已经成为劳动者的迫切愿望"加快规范劳动力市场秩序，全力提高劳动者就业权益保障水平。目前，劳动者对提升就业质量的愿望更为迫切，既关注岗位"有没有"，也关注岗位"好不好"，还关注权益保障"到不到位"、就业环境"公不公平"。

1. 建立健全就业信息发布平台

实现就业信息共享，降低信息不对称性。政府应加大对就业信息平台的建设和管理力度，提高其信息发布的及时性和准确性。同时鼓励企业和个人通过就业信息平台发布招聘信息和求职信息，实现供需双方的精准对接。以辽宁省大连市为例，2023年，该市建立了统一的就业信息发布平台，通过平台发布大量招聘信息和求职信息，实现了供需双方的精准对接，提高了就业市场的整体效率。

2. 加强公共就业服务体系建设

一是提高就业服务水平。政府应加大对公共就业服务体系的投入力度，建设一批专业化、规范化的公共就业服务机构。同时加强对公共就业服务机构的管理和培训力度，提高其服务质量和效率。二是为困难群体提供就业援助。设立就业援助基金，为低收入家庭、残疾人、失业人员等困难群体提供就业援助和支持。通过提供职业培训、岗位推荐、创业扶持等服务，帮助他

们实现就业和创业。

3.维护灵活就业人员就业权益

在全球就业领域，灵活化、多元化已然成为显著趋势。灵活就业人员群体构成丰富，其中既包含因生计压力而选择灵活就业的"生计所迫型"人员，也涵盖追求自由职业发展的"自由发展型"从业者，还有旨在通过灵活就业增加收入的"收入改善型"群体，以及将灵活就业作为暂时过渡阶段的"临时过渡型"劳动者。应聚焦职业伤害风险高、保障不足等矛盾突出、社会关注度高的岗位。一方面，逐步扩大职业伤害保障试点范围，通过实践探索积累经验，为全面推广奠定基础；另一方面，持续完善相关政策标准，使其更加科学合理，贴合灵活就业人员的实际需求。从而有效改善灵活就业人员"漏保""脱保""断保"等状况，为他们撑起权益保障的"保护伞"，确保其在灵活就业的道路上行稳致远。

（四）实现就业制度创新，提高就业质量和效率

实现就业制度创新是提升就业质量和效率的关键途径，政府应制定更加灵活和包容的就业政策，打破行业壁垒，降低就业门槛，为劳动者提供更多的就业机会。

1.完善劳动力市场体系

建立统一开放、竞争有序的劳动力市场体系，打破城乡、地区、行业分割，促进劳动力自由流动和有效配置。政府应加大对劳动力市场的监管和管理力度，打击非法用工和就业歧视等行为，维护劳动力市场的公平和秩序。以辽宁省沈阳市为例，2023年，该市完善了劳动力市场体系，打破了城乡、地区、行业的分割，促进了劳动力的自由流动和有效配置，提高了劳动力市场的整体效率。

2.推广"三合一"的就业服务模式

扩大就业服务覆盖面。政府应鼓励公办、民营和社团等多种形式的就业服务机构开展合作，共同为劳动者提供全方位、多层次的就业服务。同时，加强对就业服务机构的监管和评估，确保其服务质量和效果。

3. 创新就业政策

制定更加灵活多样的就业政策，如就业见习补贴、创业担保贷款、创业孵化基地运营补助等，鼓励劳动者自主创业和灵活就业。同时加强对灵活就业人员的权益保障，完善相关社会保障制度，提高其生活质量和幸福感。

（五）强化人力资源建设，提高劳动力供给质量

提高劳动力供给质量，是推动经济持续增长的重要力量。通过加强职业技能培训、优化教育体系、提升劳动者的专业素养和创新能力，可以有效提高劳动力的市场适应性和竞争力。

1. 完善人才引进和培养机制

创新人才引进机制，为人才量身定制政策，提高人才引进的针对性和实效性。政府应加大对高端人才的引进力度，提供优厚的待遇和良好的发展环境，吸引更多优秀人才来东北就业和创业。同时加大对本地人才的培养力度，提高其就业竞争力和创新能力，为地区经济发展提供有力的人才支撑。

2. 重点关注高校毕业生

高校毕业生等青年是国家的瑰宝，是推动经济高质量发展的中坚力量，青年就业不仅关乎社会稳定，更是民生福祉的关键所在。要坚持市场就业与政府保障协同推进，岗位拓展与政策激励双管齐下，能力提升与服务优化同步发力，充分发挥青年的专业优势和创新潜力，为经济高质量发展提供坚实的人才支撑。要以离校未就业毕业生服务攻坚行动为重要抓手，特别关注困难毕业生群体，确保他们能够获得必要的就业支持和保障。同时，以青年就业启航计划为引领，聚焦登记失业青年，尤其是长期失业青年，提供精准的就业服务，帮助他们重新融入就业市场，努力降低青年失业率，为社会的稳定和发展注入源源不断的活力。

3. 加强校企合作和产教融合

支持企业与高校、职业院校等教育机构开展合作，共同培养高素质技术技能人才。政府应鼓励企业与教育机构开展深度合作，共同制定人才培养方

案和教学计划，实现教育与市场需求的有效对接。同时，加强对校企合作和产教融合的监管和评估，确保其合作质量和效果。

参考文献

冯雨婷：《数字经济背景下高校学生高质量就业对策研究》，《知识文库》2024 年第 9 期。

付明辉、刘传江：《社会网络、数字经济与农业转移人口高质量充分就业》，《劳动经济研究》2025 年第 1 期。

莫荣、殷宝明：《坚持就业优先促进高质量充分就业》，《劳动经济研究》2024 年第 4 期。

赵建国、王净净：《党的十八大以来我国就业优先战略的成就、经验与展望》，《经济体制改革》2023 年第 1 期。

郭启民、李志明：《"十四五"时期实施就业优先战略的实践意义和重点路径——学习习近平总书记关于就业优先的重要论述》，《新视野》2021 年第 4 期。

B.28
东北三省养老服务体系高质量发展研究

朱月琦*

摘　要： 党的二十大报告明确提出实施积极应对人口老龄化国家战略，发展养老事业和养老产业，推动实现全体老年人享有基本养老服务。东北三省深入贯彻落实积极应对人口老龄化国家战略，积极推进养老服务体系建设。本报告在全面梳理东北三省养老服务事业发展现状的基础之上，发现东北三省养老服务存在政策体系不完善、供需总量和结构不平衡、质量有待提升等问题。立足未来，东北三省需要构建养老服务事业产业发展三方协同机制、借助数字技术为养老服务发展赋能，从而促进东北三省养老服务体系高质量发展。

关键词： 养老服务　居家社区养老　机构养老

东北三省老龄化问题日益严峻，日趋庞大的老年人口规模提高了养老服务体系建设的紧迫性与复杂性。东北三省深入贯彻落实积极应对人口老龄化国家战略，积极探索符合东北地区特点的养老模式，养老服务体系不断完善，养老服务供给水平不断提升。

一　东北三省养老服务发展现状

第七次全国人口普查数据显示，全国平均老龄化水平为 13.5%，东北

---

* 朱月琦，吉林省社会科学院社会学研究所助理研究员，主要研究方向为社会政策、残障研究等。

三省的老龄化程度尤为严重，东北三省老龄化程度均高于全国平均水平，辽宁省 65 岁及以上老年人占比高达 17.42%，是全国老龄化程度最严重的省份。近年来，东北三省深入贯彻落实积极应对人口老龄化国家战略，在政策保障、设施建设和服务水平等方面取得积极进展。

（一）东北三省养老服务政策体系日益健全

近年来，东北三省深入贯彻落实积极应对人口老龄化国家战略，相关部门不断完善养老服务政策体系。具体来看，东北三省积极构建以居家为基础、社区为依托、机构为补充、医养相结合的多层次养老服务体系。为引导社区居家养老服务高质量发展，更好地满足老年人就近就便的养老服务需求，东北三省陆续印发《辽宁省"十四五"促进养老托育服务健康发展实施方案》《吉林省社区居家养老服务改革试点工作方案》《黑龙江省居家和社区养老服务条例》等政策文件。与此同时，为规范养老机构管理，东北三省相继出台《辽宁省养老机构等级评定管理办法》《吉林省养老机构管理办法》《黑龙江省养老机构等级评定管理办法（试行）》等规范性政策文件，进一步促进养老行业健康发展。此外，为满足老年人多元化的养老服务需求，提升医养结合机构服务质量，辽宁省印发《辽宁省关于深入推进医养结合发展的实施意见》；吉林省印发《落实〈关于深入推进医养结合发展的若干意见〉任务分工清单》；黑龙江省出台《医养结合机构服务质量评价规范》。在上述政策的有力支撑和引导下，东北三省持续推进居家社区机构相协调、医养康养相结合的养老服务体系建设，推动养老服务高质量发展。

此外，东北三省的相关部门还围绕养老服务人才培养、设施建设、平台搭建、服务内容、服务监管等方面先后制定出台了一系列政策。具体来看，东北三省均制定了推进基本养老服务体系建设的实施方案，明确提出基本养老服务的总体要求、重点工作和服务清单。这些方案聚焦老年人的基本养老服务需求，为养老服务的高质量发展提供了有力的制度保障。同时，东北三省高度重视养老人才队伍建设。2024 年 11 月，辽宁省印发《关于加强养老服务人才队伍建设的实施意见》。2024 年 10 月，吉林省发布《关于加强养老服务人才队伍建设的实施意见》。2024 年 4 月，黑龙江省印发《黑龙江省加强养老服务人才队伍建设实施方案》，积极推进养老服务人才队伍建设，为新时代新征程养老服务高质量发展提供强有力的支撑。在服务监管方面，2023 年 11 月，辽宁省印发《辽宁省养老服务市场失信惩戒对象名单管理暂行办法》；2021 年 4 月，吉林省出台《吉林省人民政府办公厅关于建立健全养老服务综合监管制度促进养老服务高质量发展的实施意见》；2022 年 1 月，黑龙江省出台《黑龙江省人民政府办公厅关于建立健全养老服务综合监管制度的实施意见》。上述各项政策确保了养老服务的顺利实施和有效监管。

（二）东北三省养老服务基础设施不断完善

在政策的有力推动下，东北三省在养老服务基础设施建设方面取得了显著成效。东北三省居家社区养老服务稳步发展，养老机构数量、床位数和护理员人数逐年增加，医养结合机构数量和服务范围也在持续扩大。

东北三省居家社区养老服务稳步发展。截至 2023 年底，辽宁省共有 14021 个包含社区日间照料室、社区老年活动室、农村互助幸福院等在内的城乡社区养老服务设施，覆盖率达到 100%。[①] 吉林省积极开展综合嵌入式社区居家养老服务中心建设工作。截至 2023 年底，吉林省建成 156 个综合嵌入式社区居家养老服务中心、549 个社区老年食堂。[②] 截至 2023 年末，黑龙江省建成 5746 个嵌入式养老服务设施，5229 个农村互助养老服务点，1250 个老年助餐服务点。[③] 东北三省机构养老服务规模逐年扩大。截至 2023 年末，辽宁省建成 2270 家养老机构，共有 20.96 万张床位。[④] 截至

---

① 《2023 年度辽宁省老龄事业发展公报》，辽宁省民政厅网站，2024 年 10 月 17 日，https：//mzt. ln. gov. cn/mzt/zfxxgk/fdzdgknr/ylfw/zcjc/2024101713584067100/index. shtml。

② 祖维晨：《进一步完善"养老服务、社会保障、健康支撑"三大体系——我省推动老龄事业高质量发展》，《吉林日报》2024 年 5 月 22 日。

③ 《王连波：让更多长者走进龙江、体验龙江、乐享龙江》，新华网，2024 年 11 月 28 日，http：//hlj. xinhuanet. com/20241128/d38d9071151384537856357d63ba19a99/c. html。

④ 《回望 2023·辽宁　为实现全面振兴新突破蓄势赋能》，《中国社会报》2024 年 1 月 11 日。

2023 年，吉林省共有 1597 家养老机构，14.62 万张床位，其中，总床位数的 60% 为护理型床位。[①] 截至 2023 年底，黑龙江省有 1787 家养老机构，17.4 万张养老床位，市县两级公办养老机构实现全覆盖。[②]

东北三省积极推动医养结合，全力助推养老服务事业高质量发展。辽宁省实现医疗机构与养老机构签约全覆盖，截至 2023 年底，共有 175 家两证齐全的医养结合机构。[③] 截至 2023 年，吉林省共有 180 家医养结合机构，5.3 万张床位。此外，吉林省共有 5 个地区入选国家级安宁疗护试点城市，有 104 家安宁疗护服务机构和 1114 张床位。[④] 截至 2024 年 6 月，黑龙江省共有 134 家医养结合机构，医养签约总数为 1483 对，全省共有 3 个国家级医养结合试点。[⑤]

（三）东北三省养老服务水平持续提升

近年来，东北三省的养老服务水平稳步提升，在养老服务内容、养老服务范围、养老服务形式、养老服务人才队伍建设等方面取得积极进展。

东北三省的养老服务内容和服务形式不断丰富。东北三省依托其优质的自然资源和生态环境，积极发展康养产业。辽宁省养老服务业联合会与浙江省等地签署旅居养老战略框架合作协议，搭建旅居养老资源共享平台，积极推动养老服务业创新发展。吉林省围绕"吉林八景"与广东等 20 多个省份签订了旅居养老协议，与北京等地签署了"冬南夏北"旅居康养战略合作协议。黑龙江省于 2023 年相继与 14 个省份、126 个城市签订"寒来暑往、

---

① 《吉林省加快推进基本养老服务体系建设》，吉林经济信息网，2024 年 9 月 19 日，http://jjw.jldrc.jl.gov.cn/lxcy/xky/202409/t20240919_5907.html。

② 《王连波：让更多长者走进龙江、体验龙江、乐享龙江》，新华网，2024 年 11 月 28 日，http://hlj.xinhuanet.com/20241128/d38d907151384537856357d63ba19a99/c.html。

③ 《辽宁鼓励二级及以下医疗卫生机构转型开展医养结合服务》，"人民资讯"百家号，2024 年 10 月 18 日，https://baijiahao.baidu.com/s?id=1813213444583537698&wfr=spider&for=pc。

④ 《健康中国·行走吉林 | 厚植吉林全面振兴的健康底色》，《健康报》2024 年 1 月 31 日。

⑤ 《周鹤：提升医养结合质量 助力龙江老龄健康事业发展》，"轻捷又勤快的小帮手S"百家号，2024 年 9 月 25 日，https://baijiahao.baidu.com/s?id=1809359471540726039&wfr=spider&for=pc。

南来北往"候鸟式旅居康养协议。①

东北三省的养老服务质量持续提升。截至 2023 年，辽宁省共建成 16 家老年病医院，二级及以上综合性医院中有 63% 设有老年医学科，省级老年友善医疗机构有 1473 家，为老年人就医提供"绿色通道"。此外，辽宁省现有 2 个国家级安宁疗护试点，79 家医疗机构开展安宁疗护服务。② 截至 2022 年末，吉林省二级及以上综合医院中有 78.74% 设有老年医学科，共有 1382 家老年友善医疗机构，老年人挂号就医的"绿色通道"实现全覆盖。③ 截至 2022 年，黑龙江省二级及以上综合医院中有 73.95% 设置老年医学科，共有 3 个国家级、81 个省级医养结合试点。④

东北三省的养老服务人才队伍持续壮大。辽宁省教育厅积极统筹高等学校和职业院校专业设置，推动开设老年人服务与管理、护理（老年护理）、智慧健康养老服务与管理等相关专业，为社会养老护理储备人才。吉林省积极构建包含学历教育、继续教育、职业培训在内的全方位养老服务人才教育体系。截至 2023 年，吉林省共有 49 所院校参与老年课堂的试点工作，这些试点院校广泛分布于全省的 11 个地区。⑤ 吉林省累计培训在岗养老护理员 8550 人，持证上岗率达到 87%，养老服务队伍的整体素质得到有效提高。⑥ 黑龙江省注重养老服务人才的教育培养，通过院校教育、职业培训等多种方式提升人才素质。

---

① 《王连波：让更多长者走进龙江、体验龙江、乐享龙江》，新华网，2024 年 11 月 28 日，http：//hlj. xinhuanet. com/20241128/d38d907151384537856357d63ba19a99/c. html。
② 《辽宁鼓励二级及以下医疗卫生机构转型开展医养结合服务》，"人民资讯"百家号，2024 年 10 月 18 日，https：//baijiahao. baidu. com/s？id=1813213444583537698&wfr=spider&for=pc。
③ 《对省政协十三届一次会议第 W131 号委员提案的答复-吉民议字〔2023〕23 号》，吉林省民政厅网站，2023 年 10 月 24 日，http：//mzt. jl. gov. cn/xxgk _2643/jytadf/202310/t2023 1024_8817571. html。
④ 《黑龙江强化老年医学人才培养》，《健康报》2023 年 9 月 15 日。
⑤ 《对省政协十三届二次会议第 2024L24 号委员提案的答复-吉民议字〔2024〕27 号》，吉林省民政厅网站，2024 年 7 月 22 日，http：//mzt. jl. gov. cn/xxgk _2643/jytadf/202407/t2024 0722_8936850. html。
⑥ 《对省政协十二届五次会议第 316 号委员提案的答复》，https：//xxgk. jl. gov. cn/PDFfile/ 202206/8479863. pdf。

二　东北三省养老服务体系高质量发展面临的挑战

尽管东北三省的养老服务不断发展、完善，但囿于现实条件和发展阶段，仍存在政策体系尚不完善、服务质量较低等问题。

（一）东北三省养老服务政策体系有待完善

东北三省养老服务政策体系尚不完善。尽管东北三省在养老服务政策体系建设上取得了一定进展，但仍存在相关政策尚未形成完整体系、政策之间衔接不够紧密、政策执行不到位等问题。同时，养老服务在实际操作中缺乏更为明确的指导和规范，难以有效满足老年人的多元化需求。具体来看，政府虽然出台了一系列旨在推动养老服务发展的政策措施，但这些政策多偏向宏观指导，缺乏具体、细致的实施细则和管理条例，使得政策在实际操作中难以有效落地。这种政策的"粗放式"管理，进一步加剧了养老服务质量的参差不齐，阻碍养老服务水平的进一步提升。

此外，东北三省的养老服务需求评估体系尚不健全。在需求评估环节，由于缺乏统一、科学的标准和规范，评估工作难以准确、全面地进行，评估结果难以真实反映老年人的实际需求和养老服务的供给状况。这种评估的"盲目性"，不仅影响了养老服务的精准供给，也制约了养老服务体系的整体优化。同时，医养资源的整合与优化配置也面临挑战。由于医疗机构与养老机构之间缺乏有效的横向合作，规模较小的养老机构难以内设医疗机构，医养结合的服务模式难以推广。而高、中、低端医养机构在硬件建设上的失衡，也进一步影响了需求评估的准确性和有效性，使得养老服务难以真正实现"医养结合、全面覆盖"。

（二）东北三省养老服务质量有待提升

东北三省的养老服务不断完善，但仍面临供需总量和结构不平衡的问题。第一，东北三省养老床位供给存在结构性缺口。尽管区域内养老机构数

量与床位数保持持续增长态势,但相较于快速增长的老年人口规模与持续延长的预期寿命,现有服务供给仍面临系统性压力。以黑龙江省为例,当前8.3万机构养老人口仅占全省老龄人口总量的0.99%,[①] 这一数值不仅远低于全国平均水平,更折射出机构养老服务有效需求转化率偏低的现实问题。基于国家失能老年人规模测算标准,东北地区面临更为严峻的照护资源短缺问题。相关数据显示,截至2023年底,我国有约3500万名失能老年人,占全体老年人的11.6%。[②] 按照这一比例估算,辽宁省需满足约123万名失能老年人的照护需求,而现有21.24万张床位仅能覆盖17.3%的需求缺口。同样按照这一比例估算,吉林省62万名失能老年人与14.62万张可用床位之间的供需失衡问题同样严峻,现有床位的理论覆盖率仅为23.6%。

第二,社区居家养老服务水平虽得到显著提升,但仍面临诸多挑战。社区居家养老服务在供需结构上存在不平衡的问题,服务供给不足,服务类型同质化、单一化问题较为严重。首先,服务供给存在显著差异,基础性生活照料占比较高,而康复护理、医疗介入及心理疏导等高阶服务不足,供需错位问题突出;其次,专业照护资源呈现"双短缺"特征,既体现为具备医护资质的社区养老服务人员占比较低,更反映在医养结合型服务站点数量不足上;最后,服务递送体系存在行政化倾向,市场机制与社会组织参与度不高导致服务创新动能不足,东北三省社区养老服务项目多为政府主导,而市场化运营项目利润率普遍偏低,严重制约服务品类拓展与质量升级。这种结构性矛盾衍生出"基础服务过剩—专业服务稀缺"的资源配置悖论。这种低水平均衡状态不仅造成财政资金使用效率下降,更难以应对老年群体慢性病管理、失能预防等深层养老需求,亟待构建分级分类的服务供给体系。

第三,东北三省在积极探索医养结合的新型养老服务模式,但仍存在服务质量参差不齐、医养结合程度低等问题。部分养老机构的医养结合服务面

---

① 余建:《准确把握新时代养老服务发展规律 推动养老服务高质量发展》,《中国民政》2024年第17期。

② 《新华视点丨3500万失能老年人:如何摆脱"一人失能,全家失衡"》,新华网,2024年11月14日,http://www.xinhuanet.com/20241114/f9db9c24197f4a00addb2fdfffa28ec0/c.html。

临跨专业人才储备不足导致的持续性照护难题，医护人员专业资质不全与服务流程标准化缺失共同制约服务品质提升。另外，医养结合的深度和广度也亟待拓展，当前医养协作多停留在机构层面的协议合作，尚未形成医保衔接、信息共享、双向转诊等制度性安排，导致"医""养"服务长期处于"物理叠加"而非"化学融合"状态。社区层面的医养结合多局限于健康档案管理、常规体检等基础性医疗服务供给，难以满足老年群体对慢性病管理、术后康复、认知障碍干预等专业化服务的迫切需求。因此，如何提升医养结合的服务品质，深化医养结合的程度，构建梯度化、精准化的医养结合服务体系，成为当前亟待解决的问题。

三　东北三省养老服务体系高质量发展路径

立足未来，东北三省需要构建多元化的养老服务供给体系、借助数字技术为养老服务发展赋能，从而持续促进东北地区养老服务事业高质量发展。

（一）构建养老产业发展三方协同机制

东北三省要继续加强养老服务体系建设，建立分层次的需求评估体系、完善多层次养老产业准入机制、创新多路径养老服务人才培养模式、构建全方位养老服务综合监管机制，持续推动养老服务事业高质量发展。

东北三省建立分层次需求评估体系，关键在于结合地区实际，制定科学、合理的评估标准和流程，并确保评估的全面性和精准性。这一体系的设计要紧扣老年人最基础、最关键的养老服务需求，进一步促进需求与服务精准对接、资源与服务有效衔接。在建立需求评估体系时，应注重分层分类。根据老年人的不同需求和服务类型，将需求评估分为多个层次和类别。例如，可以针对居家养老、社区养老、机构养老等不同养老模式，分别制定相应的需求评估标准和流程。同时，还可以根据老年人的身体状况、经济状况、社会支持情况等因素，进一步细分需求评估的层次和类别，以确保评估的全面性和精准性。此外，为确保需求评估的有效性和可持续性，还需要建

立健全的评估机制和流程。这包括明确评估的主体和职责、制定详细的评估计划和时间表、选择合适的评估方法和工具、建立评估结果反馈和改进机制等。通过这些措施,东北三省可以确保需求评估工作能够有序进行,并及时根据评估结果进行调整和优化。

东北三省要继续完善多层次养老产业准入机制,需要从政策制定、标准设立、监管强化以及市场培育等多个方面入手。首先,政府应出台相关政策,明确养老产业的准入标准和条件。这些政策应涵盖养老服务的各个方面,包括服务内容、服务质量、设施设备、人员配备等,以确保养老产业的健康发展。其次,建立统一的养老服务标准和规范,是完善养老产业准入机制的重要一环。制定和执行这些标准和规范,可以确保养老服务的质量和安全,同时有助于提升养老产业的整体竞争力。再次,强化监管也是必不可少的。政府应加大对养老产业的监管力度,定期对养老服务机构进行检查和评估,确保其符合准入标准和规范。同时,还应建立有效的投诉和举报机制,让老年人及其家属能够方便地反映问题,维护自身的合法权益。最后,市场培育也是完善养老产业准入机制的重要方面。政府应积极引导和鼓励社会资本进入养老产业,通过政策扶持、资金补贴等方式,降低养老产业的投资门槛和风险,吸引更多的投资者和参与者。同时,还应加强养老产业的品牌建设和市场推广,提升养老产业的知名度和影响力,为老年人提供更多的选择和更好的服务。

东北三省要不断推进机构养老服务优化和升级。积极推动符合条件的党政机关、国有事业单位所属培训疗养机构和国有企业所属疗养机构转型为普惠型养老机构。通过合理布局养老机构建设,统筹使用中央预算内资金、中央和省级彩票公益金等方式,支持新建、升级、改造一批养老机构,进一步增强公办养老机构兜底、普惠和示范作用。此外,还要继续鼓励各类社会资本投入养老服务业,兴办面向不同收入人群的养老机构,以满足更多老年人的养老需求。东北三省要积极引导社会资本发展养老产业,鼓励社会力量广泛参与,遴选一批有实力、有信誉、有投资意愿的企业参与养老服务产业,引导社会资本向养老领域集聚,鼓励社会力量开办运营规模化、连锁化的养老机构，推动形成一批具有示范带动作用的养老服务综合体和养老品牌。

（二）数字技术助力养老服务发展

随着人工智能、大数据、物联网等前沿技术的快速发展，人类社会正在迈入智能化时代，生产和生活方式都随之迭代升级。在养老服务领域，智慧养老作为一种创新的养老模式应运而生。它不仅为解决我国的养老难题提供了新路径，而且为养老产业的蓬勃发展注入了新鲜血液。

数字养老的兴盛有赖于政策的导向作用。在推进数字养老的进程中，政府需扮演关键角色，负责构建顶层框架并出台相关政策进行指导。具体来看，政府可以设立专门负责智慧养老的工作机构，制定中长期发展规划，发布有针对性的智慧养老政策，并不断完善相关的地方性法规和标准体系。同时，政府还应推出一系列优惠政策，以吸引和鼓励企业、社会组织及机构积极参与智慧养老服务事业。另外，在数字养老的发展过程中，必须始终将老年人的实际需求和体验放在首位。通过深入的调研和走访，准确把握老年人的真实需求和痛点，并依托数字技术提供精准的解决方案。比如，针对老年人操作智能设备困难的现象，可以研发设计易于操作的智能产品；针对老年人对养老服务的多样化需求，可以提供个性化、定制化的服务选项。

东北三省需着力打造智慧养老平台，实现社会养老服务资源的全面整合，从而为老年人带来更为便捷的一站式服务体验。以哈尔滨市为例，其成功研发的龙江智慧养老平台，通过吸纳优质企业和志愿者，为老年人提供涵盖助餐、助浴、家政等多方面的生活辅助服务，极大地提升了老年人的生活便利性。这一平台的构建，不仅为老年人带来了实实在在的便利，同时显著提高了养老服务的整体效率与质量。此外，东北三省还应当加速智能化产品的研发与推广应用，以精准满足老年人的实际需求。如智能穿戴设备、智能家居产品等，这些智能化产品能够实时监测老年人的健康状况，及时提供紧急呼叫、健康监测等关键服务。这些产品的广泛应用，不仅有效提升了老年

人的生活质量，还在很大程度上降低了老年人面临的各种风险。

东北三省应积极促进养老服务与数字技术的深度融合，借助数字技术的力量，全面提升养老服务的智慧化水平。具体来说，可以通过数字技术的集成与创新，研发和推广具备行为监护、安全看护等功能的养老监护产品，确保老年人的生活安全与健康。同时，还应加强智能康复辅助器具的设计与研发，以满足老年人多样化的康复需求，从而提高养老服务的可及性和精准性。这种融合不仅旨在丰富养老服务的种类，更在于通过智能化手段，全面提升养老服务的质量和效率。

参考文献

边恕、黎蔺娴、孙雅娜：《社会养老服务供需失衡问题分析与政策改进》，《社会保障研究》2016 年第 3 期。

崔月琴等：《东北三省养老服务需求与标准化问题研究》，《福祉研究》2018 年第 00 期。

范逢春、邱铃惠：《我国社区居家养老服务政策的变迁：历程、逻辑与展望——基于历史制度主义的分析》，《社会保障研究》2024 年第 3 期。

高传胜：《推动智慧养老高质量发展，何以可为?》，《社会科学辑刊》2024 年第 6 期。

葛延风等：《我国健康老龄化的挑战与策略选择》，《管理世界》2020 年第 4 期。

胡湛、尹思薇：《数智时代的中国式养老——数字机遇与算法挑战》，《人口与经济》2024 年第 6 期。

巨慧慧：《政策工具视角下我国东北地区养老服务政策文本分析》，《学术交流》2024 年第 4 期。

李静：《中国式现代化进程中的基本养老服务制度：生发逻辑、概念厘清与体系建构》，《社会保障评论》2024 年第 6 期。

林宝：《养老服务高质量发展：内涵、方向及路径》，《华中科技大学学报》（社会科学版）2024 年第 5 期。

马肖曼、郭登：《智慧社区背景下失能老人居家养老服务路径探索——以长春市 X 社区为例》，《经济研究导刊》2024 年第 18 期。

王宏禹、王啸宇：《养护医三位一体：智慧社区居家精细化养老服务体系研究》，《武汉大学学报》（哲学社会科学版）2018 年第 4 期。

王浦劬、雷雨若、吕普生：《超越多重博弈的医养结合机制建构论析——我国医养结合型养老模式的困境与出路》，《国家行政学院学报》2018 年第 2 期。

杨帅、刘迟：《东北地区养老服务体系建设策略探析》，《长春理工大学学报》（社会科学版）2017 年第 3 期。

尹艳红：《我国医养结合政策演进及其优化》，《中国行政管理》2024 年第 7 期。

B.29
东北三省人口老龄化特征
以及基于日本经验的对策研究

马丽利*

摘　要：　在东北全面振兴的背景下，人口老龄化已成为东北三省社会经济发展的制约性因素。现阶段东北三省人口老龄化问题可以概括为"速度快、规模大、任务重"，具体表现为人口负增长趋势明显、老龄化程度加深、老年人口抚养比提高、未富先老趋势加剧等。日本历年面对人口老龄化采取的一系列应对策略，将对我国东北三省应对老龄化趋势起到一定的参考借鉴作用。同时，东北三省还需共同努力，通过完善社会保障体系、开发老年人力资源、推动银发产业发展、构筑生育友好型社会等措施，积极应对东北三省人口老龄化带来的各种问题，助力东北全面振兴，开拓经济新局面。

关键词：　人口老龄化　日本经验　全面振兴　东北三省

　　人口是经济社会发展的根本性、方向性、全局性和战略性要素。2023年9月7日，习近平总书记在新时代推动东北全面振兴座谈会上强调，要提高人口整体素质，以人口高质量发展支撑东北全面振兴。① 东北地区，作为中国重要的工业和农业基地，近年来面临人口年龄结构不断老化的问题。

---

　　* 马丽利，吉林省社会科学院日本研究所研究实习员，主要研究方向为日本经济、日本文化。
　　① 《习近平主持召开新时代推动东北全面振兴座谈会：牢牢把握东北的重要使命　奋力谱写东北全面振兴新篇章》，中国政府网，2023 年 9 月 9 日，https：//www.gov.cn/yaowen/liebiao/202309/content_6903072.htm。

从第七次全国人口普查数据来看，东北已经是我国人口老龄化程度最深的地区，也是人口老龄化增速最快的地区，东北三省已进入深度老龄化社会。① 因此，如何积极应对人口老龄化问题已成为东北三省在全面振兴发展道路上的首要课题，更是实现东北三省人口与经济社会协调可持续发展的内在要求。

一 东北三省人口老龄化现状分析

如今，东北三省人口老龄化问题可以概括总结为"速度快、规模大、任务重"，并对国家东北全面振兴战略的实施及东北产业结构的优化升级产生重要影响。其老龄化具体表现为人口负增长趋势明显、老龄化程度加深、老年人口抚养比提高、"未富先老"趋势加剧等。为破解当前和今后一段时期东北三省面临的这些难题与困境，迫切需要全面客观地认识东北三省人口新形势，以尽早促进人口结构转变，积极推动人口高质量发展。

（一）人口负增长趋势明显

由于受到人口自然增长率与人口持续迁移的双重影响，目前在全国范围内东北三省已率先进入人口负增长阶段，且负增长速度远远快于全国平均水平。首先，从东北三省的人口总量变动情况来看，2010~2022 年东北三省的人口数量都有不同程度减少，其中辽宁省常住人口数量由 4375 万人减少至 4197 万人，吉林省常住人口数量由 2746 万人减少至 2348 万人，黑龙江省常住人口数量由 3831 万人减少至 3099 万人（见表 1）。其次，从人口增长率的变动趋势来看，目前在全国范围内人口呈现负增长的地区有甘肃、内蒙

---

① 按照 1956 年联合国在《人口老龄化及其社会经济后果》定义：当一个国家或地区 65 岁及以上人口数量占总人口的比例超过 7% 时，则意味着这个国家或地区进入老龄化社会，占比达到 14% 进入深度老龄化社会，占比达到 20% 进入超高龄社会。

古、山西、辽宁、吉林、黑龙江，其中在 2010~2020 年黑龙江省与吉林省的负增长率分别达到-19.11%与-14.49%。①

表 1　2010~2022 年东北三省常住人口数量

单位：万人

年份	辽宁省	吉林省	黑龙江省
2010	4375	2746	3831
2014	4358	2642	3608
2018	4291	2484	3327
2022	4197	2348	3099

资料来源：历年《中国统计年鉴》。

　　而造成东北地区人口持续负增长的主要原因是人口出生率低，以及人口持续外迁。自计划生育政策实施以来，东北地区的人口出生率始终低于全国平均水平。在 2013 年实施生育政策改革后，东北地区的出生率有所提升，但随后又逐渐下降。2022 年，全国的出生率为 6.77‰，而辽宁省、吉林省、黑龙江省的出生率分别为 4.08‰、4.32‰、3.34‰。② 2023 年，全国的出生率为 6.39‰，而辽宁省、吉林省、黑龙江省的出生率分别为 4.06‰、3.76‰、2.92‰。③ 可见，近年来东北三省的低人口出生率更是对其人口数量的负增长起到"推波助澜"的作用。另外，人口的持续流失也是东北地区人口负增长的一个重要原因。在全国各地相继出台吸引人才政策的背景下，东北三省的人才吸引力远不如其他经济活跃地区，这导致东北三省适龄劳动力以及高端人才"南飞"现象出现。但值得注意的是，根据第七次全国人口普查数据，2020 年东北三省人口净迁出为 67.1 万人，相比于 2010 年的 114.6 万人，其流出规模已大幅缩小，可见东北全面振兴战略已取得一定成效。

---

① 国务院第七次全国人口普查领导小组办公室编《2020 年第七次全国人口普查主要数据》，中国统计出版社，2021。
② 国家统计局编《中国统计年鉴 2023》，中国统计出版社，2023。
③ 国家统计局编《中国统计年鉴 2024》，中国统计出版社，2024。

（二）老龄化程度加深

在长期视角下，受到人口出生率不断下降以及人口外迁的影响，东北三省人口负增长速度不断加快，这将对东北三省的人口年龄结构产生深远影响。现阶段，东北三省的人口老龄化进程已处于全国前列。

一是老年人口比重的增加直接加快了老龄化进程。1956 年，联合国在《人口老龄化及其社会经济后果》中定义：当一个国家或地区 65 岁及以上人口数量占总人口的比例超过 7% 时，则意味着这个国家或地区进入老龄化。根据这一标准，一般认为我国于 2000 年左右正式步入老龄化社会。其中，东北地区作为一个整体而言，进入老龄化的时间相对较早。从国家统计局公布的数据来看，辽宁省、吉林省、黑龙江省分别在 2007 年、2003 年、2005 年左右进入老龄化阶段，随后老龄化程度不断加深。对 2010~2023 年东北三省 65 岁及以上人口数据进行分析，发现其老年人口占比呈现上升态势。截至 2023 年，辽宁省、吉林省、黑龙江省 65 岁及以上老年人口占比已分别达到 21.07%、18.64%、18.81%（见表 2）。

表 2　2010~2023 年东北三省 65 岁及以上人口数及其在常住人口中的占比

单位：万人，%

省份	项目	2010 年	2015 年	2020 年	2023 年
辽宁	常住人口数	4375	4338	4255	4182
	65 岁及以上人口数	451	567	741	881
	在常住人口中的占比	10.31	13.07	17.41	21.07
吉林	常住人口数	2746	2613	2407	2339
	65 岁及以上人口数	230	300	376	436
	在常住人口中的占比	8.38	11.48	15.62	18.64
黑龙江	常住人口数	3831	3529	3171	3062
	65 岁及以上人口数	319	385	497	576
	在常住人口中的占比	8.33	10.91	15.67	18.81

资料来源：国家统计局、各省人口普查主要数据公报、《中国统计年鉴》。

二是少年儿童人口比重的下降间接加快了老龄化进程。1990~2020年，东北三省的少年儿童人口占比始终低于全国平均值，且与全国平均水平的差距逐渐扩大，这反映出东北三省的少子化现象愈加严峻。1990~2010年，东北三省0~14岁少年儿童人口占比整体呈现大幅下降趋势，1990年为25.15%，2000年降到18.43%，2010年降至11.75%，2020年下降速度虽有所放缓，但仍然呈现下降趋势（见表3）。东北三省的长期少子化现象虽然在短时间内可以减轻托育压力、减少教育投入，但是这种人口结构的不平衡性势必削弱人口增长活力，进而加剧老龄化进程。

表3　1990~2020年东北三省0~14岁少年儿童人口在常住人口中的占比

单位：%

年份	全国	东北三省	辽宁省	吉林省	黑龙江省
1990	27.69	25.15	23.22	26.16	26.60
2000	22.89	18.43	17.68	18.96	18.90
2010	16.60	11.75	11.42	11.99	11.96
2020	17.95	11.01	11.12	11.71	10.32

资料来源：《2020年第七次全国人口普查主要数据》。

（三）老年人口抚养比提高

老年人口抚养比不仅是人口老龄化的直接体现，也是评估一个社会经济压力和养老负担的重要指标。随着老年人口数量的增加，劳动年龄人口的养老负担加重。老年人口抚养比的上升意味着每100名劳动年龄人口需要负担的老年人数增加，这对社会的养老保障体系、医疗保障体系和劳动力市场都产生了深远的影响。

近几年，随着东北三省老龄化程度不断加深，老年人口抚养比不断提高，且始终高于全国平均水平。2023年全国老年人口抚养比为22.57%，而辽宁省、吉林省、黑龙江省的老年人口抚养比分别达到30.60%、26.26%、25.99%（见表4）。分析其内在动因，主要是受到东北三省人口年龄结构严重失衡的影响。随着东北三省医疗条件的改善和生活水平的提高，人们的寿命不断延长，老年人口数量不断增加。同时，由于生育政策的调整和人口增长模式的转变，劳动年龄人口的增长速度逐渐放缓。在这些因素的共同作用下，东北三省老年人口抚养比不断提高。

表4　2020~2023年东北三省老年人口抚养比

单位：%

年份	全国	辽宁省	吉林省	黑龙江省
2020	19.70	24.37	21.47	21.10
2021	20.80	25.58	21.48	21.20
2022	21.80	28.77	24.30	24.10
2023	22.57	30.60	26.26	25.99

资料来源：历年《中国统计年鉴》。

（四）"未富先老"趋势加剧

在实施东北全面振兴战略的背景之下，东北三省致力于推进经济转型和产业升级，努力追赶全国经济增长的步伐，并已取得一定成效。2024年第一季度，辽宁省、吉林省和黑龙江省的地区生产总值分别为6961.20亿元、2936.19亿元和3067.20亿元，虽在总量上与其他省份仍存在一定差距，但其同比增速均高于全国平均水平。当前随着东北三省老龄化程度不断加深，其老年人口增长速度明显快于经济增长速度，这导致东北三省"未富先老"现象更为突出。目前，东北三省公共支出体系面临既要促进经济发展，又要保障人口养老需求的局面，这对东北三省的财政收支造成巨大挑战。总之，在东北三省产业结构转型升级的机遇期，人口老龄化通过影响不同的变量进而影响区域经济发展，凸显人口老龄化与经济发展程度不相适应的矛盾。

二　日本老龄化策略对东北三省具有借鉴意义

老龄化始终是日本社会面临的重要课题，在很多方面与我国东北三省人

口老龄化情况存在相似性。根据 2024 年 7 月日本总务省公布的人口动态调查结果，截至 2024 年 1 月，日本 65 岁及以上的老年人数量已达到 3500 万人，占总人口的比例接近 30%，同时人口总数已连续 15 年呈下降趋势。日本作为全球最早步入超高龄社会的国家之一，面对如此严峻的人口老龄化问题，日本政府在几十年间已相继制定了一系列规划、战略，并形成较为完善的政策体系。对日本历年来应对人口老龄化的策略进行全面分析，将对我国东北三省应对人口老龄化起到一定的参考借鉴作用。

（一）将制定政策法规作为积极应对老龄化的重要举措

日本在应对人口老龄化的过程中，制定了一系列战略规划与法律制度，并经历了漫长而持续的探索阶段。在老龄化初始阶段，日本主要是制定相关法律，保障老年人权益，如 1963 年出台《老人福祉法》，1982 年出台《老人保健法》。而到 1986 年日本正式将人口老龄化问题提升至国家战略高度，确定《长寿社会对策大纲》，其主要是针对老年人各方面需求的初步认知与规划，并为后续规划奠定坚实的基础。随后为进一步增进老年人的保健福祉，日本又分别于 1989 年和 1994 年制定《黄金计划》与《新黄金计划》。1995 年制定《高龄社会对策大纲》，明确政府应对老龄化的职责与义务，制定较为完善的老年人就业、福利保障配套政策。2003 年，面对少子化与老龄化的双重压力，日本政府颁布多项应对少子化的政策，如《少子化社会对策基本法》《安心育儿计划》《少子化社会对策大纲》等，旨在努力提高生育率。2013 年，日本政府为充分发挥老年人的社会价值，修订《高龄者雇佣安定法》，将法定退休年龄提高至 65 岁。2021 年，日本将延迟退休的年龄上调至 70 岁，至此日本已正式将"积极老龄化"概念从理性认识提升至战略高度。

（二）将完善养老保障体系作为积极应对人口老龄化的核心内容

日本在养老服务体系建设方面，已经形成了相对完善且多元化的综合体系，旨在解决老年人的医疗问题、满足老年人的护理需求，推动实现"健康老龄化"，进而营造老龄友好型社会。

一是在医疗制度方面，不断完善老年医疗保险体系。在老年医疗保险体系方面日本始终在不断地改革与探索，几十年来经历了老年人免费医疗制度、老年人保健制度、高龄老年人医疗制度的演变，至今已形成相对完善的老年医疗保险体系。20世纪70年代，乘着经济高速增长的快车，日本老年医疗保障体系迅速完善，1973年提出《老人医疗免费制度》，对70岁以上的老年人实施免费医疗，同时对参加医疗保险制度的其他年龄段人员实施高额医疗费用补贴制度，即补偿月度医疗费用超过3万日元的部分，这标志着日本社会保障进入高福利的新纪元。20世纪80年代，日本经济进入低速增长期，为确保日本社会保障体系在面对老龄化挑战时的可持续性，日本政府于1983年对社会医疗保障制度进行了调整与改革，出台了《老年人保健制度》，取消免费老年医疗，规定各医疗保险制度需承担70岁以上老年人医疗费用的70%，剩余的部分由公费补助，同时对老年人实施定额自付制度。这一制度的出台标志着日本社会正在从福利扩大阶段向福利抑制阶段过渡。进入21世纪，伴随日本人口老龄化的加剧以及经济的持续低迷，其老年医疗保障体系又实行了新一轮改革。2008年日本出台《确保高龄老年人医疗法》，以此缓解由老年人口增多带来的医保基金压力，规定年收入超过370万日元的75岁以上老年人，需要个人承担30%的医疗费。值得注意的是，在2008年之前75岁以上的老年人可根据原有身份的不同参加不同类型的医疗保险，而在该政策确立之后，高龄老年人的保险从原来的保险之中分离，独立运营。总的来说，该阶段医疗体制的系统变革不仅实现了将高龄老年人从整个医疗保险体系中独立出来，还在一定程度上缓解了医疗资源的紧张状况。

二是在老年人福利方面，提供多项老年护理服务。随着越来越多的女性进入职场，传统概念上由子女负担的老年人赡养照护义务变得越来越难以实现。在这样的背景之下，日本政府于1997年颁发《护理保险法》，并于2000年正式建立独立的长期护理保险制度，有效重组了"老人福祉"和"老人医疗"两大体系，完善了老年人的生活照护服务体系。这一制度的建

立，使得老年人能够更加便捷地获得所需的护理服务，同时减轻了医疗系统的压力。而后在 2011 年日本开始对长期护理保险制度进行改革，目标是在 2025 年建立综合性社区照料体系，即能够在社区中提供长期护理、医疗保健以及日常生活帮扶等一系列养老服务，甚至包括寄宿式养老服务。

（三）将促进生育水平提升作为积极应对人口老龄化的重点工作

在老龄化与少子化的双重压力下，日本政府为努力提高国民的生育意愿与生育水平，采取多种措施营造适宜生育的社会环境。

一是不断完善支持生育的社会政策。1994 年的"天使计划"包含完善母子健康医疗制度的相关内容，但政策内容过于宽泛。步入 21 世纪后，日本政府为让群众真正"敢生育、愿生育"，再一次出台相关政策，以更好地为孕产妇提供一系列医疗服务和补贴。例如，免费提供孕期体检、分娩费用抵税、出生一次性补贴等，这些政策不仅在经济上减轻了生育和抚养子女的负担，也让日本适龄青年在心理上能够更加从容自信地面对生产与育儿问题。在生育援助方面，日本为推进形成社会对不孕不育治疗的友好型氛围，2022 年正式将不孕不育的治疗纳入保险，并废除了原有补助制度中对收入的限制，提高补助额度，以此减轻不孕家庭的经济负担。并且增强从受孕到育儿的无缝隙援助，即在孕前、孕中、孕后整个过程中更加注重孕产妇的身心健康护理。此外，自 2023 年以来，日本政府尝试通过冻卵技术缓解少子化压力，而此举的实际效果仍有待检验。

二是大力加强育儿环节的社会保障。2004 年的《少子化社会对策大纲》，呼吁社会全体支援育儿家庭，助力下一代儿童健康成长。2010 年的《儿童、育儿愿景》重点提出三大理念，分别是"珍视生命与成长""回应问题与困难""支援育儿与生活"，以此体现日本政府在努力打造让年轻一代轻松育儿的温暖社会，进而提高日本国民的生育意愿。此外，在 2024 年 12 月日本政府正式提出，从 2025 年 4 月开始实施"每周休息三天"的弹性工作制度，使得更灵活的工作方式成为可能，以此更好地帮助人们平衡育儿与工作之间的关系。从育儿经济援助角度来看，日本已全面覆盖学龄前儿童免费入园政策。在育儿医疗福利角度，日本政府提供一定额度的补贴或抵税政策，例如，6 周岁以下的儿童看病只需支付 20% 的费用，其余费用由政府承担。总之，日本政府通过不断解决生产与育儿环节中可能出现或面临的种种困难，从而有效缓解日本少子化现状，遏制老龄化进程进一步加深。

（四）将调整就业政策作为积极应对人口老龄化的重要举措

日本为解决劳动力老化和结构性短缺造成的人力资源不足等问题，已将调整日本社会相关就业政策作为积极应对人口老龄化的重要举措。

一是出台鼓励老年人就业的政策。日本为减轻人口老化带来的社会负担，出台了提高退休年龄、废除招聘限制等一系列鼓励老年人就业的相关政策。1971 年日本颁布《高年龄者等雇佣安定法》，给企业提供"导入继续雇佣制度""提高退休年龄""废除退休限定"的选择。为确保 60~70 岁愿意就业的老年人能够再就业，2013 年日本制定"继续雇佣制度"，规定企业有义务保证老年人就业、废除对招聘年龄的限制。

二是大力培育护理从业人员，积极推进护理社会化。由于日本老龄化的不断推进，护理人才越来越供不应求，为应对介护人员严重不足的危机，日本从中央到地方可谓是费尽心思。首先，为吸引更多社会人员从事护理行业，日本政府为护理从业者提供必要的经济支持。其次，为达到日本政府提出的"护理人员零离职"目标，在 2024 年 6 月日本厚生劳动省对相关从业人员进行了医疗报酬、护理报酬以及障碍福祉服务的三重调整。最后，日本还积极引进外籍护理人员。为缓解护理人员紧张的压力，日本先后与印度尼西亚、菲律宾、越南等签署协议，引进外籍护士。根据厚生劳动省的统计数据，截至 2023 年，在日本从事介护行业的外籍居住人员已达到 4 万人。

（五）将发展老年事业作为积极应对人口老龄化的关键任务

在应对老龄化的道路上，日本不仅在完善养老保障制度、促进生育水平提升、调整就业政策等方面付诸实践，还鼓励社会各界参与老年事业，并鼓励老年人积极参加社会活动，营造终身学习的教育环境。

一是鼓励企业建立养老机构，参与养老事业。日本政府为让企业更好地参与养老事业，降低企业建立私立或公益性养老机构的成本，出台土地、税收优惠等政策以及向金融机构提供长期低息贷款。同时，为提高养老服务质量，日本政府建立了养老机构行政许可制度，大力推进养老机构连锁化运营，充分发挥企业的规模效应。

二是倡导老年人参与社会活动，终身学习，老有所为。为保证老年人的身心健康，日本政府积极鼓励老年人参加志愿者活动，不仅能够丰富老年人的晚年生活，更重要的是让他们找到自身的价值，为社会继续发挥余热。对于拥有丰富知识、经验与能力的老年人，日本还会通过为老年人提供各类海外就业信息和不同的派遣方式，以推进老年海外志愿者事业发展。同时，为促进各年龄段人群的交流，代际交流活动也是日本老年人参与社会活动的重要方式之一，通过这类活动，老年人与青年可以加深相互理解。此外，日本政府高度重视终身学习，并采取了一系列措施推动其实现。例如，通过组织"联络会议"、召开"教育未来创造会议"等方式，逐步形成多部门协同推进机制，共同推动终身学习的实现。

三 东北全面振兴下应对人口老龄化的对策建议

党的二十大报告指出，实施积极应对人口老龄化国家战略，发展养老事业和养老产业，优化孤寡老人服务，推动实现全体老年人享有基本养老服务。① 如今东北地区老龄化程度加深的趋势已不容忽视。面对这一挑战，需要政府、社会、企业和个人等多方共同努力，并适时结合日本人口老龄化的应对经验，通过完善社会保障体系、开发老年人力资源、推动银发产业发展、构筑生育友好型社会等举措，积极应对老龄化带来的各种问题，确保东北地区的长期稳定和繁荣发展。

---

① 《高举中国特色社会主义伟大旗帜　为全面建设社会主义现代化国家而团结奋斗——在中国共产党第二十次全国代表大会上的报告》，中国政府网，2022 年 10 月 25 日，https：//www.gov.cn/weixin/2022-10/25/content_5721685.htm。

（一）完善社会保障体系，建立健全医疗保障制度

人口老龄化给各省份的经济发展带来很大压力，与此同时增加了家庭的赡养支出，相应的保障制度仍有待健全。一是不断扩大社会养老保险的覆盖范围，尤其对农村老年人口的有效保障。东北三省应针对老年人口的分布情况，对养老保险覆盖范围进行重新划定，确保老有所依、老有所养，使更多老年人享受老年保险的福利。二是政府需主动加大养老资金的投入力度，将国有资产转化为养老基金，通过建立设施良好的养老院、托老所等机构，切实解决养老难的问题。政府还可以通过大力调动市民的积极性，鼓励个人捐款、企业捐款等积极筹集养老保险资金。三是不断加大养老保险的宣传力度，增强老年人的保险意识，鼓励更多老年人投身养老保险事业，为解决养老难的问题贡献力量。

（二）开发老年人力资源，充分发挥老年人的社会价值

近年来，东北地区少子化、老龄化的加剧已导致劳动力供给越发紧张，为此在开发老年人力资源方面，东北地区始终在积极进行各项有益的实践探索，并取得了一定成效。在此基础之上，东北三省还可在结合实际经济发展水平的同时，适当借鉴日本的成功经验，充分发挥老年人的社会价值，进而创造更大的社会效益。一是完善老年雇用制度。首先，可对雇用老年人的企业给予相应的优惠政策，全面清理阻碍老年人继续发挥作用的不合理规定，明确老年人再就业的劳动关系和劳务关系等。目前，日本已出台相应政策，如通过减税等措施奖励企业雇用退休老年人。其次，应将社会效益与经济效益相结合。例如，在公园维护、停车引导、街道清扫等类似的简单工作上，创建老龄友好的就业环境，鼓励家庭困难的老年人优先就业，不仅能帮助老年人实现自身价值，更能体现现代社会对老年人的关注与关爱。二是切实提升老年人的社会参与感。首先，积极为老年人赋能，定期举办针对中老年求职者的职业培训。例如，吸取日本在各大城市建立"老年人才中心"的成功经验，东北三省可增设专门服务老年人的机构，大力发展老年教育，增强

他们的社会参与感。其次，加快老年人才信息库建设，进一步整合老年人的丰富知识和经验技能。在此可以借鉴黑龙江省建立"龙江银龄智库"的经验，通过组织老年人参与决策咨询，为社会提供实际的帮助与支持。

（三）推动银发产业发展，助力东北经济高质量发展

2024年1月，《国务院办公厅关于发展银发经济增进老年人福祉的意见》指出，要加快银发经济规模化、标准化、集群化、品牌化发展，培育高精尖产品和高品质服务模式，让老年人共享发展成果、安享幸福晚年，不断实现人民对美好生活的向往。[1] 对于东北地区而言，发展银发经济，满足老年群众多方面需求，妥善解决人口老龄化带来的社会问题，不仅事关东北全面振兴，更事关国家发展全局。具体可以从以下三方面入手，采取措施推动老年经济、老龄产业发展。一是政策引领银发产业合理布局，注重培育银发经济经营主体。中小企业是银发产业的重要组成部分，政府应提供融资支持、市场开拓等方面的帮助，降低中小企业的创业和运营成本，促进其健康发展。二是推动东北三省传统银发产业转型升级。政府可通过设立创新基金、提供税收优惠等措施，鼓励银发经济经营主体进行技术创新、产品创新和服务创新。同时，积极推动产学研合作，鼓励高校、科研机构和企业之间的交流与合作，通过共享资源、协同创新等方式，提升银发产业的科技水平和创新能力。三是加强对银发产业的监管，确保老龄经济的健康发展。广泛开展老年人识骗防骗宣传教育活动，依法严厉打击以各种名目侵害老年人合法权益的各类诈骗犯罪行为，进一步完善和保障老年消费者的各项合法权益。

（四）构筑生育友好型社会，促进人口长期均衡发展

习近平总书记在新时代推动东北全面振兴座谈会上强调，要建立健全生

---

① 《国务院办公厅关于发展银发经济增进老年人福祉的意见》，中国政府网，2024年1月11日，https://www.gov.cn/zhengce/zhengceku/202401/content_6926088.htm。

育支持政策体系，大力发展普惠托育服务体系，显著减轻家庭生育养育教育
负担，推动建设生育友好型社会，促进人口长期均衡发展。① 适度提高生育
水平，是东北三省维持适度人口规模、优化人口年龄结构的前提，也是落实
新时代人口发展战略的科学路径。应着眼生育友好型社会建设，科学设计生
育政策及其配套支持措施，完善生育保险及补贴政策，规范妇产医疗服务及
母婴护理行业发展，切实增强普惠性托幼服务的可及性、便利性和安全性，
加大优质教育资源供给力度，努力减轻生育家庭负担，为年轻人生育、养育
子女提供便利。

参考文献

闫坤、郭佩：《稳定之基：日本社会保障制度改革及启示》，《中国财政》2024 年第
16 期。

郭栋、孙淑军：《"振兴东北"战略对东北地区人口老龄化的影响分析及对策研
究》，《黑河学院学报》2022 年第 7 期。

赵福军、吕紫剑、董丹丹：《应对人口老龄化的日本经验与借鉴》，《社会治理》
2018 年第 1 期。

原新、王丽晶：《科学认识人口新形势　推进东北全面振兴》，《人口学刊》2024 年
第 1 期。

梁雅楠、张成：《人口老龄化、数字经济与我国产业结构优化》，《经济问题探索》
2022 年第 12 期。

---

① 《习近平主持召开新时代推动东北全面振兴座谈会：牢牢把握东北的重要使命　奋力谱写
东北全面振兴新篇章》，中国政府网，2023 年 9 月 9 日，https：//www.gov.cn/yaowen/
liebiao/202309/content_6903072.htm。

B.30
东北三省生育激励政策比较研究

程显扬　王　磊*

摘　要： 当前，我国已经从人口快速增长的阶段过渡到人口低速增长阶段，人口的极低速增长趋势和负增长趋势是我国人口新发展阶段的首要特征。由于历史原因，东北三省的人口老龄化与低生育率问题较为突出。近年来，东北三省的相关生育激励政策已经逐步落地实施，在育儿补贴和生育相关假期方面已经取得了一定成就，很多政策的实践水平与执行标准已经达到国内领先水平。但是，在育儿补贴范围与补贴水平、生育相关假期政策以及政策贯彻落实方面还存在一些问题，应当围绕稳步扩大和提升育儿补贴范围和补贴水平，基于家庭整体视角统筹育儿假制度安排，试点推广有利于生育的多元化用工模式，以及持续加强生育友好型社会建设方面持续发力。

关键词： 生育激励　育儿补贴　生育假期　东北三省

一　东北三省生育激励政策的基本现状

（一）国家与东北三省生育政策概况

伴随经济社会的发展、城镇化水平的提升、医疗技术水平的进步以及人口老龄化进程的推进，中国的人口已经从快速增长阶段逐步转变为低速增长乃至负增长阶段。可以说，人口的极低速增长趋势和负增长趋势是我国人口

---

* 程显扬，辽宁社会科学院社会学研究所助理研究员，主要研究方向为社会保障、"一老一小"；
王磊，辽宁社会科学院社会学研究所所长、研究员，主要研究方向为社会保障、社会政策。

新发展阶段的首要特征。[1]

党的十八大以来，以习近平同志为核心的党中央结合中国国情的客观现实和对人口发展规律的科学把握，做出人口均衡发展的重大决策。计划生育在 1982 年作为基本国策后，直到 2011 年开始进行调整与探索，并在党的十八大后开始快速推进与落实一系列相关政策。2013 年中国共产党第十八届中央委员会第三次全体会议决定启动实施"单独二孩"政策，同年 12 月 28 日《全国人大常委会关于调整完善生育政策的决议》由十二届全国人大常委会第六次会议表决通过，标志着"单独二孩"政策正式实施。2015 年中国共产党第十八届中央委员会第五次全体会议明确提出，全面实施一对夫妇可以生育两个子女的政策，同年 12 月 27 日《中华人民共和国人口与计划生育法》修正案在全国人大常委会获得表决通过，其明确提出，国家提倡一对夫妻生育两个子女，"全面二孩"政策于 2016 年 1 月 1 日起正式实施。2018 年，国家卫生和计划生育委员会被重新组建为国家卫生健康委员会，"计划生育"作为独立国家部门的历史至此终结。2021 年国务院《政府工作报告》明确提出，实施积极应对人口老龄化国家战略，以"一老一小"为重点完善人口服务体系，推动实现适度生育水平，逐步延迟法定退休年龄。2021 年 6 月 26 日，中共中央政治局会议审议通过《中共中央　国务院关于优化生育政策促进人口长期均衡发展的决定》，正式实施一对夫妻可以生育三个子女政策，并取消社会抚养费等制约措施、清理和废止相关处罚规定，配套实施积极生育支持措施。"全面三孩"政策的落地，标志着中国的生育政策开始全面转向支持与鼓励生育。2022 年 8 月，国家卫生健康委员会等部门联合发布《关于进一步完善和落实积极生育支持措施的指导意见》，深入实施一对夫妻可以生育三个子女政策及配套支持措施。党的二十大报告再次强调，优化人口发展战略，建立生育支持政策体系，降低生育、养育、教育成本。

东北三省由于受到包括计划经济体制运行惯性、城镇化整体水平较高、

---

[1]　李英嘉：《东北地区育龄人口生育意愿影响因素及其激励策略研究》，硕士学位论文，辽宁大学，2022。

受教育平均年限较长以及计划生育政策执行相对严格等多重因素影响，人口规模与出生率的下降趋势更为明显。东北三省的劳动年龄人口于2012年开始下降，与全国保持一致，但其从2015年开始总人口呈现下降趋势，而全国总人口于2022年出现首次下降。第七次全国人口普查数据表明，2020年东北三省的常住人口为9851万人，与第六次全国人口普查数据相比减少1100万人，占全国人口的比重下降1.20个百分点。其中，辽宁、吉林和黑龙江的常住人口数量分别减少115万、339万人和646万人。同时，东北三省的出生率长期低于全国平均水平，其中，辽宁为6.49‰、吉林为6.76‰、黑龙江为6.22‰。第七次全国人口普查数据显示，2020年东北三省的出生率处于全国最低水平，其中，辽宁为5.16‰、吉林为4.84‰、黑龙江仅为3.75‰。2020年中国的育龄妇女总和生育率为1.30，而同年东北三省的育龄妇女总和生育率仅为0.85。

（二）东北三省育儿补贴概况

由于育儿补贴在全国绝大部分地区没有统一的政策，其具体政策普遍在市级层面进行实践，因此，选取东北三省的省会城市即沈阳市、长春市与哈尔滨市进行比较分析。三个城市在2023年分别出台《沈阳市发放三孩育儿补贴实施方案（试行）》《长春市三孩育儿补贴实施方案（试行）》《哈尔滨市育儿补贴发放办法（试行）》，具体政策内容如下（见表1）。

表1　东北三省省会城市育儿补贴概况

城市	补贴金额	补贴时限	补贴条件
沈阳市	每月补贴500元，合计18000元 按月计算，每年发放1次	自该子女出生当日起发放，截至该子女满3周岁之日止发	夫妻双方均为沈阳市户籍，共同合法生育三孩并且落户沈阳市
长春市	一次性发放补贴10000元	一次性发放	夫妻双方均为长春市户籍（含夫妻一方为长春市户籍，另一方为现役军人或夫妻双方均为现役军人），合法生育三孩及以上子女并落户长春市

续表

城市	补贴金额	补贴时限	补贴条件
哈尔滨市	二孩,每月发放补贴 500 元,合计 18000 元; 三孩,每月发放补贴 1000 元,合计 36000 元	自该子女出生当日起发放,截至该子女满 3 周岁之日止发	夫妻双方均为哈尔滨市户籍(含夫妻一方为哈尔滨市户籍,另一方为现役军人或夫妻双方均为现役军人),合法生育二孩及以上子女并落户哈尔滨市;夫妻双方一方为哈尔滨市户籍,另一方为外地户籍的,为在籍一方发放 50%

资料来源:根据政府相关公开资料整理。

　　《沈阳市发放三孩育儿补贴实施方案（试行）》规定:基本条件为夫妻双方均为沈阳市户籍,共同合法生育三孩并且落户沈阳市的家庭。计发时间为 2023 年 1 月 20 日。出生且在沈阳市公安部门办理出生落户的,自该子女出生当日起计发育儿补贴,截至该子女满 3 周岁之日止发;正式实施之日未满 3 周岁的,从正式实施之日起计发,截至该子女满 3 周岁之日(未满 3 周岁不足 1 个月的按照 1 个月计算)止发;户籍从市外迁入沈阳市的,符合条件的可申请育儿补贴,自第 3 个子女户籍迁入沈阳市当日起计发,截至该子女满 3 周岁之日(未满 3 周岁不足 1 个月的按照 1 个月计算)止发。补贴标准为对夫妻双方共同依法生育三个子女的本地户籍家庭,三孩每月发放 500 元育儿补贴,直至孩子 3 周岁止。资金来源为区、县（市）财政,市财政对区、县（市）财政实际补助金额给予 50% 补助。资金发放采用按月计算、每年发放 1 次。[①]

　　《长春市三孩育儿补贴实施方案（试行）》规定:基本条件为夫妻双方均为长春市户籍(含夫妻一方为长春市户籍,另一方为现役军人或夫妻双方均为现役军人),在本方案印发之日起,合法生育三孩及以上子女并落户

[①] 《关于印发〈沈阳市发放三孩育儿补贴实施方案（试行）〉的通知》,沈阳市卫生健康委员会网站,2023 年 4 月 22 日,https://wjw.shenyang.gov.cn/zwgk/fdzdgknr/rkjcyjtfz/202309/t2023 0922_4532216.html。

本市的家庭，且已办理生育登记。计发时间为 2023 年 10 月 27 日。城区、开发区落实三孩育儿补贴政策所需资金由市、区（开发区）财政按 1∶1 承担，榆树市、德惠市、农安县、公主岭市由县级财政承担。资金发放采用一次性发放的方式进行。①

《哈尔滨市育儿补贴发放办法（试行）》规定：基本条件为夫妻双方或者一方具有哈尔滨市户籍，依法生育并现存二个及以上子女。申请育儿补贴的子女出生时间在 2021 年 10 月 29 日［《黑龙江省人口与计划生育条例》（2021 年第 6 次修正）发布实施之日］后，并且具有哈尔滨市户籍。计发时间为 2021 年 10 月 29 日，起始日期前不予发放；申请人应在子女出生后 6 个月内提出育儿补贴申请；逾期申请的，自申请当月起计发，申请提出时间以前的育儿补贴不予补发；2021 年 10 月 29 日至 2023 年 5 月 9 日前出生的第二个及以上子女，可以在 2023 年 5 月 9 日后 6 个月内提出申请；逾期申请的，自申请当月起计发，申请提出时间以前的育儿补贴不予补发；户籍在市内迁移的，由迁入户籍地发放育儿补贴；申请人或其生育子女自市外迁入哈尔滨市的，自申请当月起计发。申请人或其生育子女户籍迁出本市的，申请人应在户籍迁出一个月内向原审批乡镇政府（街道办事处）报告，自迁出次月起停发育儿补贴；因子女死亡而不符合补贴条件的，自次月起停发育儿补贴；申请育儿补贴子女满 3 周岁的，停发育儿补贴。资金来源：市与区按照 4∶6 比例分担，9 个县（市）自行承担。市级资金采取年初预拨、下一年度据实清算的方式进行拨付，市级资金尚未下达及年度预算资金不足时，由同级财政部门先行垫付解决。资金发放为每月发放一次。②

（三）东北三省生育相关假期概况

与生育相关的法定假期包括产假、护理（陪产）假、育儿假和婚假等

① 《关于印发〈长春市三孩育儿补贴实施方案（试行）〉的通知》，长春市人民政府网站，2023 年 10 月 27 日，http：//zwgk. changchun. gov. cn/zcbm/swjw＿3974/wjwxxgkml/202310/t20231027＿3240689. html。

② 《关于联合印发〈哈尔滨市育儿补贴发放办法（试行）〉的通知》，哈尔滨市人民政府网站，2023 年 5 月 9 日，https：//www. harbin. gov. cn/haerbin/c107751/202305/c01＿735066. shtml。

等，假期的长短直接关系到家庭能否为婚姻和育儿提供充足的时间保障，也直接关系到保障女性的合法权益。东北三省根据国家法律法规与各省实际政策，分别制定了不同的生育相关假期规定，具体政策内容如表 2 所示。

表 2 东北三省生育相关假期概况

地区	政策依据	产假与护理假	育儿假	婚假
辽宁省	《女职工劳动保护特别规定》《辽宁省女职工劳动保护办法》《辽宁省人口计划生育条例》	基本产假:158 天(一胎顺产) 每多生育一胎增加 15 天 难产或剖宫产增加 15 天 男方享有护理假 20 天 一胎理论最长产假:173 天	子女未满 3 周岁,夫妻双方共 20 天	10 天
吉林省	《女职工劳动保护特别规定》《关于优化生育政策促进人口长期均衡发展实施方案》	基本产假:180 天(一胎顺产) 每多生育一胎增加 15 天 难产或剖宫产增加 15 天 男方享有护理假 25 天 一胎理论最长产假:195 天	子女未满 3 周岁,夫妻双方共 40 天	15 天
黑龙江省	《女职工劳动保护特别规定》《黑龙江省人口与计划生育条例》	基本产假:180 天(一胎顺产) 每多生育一胎增加 15 天 难产或剖宫产增加 15 天 男方享有护理假 15 天 一胎理论最长产假:195 天	子女未满 3 周岁,夫妻双方共 20 天	15 天 (参加婚前医学检查的为 25 天)

资料来源：根据政府相关公开资料整理。

辽宁省生育相关假期主要包括以下几个方面。一是产假：一胎顺产为 158 天，在此基础上，每多生育一个婴儿产假增加 15 天；如果遇到难产或采取剖宫产，则产假增加 15 天。特殊情况包括怀孕未满 4 个月流产的，享受 15 天产假；怀孕满 4 个月流产的，享受 42 天产假。二是护理假：男方享有护理假 20 天。三是育儿假：在子女未满 3 周岁前，夫妻双方每人每年可分别享受累计 10 天育儿假。四是婚假：依法办理婚姻登记的夫妻可享受 10 天婚假。

吉林省生育相关假期主要包括以下几方面。一是产假：一胎顺产为 180 天。在此基础上，每多生育一个婴儿则产假增加 15 天；如果遇到难产或采

取剖宫产，则产假增加 15 天。特殊情况包括怀孕未满 4 个月流产的，享受 15 天产假；怀孕满 4 个月流产的，享受 42 天产假。二是护理假：男方享有护理假 25 天。三是育儿假：在子女未满 3 周岁前，夫妻双方每人每年可分别享受累计 20 天育儿假。四是婚假：依法办理婚姻登记的夫妻可享受 15 天婚假。

黑龙江省生育相关假期主要包括以下几个方面。一是产假：一胎顺产为 180 天。在此基础上，每多生育一个婴儿则产假增加 15 天；如果遇到难产或采取剖宫产，则产假增加 15 天。特殊情况包括怀孕未满 4 个月流产的，享受 15 天产假；怀孕满 4 个月流产的，享受 42 天产假。二是护理假：男方享有护理假 15 天。三是育儿假：在子女未满 3 周岁前，夫妻双方每人每年可分别享受累计 10 天育儿假。四是婚假：依法办理结婚登记的夫妻可享受婚假 15 天，参加婚前医学检查的，增加婚假 10 天。

二 东北三省生育激励政策存在的问题

（一）东北三省育儿补贴范围相对有限且补贴水平有待提升

在生育补贴的适用范围上，沈阳市与长春市仅对三孩及以上进行补贴，只有哈尔滨市对二孩也进行补贴。而且在补贴的适用条件上，除了现役军人外，补贴享受对象均需拥有本市户籍，但是哈尔滨市对夫妻双方，其中一方为哈尔滨市户籍，另一方为外地户籍的，为在籍一方发放一半的育儿补贴。可以说，哈尔滨市在育儿补贴的享受范围与适用条件方面，要比沈阳市和长春市更加灵活与完善。同时，从全国范围来看，在已经出台育儿补贴的县、市以及省当中，超过八成的政策已经覆盖二孩，部分县、市的政策甚至已经覆盖一孩。因此，东北三省的育儿补贴政策仍有待完善。

同时，就补贴水平而言，东北三省之间存在较大差异。同样是生育三孩及以上，由于补贴范围相对较宽，哈尔滨市能够获得的最高补贴为 54000 元，沈阳市能够获得的最高补贴为 18000 元，长春市的补贴金额为 10000

元。哈尔滨市对生育二孩的补贴也达到 18000 元。同时，从全国范围来看，在已经出台育儿补贴的地区中，哈尔滨市的补贴水平已经处于全国前列，沈阳市的补贴水平属于全国平均水平，而长春市的补贴水平相对较低（见表 3）。

表 3　全国典型地区育儿补贴情况

地区	每月补贴	每年补贴	一次性补贴
攀枝花市	二孩,每月补贴 500 元, 合计 18000 元; 三孩,每月补贴 500 元, 合计 18000 元; 理论最高补贴 36000 元	—	—
伊春市	二孩,每月补贴 500 元, 合计 18000 元; 三孩,每月补贴 1000 元, 合计 36000 元; 理论最高补贴 54000 元	—	—
沈阳市	每月补贴 500 元, 合计 18000 元	按月计算,每年发放 1 次	—
荆门市	每月补贴 500 元, 合计 18000 元	—	—
济南市	二孩,每月补贴 600 元（800 元）,合计 21600 元(28800 元); 三孩,每月补贴 600 元（800 元）,合计 21600 元(28800 元); 理论最高补贴 43200 元(57600 元)（对最低生活保障、特困供养人员及领取失业保险金的生育妇女每月加发 200 元）	—	—
哈尔滨市	二孩,每月补贴 500 元, 合计 18000 元; 三孩,每月补贴 1000 元, 合计 36000 元; 理论最高补贴 54000 元	—	—
临泽县	—	二孩,每年补贴 5000 元, 合计 15000 元; 三孩,每年补贴 10000 元, 合计 30000 元; 理论最高补贴 45000 元	—

续表

地区	每月补贴	每年补贴	一次性补贴
武汉东湖新技术开发区	—	三孩,每年补贴 10000 元,合计 60000 元	—
汉中市	—	—	二孩,2000 元; 三孩,10000 元; 理论最高补贴 12000 元
长春市	—	—	三孩,10000 元
杭州市	—	—	二孩,7000 元; 三孩,25000 元; 理论最高补贴 32000 元
云南省	—	二孩,每年补贴 800 元,合计 2400 元; 三孩,每年补贴 800 元,合计 2400 元; 理论最高补贴 4800 元	二孩,2000 元; 三孩,5000 元; 理论最高补贴 7000 元
宁夏回族自治区	三孩,每月补贴 200 元,合计 7200 元	—	二孩,2000 元; 三孩,4000 元; 理论最高补贴 6000 元
深圳市	—	一孩,每年补贴 1500 元,合计 4500 元; 二孩,每年补贴 2000 元,合计 6000 元; 三孩,每年补贴 3000 元,合计 9000 元; 理论最高补贴 19500 元	一孩,3000 元; 二孩,5000 元; 三孩,10000 元; 理论最高补贴 18000 元
温州市	—	—	一孩,1000 元; 二孩,2000 元; 三孩,3000 元; 理论最高补贴 6000 元

注：按照每月和每年发放的育儿补贴，除武汉东湖新技术开发区发放至 6 周岁外，其余均发放至 3 周岁。

资料来源：根据政府相关公开资料整理。

（二）东北三省生育相关假期政策有待完善

从东北三省当前的生育相关假期来看，吉林省的各项假期平均时间最长，黑龙江省处于平均水平，而辽宁省的各项假期平均时间相对较短。具体而言，在产假方面，吉林与黑龙江一胎顺产的基本产假均达到 180 天，而辽宁一胎顺产的基本产假为 158 天（见表 4）。在婚假方面，吉林与黑龙江的婚假均为 15 天，但黑龙江在参加婚前医学检查后婚假可延长至 25 天。而辽宁省的婚假天数为 10 天（见图 1）。在男方享有的护理假以及子女未满 3 周岁的夫妻双方育儿假方面，吉林省优势较为明显，黑龙江省的假期时间相对较短（见图 2）。综合来看，在生育相关假期上，东北三省均已经达到全国平均水平，部分政策实践水平也达到全国前列，但与全国其他地区相比还有一定差距。

表 4　全国典型地区产假时间

单位：天

产假时间	地区
365	西藏(最长可休)
190	河南(最长可休)
188	江西、青海、海南
180	福建(最长可休)、甘肃、吉林、黑龙江
178	重庆、广东
158	山西、山东、陕西、上海、江苏、新疆、安徽、宁夏、天津、湖北、湖南、云南、贵州、北京、辽宁、四川

资料来源：根据政府相关公开资料整理。

（三）东北三省生育激励政策落实存在困难

首先，受到县（市、区）的财政压力等客观因素的影响，育儿补贴在政策落地与及时发放方面还存在一定困难。当前，东北三省的育儿补贴资金皆为市级与县级财政共同承担，尽管分担比例存在差异，但两级财政共同负

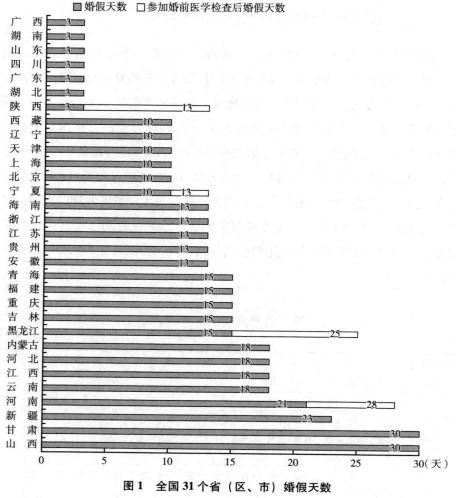

图 1　全国 31 个省（区、市）婚假天数

资料来源：根据政府相关公开资料整理。

担的模式是相同的。由于县（市、区）彼此之间以及县（市、区）和市在经济社会发展水平与财政收入水平上存在差距，特别是在财政预算持续下调的背景下，县（市、区）的财政支出压力往往更加突出，从而使得在执行统一标准的育儿补贴发放过程中，存在县（市、区）相关资金难以及时到位的情况。

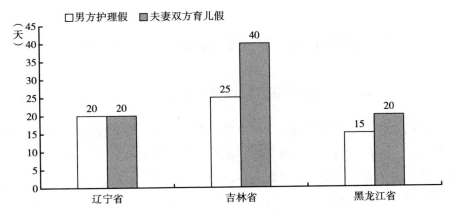

图 2　东北三省护理假与育儿假基本情况

资料来源：根据政府相关公开资料整理。

其次，东北三省的补贴均采用现金直接补贴的方式，缺乏消费券或服务券等多样化形式，补贴方式相对单一。对于非户籍地常住人口和流动人口等群体而言，其被排除在政策覆盖范围外。而且各市的补贴水平是固定的，并没有为最低生活保障、特困供养人员及领取失业保险金等困难群体提供额外的补贴，难以实现补贴水平与家庭经济状况的协调。并且，东北三省当前的育儿补贴均没有对生育的基本盘，即一孩进行覆盖。

最后，生育相关假期与生育津贴可能会加剧女性在就业与职场中的歧视。伴随婚假、产假、护理假与育儿假等一系列生育相关假期的延长，女性工作与家庭间的矛盾可能会进一步加剧。一方面，尽管育儿补贴由政府负担、生育津贴和生育医疗费用由生育保险支付，但在生育相关假期中特别是产假过程中，包括工资收入在内的假期待遇保障均需用工单位承担，这对民营企业而言意味着较大的成本压力，很可能会导致其尽量避免招聘育龄女性或变相辞退怀孕女性。另一方面，即使企业能够保留怀孕女性的正常岗位，但长时间的生育假期同样易导致女性职工与职场脱节，造成信息滞后与工作能力下降等，进而被调岗或降薪、被动失去晋升机会等，这在客观上可能会使得部分职场女性选择延后或暂停生育。

三　完善东北三省生育激励政策的相关建议

（一）稳步扩大和提升东北地区育儿补贴范围和补贴水平

沈阳市和长春市应当向哈尔滨市学习看齐，逐步提升育儿补贴标准，在财政能力允许范围内，逐步将补贴标准提升至国内领先水平。还应当借鉴国内其他地区的先进经验，在以现金补贴为主的基础上，尝试消费券与提供相关服务等多元化的补贴形式。对于最低生活保障、特困供养人员、领取失业保险金以及其他特殊困难群体应当提供额外的补贴。在总结三个省会城市实践经验的基础上，逐步推广至全省所有城市，并且由省级财政成立专项预算对各市予以支持。同时，将补贴范围进一步扩大，将"三孩补贴"转变为逐步面向全生育行为的育儿补贴，在实现覆盖二孩与三孩的基础上，逐步将一孩以及三孩以上的生育行为纳入补贴范围。加大补贴政策宣传力度与完善领取资质规范，在通过电视、广播、报纸等传统媒体与公众号、视频号以及小程序等新媒介进行政策宣传的基础上，将孕妇产检信息同步至相关机构，然后再由社区医院或者专门的工作人员指引孕妇如何申领补贴，对于其中的问题与困难给予解答和帮助。逐步取消育儿补贴政策的户籍限制，保障非户籍常住人口、流动人口等能够享有与户籍人口同等的政策待遇。

（二）基于家庭整体视角统筹育儿假制度安排

欧洲国家的实践经验表明，基于家庭整体视角和性别平等观念设计父母育儿假制度，通过法律规定父亲的家庭责任，既能够促进两性职场中的机会平等，也推动优化夫妻在育儿与家务中的责任分担，还有利于消除就业市场中的性别歧视现象。

一方面，东北三省应结合其他地区的实践经验，逐步将产假、婚假、育儿假和护理假的标准提升至国内先进省份的水平。借鉴国际经验，在当前父母双方固定育儿假时间的基础上，增加部分允许父母双方自行安排的共享假期。而且，应当将育儿假的有效期逐步提升至6岁，即子女达到小学入学年龄，给予家庭更多的亲子陪伴时光，明确男性和女性共担育儿职责的政策导向与价值认同。

另一方面，应当在省级层面建立民营企业生育假期补贴机制。借鉴国际经验，建立针对民营企业生育假期的专项补贴基金，有效减轻民营企业在保障员工享有合法生育假期权利时产生的成本，从而有效缓解企业对聘用未婚未育女性的后顾之忧。同时，还可以通过减免税收、信用奖励与政策扶持等方式，鼓励民营企业为员工提供额外的生育假期与相关福利。

（三）试点推广有利于生育的多元化用工模式

一方面，试点推广混合办公模式。伴随新型通信技术、互联网技术与远程办公软件的发展，线上办公的技术基础与实践模式已经相对成熟。无论是国内还是国外，都有很多企业采取包括每周允许员工有两天时间居家办公、每周允许员工在完成既定工作量的基础上自行选择办公地点以及允许员工在每个月中享有可浮动的居家办公时间等混合办公模式。针对具备相关条件进行类似管理模式探索与创新的企事业单位，有关部门应当在充分保障劳动者合法权益的基础上，予以必要的指导、支持和鼓励，发现优秀典型并加以宣传推广。

另一方面，试点推广"妈妈岗"就业模式。2023年4月，广东省人力资源和社会保障厅发布《关于推行"妈妈岗"就业模式促进妇女就业的实施意见（征求意见稿）》，并于8月正式发布《广东省人力资源和社会保障厅 广东省妇女联合会关于推行"妈妈岗"就业模式的通知》。文件指出，"妈妈岗"是落实国家积极生育政策，满足妇女就业、企业等用人单位用工需求，由政府鼓励引导、企业等用工主体开发设置，主要用于吸纳法定劳动年龄内对12周岁以下儿童负有抚养义务的妇女就业，工作时间、管理模式相对灵活，方便劳动者兼顾工作和育儿的就业岗位。应当借鉴试点地区的相关经验，通过完善政策法规，进一步明确对设置"妈妈岗"企业的认证与

激励，通过适当降低税费或直接提供补贴等方式，降低企业用工成本。试点地区要充分调动社会组织、基层社区以及用人单位等各方力量，共同参与构建多元化求职平台，提供多样化优质岗位，探索创新企业管理制度与方式。同时，还要加强监管，严查企业在申报设置"妈妈岗"过程中存在的弄虚作假和骗取补贴等不法行为，确保"妈妈岗"劳动者的合法权益得到充分保障。

（四）持续加强生育友好型社会建设

建设生育友好型社会，重点是营造有利于女性实现工作家庭生活平衡的整体环境，减少乃至逐步消除社会环境、职场环境以及家庭环境中对于女性特别是初为人母的女性劳动者的潜在压力、歧视与不公。要通过加强政策宣传、改变传统思想观念，降低社会观念与文化传统在政策体系发展变化过程中的滞后性。强化对企业内部的监管，对在招聘、管理和考核等过程中，对女性（无论是否生育）存在的潜在压迫、歧视等不公现象要及时加以纠正，持续对女性在就业、生育等方面的自由选择以及合法权益加以保障。

有关部门应当联合就业单位，针对未婚与已婚女性在就业方面的需求进行区别，进一步畅通就业渠道，同时，结合区域内用工需求和女性劳动者的自身特点，依托专业技能培训机构和就业指导机构，通过"一站式"和"一对一"相结合的方式，促进女性在劳动者与母亲等多重身份中实现平衡。在实践中树立典型，总结经验模式，推动形成利于女性的职场环境与社会氛围。

通过加强宣传指导等方式，使家庭成员认识到共同参与生育养育过程是婴幼儿健康成长的重要保障。而且，在人口老龄化的大背景下，还需要为提供代际照料服务的老年人群提供相关支持，充分发挥长辈在此过程中的支持作用。

参考文献

李英嘉：《东北地区育龄人口生育意愿影响因素及其激励策略研究》，硕士学位论文，辽宁大学，2022。

于潇、何婕宁：《儿童照料对女性二孩生育意愿的影响——基于东北三省生育状况抽样调查的分析》，《人口学刊》2023 年第 3 期。

孙晓霞、于潇：《东北地区"低生育率陷阱"探析》，《人口学刊》2021 年第 5 期。

张祺：《东北全面振兴视域下推动辽宁人口高质量发展的对策研究》，《辽宁经济》2024 年第 7 期。

贺金芮：《提高东北三省育龄人群生育意愿的税收政策研究》，硕士学位论文，哈尔滨商业大学，2024。

张丽萍、王广州：《东北地区人口负增长特征及突出问题研究》，《社会科学辑刊》2023 年第 2 期。

王宇纯：《东北三省育龄妇女生育意愿及影响因素分析》，硕士学位论文，吉林大学，2023。

《中国育儿补贴报告 2023 版》，"绕梁说"微信公众号，2023 年 8 月 29 日，https：//mp. weixin. qq. com/s/5s1pQKEajxYM-b-q0fUEvw。

皮 书

智库成果出版与传播平台

❖ 皮书定义 ❖

皮书是对中国与世界发展状况和热点问题进行年度监测，以专业的角度、专家的视野和实证研究方法，针对某一领域或区域现状与发展态势展开分析和预测，具备前沿性、原创性、实证性、连续性、时效性等特点的公开出版物，由一系列权威研究报告组成。

❖ 皮书作者 ❖

皮书系列报告作者以国内外一流研究机构、知名高校等重点智库的研究人员为主，多为相关领域一流专家学者，他们的观点代表了当下学界对中国与世界的现实和未来最高水平的解读与分析。

❖ 皮书荣誉 ❖

皮书作为中国社会科学院基础理论研究与应用对策研究融合发展的代表性成果，不仅是哲学社会科学工作者服务中国特色社会主义现代化建设的重要成果，更是助力中国特色新型智库建设、构建中国特色哲学社会科学"三大体系"的重要平台。皮书系列先后被列入"十二五""十三五""十四五"时期国家重点出版物出版专项规划项目；自 2013 年起，重点皮书被列入中国社会科学院国家哲学社会科学创新工程项目。

皮书网

（网址：www.pishu.cn）

发布皮书研创资讯，传播皮书精彩内容
引领皮书出版潮流，打造皮书服务平台

栏目设置

◆ **关于皮书**
何谓皮书、皮书分类、皮书大事记、
皮书荣誉、皮书出版第一人、皮书编辑部

◆ **最新资讯**
通知公告、新闻动态、媒体聚焦、
网站专题、视频直播、下载专区

◆ **皮书研创**
皮书规范、皮书出版、
皮书研究、研创团队

◆ **皮书评奖评价**
指标体系、皮书评价、皮书评奖

所获荣誉

◆ 2008 年、2011 年、2014 年，皮书网均
在全国新闻出版业网站荣誉评选中获得
"最具商业价值网站"称号；
◆ 2012 年，获得"出版业网站百强"称号。

网库合一

2014 年，皮书网与皮书数据库端口合
一，实现资源共享，搭建智库成果融合创
新平台。

皮书网

"皮书说"
微信公众号

权威报告·连续出版·独家资源

皮书数据库
ANNUAL REPORT(YEARBOOK) DATABASE

分析解读当下中国发展变迁的高端智库平台

所获荣誉

- 2022年，入选技术赋能"新闻+"推荐案例
- 2020年，入选全国新闻出版深度融合发展创新案例
- 2019年，入选国家新闻出版署数字出版精品遴选推荐计划
- 2016年，入选"十三五"国家重点电子出版物出版规划骨干工程
- 2013年，荣获"中国出版政府奖·网络出版物奖"提名奖

皮书数据库

"社科数托邦"
微信公众号

成为用户

登录网址www.pishu.com.cn访问皮书数据库网站或下载皮书数据库APP，通过手机号码验证或邮箱验证即可成为皮书数据库用户。

用户福利

- 已注册用户购书后可免费获赠100元皮书数据库充值卡。刮开充值卡涂层获取充值密码，登录并进入"会员中心"—"在线充值"—"充值卡充值"，充值成功即可购买和查看数据库内容。
- 用户福利最终解释权归社会科学文献出版社所有。

社会科学文献出版社 皮书系列
SOCIAL SCIENCES ACADEMIC PRESS (CHINA)

卡号：663353759182
密码：

数据库服务热线：010-59367265
数据库服务QQ：2475522410
数据库服务邮箱：database@ssap.cn
图书销售热线：010-59367070/7028
图书服务QQ：1265056568
图书服务邮箱：duzhe@ssap.cn

S 基本子库
SUB DATABASE

中国社会发展数据库（下设 12 个专题子库）

紧扣人口、政治、外交、法律、教育、医疗卫生、资源环境等 12 个社会发展领域的前沿和热点，全面整合专业著作、智库报告、学术资讯、调研数据等类型资源，帮助用户追踪中国社会发展动态、研究社会发展战略与政策、了解社会热点问题、分析社会发展趋势。

中国经济发展数据库（下设 12 专题子库）

内容涵盖宏观经济、产业经济、工业经济、农业经济、财政金融、房地产经济、城市经济、商业贸易等 12 个重点经济领域，为把握经济运行态势、洞察经济发展规律、研判经济发展趋势、进行经济调控决策提供参考和依据。

中国行业发展数据库（下设 17 个专题子库）

以中国国民经济行业分类为依据，覆盖金融业、旅游业、交通运输业、能源矿产业、制造业等 100 多个行业，跟踪分析国民经济相关行业市场运行状况和政策导向，汇集行业发展前沿资讯，为投资、从业及各种经济决策提供理论支撑和实践指导。

中国区域发展数据库（下设 4 个专题子库）

对中国特定区域内的经济、社会、文化等领域现状与发展情况进行深度分析和预测，涉及省级行政区、城市群、城市、农村等不同维度，研究层级至县及县以下行政区，为学者研究地方经济社会宏观态势、经验模式、发展案例提供支撑，为地方政府决策提供参考。

中国文化传媒数据库（下设 18 个专题子库）

内容覆盖文化产业、新闻传播、电影娱乐、文学艺术、群众文化、图书情报等 18 个重点研究领域，聚焦文化传媒领域发展前沿、热点话题、行业实践，服务用户的教学科研、文化投资、企业规划等需要。

世界经济与国际关系数据库（下设 6 个专题子库）

整合世界经济、国际政治、世界文化与科技、全球性问题、国际组织与国际法、区域研究 6 大领域研究成果，对世界经济形势、国际形势进行连续性深度分析，对年度热点问题进行专题解读，为研判全球发展趋势提供事实和数据支持。

法律声明

"皮书系列"（含蓝皮书、绿皮书、黄皮书）之品牌由社会科学文献出版社最早使用并持续至今，现已被中国图书行业所熟知。"皮书系列"的相关商标已在国家商标管理部门商标局注册，包括但不限于 LOGO（ ▮ ）、皮书、Pishu、经济蓝皮书、社会蓝皮书等。"皮书系列"图书的注册商标专用权及封面设计、版式设计的著作权均为社会科学文献出版社所有。未经社会科学文献出版社书面授权许可，任何使用与"皮书系列"图书注册商标、封面设计、版式设计相同或者近似的文字、图形或其组合的行为均系侵权行为。

经作者授权，本书的专有出版权及信息网络传播权等为社会科学文献出版社享有。未经社会科学文献出版社书面授权许可，任何就本书内容的复制、发行或以数字形式进行网络传播的行为均系侵权行为。

社会科学文献出版社将通过法律途径追究上述侵权行为的法律责任，维护自身合法权益。

欢迎社会各界人士对侵犯社会科学文献出版社上述权利的侵权行为进行举报。电话：010-59367121，电子邮箱：fawubu@ssap.cn。

社会科学文献出版社